**빨래판도 잘 보면 팔만대장경이다**

대한민국 역사상식 2

# 빨래판도 잘 보면 팔만대장경이다



**초판 1쇄 발행** 2012년 7월 27일
**초판 2쇄 발행** 2014년 7월 17일

**지은이** 전병철
**그림** 이태수

**펴낸이** 김승희
**펴낸곳** 도서출판 살림터

**기획** 정광일
**편집** 조현주
**디자인** 이인희

**필름출력** 소망
**인쇄 제본** (주)현문
**종이** 월드페이퍼(주)

**주소** 서울시 마포구 서교동 395-27번지
**전화** 02-3141-6553
**팩스** 02-3141-6555
**출판등록** 2008년 3월 18일 제313-1990-12호
**이메일** gwang80@hanmail.net

**ISBN** 978-89-94445-27-4 (04910)
978-89-94445-25-0 (04910) (세트)

· 가격은 뒤표지에 있습니다.
· 잘못된 책은 바꿔드립니다.

# 빨래판도 잘 보면 팔만대장경이다

| 아는 것 같은데 잘 모르고 있는 역사 용어 상식 톺아보기 |

**전병철** 지음

살림터

세상이 많이 좋아졌다. 국립박물관 관람료가 없어져 무료인가 하면, 국립박물관에서는 플래시만 사용하지 않으면 문화재 사진을 마음껏 찍도록 하고 있다. 문화재청의 이런 변화에 감사할 따름이다. 그러나 아직도 사립박물관이나 일부 사찰 등에서는 사진 촬영을 금지하고 있으며, 감시까지 하고 있다. 구경하라고 전시해놓고 심지어 돈까지 받고서 사진은 찍지 말란다. 플래시를 사용하지 않고 찍겠다고 사정을 해도 안 된단다. 법당 밖에서 찍어도 뭐라고 한다. 이는 문화재에 대한 독점이자 가진 자들의 만용이 아닐 수 없다.

문화유산은 어느 특정 단체(정부 또는 집단)나 개인의 것만이 아니다. 개인이 소장하고 있을지라도 공식 지정된 문화재라면 그것은 개인의 것임과 동시에 우리 모두의 것이다. 따라서 공유할 필요가 있으며, 특히 공개적으로 전시한 문화재, 더구나 관람료까지 받은 문화재라면 관람자 누구나 사진 찍을 권리가 있다. 개인 소유물이니 보기만 하고, 허락 없이는 사진 촬영을 절대 금지한다고 하는 것은 독재와 다름없다. 정치적 독재나 경제적 독점을 청산하는 것도 중요하지만, 문화재에 대해서도 민주화가 이루어질 필요가 있다.

평소 역사 수업을 하면서 필요한 용어와 상식들을 나름대로 짤막하게 비교·정리하였던 것을 '참교육 연구실천보고대회'에 발표, 많은 이들로부터 좋은 반응을 받았다. 또 이것이 우연히 『교과연구』라는 잡지에 실리면서 관심을 끌어 『팔만대장경도 모르면 빨래판이다』라는 책으로 나오게 되었다. 이후 나는 '빨래판 선생님'으로 불릴 정도로 나름 유명해지기도 하였지만, IMF와 출판사 사정으로 책이 절판되는 바람에 책을 구하고 싶은 독자가 있어도 책을 구하지 못하는 상황이 꽤 오래되었다. 그러다 지천명의 나이에 들어서면서 많은 생각을 하는 가운데 『빨래판』도 정리하기로 하였다. 기왕이면 단순히 개정만 할 것이 아니라, 크게 바꿀 필요가 있었다. 무엇보다도 한 권이었던 책을 두 권으로 꾸몄다.

책이 나온다니 고마울 뿐이다. 이런저런 도움을 주신 전국역사교사모임 선생님들과 가까이서 애써주신 선생님들에게 그저 감사할 따름이다. 무엇보다도 지겨운 역사 수업을 잘 참고 들어준 우리 아이들이 좋아했으면 좋겠다. 이럴 때 어머니가 살아 계시면, 장모님이 살아 계시면 얼마나 좋을까. 세월이 야속하다는 생각과 함께 '역사는 변하는 것이요, 변하는 게 역사'라는 생각을 다시 해본다. 볼품없는 문화재, 한갓 나뒹구는 돌덩이일지라도 모두가 다 소중한 우리 문화유산이요, 역사다. 그리고 역사는 '아는 게 아니라 느끼는 것이요, 과거가 아니라 현재'이다. 요즘에는. 비가 갠 하늘이 환하다. 세상이 환하니 내 마음도 환하다.

2012년 봄 그리고 여름, 공주에서

인간 전병철

| 차례 |

## 알고 보면 외울 것도 없는 불상 이름 | 불상 이름 짓는 법 |



## 불상만 봐도 그 시대 정치가 보인다 | 시대별 불상의 특징 |

제2부

## 국보 같은데 보물이라니 | 문화재에 대하여 |

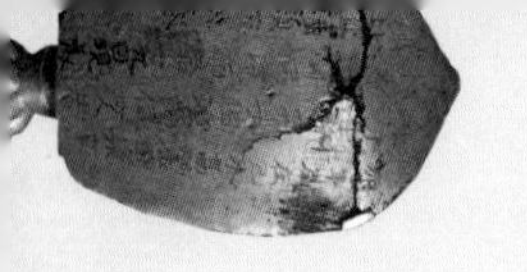

대한민국 역사 상식 1

# 팔만대장경도 모르면 빨래판이다

## 양귀비와 장희빈의 이름은 귀비와 희빈일까? | 왕실 여인의 이름에 대하여 |

고조선이라는 나라는 애당초 존재하지도 않았다
조선시대 여인은 그야말로 남자에게 달렸다(?)
왕실 여인의 이름조차 남편에 따라 달랐다

## 누구는 전두환, 누구는 김영삼 대통령 | 인물과 존칭어에 대하여 |

역사에서는 굳이 존칭이 필요 없다
의사는 의롭게 죽은 사람, 열사는 열 받아 죽은 사람(?)
영웅보다 성웅이 높고, 성웅보다 대웅이 높다(?)
역사는 과거보다 현재를 더 중요시한다
역사적 인물 또한 나날이 새롭게 태어나야 한다

## 5·16은 혁명인가, 쿠데타인가? | 개혁과 혁명에 대하여 |

역사는 변화를 대상으로 한다
그냥 바꾸는 것은 개혁, 뒤집어엎는 것은 혁명
혁명은 과격한 것이고, 개혁은 완만한 것이다
개혁인지 혁명인지 잘 모르면 운동이라고 하면 된다

## 6·25사변인가, 한국전쟁인가? | 전쟁 이름에 대하여 |

넘버원 코리아, 세계에서 하나뿐인 분단국가
전쟁은 무력과 한 몸이다
전쟁도 사람만큼이나 다양하다
종교전쟁이 더 잔인하였다
전쟁에도 자신에게 걸맞은 이름이 있다
나라와 나라 간의 싸움은 주로 전쟁이라고 한다
모든 전쟁에는 시작과 끝이 있다
전쟁 이름 붙이는 것보다 중요한 것은 평화통일

# 제1부

우리가 보는 대부분의 탑은 다 가짜(?)

탑을 보면 그 시대 정치가 보인다

알고 보면 외울 것도 없는 불상 이름

불상만 봐도 그 시대 정치가 보인다

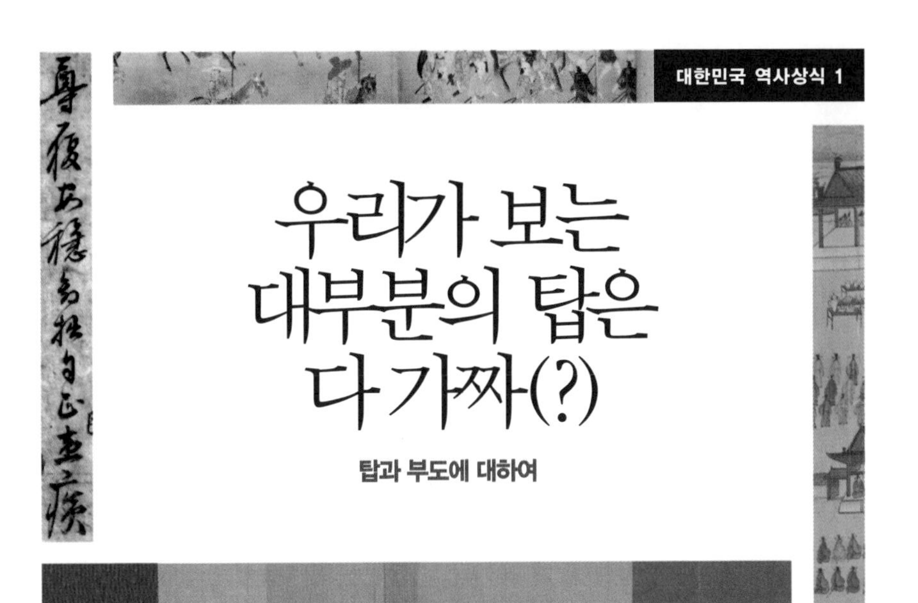

대한민국 역사상식 1

# 우리가 보는 대부분의 탑은 다 가짜(?)

**탑과 부도에 대하여**

## 나 같은 사람을 화장해도 사리가 나올까

안개 속이었다. 어머니가 위독하시다는 연락을 받고 고향을 향해 달려가는 길은 하필 지척도 분간하기 어려운 진한 안개 길이었다. 긴장과 초조함을 앞세워 고향 집 대문에 들어서는 순간, 아! 어머니는 이미 다른 세상에 계셨다. 아무리 불러도 울어도 소용없는 일이었다. 대답은커녕 병마에 시달리던 신음조차 없었다. 그러나 슬픔도 잠깐 제사상 올리랴, 손님 맞을 준비하랴, 여기저기 연락하랴, 정신이 없고 여간 복잡한 게 아니었다. 처음 당하는 일이라 어쩔 줄 모르고 막막하기만 하였다. 천근만근 바윗덩어리가 가슴을 꽉 누르고 있었다. 준비도 없이 갑작스레 맞이하는 죽음, 그리고 되돌릴 수 없는 죽음. 죽은 자에게도 처음인 일이지만, 살아 있는 자에게도 마찬가지였다.

사람의 일생에서 죽음만큼 사람들을 당황하게 하고 숙연한 느낌을 들게 하는 일이 있을까? 입시에 떨어지면 다시 응시할 수 있고, 사랑이나 결혼도 깨어지면 다시 할 기회가 있다. 또 결혼식이야 안 올리고 살 수도 있고, 나중에 올릴 수도 있다. 나날의 일상 속에서 일어나는 숱한 기쁨이나 슬픔, 그것이 제아무리 크다 하더라도 다른 것으로 대신할 수 있고, 지나고 나면 잊히기도 한다. 그러나 죽음은 단 한 번밖에 경험할 수 없으며, 다른 무엇으로도 대신할 수 없다. 쉽게 잊히지도 않으며, 어느 날 갑자기 찾아온 죽음은 살아 있는 사람들에게 큰 충격을 주기도 한다. 그 슬픔이나 충격이 크든 작든 장례를 치러야 한다. 장례만큼은 뒤로 미룰 수 있는 게 아니며, 아무리 당황스러워도 당장 장례식을 치러야 한다.

특히 우리나라는 죽은 자에 대한 예절을 아주 중요시하였으며, 죽은 자에 대해서는 미우나 고우나 찾아가 예의를 다하는 것을 인간의 도리라 여겼다. 그러다 보니 아무리 못살아도 장례는 소홀히 할 수 없었다. 빚을 얻어서라도 무덤을 준비해야 했고, 장례만큼은 최대한 성대하게 치를 수 있도록 갖은 정성을 다 쏟았다.

장례(葬禮)에서 중요한 일 가운데 하나가 시신(屍身: 주검)을 모시는 일인데, 시신을 모시는 장법(葬法: 장례 방법)으로는, 토장[土葬: 시신을 땅에 묻는 장례. 흔히 매장(埋葬)이라고 한다], 화장(火葬: 시신을 불에 태워서 처리하는 장례 방법), 동굴장(洞窟葬: 시신을 동굴에 넣어두는 장례 방법), 벽감장(壁龕葬: 벽을 우묵하게 만들고 그 속에다 시체를 집어넣어 두는 장례 방법), 수장(水葬: 시신을 강이나 바다에 장사 지내는 장례 방법), 수상장[樹上葬: 시신을 나무 꼭대기나 갈라진 가지 사이에 올려놓는 장례 방법, 간단히 수장(樹葬: 나무를 이용한 장례 방법)이라고도 한다], 풍장(風葬: 시신을 매장하지 않고 공기 중에 놓아두어 자연 상태에서 사라지게 하는 장례 방법), 조장[鳥葬: 시신을 새들이 파먹도록 놓는 장례 방법. 천장(天葬)이라고도 한다] 등이 있는데, 실제 장례에서는 여러 가지가 함께 사용되었다. 최근에는 수목장(樹木葬: 시신을 화장하여 그 유

▲ **조선에서 이루어진 풍장의 종류** 『조선의 풍수』(村山智順, 민음사, 1990)에 소개된 것으로, 풍장(風葬)과 수상장(樹上葬), 초분(草墳)은 서로 다른 것이나 완전히 구별하지 않고 서로 혼용하여 사용하기도 하였다.

골을 나무 밑에 묻는 장례 방법)이라는 것도 있는데, 수목장은 수장과 화장이 결합한 방식이다. 화장하여 그 유골을 강이나 바다에 뿌리는 것도 수장으로 분류하는데, 이 또한 화장과 결합한 방식이다. 또 장례 방법과 관련된 것으로는 합장[合葬: 두 사람 이상의 시신을 한 무덤에 묻는 방식으로, 부장(附葬)이라고도 부른다. 그러나 주인 따라 죽는 자들을 함께 묻는 것은 합장이라 하지 않고 순장(殉葬)이라고 한다], 단장(單葬: 한 번으로 장사를 끝내는 방식)과 복장[復葬: 시신을 두 번 장사 지내는 방식으로, 초분(草墳)에 임시로 두어 시신을 썩힌 후 남은 유골을 다시 장사 지내는 방식], 부장(副葬: 죽은 사람이 생전에 사용하던 여러 가지 물품을 함께 묻는 방식) 등이 있다.

현재 우리나라는 장례 때 시신을 땅에 직접 묻는 매장(埋葬)을 많이 하고 있다. 그러다 보니 경작지가 부족한 우리나라에서는 매장이 큰 사회 문제가 되기도 한다. 오늘날 비록 죽은 자에 대한 예절의 중요성이 예전보다 희미해져 가고 있지만, 그래도 매장에 대한 집착은 강한 편이다. 따라서 토지의

▲ **초분** 초분은 시신을 바로 땅에 묻지 않은 채, 풀과 짚으로 만든 초가 형태에 살이 썩을 때까지 두는 임시 무덤으로, 말 그대로 풀이하면 '풀무덤'이다. 초분 풍속은 대개 도서[섬] 지역에서 이루어졌는데, 전북 군산시 선유도에는 초분공원이, 전남 완도군 청산도에는 초분 체험관 등이 마련되어 있다. 사진(원경과 근경)은 청산도에 있는 초분 모습이다.

효율적 이용이라는 측면에서 매장은 골치 아픈 문제가 되기도 한다. 특히 땅 한 조각 없는 가난한 사람들에게 매장은 심각한 문제가 아닐 수 없는 형편이다.

매장의 풍습은 아주 오래전부터 시작되었다. 지금까지 발굴해온 바로는, 멀리 구석기시대에 이미 매장이 이루어졌음을 알 수 있는 흔적들이 발견되고 있다. 오늘날 널리 사용되는 무덤 형태의 매장 풍습은 청동기시대부터 존재했음이 확인되고 있다.

그 이후로 계속되던 여러 가지 형태의 매장 풍습은 불교가 들어온 삼국시대부터 서서히 화장(火葬)으로 변하기 시작하였다. 특히 남북국시대나 고려시대에는 화장이 널리 유행하게 되었다[요즘에는 신라의 불완전한 삼국통일을 아예 통일로 보지 않고 고구려·백제·신라 삼국이 신라와 발해라는 두 개의 나라로 개편된 것으로 보기도 한다. 신라의 삼국통일을 불완전하나마 통일로 보든 아니 보든 간에 (통일)신라와 발해라는 두 나가가 있던 이 시대를 '남북국(南北國) 시대'라고 부르고 있다]. 그리하여 하늘 아래 막강한 절대 권력을 행사하던 왕까지 화장하기도 하였다. 『삼국사기』에 전하는 바로는, 신라 문무왕은 "나를 화장하여 동해에 묻으면 용(龍)이 되어 침입하는 왜구를 막겠다."라는 유언까지 남겼다고 한다.

불교가 전성기를 누리던 남북국시대와 고려시대에 유행했던 화장은 고려 말부터 점차 쇠퇴하였다. 고려 말부터 유행하여 조선시대에 전성기를 누린 유학(儒學)인 성리학(性理學)이 자리를 잡으면서 화장은 점차 밀려나고 매장이 널리 퍼졌기 때문이다. 유교적 세계관에 의하면, 조상과 부모로부터 물려받은 인간의 신체를 소중히 여겨 머리털 하나도 함부로 할 수 없었다. 그러니 효(孝)와 충(忠)을 만물의 근본으로 보는 유학자들에게 부모의 시신을 불에 태운다는 것은 생각조차 할 수 없는 일이었다. 따라서 시체를 화장하는 불교는 인간의 도리를 저버린 사상이요, 화장하는 중(衆: 원래 의미로는 '부처가 되고자 수행하는 무리'라는 좋은 뜻으로 사용되었으나, 스님을 무시하는 이름으로 변하였다)이야말로 천민으로 볼 수밖에 없었다. 이러한 유교 사상이 민족 사상으로 널리 자리를 잡으면서 조선시대 이후 우리나라에는 매장법이 깊게 뿌리내려 지금에 이르고 있다.

**삼국 이전**: 여러 종류의 매장

**삼국시대**: 불교의 영향으로 화장의 보급

**남북국시대 · 고려시대**: 화장이 유행

**조선시대**: 유학의 영향으로 매장이 일반화

불가(佛家)의 장례 풍속은 시체를 불에 태워 없애버리는 화장이다. 이를 다비(茶毘)라고 하는데, 다비는 마른 나무를 차곡차곡 쌓아놓고 그 위에 시

▲ **서옹 스님 사리** 둥근 구슬 모양도 있고, 뼛조각 모양도 있으며, 좁쌀처럼 아주 작은 것도 있다. 또 투명한 것도 있고, 흰색이나 황금색, 까만 것도 있다. 대한불교조계종 5대 종정을 지낸 서옹 큰스님은 좌선하듯이 앉은 자세로 입적하였는데, 다비 후 수백 과(顆)에 달하는 사리가 나왔다.

체를 올려놓은 뒤 다시 나무를 쌓아 덮은 다음 불로 태워버리는 장례 방법이다. 그런데 시체와 나무가 거의 다 타버린 뒤, 뜨거운 불기운이 식기를 기다렸다가 그 바닥을 살펴보면 구슬 모양 같은 것들이 남아 있기도 한데, 이것들이 바로 사리(舍利)이다. 불교의 사리 친견법회(親見法會) 같은 행사 때나 일반 사진에서 보아왔던 것처럼 사리는 대개 구슬 같은 모양을 하고 있지만, 작은 것은 좁쌀만 한 것도 있고, 투명한 것이 있는가 하면 검은 것도 있다. 그런데 다비를 하면 사리만 있는 게 아니다. 뼈가 녹아 굳어 있는 형태나 뼛조각 형태의 유골이 남아 있기도 하다. 사람에 따라서 구슬 같은 것만을 사리로 보기도 하지만, 사리 또한 유골의 일종으로 보아 유골을 사리의 범주에 포함하기도 한다.

여하튼 사리는 골수가 뭉쳐져 만들어진 것인지, 호르몬이 뭉쳐진 것인지, 피가 뭉쳐진 것인지, 단순한 유골인지 아직도 과학적으로 규명되지 않은 신비한 물체로서, 불교계에서는 이를 매우 소중하게 여기고 있다.

**다비**: 시체를 불에 태우는 불교의 화장법

**사리**: 다비한 후에 나오는 신비한 결정체

그러면 불교 수행자만 사리가 나오는 것일까? 불교 수행자가 아닌 일반인들이 죽었을 경우에 다비를 해도 사리는 나오는 것일까? 부처님이나 스님이 아닌 나 같은 사람을 화장해도 사리가 나올까? 궁금하지 않을 수 없다.

## 일반인들에게도 사리는 나온다

사리가 꼭 부처님이나 스님들에게서만 나오는 것은 아니다. 일반인들도 화장을 하면 사리가 나오기도 하고, 심지어 불교인이 아닌 유학자나 기독교인을 화장해도 사리가 나오기도 한다. 불교계의 주장에 따르면, 도(道)가 높거나 수행을 올바르게 한 중생(衆生: 모든 생명체)이면 사리가 나올 수 있다고 한다.

그렇다고 꼭 도의 경지가 높다고 하여 무조건 사리가 나오는 것은 아니다. 아무리 깨달음이 높아도 사리가 하나도 나오지 않는 경우도 있고, 깨닫지 못한 사람에게서 사리가 나오기도 한다. 사리는 도(道)의 경지보다 몸을 깨끗이 수행한 자에게서 나온다는 말도 있지만, 정확한 사실은 아직 파악되지 않고 있다. 또 살아 있는 사람에게서도 사리가 나온다고 한다. 밥을 먹다가 돌이 씹힌 줄 알았더니, 돌이 아니라 사리[치사리(齒舍利): 이빨사리]였다고 전하는 이야기도 있다.

사리에 대해서 지금까지 전문적인 분석이나 연구가 본격적으로 시도되지 않은 것도 사실이지만, 사리가 나오고 안 나오는 것에 어떤 일정한 기준이 없기도 하다. 오히려 이처럼 사리에 대해서 의문점이 많은 것이 한편으론 신비라고나 할까!

불교에서는 부처님이 한 분이 아니라 '많다'고 하는데, 많은 부처님 가운데 인류 역사상에 직접 출현한 부처님으로 잘 알려진 이가 바로 인도의 고타마 싯다르타[석가모니(釋迦牟尼), 줄여서 석가(釋迦)]이다. 석가모니가 열반[涅槃: 니르바나(Nirvana: 깨달음), 입적(入寂), 즉 죽음)]한 후, 그를 화장하자 다섯 말이나 되는 사리가 나왔다고 한다. 어떤 기록에는 8곡 4두(八斛 四斗)나 되는 사리가 나왔다고도 하는데, 석가모니 부처님의 사리 양이 실제 다섯 말인지 아닌지는 정확히 할 수 없지만, 분명한 사실은 석가모니 부처님에게서는 많은 양의 사리가 나왔다는 점이다. 이 사리를 당시 인도의 여덟 나라(부족)가 서로 차지하려고 다투다가 결국 공평하게 여덟 몫으로 나눠 각각 자기 나라로 가져가 사리를 모셨다고 하는데, 이를 사리팔분(舍利八分)이라고 한다.

석가모니가 살아 있을 때는 사람들이 그를 직접 찾아가 존경을 표할 수 있었다. 그러나 석가모니 부처님이 돌아가시자 직접 찾아가 존경할 대상이 없어졌다. 그래서 석가모니 대신 석가모니의 몸과 똑같은 그의 사리에다 존경을 표하였다. 이런 석가모니의 사리를 진신사리(眞身舍利) 또는 불사리(佛舍利)라고 하며, 불가에서는 이를 매우 소중히 모시고 있다. 또한 진신사리를 부처님과 똑같이 생각하여 예(禮)를 올리곤 하는데, 부처님께 예를 올리는 것을 예불(禮佛)이라고 한다.

## 탑과 부도는 사리에 따라 구별된다

우리는 절이나 주변에서 많은 탑을 보거나 만나게 된다. 그런데 우리가 흔히 만나는 대부분의 탑은 알고 보면 탑이 아니다. 탑 모양만 하고 있지, 진짜 탑은 정작 얼마 되지 않는다. 본래 탑이란 용어는 고대 인도에서 무덤을 가리키는 말인 '스투파(Stūpa)'에서 유래한 말로, '뼈를 담아 돌과 흙으로 쌓아 올린 묘'라는 뜻인 스투파가 불교가 전파되는 과정에서 '탑파(塔婆: 스투파의 음역)'로 되고, 줄여서 '탑'이 된 것이다. 즉 탑은 탑파의 줄임말로, '부처님, 즉 고타마 싯다르타의 사리를 모셔둔 곳'을 가리키는 말이다. 쉽게 말해 '석가모니 부처님의 무덤'이라고 할 수 있다. 석가모니가 열반한 후, 석가모니의 사리는 여덟 부족(나라)이 나눠 가져가 각각 자기 나라에 탑을 세웠는데, 이를 근본팔탑(根本八塔)이라고 한다.

▲ **인도 산치 대탑**(제2탑) 현존하는 가장 오래된 불교 성지인 산치의 불교기념물군(群)에 있는 여러 개의 탑 가운데 하나이다.

그런데 꼭 사리만 모셨던 것은 아니다. 사리를 받지 못한 부족은 사리 대신 사리를 담았던 병을 가져가 탑[병탑(瓶塔)]을 세우기도 하였고, 어떤 부족은 심지어 다비 때 남은 재를 가져가 탑[회탑(灰塔)]을 세우기도 하였다. 근본팔탑에 이 둘을 합하여 근본십탑(根本十塔)이라고 한다.

그리고 석가모니가 열반한 지 한참 지나 인도 지역을 통일하고 대제국을 이룩한 마우리아왕조(Maurya王朝) 때, 아소카왕[Aśoka王: 아육왕(阿育王)]은 부처님의 사리를 안치하고 있는 근본팔탑을 찾아내 사리를 꺼내 다시 이 사리들을 8만 4,000으로 나누어 인도 전역에 사리탑을 세웠다고 한다. 이리하여 탑이 넓은 지역에까지 전파되었다.

탑은 석가모니의 사리를 모신 곳이다. 따라서 석가모니의 사리가 모셔지지 않은 탑은 엄밀한 의미에서 탑이라고 할 수 없다. 흔히 우리가 만나고 있는 탑 가운데에는 부처님의 사리를 모시고 있지 않은 경우도 많은데, 이런 탑들은 진짜 탑이라고 할 수 없다. 이런 점에서 대부분의 탑은 다 가짜(?)인 셈이다. 무엇보다도 부처님의 사리를 모셔두어야 탑이다. 이처럼 원래 의미의 탑은 우리가 일반적으로 생각하는 탑의 형태와는 관계없이 그 형태가 어떻든 간에 부처님의 사리를 모셔둔 것을 가리킨다.

만약 부처님의 사리를 원 모양의 흙으로 묻어 모시고 있다면 그 원 모양의 흙이 바로 탑이요, 또 만약 항아리 같은 곳에 보관하여 모시고 있다면 그 항아리가 곧 탑이 되는 것이다. 인도 산치(Sānchi)에 있는 탑들을 보면, 언뜻 탑이라는 생각이 들지 않을 정도로 우리나라에서 쉽게 볼 수 있는 탑들과 그 모습이 너무 다르다. 하지만 인도 산치에 있는 탑은 우리가 보기에 탑 같지 않아도 석가모니의 사리, 즉 진신사리를 모셨기에 진정한 의미의 탑인 것이다.

탑 같은데 막상 알고 보면 탑이 아닌 것과 마찬가지로 우리가 보기에 탑이 아닌 것 같은데 실제는 탑인 것들도 있다. 충북 보은군 속리산면 사내리〈보은군 속리산면 법주사로〉 법주사 팔상전(捌相殿)이나 전남 화순군 이양면 증리〈화순군 이양면 쌍산의로〉 쌍봉사 대웅전(大雄殿)이 이 같은 경우이다. 보통 사

▲ **보은 법주사 5층 목탑** 겉에서 보아 5층이지만 안에서는 단층 모양이다. 건물 안 중앙에 부처님의 일대기인 「팔상도」가 네 면에 걸쳐 그려져 있어 팔상전이라고 부른다. 전체 높이가 약 22.7m로서, 현존하는 우리나라 탑 가운데 가장 높다.

람들은 법주사 팔상전이나 쌍봉사 대웅전을 목조 건축물로만 생각하지, 탑이라고는 쉽게 생각하지 못한다. 언뜻 보기에도 전혀 탑같이 보이지 않고, 그저 일반 목조 건물로 보일 뿐이다. 그러나 이 두 건물은 모두 내부에 부처님의 사리를 모셨기에 탑에 속한다. 법주사 팔상전은 5층 목탑, 쌍봉사 대웅전은 3층 목탑에 해당한다.

충남 공주시 계룡면 중장리〈공주시 계룡면 갑사로〉 갑사 신흥암 천진보탑(天眞寶塔)은 계룡산 수정봉 밑에 있는 천연의 바위이지만 이 바위를 탑이라고 부른다. 전설에 의하면, 석가모니가 열반한 후 사백 년 뒤, 인도 아소카왕이 쿠시나가라[Kuśinagara: 拘尸那揭羅(구시나갈라), 拘摩羅國(구마라국)]에 있는 사리보탑(舍利寶塔)으로부터 많은 양의 부처님 사리를 발견하였다고 한다. 이를 시방[십방(十方): 모든 방향, 불교에서는 '시방'으로 읽는다] 세계에 나누어줄 때, 사천왕 가운데 북방을 지키고 있는 비사문천왕[毘沙門天王: 다문천왕(多聞天王)]으로 하여금 계룡산에 있는 이 천연의 바위 속에 사리를 봉안하게 하였다고 한다. 그 뒤 육백 년이 지난 백제의 구이신왕(久爾辛王) 때 아도화상(阿道和尙)이 이 사리를 발견하여 이 바위를 천진보탑이라고 불렀다고 전한다. 그러나 연대(年代)에 문제가 있고, 과연 실제 부처님의 사리가 모셔졌는지 정확하게 판단할 수 없는 이야기로 여겨진다. 그래도 부처님의 사리를 모셨기에 천연의 바위일지라도 탑이라고 부른다.

▲ **공주 갑사 신흥암 천진보탑(충청남도 문화재자료 제68호)** 갑사에서 동학사로 넘어가는 금잔디 고개를 오르기 전에 위치한 신흥암의 뒤쪽에 있는 천연의 바위로, 그냥 바위가 아니라 탑이다.

설화가 아니더라도 막상 어느 사찰에서 부처님의 진신사리를 모셨다고 해도 그 사리가 진짜 진신사리인지 아닌지는 또 모를 일이다. 진신사리인지 확인해보자고 따질 수도 없는 일이며, 석가모니의 사리가 분명한지를 확인할 방법도 없다. 혹 진신사리를 확인할 방법이 있어도 그동안 진신사리라고 알려진 것들에 대해 "한번 확인해보자."고 제안하는 것 자체가 실례이자 무리가 많다. 어쩔 수 없이 진신사리라고 믿을 수밖에 없지만, 우리나라에 진신사리라고 전해지는 것 가운데 막상 실제 진신사리는 그리 많지 않을 것으로 짐작된다.

그런데 석가모니 진신사리를 모셨는데도 탑이라고 부르지 않는 곳이 있다. 경남 양산시 하북면 지산리〈양산시 하북면 통도사로〉 통도사 대웅전 뒤에 있는 2층의 네모로 된 큰 돌 구조물이 바로 그것인데, 탑이라 하지 않고 '금강계단(金剛戒壇)'이라고 부른다. 일반적으로 계단은 스님들이 지켜야 하는 계(戒)를 받는 의식을 집행하는 장소를 말한다. 금강은 금속 중에서 가장 단단하고 예리하기 때문에 불교에서 '굳고 단단한 것'을 비유할 때 자주 쓰는 용어이다. 따라서 금강계단을 직역하면 '금강과 같이 견고하게 계를 받는 자리'라는 뜻이다. 이를 종교적으로 해석하면 불교에서 얻고자 하는 지혜는 계(戒)·정(定)·혜(慧) 3학(三學)을 통해 성취할 수 있는데, 이 삼학 가운데 계가 근본이 되고, 그 계는 금강처럼 견고해야 한다는 의미에서 금강계단이라고 한다. 즉 금강계단은 '금강처럼 변함없는 지혜를 얻게 하는 계단'이라는 뜻이다.

이런 계단은 인도에서 유래하여 중국을 거쳐 우리나라에 들어와 최초로 통도사에 세워졌다. 이렇게 금강계단은 특별한 것이고, 탑이라는 말보다 금강계단이라는 말이 더 의미가 있어 탑이라 부르지 않고 금강계단이라고 부른 것으로 파악된다. 엄밀하게는 진신사리를 모셨기에 탑이라고 해야 하나, 일반 탑과는 구별하려고 다른 이름으로 불렀다고 할 수 있다.

**▲ 양산 통도사 금강계단 사리탑** 석가모니의 사리가 모셔진 종(鐘) 모양의 탑을 가운데로 하여 넓은 단(壇)이 조성되어 있다. 계단 너머 유리 창문이 있는 건물은 적멸보궁으로, 건물 안에서 사리탑이 보이도록 하였다. 적멸보궁 반대편에는 금강계단이라는 현판이, 좌우에는 대웅전 · 대방광전이라는 현판이 걸려 있다.

금강계단의 한복판에는 사리를 모신 사리탑이 돌종[석종(石鐘)] 모양으로 세워져 있는데, 이런 형태는 전북 김제시 금산면 금산리〈김제시 금산면 모악로〉 금산사 계단도 마찬가지다. 금산사 계단은 방등계단(方等戒壇)이라고 부른다. 불교의 근본이 계 · 정 · 혜 삼학에 있고, 다시 삼학의 근본이 계에 있으므로 계로 말미암아 얻어지는 자비와 지혜가 모든 '방'향에 평'등'하게 미치게 하는 '계단'이라는 뜻에서 방등계단이라 하였다.

또 양산 통도사 대웅전(大雄殿: 석가모니불을 주인공으로 모신 불교 건물. 대웅은 보통 석가모니 부처님을 가리키는 말이다)은 불상을 모시지 않고 불단(佛壇)만 만들어놓은 채, 안에서 건물 밖에 있는 금강계단을 향해 예배할 수 있는 구조로 된 특이한 형태를 하고 있다. 이 법당(法堂: 불상을 모시거나 설법을 하는 불교 건물)은, 바로 밖에 있는 금강계단에 석가모니 부처님의 진신사리가 모셔져 있기에 굳이 법당 안에 불상을 모실 필요가 없었다. 흔히 이런 형태의 법당을 '궁

▲ **김제 금산사 방등계단 사리탑과 5층 석탑** 종 모양의 사리탑을 가운데로 하여 넓은 단이 조성되어 있으며, 그 앞에 석탑이 있다. 계단 왼쪽에 적멸보궁이라는 건물을 세워져 있는데, 건물 한쪽에 유리 창문을 내어 사리탑을 바라볼 수 있게 하였다.

궐(宮闕)', 그것도 보배스러운 궁궐을 뜻하는 '보궁(寶宮)'이라는 말을 써 적멸보궁(寂滅寶宮), 간단히 적멸궁이라고 부르고 있다. 보통 불교 관련 건물들을 '전(殿)'이나 '각(閣)'이라고 부르는 것에 비해 적멸보궁처럼 '궁(宮)'이라고 부른 이유는 부처님의 진신사리를 모신 곳은 불상 등을 모신 다른 건물보다 높은 곳이자 특별한 곳으로 여겼기 때문이다.

불교에서 적멸은 '열반(涅槃), 즉 깨달음'을 가리키며, 보궁은 '불상 등을 모시지 않고 법당만 있는 불전(佛殿)이나 부처님의 진신사리를 모신 법당'을 뜻하는 말이다. 하여 적멸보궁은 '깨달음을 이룩한 석가모니 부처님의 진신사리를 모신 보배스런 궁궐 같은 곳'이라고 할 수 있다. 결국 적멸보궁은 부처님의 진신사리를 모셨으므로 불단은 있지만, 따로 불상이나 후불탱화(後佛幀畵: 불상 뒤에 걸려 있는 그림)를 모시지 않은 것이 특징이고, 법당의 바깥(뒤쪽)에 사리탑을 세우거나 계단(戒壇)을 설치한 경우가 많다. 이에 적멸보궁을 다른 말로 사리탑전(舍利塔殿: 사리탑의 건물)이라고도 한다. 바로 통도사 대웅전은 석가모니 불상 대신 금강계단의 사리탑을 모신 건물이기에 다른 이름으로 적멸보궁이라고 부르기도 한다.

또한 통도사 대웅전 건물은 丁(정)자형[T(티)자형]을 이룬 보기 드문 구조를 하고 있는데, 이 대웅전 건물에는 각 면마다 서로 다른 이름의 편액(扁

▲ **양산 통도사 적멸보궁** 사리탑이 있는 금강계단 바로 앞에 있는 건물로, 丁자형을 이루고 있는 것이 특이하기도 하지만, 네 방면마다 부르는 이름이 대웅전 · 금강계단 · 적멸보궁 · 대방광전으로 다른 것이 특이하다. 위 사진은 금강계단이라는 현판이 보이는 모습으로, 뒤쪽에 적멸보궁이라는 현판이 걸려 있고, 사리탑을 중심으로 한 금강계단이 있다. 아래 왼쪽 사진에는 대방광전과 금강계단 현판이, 아래 오른쪽 사진에는 금강계단과 대웅전이라는 현판이 모두 나와 있다.

額: 건물이나 문 중앙 윗부분에 거는 액자)이 총 네 개 걸려 있다. 즉 사리탑을 등지고 앉은 이 건물 전면에 금강계단(金剛戒壇, 남쪽)이라고 쓰인 편액이, 양쪽 측면에는 대웅전(大雄殿, 동쪽)과 대방광전(大方廣殿, 서쪽)이란 편액이, 사리탑 쪽에는 적멸보궁(寂滅寶宮, 북쪽)이라고 쓰인 편액이 걸려 있는데, 이 네 가지 이름은 丁자형으로 된 하나의 건물을 방향에 따라 각각 다르게 부르는 것일 뿐이다(예전에는 이들 편액의 위치가 바뀌기도 하였다).

불교에서는 일반적으로 불교적 신앙의 대상이 되는 부처나 보살을 모신 건물은 전(殿), 불교적 신앙의 대상은 아니지만 불교가 수용한 산신(山神)·칠성(七星)·삼성(三聖)·용왕(龍王) 등을 모신 건물은 각(閣)으로 구분하여 사용하고 있다. 그리고 불교 건물에서 가장 중심이 되는 곳이 부처님을 모신 건물인데, 보통 금당(金堂)이라고 부른다. 부처님의 몸은 금빛이었다고 하는데, 그런 부처님을 모신 건물이라 하여 금당이라 하였다. 흔히 금당과 같은 의미로 법당(法堂)이라는 말을 사용하고, 요즘에는 금당보다 법당이라는 말을 더 많이 사용하곤 하지만, 본래 금당과 법당은 그 의미가 다른 것이다. 금당은 '부처님을 모신 건물'인 데 비하여 법당은 '불법(佛法)이 머무는 건물'이라는 뜻이다. 하여 법당은 굳이 부처님을 모시지 않은 곳에도 사용할 수 있는 말이다. 이런 점에서 금당보다는 법당이 더 넓은 의미의 불교 건물을 가리키는 말이라고 할 수 있으며, 법당은 다양한 불교 건물을 다 아우르는 말이라고 하겠다.

통도사 대웅전은 부처님을 모신 건물로서 금당(법당)에 해당한다. 다만 대웅전의 전(殿)이나 사리탑전의 전(殿)으로 보아 일반 절과 별다른 차이는 없으나, 적멸보궁에서처럼 궁(宮)을 쓰고 있다는 점에서 특별한 대웅전, 즉 대웅전인 동시에 적멸보궁이기도 한 곳이 바로 통도사 금강계단이라고 할 수 있다. 이렇게 통도사는 부처님의 진신사리를 모신 곳으로서, 법보(法寶: 불법을 보배에 비유하여 이르는 말) 사찰인 경남 합천 해인사와 승보(僧寶: 불법을 구하는 스님을 보배에 비유하여 이르는 말) 사찰인 전남 순천 송광사와 더불어 우리나라 3보(三寶: 佛·法·僧) 사찰 가운데 불보(佛寶: 불법을 이룬 부처님을 보배에 비유하여 이르는 말) 사찰로 널리 알려졌다.

**계 단(戒 壇)** : 부처님의 계를 받는 단(금강계단, 방등계단)
계를 받는 의식을 집행하는 장소

**적멸보궁(寂滅寶宮)** : 불상을 모시지 않고 법당만 있는 불전(佛殿)
부처님의 진신사리를 모신 법당

적멸보궁은 경남 양산 영취산 통도사 이외에 강원 평창 오대산 월정사[상원사(오대산 중대 상원사 사자암)], 강원 정선 태백산(함백산) 정암사, 강원 영월 사자산 법흥사, 강원 인제 설악산 봉정암 등에도 있는데, 이들은 모두 석가모니의 진신사리를 모신 곳으로, 우리나라 '5대 적멸보궁'으로 일컬어지고 있다. 중국 당나라에 가서 문수보살의 계시를 받고 우리나라에 진신사리를 모셔 온 분이 자장율사(慈裝律師)라고 하는데, 자장율사는 신라 선덕왕 12년(643)에 부처님의 정골(頂骨: 뼈), 불아(佛牙: 부처님의 이빨), 불사리(佛舍利: 부처님의 사리) 100과(顆), 부처님이 입으시던 가사(袈裟: 스님들의 옷) 등을 모셔 와 경주 황룡사 9층탑, 양산 통도사 계단, 평창 월정사 등에 봉안하였다고 한다. 그 가운데 자장율사에 의해 모셔진 사리가 현존하는 적멸보궁은 모두 다섯 곳으로, 이를 '5대 적멸보궁'이라고 부른다.

이들 5대 보궁은 양산 통도사를 제외하고는 모두 강원도에 있는 것이 특이한데, 통도사에는 법당 뒤편에 진신사리를 봉안한 금강계단이 있는 것에 비해, 정암사·법흥사·봉정암에는 법당 뒤편의 탑에 진신사리가 모셔져 있으며, 상원사에는 법당 뒤편에 진신사리가 묻혀 있다고 전해지는 터와 비석(비석에 석탑의 그림이 새겨져 있다)이 있다. 상원사 적멸보궁은 월정사

▲ **정선 정암사 적멸보궁과 수마노탑** 불상을 모시지 않고 벽에 금칠(왼쪽 위 사진)을 한 적멸보궁(왼쪽 아래 사진)의 뒤쪽 산 중턱에 높은 부처님의 진신사리를 모신 수마노탑(오른쪽 사진)이 있다. 탑의 밑은 화강암, 몸은 석회암으로 되어 있는데, 자장율사가 중국에서 '물[水] 건너 가져온 마노석(瑪瑙石)으로 쌓은 탑'이라는 데서 수마노탑이라 하였다.

▲ **영월 사자산 법흥사 적멸보궁 · 석분 · 부도** 조금 낮은 곳에 있는 적멸보궁(오른쪽 사진)의 창을 통해 석분과 부도가 있는 언덕(왼쪽 사진)을 바라볼 수 있도록 하였다. 석분(石墳: 돌무덤)은 사리를 모시거나 승려가 수도하던 토굴로 전해지고 있으며, 보궁 뒤 어딘가에 진신사리가 봉안되었다고 한다. 사리탑에 모셔진 사리는 누구의 것인지 정확하지 않다.

▲ **사리장엄구**(익산 왕궁리 5층 석탑 출토) 사리는 보통 유리병 안에 넣은 후, 유리병을 다시 작은 상자에 넣고, 또다시 작은 상자를 큰 상자에 넣어 탑 속에 보관하였다. 1965~1966년 왕궁리 5층 석탑을 해체·복원하면서 제1층 옥개석 중앙과 기단에서 금강경판 19장, 금동제 사리함, 사리병 등의 사리장엄구(국보 제123호)가 발견되었다.

적멸보궁이라고도 부른다.

보통 사리를 탑에 넣어 모실 때, 사리만 달랑 넣지는 않았다. 대개 사리는 병(甁)이나 호(壺), 합(盒) 등과 같은 용기(容器)에 넣어두었고, 사리병·사리호·사리합은 다시 사리함(舍利函)이나 감(龕) 등에 넣어두었다. 또다시 사리함이나 사리감은 다른 용기 안에 넣어두기도 하였다. 이들 사리병·사리호·사리합·사리함·감처럼 사리를 봉안하기 위한 용기를 사리용기(舍利容器)·사리기(舍利器)라 하는데, 사리병이나 사리호, 사리합이 사리를 직접 넣어두는 용기라면, 사리함이나 감은 이것을 밖에서 감싸고 보호하는 용기라 할 수 있다.

사리함 안에는 사리병이나 사리호, 사리합 이외에 다른 것들도 함께 넣어 탑 속에 보관하였는데, 사리를 넣은 용기와 공양물(供養物)을 함께 탑 속

**▲ 사리함과 『무구정광대다라니경』(경주 불국사 3층 석탑 출토)** 1966년 석가탑을 해체 · 보수할 때 사리장엄구를 포함한 각종 유물이 발견되었는데, 작은 두루마기 모양으로 나온 『무구정광대다라니경』은 세계에서 가장 오래된 목판본으로 여겨질 정도로 우리나라 인쇄술 발달을 확인할 수 있는 귀중한 것이었다.

에 봉안하는 것을 사리장치(舍利藏置)라 하고, 사리용기와 함께 봉안된 공양물을 통틀어 사리구(舍利具) · 사리장엄구(舍利莊嚴具)라 한다. 또 사리장치와 함께 불상 · 불경함(佛經函)이나 작은 모형탑 등을 마련하여 불탑의 공능(功能: 공적과 재능 · 효능)을 나타내는 의식을 사리장엄(舍利莊嚴)이라고 한다.

사리는 귀중하고 신성한 것인 만큼 사리구는 정성스럽고 장엄하게 만들어질 수밖에 없었다. 따라서 탑 속에는 뜻밖에 소중한 문화유산이 숨겨져 있기도 하다. 어떤 탑은 겉으로는 별것 아닌 것처럼 보일지 모르나 막상 그 속에는 엄청난 문화재나 보물이 있을 수 있다. 사람 속 알기 어렵듯이 탑 속도 짐작하기 어렵기는 마찬가지라고나 할까, 아니면 사람처럼 탑도 결코 겉모습만으로 판단해서는 안 된다고나 할까?

부처님의 사리는 계속 나오는 것이 아니다. 석가모니의 사리는 한 번의 다비를 통해 그 개수가 이미 한정된 것이었기에 새로운 탑을 계속해서 만든다는 것은 당연히 한계가 있을 수밖에 없었다. 그런데도 탑은 계속 만들어졌다. 이른바 부처님의 사리를 모시지 않는 탑, 즉 석가모니의 사리가 없는 탑들이 만들어졌던 것이다. 이런 탑들은 대개 부처님의 사리 대신 부처님을 상징하는 물건이나 불교 경전, 불구(佛具), 기타 불교와 관련된 귀중한 물건, 심지어 금·보석 등과 같은 값진 것들을 넣어 만들어졌다.

불구(佛具)는 절에서 의식을 치를 때나 불도(佛道)를 닦을 때 필요한 도구를 가리킨다. 넓은 의미에서 불구는 '불교 용구(用具)'의 준말로서, 불교 신앙생활을 하는 데 필요한 온갖 용구를 가리키며, 좁은 의미에서는 법구(法具)나 승구(僧具)와 비교하여 '부처님과 관련되는 용구'를 가리킨다. 또 불구를 크게 세 가지로 나눠 보면, 범종(梵鐘)·목탁(木鐸)·목어(木魚)·금고(金鼓: 일종의 징)·법고(法鼓)·운판(雲版:구름 모양의 판)·향로(香爐)·촛대·요령(搖鈴)·풍령(風鈴)·사리기(舍利器: 사리를 보관하는 그릇)·금강저(金剛杵: 일종의 무기)·금강령(金剛鈴)·석장(錫杖: 일종의 지팡이) 등과 같은 의식용 도구, 다기(茶器:찻그릇)·정병(淨甁: 맑은 물, 즉 감로수를 담는 병)·화만(華鬘: 꽃다발), 발우(鉢盂: 스님들의 밥그릇으로 '바리때'라고도 부른다) 등과 같은 공양용 도구, 번(幡: 깃발)·당(幢: 기)·천개(天蓋: 닫집) 등과 같은 장식용 도구로 구분할 수도 있는데, 보통 작은 의미에서 불구 하면 의식용 도구를 가리키는 경우가 많다.

여하튼 진신사리가 없는 경우에도 진신사리를 대신할 수 있는 것들을 넣어 탑이 계속 만들어졌는데, 이렇게 진신사리를 대신할 수 있는 것으로는 부처님을 상징하는 것이나 불교 경전, 불구 등 불교와 관련된 귀중한 물건이었다. 특히 불교 경전은 법신사리(法身舍利) 또는 법사리(法舍利)라고 하여 진신사리와 똑같이 취급할 정도로 불교계에서는 매우 소중하게 여겼다. 넓은 의미에서 부처님의 유품이나 부처님이 가르친 내용까지도 법사리에 포함하기도 한다.

결국 부처님의 진신사리를 대신하여 법신사리나 불구, 작은 탑이나 작은 불상, 금·보석 등을 넣어 탑이 만들어졌다. 이런 탑들은 원칙적으로 탑이라 할 수 없지만, 그냥 탑이라 불렀다. 즉 탑의 원래 뜻이 변하여, 부처님의 사리를 모셨거나 안 모셨거나 상관없이 일정한 형태를 갖추고 있으면 모두 탑으로 여겼던 것이다. 심지어 탑 내부에 아무런 불구가 들어 있지 않아도, 탑 모양을 갖추기만 하면 탑이라고 부르게 되었다. 우리가 접하고 있는 대부분의 탑은 부처님의 사리를 모시고 있지 않아 가짜라고 할 수 있지만, 그렇다고 탑이 아니라고 하지는 않는다. 왜냐하면 진신사리를 모시지 않았어도 탑 모양만 갖추면 그것을 탑으로 여기기 때문이다.

**진신사리** : 석가모니 부처님의 사리

**법신사리** : 불교 경전 및 부처님의 가르침

그러면 스님의 사리[승사리(僧舍利)]는 어떻게 모셔두었을까? 스님의 사리도 부처님의 사리와 마찬가지로 탑을 만들어 모셔두었다. 결국 부처님이든 스님이든 사리를 모셔놓은 곳을 탑이라 할 수 있는데, 다만 스님의 탑은 부처님의 탑과 부르는 이름이 다르다. 흔히 부처님의 사리를 보관해놓은 곳을 탑 또는 불탑(佛塔)이라고 한다면, 스님의 사리를 보관해놓은 곳은 승탑(僧塔), 묘탑(墓塔), 또는 '부도(浮屠)'라고 한다. 스님의 사리가 모셔진 것도 탑이긴 하지만, 대개 스님의 사리를 모신 곳은 탑이라는 표현보다 부도라는 말을 더 많이 쓰고 있다. 간단히 부처님의 사리탑은 그냥 탑, 스님의 사리탑은 부도로 구분하여 사용하면 될 것이다.

그러나 스님의 사리를 모신 승탑을 부도라고 부르는 것에 문제를 제기하는 견해도 있다. 부도란 '부다(Buddha: 부처)'의 한자 표기로, 잘못된 용어라고 한다. 이는 일제강점기에 문화재를 지정하면서 "스님 이름을 알지 못

▲ **구례 연곡사 동승탑 · 북승탑 · 서승탑** 연곡사에는 동쪽에 승탑과 탑비, 북쪽에 승탑, 서쪽에 승탑[소요대사탑]과 현각선사탑비 등이 전해지고 있다. 누구의 승탑인지 알 수 없는 동승탑과 북승탑은 국보로 지정되었으며, 소요대사의 탑으로 밝혀진 서승탑은 보물로 지정되었다.

하는 승탑을 부도라고 한 것이 마치 미술사와 불교의 전문용어인 것처럼 됐다."는 것이다. 따라서 이런 잘못된 관행을 버리고 부도 대신 승탑이라고 부르거나 '○○스님탑'으로 불러야 한다고 주장한다. 가령 전남 구례군 토지면 내동리〈구례군 토지면 피아골로〉 연곡사에 세워져 있는 '연곡사 동부도(국보 53호)', '연곡사 북부도(국보 54호)', '연곡사 서부도(보물 154호)'는 적절한 용어가 아니며, 또 단순히 방위로 구분해 아무런 의미 전달도 없는 문화재 명칭에 불과하다. 그래서 연곡사 동부도 · 북부도 · 서부도는 연곡사 동승탑 · 북승탑 · 서승탑으로 부를 필요가 있다. 특히 서승탑은 그 주인이 소요대사(逍遙大師)이므로 서승탑보다 '소요대사탑'으로 부르는 것이 바람직하다. 또 서승탑을 '소요대사부도'라고 부르기도 하는데, 그보다 소요대사탑이 더 적절하다. 동승탑은 도선국사(道詵國師)의 탑으로 전해지기도 하지만 확실하지 않기에 그냥 동승탑으로 부를 수밖에 없다. 기왕이면 부도 대신 승탑이라는 용어를 사용할 필요가 있다. 그런데 아직 부도라는 말을 널리 사용하고 있어 부도라는 말을 함께 사용할 수밖에 없기도 하다.

**탑[불탑(佛塔)]** : 부처님의 무덤

부처님의 사리를 모셔둔 곳

부처님의 사리탑

금강계단, 적멸보궁

**부도[승탑(僧塔)]** : 스님의 무덤

스님의 사리를 모셔둔 곳

스님의 사리탑

## 부도에는 인간적인 냄새가 배어 있어 정겹다

탑(불탑)과 부도(승탑)는 그 위치에서도 차이가 있다. 부처님의 사리를 모신 탑은 불교 예배의 중심으로서 절 건물의 배치와 긴밀하게 관련되어 만들어졌다면, 부도는 절 건물 배치와 크게 관련 없이 만들어졌다. 즉 탑은 주

▲ **공주 갑사 부도밭** 일주문을 들어서 갑사로 접어드는 바로 왼쪽 산 밑에 넓은 마당이 있는데, 여기에 다양한 모양의 부도들이 모셔져 있다.

로 절의 한복판이나 법당 앞에 배치되어 중요한 위치를 차지하는 데 비하여, 부도는 보통 절의 한 모퉁이나 외곽에 있는 편이다. 특히 부도는 여러 개의 부도가 한 곳에 모여 있는 경우가 많은데, 여러 개의 부도가 모여 있는 곳을 부도밭[일반적으로 부도군'(群)'이라는 표현을 사용하고 있지만, 요즘에는 부도'밭', 부도'떼'와 같이 한글을 반영한 용어를 사용하기도 하여 이를 반영하였다]이라고 한다. 대다수 절에서는 일반적으로 절로 들어가는 길 입구나 절 뒤편에 부도밭이 마련된 경우가 많다.

또 부도(승탑)는 그 형태에서도 일반 탑(불탑)과 달랐다. 탑이 주로 3층 이상인 것에 비해, 부도는 단층 탑의 모습을 하고 있거나, 대다수 부도는 단순히 종(鐘)과 같은 모양을 하고 있으며, 주로 돌로 만들어졌다. 특히 종과 같은 모양의 부도 가운데에는 보는 사람의 시각에 따라 다르겠지만, 여자의 젖가슴 모양 같은 것도 있고, 남자의 성기 모양을 한 것도 있다.

일부에서는 젖가슴 모양 같은 것은 남자 스님[비구(比丘)]의 부도이고, 남자 성기 모양 같은 것은 여자 스님[비구니(比丘尼)]의 부도라고 말하기도 한다. 그렇다고 젖가슴 모양을 했다고 모두 다 비구의 부도, 남자 성기 모양을 한 부도라고 모두 다 비구니의 부도라는 것은 아니다. 여하간 부도를 이처럼 만든 것은 인간적인 배려에

▲ **남자 성기 모양과 여자 젖가슴 모양의 부도** 갑사 부도밭에 있는 것으로, 언뜻 보아 종 모양 같기도 하다.

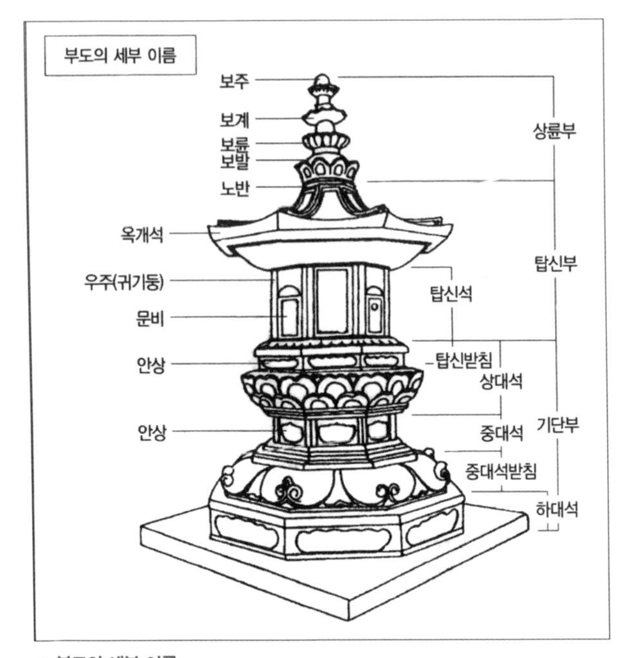

▲ 부도의 세부 이름

서 그랬을 것이라고 말하기도 하는데, 이런 점은 비록 불교가 세속을 떠나 있지만 그렇다고 세속적인 것과 전혀 무관하지 않음을 보여주는 것이기도 하다.

일반적으로 부도를 그 제작 형식으로 보아 ① 일반 탑과 모양이 비슷한 탑형(塔型) 부도, ② 기단(基壇: 밑 부분)과 탑신(塔身: 탑의 몸통 부분), 옥개석(屋蓋石: 지붕돌)이 8각형으로 된 팔각원당형(八角圓堂型) 부도, ③ 그리고 전체 형태가 아주 간략화되어 탑신부만 마치 종 모양으로 이루어져 있는 석종형(石鐘型) 부도, 이렇게 세 가지 형태로 나누어본다. 거기에 하나 더해 ④ 석종형이 변형된 형태의 부도로 여자 젖가슴 모양의 부도나 남자 성기 모양의 부도 등과 같은 이형(異型) 부도까지 포함하여 크게 네 가지로 구분해볼 수도 있다. 이런 구분은 편의상 나누는 것일 뿐, 칼로 두부 자르듯 정확히 구분되는 것은 아니다. 가령 탑형 부도와 팔각원당형 부도도 서로 완전히 구분되는 것이 아니라, 탑형 부도를 이루고 있으면서 일부가 팔각원당형을 갖추고 있는 것들도 있다.

**부도[승탑(僧塔)]의 형태 :** 탑형(塔型) 부도

팔각원당형(八角圓堂型) 부도

석종형(石鐘型) 부도

이형(異型) 부도

탑형 부도는 그리 많은 편이 아니다. 단층 탑과 같은 형태를 한 부도로는 강원 양양군 강현면 둔전리〈강원 양양군 강현면 화채봉길〉 진전사터 부도[통일신라 시기인 9세기 중엽 조성된 것으로 추정, 진전사를 창건한 도의선사(道義禪師)의 묘탑으로 추정되고 있다. 요즘에는 '○○사지(寺址)'를 '○○사터'로 부르는 경향도 있어 이를 반영하였다. 그리고 '○○사지'가 아니라 그냥 '사지'만 표현할 때는 '절터'라는 말을 사용하였다]를 들 수 있다. 특히 진전사터 부도[도의선사탑]는 기단부(基壇部)가 2층으로 된 탑 모양을 하고 있지만, 탑신부(塔身部)는 팔각원당형을 하고 있어 전체적으로는 탑형 부도에 속하면서 팔각원당형을 갖추고 있는 형태의 부도이다.

많은 부도가 팔각원당형을 하고 있다. 전남 화순 쌍봉사 철감선사탑(통일신라), 전남 곡성군 죽곡면 원달리〈곡성군 죽곡면 태안로〉 태안사(대안사) 적인선사탑[적인선사 조륜청정탑](통일신라), 경북 문경시 가은읍 원북리〈문경시 가은읍 원북길〉 봉암사 지증대사탑[지증대사 적조탑](통일신라), 충남 공주시 계룡면 중장리〈공주시 계룡면 갑사로〉 갑사

**▲ 양양 진전사터 부도[도의선사탑]** 8각형의 탑신에 일반 석탑처럼 2층 기단을 한 것이 특이한데, 전체적으로는 단층 탑의 형태를 하고 있다. 최근 부도 옆에 진전사(陳田寺)가 새롭게 조성되고 있으며, 좀 떨어진 아래쪽에 진전사터 3층 석탑이 있다.

부도(고려 초기), 전남 구례 연곡사 동부도[동승탑](통일신라) · 북부도[북승탑](고려 초기) · 서부도[서승탑](조선 후기), 경기 여주군 북내면 상교리〈여주군 북내면 고달사로〉 고달사 원종대사탑[원종대사 혜진탑](고려 초기, 또 고달사터에는 원종대사 혜진탑과는 다른 것으로서 '고달사터 부도'가 있는데, 이는 혜진탑보다 더 먼저 소성된 것이다), 경기 남양주시 조안면 송촌리〈남양주시 조안면 북한강로433번길〉 수종사 부도(조선) 등이 있다. 특히 갑사 부도나 연곡사 동부도, 고달사터 부도 및 원종대사 혜진탑 등은 팔각원당형 부도의 전형적인 모습을 갖추고 있는 것들이다.

▲ **공주 갑사 부도** 갑사 뒤편에 쓰러져 있었던 것을 대적전(大寂殿) 앞으로 옮겨놓았다. 전체적으로 화려하나 안정감이 없는 등 고려시대 특징을 잘 드러내고 있다. 통일신라 말기, 고려 초기의 부도 양식을 연구하는 데 중요한 자료인데, 공식 이름은 '공주 갑사 승탑'이다.

▲ **여주 신륵사 보제존자 석종** 고려 말 선종을 크게 일으킨 나옹화상(懶翁和尙)의 사리탑으로, 널찍하게 마련된 기단과 종 모양의 탑신은 양산 통도사와 김제 금산사의 계단탑 형식을 하고 있다.

석종(石鐘: 돌종) 형태로 만들어진 부도로는 경기 여주군 여주읍 천송리〈여주군 여주읍 신륵사길〉 신륵사 보제존자 석종(고려 후기)과 충남 공주시 계룡면 중장리〈공주시 계룡면 갑사로〉 갑사 부도밭의 부도 등이 있다. 우리나라에 있는 부도 대부분은 종 모양을 하고 있다. 보제존자 석종은 높고 널찍한 기단을 쌓고 그 한복판에 돌종 모양의 탑을 세운 점이 김제 금산사 방등계단 사리탑이나 양산 통도사 금강계단 사리탑과 비슷하나 그들에 비해 규모가 작고 간략하게 되어 있는 것이 특징이다.

부도(승탑) 가운데에는 일반적인 탑(불탑)의 형태와 아주 흡사한 것도 있다. 또한 스님의 사리를 모시고도 부도라 부르지 않고 탑이라고 이름 지은 것도 있다. 이처럼 그 형태가 탑과 비슷하거나 그 이름이 탑이라 하더라도 그 규모나 형태를 자세히 보면, 부도는 역시 일반 탑과는 구별된다. 부도가 아무리 탑과 비슷하다 하더라도 부도는 그 크기가 탑보다 작거나, 크더라도 주로 단층 내지 2층 정도에 불과하다. 또는 매우 특이한 형태를 이루고 있는데, 강원 원주 흥법사터 염거화상탑[통일신라, '전(傳)흥법사 염거화상탑'이라고 부르는데, 원래 흥법사터에 있었다고 하지만 확실하지 않아 탑 이름 앞에 '전(傳:~라고 전하는)' 자를 붙였다. 경복궁 등에 옮겨졌다가 현재 국립중앙박물관에 있

▲ **법천사 지광국사 현묘탑(국보 제101호)과 현묘탑비(국보 제59호)** 지광국사의 부도로, 팔각원당형이 아니라 평면사각형을 한 새로운 양식을 보여주는 고려시대 대표적인 부도다. 현묘탑은 현재 국립중앙박물관에 옮겨져 지하수장고에 보관 중이며, 현묘탑비는 강원 원주 법천사터에 있다.

다], 강원 원주 법천사 지광국사 현묘탑(고려 전기, 1912년 일본인이 몰래 빼돌린 것이 발각되어 1915년 반환받아 경복궁에 세워놓았는데, 현재 국립중앙박물관에 옮겨져 보관 중이다. 지광국사 현묘탑비는 강원도 원주시 부론면 법천리〈원주시 법천사지길〉 법천사 터에 그대로 남아 있다), 충북 충주 정토사 홍법국사 실상탑(고려 전기, 충북 충주 동량면 하천리 정토사터에 있던 것을 1915년 경복궁에다 옮겨놓았다가 현재 국립중앙박물관에 다시 옮겨져 보관 중이다. 홍법국사 실상탑비 또한 국립중앙박물관에 옮겨져 보관 중이다), 경북 문경 봉암사 지증대사 적조탑(통일신라), 경북 군위군 고로면 화북동〈군위군 고로면 삼국유사로〉 인각사 보각국사탑[보각국사 정조지탑(普覺國師 靜照之塔)](고려 후기), 충북 충주시 소태면 오량리〈충주시 소태면 청룡사시길〉 청룡사터 보각국사탑[보각국사 정혜원융탑(普覺國師 定慧圓融塔)](조선 전기), 전남 화순 쌍봉사 철감선사탑(통일신라), 충남 서산시 운산면 용현리〈서산시 운산면 마애삼존불길〉 보원사터 법인국사 보승탑(고려 초기) 등이 이에 속한다. 이 가운데 현묘탑과 실상탑은 고려시대는 물론 우리나라의 대표적인 부도, '부도의 백미'라 할 정도로 매우 뛰어나고 특별한 형태를 하고 있다. 현묘탑은 부도의 기본형인 팔각원당형이 아니라 일반 탑의 기본 형태인 평면사각형을 이루고 있으며, 실상탑은 중앙에 둥근 공을 첨가하여 매우 독특한 형태를 하고 있다.

부도의 발달은 선종(禪宗: 참선 등을 통해 마음을 깨달아 해탈에 이르는 불교 수행의 한 갈래)의 발달 과정과 맥을 같이하기도 한다. 선종의 보급과 함께 참선을 통해 도(道)를 이룬 스님들이 많이 배출되고, 그런 스님들을 화장하면서 사리를 보관하는 일이 일반화되었기 때문이다. 대체로 선종이 들어오면서 부도가 보급되기 시작하고, 선종이 유행하면서 부도가 널리 유행하였으며, 선종이 크게 자리 잡으면서 뛰어난 부도가 많이 만들어졌다.

우리나라에서 선종이 유행하기 시작한 것은 통일신라 후기부터이다. 그리고 고려시대 전기에는 교종(敎宗: 경전을 단계적으로 공부하여 깨달음을 얻는 불교

▲ **정토사 홍법국사 실상탑(국보 제102호)과 실상탑비(국보 제359호)** 홍법국사의 부도로, 탑신의 몸돌에 둥근 공 모양을 사용하는 등 새로운 기법을 보여주는 고려시대 대표적인 부도다. 원래 충북 충주 정토사터에 있었으나 실상탑과 실상탑비 모두 현재 국립중앙박물관에 옮겨져 있다. 실상탑과 비석은 지하수장고에 보관 중인데, 충주시 동량면 하천리 마을 입구에 실상탑 모형이 세워져 있다.

수행의 한 갈래)을 중심으로 선종을 융합한 천태종(天台宗)이, 후기에는 선종을 중심으로 교종을 통합한 조계종(曹溪宗)이 유행하였는데, 천태종이든 조계종이든 고려시대 불교는 선종을 바탕으로 하였다. 고려시대는 선종이 널리 유행하고 크게 자리 잡은 시기였으며, 조선시대는 불교가 탄압받는 가운데 겨우 명맥을 유지하는 시기였다.

선종의 발달 과정과 부도의 발달 과정을 연결해보면, 우리나라에서는 통일신라 후기부터 부도가 유행하기 시작하여, 고려시대에 부도가 크게 발달하고, 뛰어난 부도들이 많이 만들어졌다고 볼 수 있다. 다만 삼국시대와 비교하여 고려시대에는 탑과 불상이 뛰어나지 못한 편이었는데, 한마디로 고려시대에는 예술적인 면에서 탑과 불상은 뒤떨어지지만 부도는 크게 발달하였다. 그리고 조선시대에는 불교가 쇠퇴하면서 고려시대 부도의 명맥을 유지하는 데 그쳤다고나 할까? 이렇게 정리할 수 있을 것이다.

**[통일신라시대 부도]** 후기부터 부도가 유행하기 시작

전남 구례 연곡사 동부도[동승탑]

전남 곡성 대안사 적인선사 조륜청정탑

강원 양양 진전사터 부도

전남 화순 쌍봉사 철감선사탑

전흥 법사 염거화상탑

경북 문경 봉암사 지증대사 적조탑

**[고려시대 부도]** 탑과 불상에 비해 부도가 발달함

(초기) 전남 구례 연곡사 북부도[북승탑]

(초기) 충남 공주 갑사 부도

(초기) 충남 서산 보원사터 법인국사 보승탑

(초기) 경기 여주 고달사터 원종대사 혜진탑

(전기) 법천사 지광국사 현묘탑

(전기) 정토사 홍법국사 실상탑

(후기) 경기 여주 신륵사 보제존자 석종

(후기) 경북 군위 인각사 보각국사 정조지탑

**[조선시대 부도]** 고려시대 부도 양식의 명맥 유지

경기 남양주 수종사 부도

(전기) 충북 충주 청룡사터 보각국사 정혜원융탑

(전기) 충북 보은 법주사 복천암 수암화상탑

(후기) 전남 구례 연곡사 서부도[서승탑]

현묘탑·실상탑·적조탑·정혜원융탑 등 '○○○탑'이라 부르는 부도들은 대체로 화려한 데 비해, 종 모양의 부도들은 대개 단순하고 소박한 모습을 하고 있다. 또 종 모양의 부도는 혼자서 외롭게 있는 경우보다 여럿이 떼를 지어 부도밭을 이루고 있는 경우가 많다. 이런 점을 생각해보면 탑보다는 부도, 부도 가운데에서도 탑 모양의 부도보다 종 모양의 부도에서 인간적인 냄새가 더 난다고 할 수 있다. 특히 이름도 없이 깨진 모습으로 자리를 지키고 있는 부도들을 보면 측은함과 함께 왠지 모르게 정다움이 느껴진다. 돌도 예사 돌이 아니라 저 돌 속에 사리가 묻혀 지금까지 내려오고 있다는 생각을 하면 그저 숙연해지고, 때로는 어느 위치에 어떤 모습으로 사리가 모셔져 있는지 궁금하여 당장에라도 사리를 꺼내 보고 싶은 생각이 들기도 한다.

## 사리와 전혀 관계없는 탑도 있다

쉽게 구분하여 부처님의 사리탑을 탑(불탑), 스님의 사리탑을 부도(승탑)라고 할 때, 탑과 부도는 모셔진 사리의 주인공이 누구냐에 따라 구별된다. 그러나 그 주인공이 누구이기 전에 부르는 사람의 입장에 따라 구별되기도 한다. 스님의 사리를 모셨더라도 부르는 사람에 따라 부도라 하지 않고 탑이라고 부르기도 한다. 때에 따라서는 부도보다 탑이라고 해야 부르기가 더 쉽거나 그 뜻이 더 정확히 전달되기도 한다.

결국 구별 기준이 무엇이든 간에 탑과 부도도 사람 이름처럼 많은 사람이 부르면, 그 이름 자체로 인정받게 되는 경향이 있다. 탑과 부도의 구별도 정해진 규칙보다 사람들에게 인정받는 정도가 더 중요한 것이 아닌가 싶다. 역사 또한 어떤 일정한 규칙에 따라 만들어지고 이어져오는 게 아니라,

변화무쌍한 인간에 의해 만들어지고 인간을 통해 이어져온다고 할 수 있다. 이런 점에서 '역사는 한 번 정해진 것이 아니라 수시로 변하는 것'이다.

부처님의 사리든 스님의 사리든, 사리와 무관하게 탑이라는 용어가 일반적으로 사용되기도 한다. 죽은 이들의 넋을 기리거나, 어떤 역사적 사건을 기념하기 위해서 세운 높은 건조물 등이 바로 그것이다. 비록 불교와 관련된 것도 아니고, 그 뜻마저 다르더라도 탑이라는 용어는 다른 분야에서도 널리 사용되고 있다. 3·15의거탑, 4·19혁명탑, 갑오동학혁명기념탑(紀念塔), 동학혁명군위령탑(慰靈塔), 갑오동학혁명군추모탑(追慕塔), 경찰승전탑(勝戰塔), 영렬탑(英烈塔), 충령탑(忠靈塔), 충혼탑(忠魂塔), 전망탑(展望塔), 에펠탑, 시계탑 등이 그 예이다. 다만 우리말과 한자로는 다 같이 탑(塔)이라고 하지만, 영어에서는 각각 구분하고 있다. 즉 영어에서는 바벨탑·에펠탑과 같은 건축물이나 선전물은 타워(Tower), 교회의 첨탑(尖塔)과 같은 뾰족탑은 스티플(Steeple), 기념탑은 모뉴먼트(Monument), 그리고 불교와 관련된 탑은 파고다(Pagoda) 등으로 구별하고 있다. 또한 특별한 형태로 메소포타미아의 지구라트[Ziggurat: 성탑(聖塔)], 이집트의 오벨리스크[Obelisk: 방첨탑(方尖塔)] 같은 것이 있다.

▲ **동학혁명군위령탑(충남 공주시 금학동〈공주시 우금티로〉 우금티 전적지)** 1894년 10월 동학농민군이 관군과 일본군에 의해 크게 패배하면서 죽은 동학군의 넋을 달래기 위해 1973년 우금티에 세운 탑이다.

또 특별한 것으로 방사탑(防邪塔)이라는 게 있다. 이는 '삿된 것을 막아주는 탑'이란 뜻으로, 특히 제주도에서 발견되고 있는 17기 정도의 탑을 방사탑이라고 부른다. 제주도에서는 방사탑을 거욱대, 거욱, 거왁, 극대라고도 하는데, 지역에 따라 방사탑과 거욱대 등을 다른 의미로 구분하여 사용하기도 한다. 어떤 지역에서는 남대북탑(南坮北塔)이라 하여 남쪽에는 거욱대를 세우고 북쪽에는 방사탑을 세워서 구분하기도 한다.

그러나 꼭 제주도에서 발견된 것만을 방사탑이라고 하는 것은 아니다. 일반적으로 방사탑은 마을의 어느 한 방위에 불길한 징조가 보인다거나 어느 한 지형의 기(氣)가 허(虛)한 곳이 있으면, 그쪽의 방위를 막아야 마을이 평안하게 된다는 세속적인 믿음에서 쌓아 올린 돌탑을 가리킨다. 한마디로 부정과 액(厄)을 막아 마을의 평화와 안전을 꾀하고자 조성한 탑이 바로 방사탑이다.

방사탑을 쌓을 때는 마을 사람들이 공동으로 참여하였는데, 대체로 좌우·음양·남북 대칭으로 하여 양쪽에 각각 세워 쌍으로 만들었다. 전체적인 모양은 원통형으로 밑면을 넓게 하고 위로 갈수록 좁게 쌓았다. 탑 위에는 까마귀와 같은 새 모양을 한 돌이나 돌하르방, 동자석[童子石: 동자(童子: 어린아이)의 형상으로 만들어서 무덤 앞에 세우는 돌. 또는 돌난간(欄干)의 중간에 세우는 짧은 돌기둥, 즉 동자주(童子柱)] 같은 사람 모양을 한 석상을 올려놓기도 하였다. 특히 탑 속에는

▲ **방사탑** 제주시 이호동〈제주시 덕지4길〉 골왓마을에 있는 5개의 방사탑 가운데 하나이다. 골왓마을은 북쪽지대가 낮고 바다가 훤히 들여다보여 액운이 이쪽으로 들어온다고 믿어 탑을 쌓았다. 골왓마을 방사탑 위에는 새 모양의 길쭉한 돌이나 3개의 돌을 올려놓고 있는데, 새는 신의 사자로서 '재앙을 쫓는 상징물'인 까마귀를 형상화한 것으로 보인다.

밥주걱이나 솥을 묻어두었는데, 밥주걱을 묻는 이유는 솥의 밥을 긁어 담듯이 외부의 재물을 마을 안으로 담아 들이라는 뜻이고, 솥을 묻는 까닭은 솥이 뜨거운 불에도 끄떡없이 이겨내듯 마을의 재난을 막아달라는 민간신앙이 반영된 것이라고 볼 수 있다.

방사탑을 쌓기 시작한 시기는 알 수 없으나, 제주도의 방사탑은 육지의 장승, 솟대, 미륵돌이 가지는 방액 · 방사의 기능과 비슷한 역할을 한 것으로 보인다. 즉 방사탑은 마을의 기가 허한 방향에 탑을 세워 액운과 살을 막는다는 풍수지리적인 '방사의 기능'과 함께 마을의 안녕을 보장하고 수호하며, 전염병 예방, 화재 예방, 해상의 안전과 아이를 낳게 하고 보호해주는 기능까지 겸한 신앙의 대상물이라고 할 수 있다.

또 그냥 '돌탑'이라고 부르는 것도 있다. 특별한 목적이나 이유 없이 그저 사람들이 돌을 쌓을 만한 곳이면 아무 데나 소원을 담아 쌓아놓거나, 마을의 안녕과 풍요를 비는 마음에서 동네 입구 등에 세워놓은, 크고 작은 탑들을 말한다. 이들 중에는 불교와 관련된 것도 있고, 무덤으로 사용되는 것도 있고, 또 방사의 기능을 위해 세워놓은 것도 있지만, 그런 것과 관련 없이 그저 자연스럽게 만들어진 것들이 많다. 또 이런 탑들을 한 곳에 잘 쌓아놓은 곳도 있고, 최근에는 눈요기하기 위해 관광용이나 정원용으로 조성해놓은 곳도 있지만, 대부분 돌탑은 장소나 어떤 형식에 구애받지 않고 자유롭게 만들어졌다. 이런 돌탑은 언제 만들었는지, 누가 만들었는지도 모르고, 정해진 양식도 없이 이름도 없이 그저 만들어졌다가 사라지고, 또다시 만들어지곤 한다.

무엇보다도 조건 없이 쉽게 만날 수 있는 탑, 누구라도 쉽게 만들 수 있는 탑, 그러나 누구 하나 관리해주는 이 없는 탑, 이런 돌탑이기에 역사적으로 가치가 없을지는 몰라도, 종교적으로도 별 의미가 없을지는 몰라도, 여기에 우리같이 이름 없는 사람들의 소원이 담겨 있고, 별 볼일 없는 우리들의

▲ **돌탑** 어디 특별한 곳이 아니더라도 사람들 발길이 닿는 곳이라면 크고 작은 돌탑들이 여기저기에 세워져 있다. 사람들이 저마다의 소망을 담아 한 층 한 층 정성껏 쌓은 '희망'탑이라고나 할까? 곳곳에 사람들의 꿈으로 세워진 탑이 널려 있다.

발품과 손때가 고스란히 배어 있다. 비록 사리가 없어도, 알아주는 이 없어도, 유명하지 않아도, 그래도 소중한 탑이다. 소중하면서도 아무 부담 없는 탑, 어쩌면 이런 탑이 진짜 탑 아닐까!

# 탑을 보면 그 시대 정치가 보인다

시대별 탑의 특징

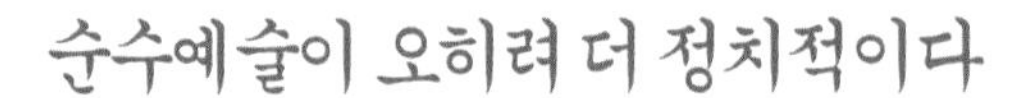

## 순수예술이 오히려 더 정치적이다

돌아다니다 보면 많은 탑을 만나게 된다. 이런 탑들을 보면서 그 탑이 대략 어느 시대의 것인지 알 방법은 없을까? 또는 그 탑을 통해 전문적이진 못하더라도 역사적 평가를 해보거나 상상의 나래를 펼 방법은 없을까? 아마 역사를 전공하지 않은 사람들은 이 탑이 3층탑인지, 5층탑인지도 몰라 그저 답답하기만 하였던 적이 한두 번이 아니었을 것이다. 그러니 여행이나 답사를 통해 많은 탑을 보았어도 그저 탑 앞에서 사진 찍는 일이 전부였을 것이다. 다행히 탑에 관한 안내 표지판이 있어 그것을 읽음으로써 알게 되거나, 또 운 좋게 그곳을 찾은 답사팀이 있어서 그들의 안내를 귀동냥하거나, 그곳 관리인이 설명해주는 행운을 잡아 그한테서 듣는 이야기 정도가 고작이었을 것이다. 요즘은 곳곳마다 문화해설사가 있어 이런 불편이 많이 사라지기도 하였지만.

많은 사람들이 문화재를 보기만 하면 두려움부터 앞선다고 말한다. 이는 초등학교는 물론 중·고등학교에서 역사 수업을 계속 받아왔지만 그거야 입시 준비상 외운 것에 불과하고, 더구나 배운 시기도 오래되어 기억하기가 어렵기 때문일 것이다. 또 학교 역사 수업이란 게 어떤 역사적 판단을 내릴 수 있도록 도와주는 수업이 아니라, 주로 암기식 수업 위주로 이루어진 탓으로 어떤 역사적 유물이나 유적을 통해 정작 느껴야 할 것은 느끼지 못하고 쓸데없는 지식만 자꾸 기억하려는 습관 때문이기도 할 것이다. 그러면 주변에서 흔히 접하게 되는 탑들을 보고, 일반인들이 그 탑을 쉽게 이해하거나 역사적 상상력을 펼 방법을 한번 찾아보자.

모든 문화는 그 당시 사회의 정치적 상황을 반영한다. 문화도 따지고 보면 정치의 한 단면이요, 한 부분이다. 따라서 정치와 무관하게 존재하는 문화란 있을 수 없다. 혹자는 진정한 예술은 순수예술이요, 진정한 문학은 순수문학이라고 주장하기도 한다. 그러나 막상 그 같은 주장도 그 당시 정치적 상황을 반영하고 있는 것에 불과하다.

일제강점기를 예로 들어보자. 일본은 순수문학·순수시를 강조하였다. 정치적 냄새를 풍기거나 정치적 의도를 담은 시(詩)는 시가 아니라고 하였다. 진정한 시는 순수시로서, 오로지 정치와 무관한 순수한 내용만이 영원하고 가치 있다고 강조하였다. 따라서 참여시·경향시 같은 부류의 시는 시가 아니라, 시의 형식을 빌린 하나의 정치 구호에 불과하다고 가르쳤다. 현재까지 그렇게 가르치고 있는 사람들도 있다.

그러나 이처럼 주장하는 사람들이 오히려 더 정치적이었다. 일제(日帝)의 처지에서 보면, 조선 사람들이 정치에 무관하게 살아야 지배하기 쉬웠을 것이다. 그래서 일제는 조선 사람들이 정치에 관심 없이 살도록 암암리에 강요하였고, 정치와 무관하게 살도록 은근히, 그리고 끈질기게 조선 사람들을 교육하였다. 그런 정치적 의도에서 일제는 순수문학, 순수예술을 내세우고 이를 강조하였다. 순수문학, 순수예술이 진정한 문학, 예술이라고 하면서 정작 자신들의 정치적 잇속을 챙겼던 것이다.

이렇게 보면 순수문학을 강조하면 할수록 그 속에는 오히려 더 강한 정치적 의도가 있음을 짐작할 수 있다. 정치적인 것을 부정하면 할수록 그곳에는 더 정치적인 속셈이 깔려 있는 것이다. 다 그런 것은 아니지만, 겉으로 정치적인 것을 부정하는 사람과 막상 함께 지내보면 오히려 그 사람이 속으론 더 정치적이고, 출세에 더 눈독을 들이고 있고, 정치적 욕심이 더 많다는 것을 느끼곤 한다. 그리고 정치적인 것을 내세우던 사람을 막상 접해보면 오히려 그가 정치적이지 않고, 생각보다 순수한 구석이 더 많음을 경험하곤 한다.

정치적인 것을 내세우지 않는 사람이 오히려 더 정치적인 길을 가고 있는 게 결코 부정할 수 없는 우리의 현실이다. 실제 일제강점기 순수시를 노래하던 시인들을 조사해보면, 그들은 대부분 일본과 내통하고 있었으며, 끝내 친일과 매국의 길을 걸었던 사실들이 낱낱이 밝혀지고 있다. 굳이 일제강점기가 아니라 해방 후에도 마찬가지였으며, 지금도 그런 작가들이 적지 않다. 더구나 그런 사기꾼들이 '글재주가 있다'는 것을 앞세워 아직까지도 대한민국 문단을 대표하는가 하면, 부끄러운 줄 모르고 설치고 다니기도 한다.

순수예술을 주장하는 사람들이 더 정치적인 일에 깊숙이 관여하였던 역사적 사실만 보더라도, 순수예술일수록 오히려 더 순수하지 못한 경우가 많다. 사람이 살아가는 데 어찌 정치와 무관할 수 있으며, 정치와 무관하게 존재하는 예술이 어찌 있을 수 있겠는가! 굳이 아리스토텔레스가 말한 "인간은 정치적 동물(Homo Politicus)"이라는 정의가 아니더라도 모든 인간은 태어날 때부터, 아니 태어나기 이전부터 정치와 무관할 수 없는 존재이다. 또한 정치적 상황에 지배받을 수밖에 없는 존재이다. 나아가 인간의 모든 문화는 정치적 산물이 아닐 수 없다.

따라서 탑을 이해하기 위해서는 기본적으로 그 탑이 만들어진 시기의 정치 상황을 함께 이해해야 한다. 즉 당시의 정치적 상황과 결부시켜 이해해야 그 탑을 제대로 파악할 수 있다. 문화를 정치와 별개로 취급하여 어떤 문화재를 단순히 문화재로만 이해한다면 그것은 반쪽만 이해하는 것으로, 문화재가 아니라 문화재라고 부르고 있는 단순한 돌이나 나무 등만 이해하는 것에 불과하다. 문화재를 단순히 문화적인 측면에서만 이해하는 것이 아니라, 그 당시 문화와 그런 문화를 가능하게 했던 정치 상황 등을 종합적으로 함께 파악하는 것이 진정한 문화재 이해일 것이다. 인간의 삶이 배어 있는 문화재를 단순히 돌덩이나 나뭇조각으로 보아서는 안 될 것이다.

## 전해지는 삼국시대 탑은 다섯 손가락 안에 있다(?)

격동의 삼국시대에는 전쟁터에서 살아 돌아오더라도 전쟁에 패배하고 돌아온 자는 사형시킬 정도로 무엇보다도 전쟁에서 승리하는 것이 가장 중요하였다. 그리고 전쟁에서 승리하기 위해서는 나라의 안정과 강력한 국가 권력이 필요하였다. 따라서 국민의 정신을 통일할 수 있는 새로운 이념이 필요하였으며, 동시에 왕권 강화를 꾀할 수 있는 사상이 요구되었다. 이런 시기에 때맞춰 외국을 통해 우리나라로 유입된 사상이 바로 불교였다. 고구려 · 백제 · 신라 삼국은 왕권 강화와 국력 증진을 꾀하고자 싫든 좋든 불교를 받아들였으며, 불교의 유입과 함께 불교문화가 꽃피기 시작하였다.

불교의 도입과 더불어 절은 물론 탑, 불상, 부도, 불화, 범종 등 불교 관

▲ **황룡사 및 9층 목탑 복원 모형** 황룡사는 신라가 외적의 침입을 막고, 주변 9개 나라를 진압하기 위해 선덕여왕 14년(645)에 조성된 탑이나, 몽골 침입 때 불타버려 지금은 남아 있지 않다.

련 조각물이나 조형물, 그림 등이 만들어짐으로써 우리나라 문화예술은 더욱 풍부해졌으며, 그 수준 또한 한층 높아졌다.

불교가 들어온 초기에는 탑을 중심으로 하는 불교 건물 등이 만들어졌다. 즉 부처님의 사리를 모신 탑을 무엇보다도 중요시해 각종 탑이 만들어졌다. 탑은 먼저 나무로 만든 목탑(木塔)이 조성되다가, 나중에는 돌로 만든 석탑(石塔)이 많이 조성되었다.

삼국시대에 조성된 목탑으로 현재까지 전해지는 탑은 하나도 없는 것으로 파악되고 있다. 다만 『삼국유사』 기록을 통해 당시 목탑으로 신라 황룡사 9층 목탑이 유명하였음을 짐작할 수 있다. 특히 황룡사 9층 목탑은 그 규모와 장식이 대단하였을 뿐만 아니라, 아래층에서 위층까지 사람이 오르내릴 수 있는 전망대를 겸한 탑이었다. 큰 규모의 목탑을 조성하기란 쉬운 일이 아니며, 더구나 사람이 오르내릴 수 있는 목탑을 조성하기란 더더욱 어려웠다. 돌로 쌓은 탑은 그래도 무게를 지탱할 수 있지만, 나무로 쌓은 탑은 높이 쌓을수록 그 무게를 지탱하기가 만만치 않기 때문이다. 거대한 목탑을 쌓기 위해서는 아주 뛰어난 기술이 필요하다. 그런데 거대한 크기에 화려함까지 뽐내던 황룡사 9층 목탑은 몽골[Mongol: 흔히 '몽고(蒙古)'라고 부르고 있지만, 몽골 국민은 몽고라는 이름을 매우 싫어한다고 한다. 몽고의 '蒙'은 어리석음을 뜻하는 말로, '몽고'는 옛 중국인들이 북방의 골칫거리 족속이라 낮춰 부르는 말이지만, '몽골'은 용맹스러움을 뜻하는 말이다. 몽골 국민의 정서로 보아 '몽골'로 씀이 바람직할 것이다. 여기에서도 이를 반영하였다] 침입 때 불타버려 전해지지 않는다. 거대한 목탑을 쌓던 기술마저 전해지지 않고 끊겨버렸다. 현재 여러 기록이나 발굴을 통해 황룡사 9층 목탑의 모습을 재현하려는 노력이 계속되고 있다.

현재까지 전해지는 목탑으로는 충북 보은 법주사 5층 목탑[팔상전(捌相殿)]과 전남 화순 쌍봉사 3층 목탑[대웅전(大雄殿)]이 대표적인데, 두 탑 모두 조선시대에 만들어진 것이다. 이 두 탑은 모두 탑이라기보다는 건물이라는 인상이 더 강한데, 특이하게도 겉에서 보면 여러 층이지만, 안에서 보면 사람이 오르내릴 수 없는 통층(通層: 아래에서 위까지 하나로 뚫려 있는 층) 구조로 되어 있다. 구조도 특이하지만 무엇보다도 우리나라에 현재까지 전해지는 얼마 되지 않는 목탑으로 아주 귀한 것들이다.

거대한 목탑을 쌓던 기술이 전해지지 않고 끊긴 상태에서 1996년 충북 진천군 진천읍 연곡리〈진천군 진천읍 김유신길〉 보탑사에 3층 목탑이 세워졌다. 보련산 자락의 연꽃골

▲ **진천 보탑사 3층 목탑** 겉에서 보면 3층이지만 안에서는 5층으로 되어 있으며, 아래층에서 위층까지 사람이 오르내릴 수 있으며, 전망대 역할을 할 수 있는 난간이 설치돼 있다.

[연곡리(蓮谷里)]에 우뚝 서 있는 이 탑은 신라가 통일국가를 염원하여 황룡사 9층 목탑을 세웠듯이, 남북통일은 물론 옛 고구려 땅까지 되찾으려는 염원을 담아 세운 것이다. 특히 아래층에서 위층까지 오르내릴 수 있으며, 층마다 법당을 설치하고, 바깥쪽에는 전망대 역할까지 겸하도록 만들어진 점은 우리가 흔히 볼 수 있는 다른 일반 탑들과 비교되기도 한다. 혹자는 우리나라에서 황룡사 9층 목탑 이후 전망대를 겸해 오르내릴 수 있게 현대 기술로 지어진 탑으로는 보탑사 3층 목탑이 처음이라고 말하기도 한다.

돌과 비교하여 나무는 깎거나 다듬기가 쉽고, 원하는 모양대로 자유롭게 만들 수 있어 처음에는 목탑이 많이 조성되었다. 그러나 나무는 오래가지 못하는 단점이 있다. 그래서 나무를 대신하여 돌로 탑을 만들었다. 돌은 나무와 비교하면 깎거나 다듬기가 어렵고, 원하는 형태대로 만들기도 어렵긴 하지만 보존과 관리 면에서 목탑보다 유리하였다. 이제 목탑을 대신하여 석탑이 널리 유행하였는데, 석탑은 지금까지도 많이 전해 내려오고 있으며, 목탑과 달리 삼국시대에 만들어진 석탑도 전해지고 있다. 그리 많지는 않고, 쉽게 기억할 수 있을 만큼 몇 개 정도만 전해지고 있다. 삼국시대 탑으로 전해지는 것은 다섯 손가락 안에 들 정도이다.

현재까지 전해지는 삼국시대 석탑 가운데 고구려 탑으로 확인된 것으로서 널리 알려진 것은 없다. 다만 기록을 통해 중국 랴오닝성[遼東城(요동성)] 육왕탑과 평양성 서쪽 대보산 영탑사 석탑이 있었음을 짐작할 수 있을 뿐이다.

백제시대 석탑으로는 전북 익산시 금마면 기양리〈익산시 금마면 미륵사지로〉 미륵사터 석탑과 충남 부여군 부여읍 동남리〈부여군 부여읍 정림로〉 정림사터 5층 석탑이 유명하다. 미륵사터 석탑은 윗부분이 무너진 상태로 전해 내려왔다. 그나마 남아 있는 부분도 무너질 위험이 있어 일제강점기인 1914년 일본인들이 탑을 보수하였는데, 시멘트로 탑을 단단히 고정해놓았다. 시멘트 공법은 그 당시 어쩔 수 없는 최고의 공법이었지만 문제가 많았다. 보기에도 좋지 않은 것은 물론, 무엇보다도 탑을 완전히 해체해서 무너진 나머지 부분을 복원하려고 해도 시멘트 때문에 해체할 수가 없었다. 즉 시멘트를 떼어내려면 원래 돌마저 파손될 염려가 많아 석탑을 완전하게 복원할 수 없었다.

이처럼 시멘트로 고정된 미륵사터 석탑은 문화재를 잘못 보존한 대표적인 본보기였는데, 오늘날 문화재 보존 처리 기술의 발달과 더불어 1999년 문화재위원회에서 큰 결정을 내렸다. 미륵사터 석탑이 이미 낡았고, 석탑 자체가 붕괴할 우려마저 있어 2000년부터 장기 계획에 의해 이 탑을 완전히 해체·수리하기로 하였다. 2014년 완전히 복원할 계획으로 지금도 복원 작

▲ **익산 미륵사터 석탑** 왼쪽 그림은 동·서 양쪽에 있던 탑 가운데 서쪽에 남아 있던 탑으로, 아래 부분만 남아 시멘트로 겨우 지탱하고 있었으나 최근 복원 중이다. 오른쪽 사진은 완전히 무너져 있던 것을 새로 복원한 동 9층 석탑으로, 탑의 층수에 대해서 한때는 7층이라고도 하였으나 동탑지 주변 발굴에서 노반 등이 발견되어 9층이었음이 밝혀졌다.

▲ **미륵사 모형도** 익산 미륵사지유물전시관에 꾸며져 있는 그림이다. 미륵사는 무왕 때 세워진 백제 최대의 사찰로, 3개의 탑(중앙 목탑과 좌우 석탑)과 3개의 금당(법당)을 갖춘 가람으로 밝혀졌다. 석탑 또한 높이 14.24m로 우리나라 최고 · 최대의 석탑으로 평가되고 있다.

업이 진행되고 있는데, 그동안 시멘트로 고생하며 앓던 탑이 어떤 모습으로 다시 태어날지 자못 기대가 크다.

미륵사에는 중앙에 목탑 1개와 동·서 양쪽으로 똑같은 모양의 석탑이 있었던 것으로 파악되고 있다. 이 가운데 현재까지 전해지는 탑이 바로 중간과 밑 부분만 남은 채 시멘트로 고정되었던 탑으로, 서쪽 탑에 해당한다. 처음에는 없어진 윗부분까지 몇 층인지 정확히 알 수가 없어 '미륵사터 다층 석탑'이라고 불렸는데, 주변에서 발굴된 것과 컴퓨터 그래픽을 활용한 정밀한 조사 결과 총 9층이었던 것으로 파악되었다. 1992년 전해지지 않던 동쪽 탑이 새롭게 복원되었고, 1997년에는 유물전시관이 세워졌으며, 현재 시멘트로 고정되어 있던 서쪽 탑이 완전 해체·수리 중이고, 미륵사 복원이 진행 중이다. 2009년 서쪽 탑을 보수·정비하면서 금제 사리병과 금판 모양의 사리봉안기(舍利奉安記) 등이 발견되었는데, 이 기록에 미륵사는 '좌평 사택

덕적(沙宅德積)의 딸인 백제 왕비에 의해 건립'된 것으로 밝혀졌다. 지금까지 『삼국유사』 기록에 따라 '무왕의 왕비 선화 공주의 발원에 의해 건립'된 것으로 알고 있던 것과는 달라 크게 화제가 되었다.

▲ **부여 정림사터 5층 석탑** 부여 읍내 중앙쯤에 자리하고 있어 찾아가기도 쉬운 편인데, 부여를 대표하는 문화재라고 해도 손색없을 정도로 세련되고 정제된 조형미를 잘 보여주고 있다.

미륵사터 석탑은 돌을 나무처럼 깎아 그것들을 끼워 맞춰 만든 목탑 형식을 취하고 있는데, 이 같은 점에서 미륵사터 탑은 목탑에서 석탑으로 넘어가는 과정에 만들어진 탑으로 보인다. 그리하여 미륵사터 석탑은 목조탑 양식을 그대로 따른 것으로, 한국 석탑의 기원, 백제 석탑의 시원(始源), 현존하는 우리나라 탑 가운데 가장 오래된 탑으로 널리 알려져왔다. 그러나 지층을 중심으로 연구·조사한 보고에 의하면, 정림사터 지층이 미륵사터 지층보다 시대가 앞선다고 한다. 이에 정림사터 5층 석탑이 미륵사터 석탑보다 더 오래된 탑이라는 주장이 제기되어 논란이 계속되기도 한다.

정림사터 5층 석탑은 원형대로 전해지는 대표적인 백제 탑의 하나이다. 한때 이 탑은 '평백제탑(平百濟塔)' 또는 '대당평백제탑(大唐平百濟塔)', 간단히 '평제탑(平濟塔)'이라고 일컬어졌는데, 이는 잘못된 것으로 밝혀졌다. 백제를 정복한 당나라 소정방이 백제 평정 내용을 탑신(塔身)에 새겨놓은 것을 일본 학자들이 오해하여, 탑도 그때 세운 것으로 여겨 그리 불렀던 것이다. 그러나 정림사터 5층 석탑은 당나라 군대가 백제를 평정하기 이전에 이미 만들어진 탑으로 밝혀졌다.

▲ **경주 분황사 모전석탑** 현재까지 전해지는 신라 석탑 가운데 가장 오래된 걸작품으로, 비슷한 시기에 만들어진 백제 미륵사터 석탑과 좋은 대조를 이룬다.

현재까지 2기만 남아 있는 백제 석탑이라는 점에서 정림사터 5층 석탑과 미륵사터 석탑은 각별한 탑이라고 할 수 있다. 정림사터 5층 석탑은 미륵사터 석탑과 마찬가지로 돌을 나무처럼 깎아 그것들을 끼워 맞춰 조성한 것 등으로 보아 목탑에서 석탑으로 넘어가는 과정에 만들어진 탑으로 파악되고 있다. 따라서 미륵사터 석탑과 정림사터 5층 석탑은 '역사의 라이벌'처럼 우리나라 석탑의 원조라 할 만큼 서로 쌍벽을 이루고 있으며, 유구한 역사의 숨결 속에 잠들지 않고 지금까지 살아 내려오고 있다. 미륵사터 석탑이 그동안 시멘트에 의지하여 겨우 버텨오다가 최근 완전 해체·복원 중인 것에 비해, 정림사터 석탑은 거의 완벽할 정도로 보존 상태가 매우 좋은 편이다. 현재 정림사터에 정림사를 복원하려는 노력이 계속되고 있다.

신라의 석탑으로는 경북 경주시 구황동〈경북 경주시 분황로〉 분황사 석탑[경주 분황사 모전석탑]이 전해지고 있다. 모전석탑은 '벽돌 모양의 돌로 쌓은 탑'을 뜻하며, 돌을 벽돌처럼 작게 만들어 층마다 차곡차곡 쌓으면서 전체적으로는 큰 돌 몇 개를 쌓은 것처럼 만든 탑을 말한다. 현재 분황사 모전석탑은 원래 9층이었다는 기록이 있으나 미륵사터 석탑처럼 윗부분이 없어지고 밑에서부터 3층만 전해지고 있다. 특히 바닥 네 귀퉁이에 사자상(獅子

像)을 조성한 점과 1층 네 면 중앙에 있는 문마다 양쪽으로 인왕상(仁王像)을 조성한 점이 독특하다.

[삼국 시대] '목탑은 전해지는 것이 없음'
: 석탑은 전해지는 것이 몇 개뿐
[고구려] 널리 알려진 것이 없음
[백 제] 충남 부여 정림사터 5층 석탑
전북 익산 미륵사터 석탑
[신 라] 경북 경주 분황사 모전석탑

## 3층탑을 보면 먼저 통일신라를 생각하라

지금도 신라의 삼국통일을 '불완전한 통일'이라고 하면서 여전히 '통일'을 강조하는 사람들이 적지 않다. 또 신라의 삼국통일은 엄밀한 의미에서 통일이 아니라고 보는 사람들도 적지 않다. 어쨌든 당시 신라인들은 백제와 고구려를 멸망시키고 당나라까지 몰아낸 일에 대해 삼국을 통일한 것으로 생각했던 모양이다. 통일신라시대 탑 중에는 3층탑이 많고, 통일감 있는 탑들이 많은 것을 보면 말이다. 삼국을 통일한 것으로 생각한 신라인들의 자부심은 그 시대 탑에 그대로 반영되었다. 즉 '3국을 통일하였다'는 신라인들의 생각이 탑에 그대로 반영되어 '통일감 있는 3층탑'이 조성되었던 것이다. 실제 통일신라시대에 조성된 탑 가운데는 3층탑, 그것도 통일감 있는 3층탑이 아주 많다.

백제와 고구려를 멸망시킨 신라의 귀족들은 이전보다 더 많은 노비를 가지게 되었다. 따라서 신라의 지배층은 세금 등을 통한 더욱더 많은 수입

▲ **경주 감은사터 동 · 서 3층 석탑** 감은사터에 같은 규모와 양식으로 나란히 서 있는 쌍탑이다. 1959년 서탑을 해체 · 수리할 때, 서쪽 탑 3층 몸돌에서 사리장치가 발견되어 이목을 끌었으며, 1996년 동탑을 해체 · 수리할 때에도 비슷한 사리장치가 발견되어 시선을 끌었다. 그러나 부실복원공사로 논란이 되다가 2006년 서탑을 다시 부분 해체 · 보수하였다.

과 착취로 이전보다 호화롭고 사치한 생활을 누리게 되었고, 이제는 안정감 있게 나라가 유지되기를 희망하였다. 이런 생각들이 탑에 자연스럽게 스며들었다. 그리하여 의식했든 의식하지 않았든 간에 전체적으로 안정감이 있는 탑들이 많이 만들어졌으며, 화려한 모습의 탑들이 많이 조성되었다. 그래서 통일신라시대에 조성된 탑들은 대개 밑 부분[기단부]이 '2층의 높은 기단(높은 이중 기단)'을 하고 있어 안정감을 보이고, 탑의 몸통에 해당하는 부분[탑신부]에 '각종 조각 등이 새겨진 화려한' 것들이 많은 편이다.

또 신라는 멸망한 백제인과 고구려인들의 불만이나 반발을 무마하기 위해 노력하였으며, 백제와 고구려 귀족들을 신라의 골품 제도에 편입시키기도 하였다. 즉 백제 및 고구려 사람들을 대접하려는 다양한 노력을 기울여 화합을 꾀하려 하였다. 신라는 삼국 각국의 사람들을 균형 있게 대우하면서, 조화를 유지하려고 하였다. 이런 의도나 생각이 탑에도 그대로 반영되었다. 그래서 통일신라시대에 만들어진 탑들에는 '조화와 균형감'이 있는 탑들이 많다.

▲ **경주 불국사 3층 석탑** '2층의 높은 기단에 안정감과 통일감이 있는 3층 석탑, 조화와 균형미가 있는 탑'이라는 통일신라시대 탑의 특징을 가장 전형적으로 보여주는 탑이다.

이처럼 통일신라시대 탑은 '2층의 높은 기단에 안정감이 있는 3층 석탑'이 많고, 전체적으로 보아 '통일감이 있고, 조화와 균형미가 있는' 경우가 많다. 또 조각이 새겨져 있어 '화려한 느낌'을 주곤 한다. 한마디로 통일신라시대 탑은 '멋있고 잘생긴, 끝내주는 탑'이라고 할 수 있다.

통일신라시대 탑의 전형적인 특징이 잘 반영된 탑으로는 경북 경주시 양북면 용당리〈경주시 양북면 용당탑2길〉 감은사터 동·서 3층 석탑, 경북 경주시 암곡동 고선사터 3층 석탑(덕동댐 건설로 말미암아 절터가 물에 잠기게 되자 1975년 국립경주박물관으

▲ **경주 고선사터 3층 석탑** 원효대사가 주지로 있었던 고선사의 옛터에 세워져 있던 탑으로, 2층 기단의 3층 석탑에 조각까지 새겨진, 통일신라 석탑의 전형적인 모습을 하고 있다.

▲ **양양 진전사터 3층 석탑** 2층 기단 위에 3층 탑신을 올려놓은, 통일신라 석탑의 전형적인 모습을 하고 있는데, 1층과 2층 기단 및 1층 탑신에 화려한 조각까지 새겨져 있다. 진전사터 부도와는 좀 떨어진 아래쪽에 세워져 있다.

▲ **남원 실상사 동 3층 석탑** 실상사 보광전 앞에는 같은 모양을 한 쌍탑이 동 · 서로 세워져 있는데, 사진은 동쪽에 있는 탑이다. 전형적인 통일신라 석탑의 양식을 잘 보여주듯이 '2층 기단에 멋스러운 3층 석탑'을 이루고 있다. 특히 두 탑 모두 탑의 머리장식이 거의 완전하게 남아 있다.

로 옮겨놓음)이 있으며, 경북 경주시 진현동〈경주시 불국로〉 불국사 3층 석탑[석가탑]이 있다. 또한 경북 경주시 구황동〈경주시 황복길〉 황복사터 3층 석탑[구황리 3층 석탑], 경북 김천시 대항면 운수리〈김천시 대항면 북암길〉 직지사 비로전 앞 동 · 서 3층 석탑, 직지사 대웅전 앞 3층 석탑, 경북 경주시 외동읍 모화리〈경주시 외동읍 모화북1길〉 원원사터 동 · 서 3층 석탑, 강원 양양군 강현면 둔전리〈양양군 강현면 화채봉길〉 진전사터 3층 석탑, 충남 보령시 성주면 성주리〈보령시 성주면 성주사지1길〉 성주사터 중앙 3층 석탑, 전북 남원시 산내면 입석리〈남원시 산내면 입석길〉 실상사 동 · 서 3층 석탑, 전남 구례군 마산면 황전리〈구례군 마산면 화엄사로〉 화엄사 4사자 3층 석탑(四獅子三層石塔), 전남 해남군 삼산면 구림리〈해남군 삼산면 대흥사길〉 대흥사 응진전 앞 3층 석탑 등이 통일신라 시대 탑으로 널리 알려진 것들이다.

불국사 3층 석탑은 석가탑(釋迦塔) 또는 무영탑(無影塔: 그림자가 비치지 않는 탑)이라고도 부르는데, '2층의 높은 기단에 안정적이고 균형과 통일미가 흐르는 3층 석탑'이라는 통일신라 석탑의 가장 전형적인 형태를 보이고 있어 통일신라를 대표하는 석탑으로 여겨진다. 또 석가탑은 1966년 탑을 해체·수리하면서 2층 탑신에서 여러 가지 사리 용기들과 유물들이 발견되었는데, 특히 여기서 나온 닥나무 종이로 된 작은 두루마기 모양의 『무구정광대다라니경(無垢淨光大陀羅尼經)』은 세계에서 가장 오래된 목판인쇄물로 밝혀져 화제가 되기도 하였다. 그런데 "『무구정광대다라니경』은 세계에서 가장 오래된 목판인쇄물이 아니며, 우리나라에서 만들어진 것도 아니다."라는 등의 주장도 있다.

구례 화엄사 4사자 3층 석탑은 화려한 통일신라 석탑의 특징을 아주 잘 드러내고 있다. 당연히 통일신라시대 탑의 기본 형태인 '높은 이중 기단의 3층 석탑'을 이루고 있으면서도, 특이하게 상층 기단의 네 귀퉁이에 각각 네 마리의 사자가 앉아 있는 모습으로 조각되어 있고, 그 중앙에는 합장하고 서 있는 모습의 스님(탑 앞에 세워져 있는 석등 안에 꿇어앉아 계시는 스님의 어머니)이 조각되어 있다. 또 하층 기단의 네 면에는 각각 3명의 천인상(天人像)이 양각되어 있는데, 이들 천인상은 악기를 연주하고 춤을 추기도 하는 등 갖가지 모습으로 화려하게 장식되어 있다. 그리고 탑신부에도 인왕상과 보살상, 사천왕상이 각각 조각되어 있다. 한마디로 화려함의

▲ **구례 화엄사 4사자 3층 석탑과 석등** 탑의 모습도 아름답지만, 네 마리의 사자가 둘러싼 탑 중앙에 서 계시는 어머님께, 탑 바로 앞에 있는 석등 안에서 꿇어앉은 자세로 차를 올리고 있는 스님의 마음이 더 아름다워 보인다.

극치에 뛰어난 미를 자랑하고 있다. 이런 점에서 화엄사 4사자 3층 석탑은 불국사 다보탑과 함께 특별한 형태를 한 아름다운 석탑을 대표하는 통일신라 석탑의 쌍벽으로 평가되기도 한다.

▲ **경주 불국사 다보탑** 화려한 모습만큼 수난도 많았는데, 1925년 일본인들이 해체 · 보수하였을 때 탑 속에서 나온 유물 중 전해지는 게 하나도 없으며, 돌계단 위에 놓인 돌사자도 세 마리는 약탈당하고 한 마리만 남았다.

통일신라시대 탑의 기본적인 형태에서 벗어난 탑 가운데 가장 대표적인 것으로는 경북 경주 불국사 다보탑을 들 수 있다. 또 경북 경주시 현곡면 나원리〈경주시 현곡면 나원길〉 5층 석탑, 경북 의성군 금성면 탑리리〈의성군 금성면 오층석탑길〉 5층 석탑(의성 탑리리 5층 석탑은 예전에는 삼국시대 탑으로 보기도 하였으나 통일신라시대 탑으로 파악되었다), 경북 안동시 법흥동〈안동시 가람2길〉 법흥사터 7층 전탑(塼塔: 벽돌로 만든 탑)[안동 신세동 7층 전탑], 경북 안동시 운흥동〈안동시 경동로〉 5층 전탑, 경북 안동시 일직면 조탑리〈안동시 일직면 조탑본길〉 5층 전탑, 경북 칠곡군 동명면 구덕리〈칠곡군 동명면 송림사길〉 송림사 5층 전탑, 경북 청도군 매전면 용산리〈청도군 매전면 용산3길〉 불령사 전탑 등도 통일신라시대의 전형적인 탑 형태에서 벗어난 탑들이다. 특히 다보탑은 10원짜리 동전에도 새겨져 있을 정도로 유명한데, 돌을 마치 비누 다루듯이 자유자재

▲ **의성 탑리리 5층 석탑** 돌을 벽돌 모양으로 다듬어 쌓아 올린 전탑 양식과 목조 건축의 양식을 동시에 보여주는 특이한 구조를 한 귀중한 자료(국보 제77호)이다. 이런 독특한 특징은 경주 분황사 모전석탑(국보 제30호)과 함께 통일신라 전기의 석탑 양식을 연구하는 데 중요한 자료가 되고 있다.

로 조각한 점은 감탄할 정도를 넘어 '석탑의 백미'라 해도 부족할 지경이다.

의성 탑리리 5층 석탑은 언뜻 보면, 분황사 모전석탑처럼 벽돌 모양의 탑처럼 보인다. 하지만 벽돌을 모방한 것 같은 강도가 분황사 모전석탑에 비하면 훨씬 약할뿐더러 자세히 살펴보면 벽돌 모양을 한 것도 아니다. 그래서 모전석탑이 아니라 그냥 석탑이라고 부르고 있다. 다만 의성 탑리리 5층 석탑은 전탑과 목탑 양식을 다 갖추고 있다. 이처럼 경주 분황사 석탑이나 의성 탑리리 석탑은 석탑일지라도 전탑 양식을 하고 있으며, 안동 법흥사터 7층 전탑이나 안동 운흥동 5층 전탑, 안동 조탑리 5층 전탑, 칠곡 송림사 5층 전탑, 청도 불령사 전탑 등 신라 지역에서는 다른 지역보다 상대적으로 전탑이 많이 전해지고 있다. 백제는 주로 목탑 양식을 따랐지만, 신라에서는 전탑이 나름 유행하였음을 짐작할 수 있다.

▲ **안동 법흥사터 7층 전탑** 경북 안동시 법흥동(옛 신세동)에 있는 이 탑은 통일신라 때 창건된 법흥사에 딸린 탑으로 추정되며, 안동 신세동 7층 전탑이라고도 부른다. 벽돌로 만들어진 우리나라 탑 가운데 가장 크고 오래된 탑으로, 목탑을 모방하여 만들어진 것으로 파악된다.

**[통일신라시대]** '높은 기단의 화려한 3층 석탑'

: 안정감과 통일감 및 조화와 균형미

**[전형]** 경북 경주 불국사 3층 석탑[불국사 석가탑]

경북 경주 고선사터 3층 석탑

경북 경주 감은사터 3층 석탑

충남 보령 성주사터 중앙 3층 석탑

[예외] 경북 경주 불국사 다보탑

경북 경주 나원리 5층 석탑

경북 의성 탑리리 5층 석탑

경북 안동 법흥사터 7층 전탑[신세동 7층 전탑]

경북 칠곡 송림사 5층 전탑

## 개성(開城)이 수도인 고려, 개성(個性)이 강한 고려 탑

고려를 세운 세력은 자신들의 군대를 바탕으로 지방에 근거를 둔 세력, 이른바 '호족(豪族)'이었다. 이들은 신라 말기에 몇몇 세력끼리 연합하여 각각 '후백제'와 '후고구려'를 세웠다. 그 가운데 후고구려가 점점 발전하면서 국호를 '고려'로 바꿨는데, 고려는 후백제와 신라를 모두 멸망시키고 이들을 통합함으로써 한반도에서 진정한 의미의 최초 통일국가로 성장하였다.

이렇듯 무사(武士)적 성격을 띤 지방호족들이 중심이 되어 성립된 고려시대 문화는 그 성격이 기본적으로 무사적일 수밖에 없었다. 따라서 고려시대 예술품에는 무사들에게서 풍기는 것처럼 '굳어 있거나 딱딱한 느낌'을 주는 것들이 많고, 호족들의 세력 근거지가 지방에 있었던 만큼 각 지방의 다양하고 개성이 강한 모습들이 문화에도 반영되어 지방색이 강한 경우가 많다. 또 호족들의 사상적 배경이 불교의 선종(禪宗)이었던 관계로, 고려시대 문화에는 선종적인 성격이 많이 나타나고 있다. 즉 선종의 체계적이지 못하고 파격적이며, 형식을 배격하고, 자유분방한 면모가 문화에 많이 반영되었다.

이러한 경향은 탑이라고 예외일 수 없었다. 무사적이고, 지방색이 강하며, 파격적이고 자유분방한 호족적 성격이 탑에도 그대로 반영되었다. 고려시대 이전의 '높은 기단에 안정감과 통일감 및 조화미와 균형미가 있는 3층탑'의 전형적인 형식에서 벗어나, 고려시대에는 주로 균형미나 통일감이 없이 '개성이 강하거나 자유분방한 형태의 다양한 층을 이루고 있는 탑'이 많이 조성되었다. 심지어 불안한 느낌이 들 정도로 안정감이 부족한 탑들이 조성되기도 하였다. 이를 부정적인 시각으로 보면, 고려시대 석탑 예술은 이전 시대보다 쇠퇴하였다고 평가할 수 있다. 그러나 긍정적인 면에서 평가하면, 고려시대 석탑 예술은 이전의 전형적인 형식에서 벗어나 다양한 지방색에, 개성 있고, 인간적이고 서민적인 모습이 반영되는 등 새로운 시도와 발전이 이루어졌다고 볼 수 있다.

고려시대 탑으로는 전북 익산시 왕궁면 왕궁리〈익산시 왕궁면 탑리길〉 5층 석탑, 전북 남원시 왕정동〈남원시 만복사길〉 만복사터 석탑, 전북 김제 금산사 6각 다층 석탑, 전남 구례 연곡사 3층 석탑, 충남 부여군 장암면 장하리〈부여군 장암면 의자로〉 3층 석탑, 충남 공주시 반포면 학봉리〈공주시 반포면 동학사1로〉 청량사터 쌍탑[雙塔: 7층 석탑과 5층 석탑, 남매탑(男妹塔)이라고도 한다], 충남 청양군 정산면 서정리〈청양군 정산면 칠갑산로〉 9층 석탑, 충남 천안시 서북구 성거읍 천흥리〈천안시 서북구 성거읍 성거탑골길〉 천흥사터 5층 석탑, 충남 부여군 외산면 만수리〈부여군 외산면 무량

▲ **익산 왕궁리 5층 석탑** 1965년 보수작업 때 나온 사리장치 등을 통해 고려 초기에 조성된 탑으로 추측하고 있지만, 백제시대 또는 통일신라시대에 조성된 탑이라는 주장도 있다.

로〉 무량사 5층 석탑, 경북 경주시 진현동〈경주시 불국로〉 불국사 사리탑, 경북 예천군 예천읍 남본리〈예천군 예천읍 중앙로〉 개심사터 5층 석탑, 개성시 덕암동 남계원 7층 석탑(경복궁에 옮겨졌디가 현새 국립중앙박물관에 있음), 강원 평창군 진부면 동산리〈평창군 진부면 오대산로〉 월정사 8각 9층 석탑(고려 전기), 경기 개풍군 광덕면 중연리 경천사 10층 석탑(고려 말기, 일제강점기에 일본으로 반출되었던 것을 돌려받아 1960년 경복궁에 세워놓았다가 현재 국립중앙박물관에 옮겨놓음), 충남 공주시 사곡면 운암리〈공주시 사곡면 마곡사로〉 마곡사 5층 석탑[풍마동 다보탑] 등이 있다.

▲ **부여 장하리 3층 석탑** 지붕이 지나치게 넓어 길쭉한 느낌을 주는 등 전체적으로 안정감이 떨어지는 고려시대 탑으로, 부여 정림사터 5층 석탑 양식을 모방한 백제계 석탑의 하나이다.

고려시대에 조성된 것으로 파악되는 문화재 가운데 북한에 있는 문화재도 적지 않다. 지금까지 많이 소개된 것으로는 개성시 판문군 선적리 불일사 5층 석탑(현재 개성시 고려박물관에다 옮겨놓음), 평안북도 향산군 향암리 묘향산 보현사 8각 13층 석탑(고려 말기) 등이 있다. 특히 보현사 8각 13층 석탑은 '석가탑'이라고 불리기도 하는데, 그 생김새가 월정

▲ **평창 월정사 8각 9층 석탑** 고려시대가 되면 평면사각형에서 벗어난 다각다층형 석탑이 한반도 북쪽을 중심으로 유행하였는데, 월정사 8각 9층 석탑도 그런 분위기 속에서 만들어진 대표적인 탑 가운데 하나다.

사 8각 9층 석탑과 아주 비슷하며, 그 웅장함으로 보나 생김새로 보나 북한에 남아 있는 석탑 가운데 가장 빼어난 것으로 평가받고 있다.

▲ **경천사 10층 석탑** 우리나라에서 자주 볼 수 있는 형태가 아닌 점도 특이하지만, 우리나라 석탑이 대부분 화강암으로 만들어진 것에 비해 대리석으로 만들어진 점이 독특하다. 왼쪽은 경복궁 야외에 세워져 있던 모습이고, 오른쪽은 현재 국립중앙박물관에 세워져 있는 모습이다.

특히 월정사 8각 9층 석탑과 경천사 10층 석탑은 고려시대 탑의 일반적인 특징대로 '개성이 강한' 편이다. 그러면서 자유분방한 형태의 볼품없는 고려시대 탑과는 다르게 꽤 멋있고 화려한 느낌마저 준다. 그리고 우리나라에서 흔히 볼 수 있는 형태의 탑 모양을 하고 있지도 않다. 이는 두 탑 모두 중국의 영향을 받아 만들어진 것으로서 월정사 8각 9층 석탑은 중국 송(宋)나라, 경천사 10층 석탑은 중국 원(元)나라의 영향을 받아 만들어진 탑이기 때문에 그렇다고 한다. 우리나라 대다수 탑이 홀수 층인 것에 비해 경천사 10층 석탑은 짝수 층으로 되어 있어 유별나기도 한데, 이 또한 중국 원나라 시대에 유행한 라마교(喇嘛教: 티베트 불교를 말하며, 라마교에서는 깨달은 자를 '라마'라 부르는데, 라마는 곧 부처님을 가리킨다)의 영향을 받아 그리 만들어진 것이라고 한다. 그리고 탑이 6각 또는 8각에 다층을 이룬 형태[다각다층 형태]를 띠는 것은 중국 송나라의 영향을 받아 그렇다고 한다. 그동안 월정사 8각 9층 석탑에 대해서 유독 송나라의 영향을 언급하곤 했는데, 다른 다각다층 석탑들 또한 송나라의 영향을 받은 것이기에 요즘에는 월정사 8각 9층 석탑을 '고려 전기에 조성된 다각다층 석탑의 대표작'이라고 설명하곤 한다.

중국 원나라 라마교의 영향을 받아 만들어진 탑으로는 충남 공주 마곡사 5층 석탑도 있는데, 마곡사 5층 석탑은 2층 기단의 5층 탑신 위에 머리 장식을 올린 형태를 하고 있다. 전체적인 모습으로 보아 고려시대에 조성된 석탑으로 보이는데, 탑신에 부처, 보살 등을 조각하여 사방불(四方佛: 동서남북 각 면마다 조각을 한 불상)의 형식을 하고 있다. 상륜부의 머리장식은 3층의 전각형[殿閣形: '전(殿)'이나 '각(閣)' 자가 붙은 커다란 집 모양] 건축물 위에 원형의 복발[覆鉢 : 탑의 노반(露盤) 위에 사발을 엎어놓은 모양으로 만든 장식물]과 보주(寶珠: 탑이나 석등 따위의 맨 꼭대기에 얹은 구슬 모양의 장식물)가 놓여 있는 형태를 하고 있는데, 특히 풍마동(風磨銅)이라는 청동으로 만들어져 아주 특이한 모습을 하고 있다. 풍마동 장식은 중국 원나라 라마탑에 많이 나타나는 양식으로, 이에 마곡사 5층 석탑은 원나라와 문화 교류가 활발하던 고려 후기에 만들어진 것으로 파악된다. 마곡사 5층 석탑은 '풍마동 다보탑'이라고도 부르는데, 다보탑(多寶塔)은 '다보여래(多寶如來)의 사리를 모신 탑'이란 뜻이며, 마곡사 5층 석탑은 풍마동 장식을 한 다보탑이기 때문에 그리 부르는 것이다. 현재 풍마동 장식의 다보탑은 한국, 인도, 중국 등 세계적으로 3개밖에 남아 있

**▲ 공주 마곡사 5층 석탑[풍마동 다보탑]** 임진왜란을 겪으면서 탑 안의 유물들은 거의 도난당하고, 대광보전의 화재로 수난을 겪기도 하였으나, 1972년 해체 · 수리하는 과정에서 향로와 문고리 등이 발견되었다.

지 않아서 마곡사 풍마동 다보탑은 그 가치가 매우 높다고 한다.

**[고 려 시 대] '개성이 강한 다양한 형태의 석탑'**

**: 균형미가 없이 불안하고, 멋이 없음**

[신라 탈피] 충남 부여 장하리 3층 석탑

충남 부여 무량사 5층 석탑

전북 익산 왕궁리 5층 석탑

경북 예천 개심사터 5층 석탑

남계원 7층 석탑

[중국 영향] 강원 평창 월정사 8각 9층 석탑

충남 공주 마곡사 5층 석탑[풍마동 다보탑]

경천사 10층 석탑(7층 석탑?)

대개 탑은 홀수 층으로 만들었다. 홀수는 좋은 수로 길(吉)한 수(數)에 해당하며, 짝수는 나쁜 수로 흉(凶)한 수에 해당한다. 또 홀수 가운데 가장 좋은 수는 3으로, 3은 자연수 가운데에서 가장 완벽한 수, 안전한 수로 여겨지고 있다. 도형 가운데에서도 가장 안정감이 있는 것이 바로 삼각형이다. 좋은 일로 상장을 줄 때처럼 각종 순위에도 보통 3등까지가 사용된다. 3은 일상생활에서도 많이 사용되고 있다. 3은 편하고 완벽한 숫자이기 때문이다. 물 흐르는 것을 표현할 때 '좔 좔 좔.' 하고, 새 소리를 표현할 때 '짹 짹 짹.' 세 번 한다. 추운 것을 표현할 때도 '덜 덜 덜.' 세 번 한다. 이렇게 하는 게 편하고 자연스럽다. 또 노래하며 놀 때 '쎄 쎄 쎄 아침 바람 찬 바람에…….' 세 번 하며, 박수로 응원할 때도 '짝 짝 짝.' 세 번 친다. 두 번보다 세 번 하는 게 더 흥이 나고 신이 난다. 또 완결을 짓는 의미로 의회에서 의사봉을 칠 때도 '탕 탕 탕.' 세 번 친다. 이외에도 좋거나 편한 것 또는 완벽을 뜻하는 의미로

3이 사용되는 경우는 많다.

그리고 우리가 살면서 좋은 일이 겹치면 더는 바랄 게 없을 정도로 좋을 것이다. 이렇게 좋은 수인 3이 겹치면(3×3) 9로, 9 또한 매우 좋은 수로 여겨지고 있다. 따라서 9도 충분한 수, 완전한 수에 해당한다. 흔히 노름판 화투의 도리짓고땡에서도 끗발이 높은 수인 '아홉 끗'을 '가보'라고 부르는데, 이는 'かぶ'라는 일본말로, 9를 가리키는 말이다. 여하간 3은 좋은 수이고, 9는 더더욱 좋은 수이다. 흔히 음식 맛이 '조금 싱거운 듯하면서 맛이 있거나', 사물이나 사람의 생김새나 됨됨이가 '마음이 끌리게 그럴듯한 경우'에 '삼삼하다'고 표현하곤 하는데, 혹, 이 '삼삼'도 3이라는 숫자와 관련이 있는 것은 아닐까?

일상생활에서는 물론 탑·불상·불화 등 불교에서도 3이라는 숫자가 많이 사용되고 있다. 3층 석탑, 3존불상(三尊佛像), 3법인[三法印: 제행무상(諸行無常)·제법무아(諸法無我)·열반적정(涅槃寂靜) *남방불교에서는 諸行無常·諸法無我·일체개고(一切皆苦)], 3계[三界: 욕계(欲界)·색계(色界)·무색계(無色界)], 3장[三藏: 경장(經藏)·율장(律藏)·논장(論藏)] 등등. 심지어 종을 칠 때 33번(또는 28번)을 치기도 한다. 그리고 수학에서 사용되고 있는 0(Zero), 즉 영(零)이라는 숫자도 인도 불교 사상에서 영향받은 것으로, 불교의 대표적 사상 가운데 하나인 공(空) 사상에서 온 것이다. 비어 있는 것 같아도 비어 있지 않고, 차 있는 것 같아도 차 있지 않은 허공(虛空), 이런 공(空)이 바로 영(0)이다. 그래서 0을 공이라고 읽는다. 결국 수학의 십진법이 완성된 것은 전적으로 인도 불교의 영향이라고 할 만큼 불교는 과학의 근본인 수학과도 밀접한 관계를 맺고 있다.

홀수, 특히 3을 좋은 숫자로 여기는 생각 등이 탑에도 반영되어 주로 홀수 층으로 탑이 조성되었으며, 특히 3층탑이 많이 조성되었다. 이와 반대로 짝수 층의 탑은 피하였으며, 실제 우리나라에 전해지는 짝수 층의 탑은 귀할 정도로 아주 적거나 거의 없는 편이다. 짝수 층의 탑으로 유명한 것이 경천사 10층 석탑인데, 흔히 원나라 라마교의 영향을 받아 모양이 특이하고 짝수 층을 이루고 있다고 하지만 일부에서는 라마교의 영향을 받아 짝수 층인 것이 아니라고 한다. "라마교의 영향을 받았으면 더구나 짝수 층의 탑일 수 없다."고 말하기도 한다. 아예 "경천사 10층 석탑은 '10층 석탑'이 아니라, 7층[맨 아래 亞(아)자형 4층과 그 위에 있는 집 모양의 亞자형 3층, 합해서 7층] 기단에 탑신부가 7층[모두 사각형 모양의 7층]인 '7층 석탑(또는 다층 석탑)'으로 보아야 한다."고 주장하기도 한다. 이들 주장에는 '짝수 층의 탑은 만들지 않았을 것'이라는 생각이 바탕에 깔려 있다. 그럴 수 있지만 아직은 경천사 탑을 3층 기단을 한 10층탑[맨 아래 亞자형 4층 기단을 3층 기단으로 보고, 그 위에 있는 집 모양의 亞자형 3층과 사각형 모양의 7층을 모두 탑신부로 보아 총 10층탑]으로 보는 경향이 주류를 이루고 있다. 혹시 10층탑의 10은 불교의 10계(十界 또는 十戒), 8층탑의 8은 불교의 핵심 사상인 8정도(八正道)와 연결하여 짝수 층의 탑도 조성하였으리라 생각할 수도 있지만, 이런 의견 또한 설득력을 얻지 못하고 있다.

탑은 세로로 홀수[양수(陽數)— 하늘] 층(3층·5층·7층·9층……)으로 구성되고, 가로로 짝수[음수(陰數)— 땅] 모양(4각형·6각형·8각형·원형)을 하여 전체적으로 음양의 조화를 이룬다고 한다. 이런 입장에서는 짝수 층의 탑을 만들지 않았을 것이다. 그런데 짝수 층으로 불리는 탑이 있다. 어째서 짝수로 탑을 만들었을까? 과연 경천사 10층 석탑은 진짜 10층탑일까, 아니면 7층탑일까? 확연히 해결되지 않은 이 문제에 대해 더 생각해보고 우리들이 직접 판단해보는 것도 재미있지 않을까 싶다.

## 많지만 상대적으로 가치가 줄어든 조선시대 탑

조선시대에는 유교가 정치사상으로 전면에 드러나면서 불교는 쇠퇴하였다. 따라서 조선시대 탑이 갖는 역사적 의미는 상대적으로 줄어들게 되었다. 그렇다고 탑이 조성되지 않았다거나, 탑으로서의 가치가 없어졌다는 것은 아니다. 조선시대에 불교가 비록 공식적으로 탄압을 받았다 할지라도 종교적 차원에서는 민간은 물론 지배층에까지 널리 자리 잡고 있었다. 따라서 조선시대에도 불교는 널리 퍼졌으며, 나름대로 많은 탑이 조성되었다. 단지 소선시대 탑들이 갖는 역사적 의미나 그 가치가 삼국·남북국·고려 시대에 비해 상대적으로 낮아졌을 뿐이다.

조선시대 탑으로 가장 먼저 주목할 만한 사실은 당시 만들어진 목탑이 현재까지 전해진다는 점이다. 충북 보은 속리산 법주사 5층 목탑[팔상전]과 전남 화순 쌍봉사 3층 목탑[대웅전]이 바로 그것이다. 이들은 언뜻 보기에 건물 같지만, 그 안에 부처님의 사리가 모셔져 있어 탑에 속한다. 우리나라에서 손가락으로 꼽을 수 있을 정도로 몇 개밖에 되지 않는, 현존하는 목조탑 가운데 가장 대표적인 것들이다. 그런데 쌍봉사 대웅전은 불행하게도 1984년 불에 타버려 최근 복원한 것이 전해지고 있으나 그 가치나 모습이 예전 같지 않다. 이제는 법주사 팔상전이 우리나라에 전해지는 가장 오래된 목탑이자 가장 높은 탑, 또 국내에 하나뿐인 5층 목조탑이 아닐까 싶다.

조선시대에 조성되어 지금까지 내려오는 석탑은 많다. 유명한 것들로는 강원 양양군 강현면 전진리〈양양군 강현면 낙산사로〉 낙산사 7층 석탑, 서울특별시 종로구 종로2가〈종로구 종로〉 파고다공원[탑골공원] 안의 원각사터 10층 석탑, 경기 여주군 여주읍 천송리〈여주군 여주읍 신륵사길〉 신륵사 다층 석탑, 경기 남양주시 조안면 송촌리〈남양주시 조안면 북한강로433번길〉 수종사 5층 석탑

▲ **화순 쌍봉사 3층 목탑** 1690년 중건, 1724년에 큰 수리를 하여 대웅전으로 이용하던 중 1984년 화재로 타버려 보물에서 해제되었는데, 다행히 목조 삼존불 좌상은 해를 입지 않았다. 1986년 오른쪽 사진처럼 복원하였는데, 1962년 해체 · 수리 때 만든 실측도에 근거하여 팔작지붕을 사모지붕으로 바꾸고 상륜부를 올렸다.

등이 있다.

특히 원각사터 10층 석탑은 다른 이름으로 '파고다탑'이라고 불리기도 하는데, 조선시대 탑의 대표작이라 할 만큼 그 규모가 크고 매우 세련된 형태를 갖추고 있다. 이 탑은 현재 파고다공원(Pagoda公園) 안에 있는데, 이곳이 파고다공원이라고 불린 것은 원각사터 10층 석탑과 관련이 있다. 파고다공원은 우리나라 최초의 근대 공원으로서, 탑공원(塔公園), 탑동(塔洞)공원, 탑골공원이라고도 불리었다. 원래 이곳에는 조선 세조가 세운 원각사(圓覺寺)라는 절이 있다가 광해군에 의해 허물어져 절터와 함께 탑과 비석만 남아 있었는데, 1897년에 영국인 고문 총세무사[總稅務司: 조선시대 통리기무아문에 속하여 해관(海關) 사무를 맡아보던 벼슬] 브라운에 의하여 공원으로 꾸며지고, 이곳이 황실 소속의 음악 연주 장소로 이용되면서 이곳을 '파고다 파크(Pagoda Park)'

▲ **서울 원각사터 10층 석탑** 서울 탑골공원에 있는 탑으로, 생긴 모습이 경천사 10층 석탑과 아주 비슷한, 조선시대 대표적인 탑이다. 우리나라 대부분의 석탑이 화강암인 데 비해 이 탑은 대리석으로 만들어졌는데, 현재 훼손이 너무 심하여 보존을 위해 유리 보호각을 만들었지만, 잘 보이지도 않을뿐더러 갇혀 있는 것 같아 민망하다.

라고 불렀다. 공원에 회백색의 웅장하고 화려한 10층 석탑이 있다 보니 '탑(Pagoda)이 있는 공원'이라는 점에서 '파고다공원'이라고 불렀던 것이다.

또 원각사터 10층 석탑은 '백탑(白塔)'이라고도 했는데, 흰 대리석으로 만들어진 탑이기에 그리 불렀다. 18세기 후반 박제가, 박지원, 유득공, 이덕무, 백동수 등 서얼 지식인들이 이 백탑 주변에 자주 모여 시문을 읊고 실사구시의 학문을 논하곤 하여 이들을 '백탑파(白塔派)'라고 부르기도 하였다. 여하튼 원각사터 10층 석탑은 고려시대 탑인 경천사 10층 석탑과 그 모습이 아주 비슷하고, 우리나라 대부분의 탑이 대개 화강암으로 만들어진 것에 비해 이 두 탑 모두 대리석인 점으로 보아, 파고다탑은 경천사 10층 석탑의 양식을 계승한 것으로 파악되고 있다.

조선시대에 만들어진 남양주 수종사 5층 석탑은 모양이 8각 5층을 하고 있어 '남양주 수종사 8각 5층 석탑'으로 부르는데, 흔히 '수종사 다보탑'이라고 부르기도 한다. 수종사 다보탑은 통일신라 때 만들어진 불국사 동탑(東塔)인 다보탑과 그 이름이 같다. 그러나 수종사 다보탑의 미술적 가치는 불국사 다보탑에 비해 크게 떨어진다. 수종사 다보탑 옆에는 작은 탑이 하나 더 있고, 다시 그 옆에 팔각원당형의 부도가 있다. 이 다보탑과 부도에서 각각 불상들과 청자항아리로 된 사리장치가 나왔는데, 그 사리 장치 안에는 금동 9층 소탑(小塔) 등이 있었다. 금동 9층 소탑은 그 높이가 13cm 정도 되는 아주 작은 탑으로 고려시대 것으로 파악되었는데, 수종사 다보탑이나 부도가 경기도지정 유형문화재인 것에 비해, 금동 9층 소탑은 국가지정 유형문화재인 보물에 해당한다. 배보다 배꼽이 더 인정받은 경우라고나 할까!

다보탑(多寶塔)은 '다보여래(多寶如來)의 사리를 모신 탑'이다. 불교에서는 우주가 시방[십방(十方)]의 무수한 세계로 이루어졌다고 하는데, 시방은 동·서·남·북의 사방(四方)과 동북·동남·서남·서북의 사유(四維), 그리고 상·하를 합친 것으로, 모든 방향을 가리키는 말이다. 이들 시방세

▲ **남양주 수종사 5층 석탑[수종사 다보탑]**(경기도 유형문화재 제22호) 여러 층으로 된 높은 기단을 한 8각 5층 석탑으로, 1975년 지금의 자리로 옮길 때 불·보살상 등 18점의 유물이 발견되었다.

계에는 각각의 부처님이 계시는데, 동방세계인 보정세계(寶淨世界)를 주관하는 부처님이 다보여래[다보불(多寶佛)]이다. 다보여래가 보살로 있을 때 "내가 성불하여 해탈한 뒤, 시방세계에서 『법화경』을 설하는 곳에는 나의 보탑(寶塔)이 솟아나 그 설법을 증명하리라."라고 서원하였다고 한다. 또 『법화경』「견보탑품」에 의하면, "석가모니가 인도 영산(靈山)에서 『법화경』을 설법할 때, 땅 밑에서 칠보(七寶: 불교에서 말하는 일곱 가지의 보배)의 탑이 솟아났고, 그 탑 속에 앉은 다보여래가 석가여래의 진실을 증명하고 자리 한쪽을 비워 탑 속으로 석가모니불을 맞아들여 나란히 앉게 하였다."라고 전한다. 이런 다보여래와 석가여래가 함께 자리를 나눠 나란히 앉은 모습을 불상으로 형상화한 것이 이불병좌상(二佛竝坐像)이며, 다보여래의 사리를 모신 탑이 바로 다보탑이다.

그런데 다보여래는 역사상 실존한 인물이 아니기에 다보탑에 실제 다보여래의 사리가 있지도 않을뿐더러 있을 수가 없다. 이런 점에서 다보탑은 실제 다보여래의 사리가 모셔진 탑이라기보다 '다보여래를 상징하는 것을 모신 탑'이거나 '탑 자체가 다보여래를 상징하는 탑'이라고 할 수 있다.

이렇게 다보탑은 다보여래와 관련 있는 탑이지만, 그 생김새로 보아 '옥개[屋蓋: 지붕. *옥개석: 석탑이나 석등 따위의 위에 지붕처럼 덮는 돌] 아래에 상층(裳層: 치마 모양의 층)을 붙인 단층의 탑'을 가리키는 말이기도 하다. 예전에는 3층(또는 다층)으로 되어 아래층에는 석가·다보 두 부처님을 모시었으나, 후세에는 단층으로 보탑에 상층을 두고, 그 위에 옥개를 얹은 형태로 다보탑을 조성하였다. 또 다보탑은 간단히 '보탑'이라고도 부르는데, 보탑(寶塔)은 일반적으로 '보배로운 탑'을 뜻한다. 따라서 보탑이라는 말은 다보탑과 상관없이 '귀한 보배로 장식한 탑'이나 '미술적 가치가 있는 탑', 그리고 '절에 있는 탑을 높여 부르는 말'로 널리 사용되었다.

**보탑 : 보배로운 탑** – 천진보탑(天眞寶塔)

**다보여래의 사리탑** – 다보탑(多寶塔)

다보탑은 중국에서는 732년 무현(鄮縣)의 동남쪽에 처음으로 세워졌고, 우리나라에서는 751년 김대성이 불국사에 세운 것이 처음이며, 일본에서는 공해(空海)가 고야산(高野山)에 세운 것이 그 시초라고 한다. 우리나라에서는 '다보탑' 하면 으레 불국사 다보탑을 떠올릴 정도로 불국사 다보탑을 마치 고유명사처럼 사용하기도 한다. 하지만 다보탑은 고유명사가 아니라 일반명사이다. 즉 다보탑은 불국사에만 있는 게 아니다. 불국사 다보탑 이외에 남양주 수종사 다보탑[남양주 수종사 5층 석탑]과 공주 마곡사 풍마동 다보탑[공주 마곡사 5층 석탑]은 물론 순창 강천사 5층 다보탑[순창 강천사 5층 석탑(전북 순창군 팔덕면 청계리 강천사)]도 있으며, 또 묘향산 보현사 다보탑[묘향산 보현사 9층 석탑(평북 향산군 향암리)] 등이 있다. 그리고 실제 탑은 아니지만, 경남 양산 통도사 영산전에 다보탑 벽화가 전해 오고 있다.

불국사 다보탑은 '다보불 상주증명의 보탑(多寶佛常住證明寶塔: 다보불이 항상 머무름을 증명하는 보배로운 탑)'이라는 데서 유래하여 다보탑이라고 하였는데, 그래서 불국사 다보탑을 '증명탑(證明塔)'이라고도 한다. 또 불국사 다보탑은 그 생김새만으로도 다보탑의 형식을 잘 보여주고 있는데, 무엇보다도 돌을 자유자재로 조각한 예술적 아름다움이 매우 뛰어나 절로 감탄이 날 정도다. '다보탑' 하면 불국사 다보탑을 당연히 떠올릴 만하다.

한편 불국사 다보탑 옆에는 불국사 3층 석탑이 웅장한 자세로 서 있어 다보탑과 쌍탑을 이루고 있는데, 이런 쌍탑 양식은 통일신라시대에 널리 유행한 양식이라고 한다. 불국사 3층 석탑은 흔히 석가탑 또는 무영탑이라고도 하는데, 석가탑이라고 부르는 것은 옆에 있는 다보탑과 관련이 있다. 이들 두 탑은 다보여래가 자리 한쪽을 비워 석가여래를 맞아들여 나란히 앉은 이야기에 근거하여 각각 석가여래와 다보여래를 상징하는 탑으로 만들어졌기에 그래서 석가탑과 다보탑이라고 부르게 되었다. 이 불국사 석가탑도 옆에 있는 다보탑처럼 아주 유명하여 사람들이 '석가탑' 하면 으레 불국사 석가탑을 생각한다. 그러나 석가탑은 불국사에만 있는 게 아니다. 불국사 이외에 충주 혜원정사(충북 충주시 대소원면 장성리 혜원정사: 한국불교 해동종 총무원 직속사찰) '해동 삼층 석가탑'도 있으며, 또 묘향산 보현사 석가탑[묘향산 보현사: 8각 13층 석탑(평북 향산군 향암리)] 등이 있다.

**[조 선 시 대]** '탑의 역사적 의미 · 가치 감소'

**[대표적 석탑]** 원각사 10층 석탑[파고다탑]

경기 남양주 수종사 다보탑

**[현존 목조탑]** 충북 보은 법주사 5층 목탑[법주사 팔상전]

전남 화순 쌍봉사 3층 목탑[쌍봉사 대웅전]

## 탑을 쉽게 구분하는 법

어떤 탑을 보고서 이 탑이 어느 시대에 만들어진 탑인지 쉽게 파악할 방법은 없을까? 있다. 탑이 만들어진 시기의 특징과 탑을 연결하여 판단하면 된다. 만약 어떤 탑의 형태가 3층이고, 생김새가 멋있고 좋으면, 우선 그 탑을 통일신라시대 탑으로 생각하면 된다. 만약 3층이 아니고, 탑 모양이 불안하거나 조형미가 없으면 그 탑은 고려시대에 만들어진 것으로 보아도 큰 무리가 없다. 그리고 삼국시대 탑이야 몇 개밖에 되지 않으므로 그냥 기억하면 되고, 조선시대 탑은 다른 시대에 비해 그 역사적 가치가 상대적으로 떨어지므로 그리 심각하게 고민하지 않아도 된다.

그러나 이와 같은 방법은 일차적인 구별법에 불과하며, 아주 정확한 것도 아니다. 또 모든 탑이 다 이와 같은 방법에 적용되지도 않는다. 고려시대 탑 같은데 알고 보면 통일신라시대 탑이고, 반대로 통일신라시대 탑 같은데 막상 고려시대 탑인 것들도 있다. 왜냐하면 앞서 제시한 방법은 이미 만들어진 많은 탑을 통해 파악되는 공통적인 특징을 그 시대의 정치 상황과 연결하여 정리한 것에 불과하기 때문이다. 어떤 절대적인 기준이 있어, 그것에 근거하여 만들어진 법칙이 아니기 때문이다.

그러면 탑을 보고 그 탑이 만들어진 시대를 판단할 수 있는 좀 더 정확하고 전문적인 기준은 없을까? 안타깝게도 없다. 다만 통일신라시대 탑들을 시기별로 구별하는 방법, 즉 이차적인 방법이 있기는 하다. 탑의 기단부(基壇部)에 있는 위층과 아래층의 작은 기둥[동자주(童子柱)] 숫자를 비교하여 구분하는 방식이다. 즉 상층 기단과 하층 기단의 동자주 수를 비교하여 그 탑이 조성된 시기를 구분하기도 한다.

탑은 크게 '머리 부분'[탑두부(塔頭部) 또는 상륜부(上輪部)], '몸통 부분'[탑신부(塔身部)], '다리 부분(밑 부분)'[기단부(基壇部)]으로 되어 있다. 탑두부는 탑의 머리에 해당하는 곳으로, 상륜부와 복발·노반으로 구성되는데, 때에 따라서는 탑두부를 상륜부라고 부르기도 한다. 탑신부는 탑의 몸통에 해당하는 부분으로, 탑의 층수를 파악할 수 있는 곳이다. 탑신부는 층마다 옥개부[옥개석]와 옥신부[탑신석]로 나누는데, 이 옥개석의 수에 따라 1층탑·2층탑·3층탑·5층탑……으로 구분한다. 기단부는 탑의 가장 아래에 있는 부분으로, 탑을 받쳐 지탱하는 곳이다. 대개 기단은 1층이거나 2층인데, 이를 각각 1층 기단(단층 기단)과 2층 기단이라고 부르며, 2층 기단은 상층 기단과 하층 기단으로 나눠 구분한다.

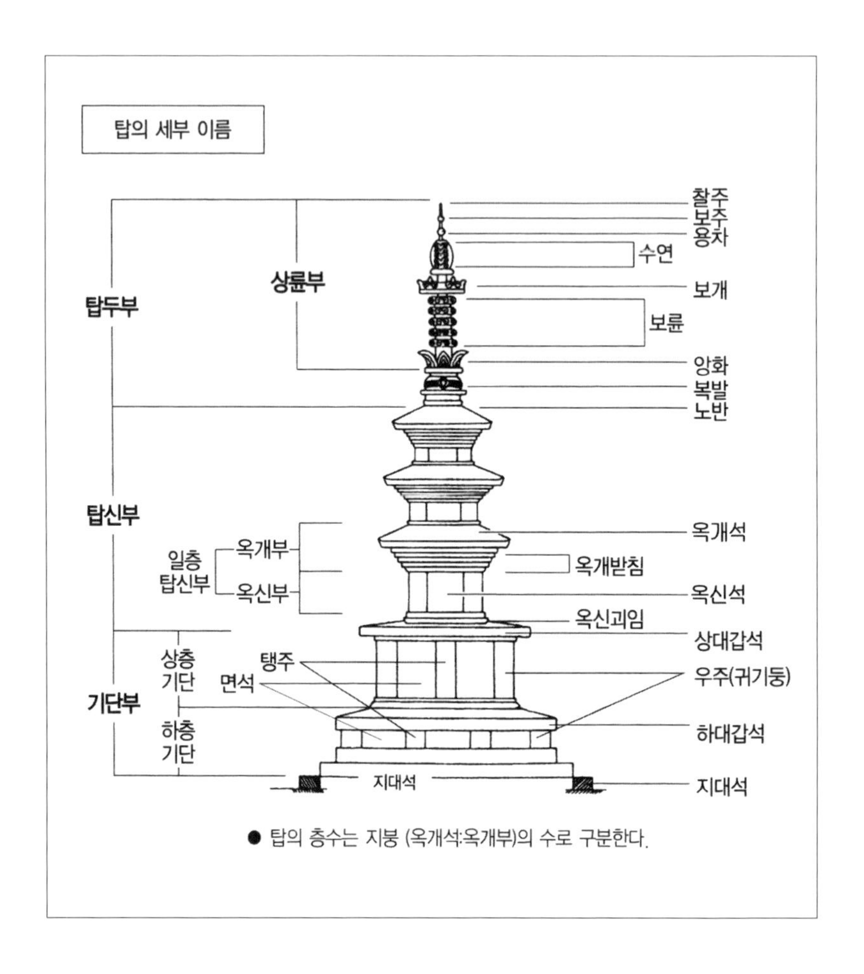

● 탑의 층수는 지붕 (옥개석:옥개부)의 수로 구분한다.

**탑의 세부 이름**

**[탑두부 · 상륜부]**

- 찰주(刹柱): 탑 꼭대기에 뾰족하게 나와 있는 쇠로, 상륜부의 각종 장식품을 잡아주는 기능을 한다. 또 찰주는 찰간(刹竿)이라고도 하여 법당 앞에 세운 긴 장대를 가리키는데, 여기에 당번(幢幡)을 달아 설법 등을 표시하기도 한다.
- 보주(寶珠): 보배로운 구슬이란 뜻으로, 탑이나 석등 따위에서 맨 꼭대기에 얹은 구슬 모양의 장식물. 악을 물리치고 복을 부르는 의미를 담고 있다.
- 용차(龍車): 용의 수레라는 뜻으로, 탑의 보주와 수연 사이에 있는 철로 만든 둥근 장식물. 전륜성왕의 위대함을 상징한다.
- 수연(水烟): 보륜 꼭대기에 얹는 불꽃 모양의 장식물. 부처님의 말씀이 널리 퍼진다는 의미를 담고 있다.
- 보개(寶蓋): 보륜과 수연 사이에 있는 덮개 모양의 장식물. 동치자의 권위와 탑의 신성함을 상징한다.

· 보륜(寶輪): 여러 개로 된 수레바퀴 모양의 장식물. 세상을 다스리며 보배로운 바퀴를 굴리는 전륜성왕을 상징한다.
· 앙화(仰花): 하늘을 향해 활짝 핀 연꽃 모양의 장식물. 존경과 기품이 넘치는 존재를 상징한다.
· 복발(覆鉢): 사발이나 바리때를 엎어놓은 모양의 장식물. 극락정토를 상징한다.
· 노반(露盤): 이슬을 받는 그릇이라는 뜻으로, 상륜부를 받치는 사각형 모양의 장식물, 또는 상륜부의 맨 아래쪽에 마련된 받침대. 탑의 신성함을 상징한다.

**[탑신부]**

옥개부(屋蓋部): 건물의 지붕에 해당하는 부분. 옥개석과 옥개받침으로 구성된다.
· 옥개석(屋蓋石): 지붕처럼 덮는 돌. 우리말로 '지붕돌'이라고 한다.
· 옥개받침: 옥개석을 받치는 부분. 목조 건물의 공포에 해당한다.
옥신부(屋身部): 건물의 몸체에 해당하는 부분. 탑신석과 탑신괴임으로 구성된다.
· 탑신석(塔身石): 건물의 방에 해당하는 부분. 우리말로 '몸돌'이라고 한다.
· 탑신괴임: 탑신부의 각 층을 수평으로 지탱하기 위해 만든 넓고 판판한 돌. '옥신괴임'이라고도 한다. '괴임'은 '물건의 밑을 받쳐서 안정시킴, 또는 그 물건'을 뜻하는 우리말 '굄'을 잘못 사용한 말이다. 그래도 그냥 탑신괴임을 사용하고 있다.

**[기단부]**

· 지대석(地臺石): 탑을 세우기 위하여 잡은 땅에 쌓은 돌. 우리말로 '지댓돌'이라고 한다. 대석(臺石)은 바닥을 받치고 있는 돌, 즉 받침돌이라는 뜻이다. 땅에 세워진 받침돌이 바로 지대석이다. 때에 따라서는 상층 기단을 상대석, 하층 기단을 상대석이라고도 부르기도 한다.
· 갑석(甲石): 돌 위에 뚜껑처럼 덮어놓은 납작하고 평평한 돌.
· 면석(面石): 기단부의 갑석과 대석과 사이에 있는 넓은 돌. 우주와 탱주 사이에 있는 돌이 바로 면석이다.
· 우주(隅柱): 기단부와 탑신부 각 모서리에 세워진 기둥. 우리말로 '귀기둥' · '모퉁이기둥'이라고 한다.
· 탱주(撑柱): 기단부의 우주와 우주 사이에 세운 기둥. 우리말로 '버팀기둥' · '받침기둥' · '사윗기둥'이라고 한다.

통일신라시대 탑은 대부분 2층 기단으로 되어 있는데, 상층 기단과 하층 기단의 동자주 수를 비교하면 그 조성된 시기를 짐작할 수 있다. 동자주는 탱주(撑柱)와 우주(隅柱)를 합쳐 부르는 말인데, 만약 상층 기단과 하층 기단의 동자주 수를 '상/하'라고 하자. 그 숫자가 4/5인 경우는 7세기에 만들어진 탑이고, 4/4나 3/4인 경우는 8세기에 만들어진 탑이며, 3/3이나 2/3인 경우는 9세기에서 고려시대에 만들어진 탑으로 구분하기도 한다.

| [상층 기단의 동자주 수 | / | 하층 기단의 동자주 수] |
|---|---|---|
| 4/5 | ⟶ | 7세기에 조성된 탑 |
| 4/4, 3/4 | ⟶ | 8세기에 조성된 탑 |
| 3/3, 2/3 | ⟶ | 9세기~고려시대 탑 |

동자주의 수를 통해 시대를 파악하는 방법에서 파악되는 특징은 고려시대에 가까워지면서 동자주의 수가 적어진다는 점이다. 동자주의 수가 적어진다는 것은 탑의 규모가 작아진다는 것을 뜻하고, 그만큼 탑의 중요성도 떨어진다는 것을 의미한다. 이는 고려시대 이후 조선시대로 가까이 올수록 대웅전·극락전 등과 같은 법당에 비해, 탑이 차지하는 중요성이 상대적으로 감소한다는 사실을 입증하는 것이기도 하다.

그러나 이런 이차적인 방법 역시 절대적인 기준이 아니다. 이런 방법도 모든 탑에 적용되지는 않는다. 결국 탑을 시대별로 정확히 구별할 수 있는 뾰족한 방법은 없다. 어쩌면 시대별로 탑을 구별하는 가장 정확한 방법은 전문가에게 직접 물어보는 방법일 것이다. 만약 전문가도 없다면 할 수 없다. 포기할 수밖에. 그래도 포기하고 싶지 않으면 지금까지 제시한 것들을 바탕으로 스스로 체득한 경험과 지식을 통해 최소한의 구별이나 나름대로 평가를 하면 된다. 이런 경험과 평가가 이미 정형화된 평가보다 더 중요할 수 있다. 그러니 누가 뭐래도 포기하지 않는 자세와 끊임없는 관심과 노력이 필요할 것이다.

## 탑 이름을 보면 그 됨됨이를 알 수 있다

탑에 붙여진 이름을 보면 다양하고, 복잡해 보이기도 한다. 그러나 탑에 붙여지는 이름은 알고 보면 뜻밖에 간단하다. 경주 불국사 3층 석탑, 부여 정림사터 5층 석탑, 정산 서정리 9층 석탑, 월정사 8각 9층 석탑, 김제 금산사 6각 다층 석탑, 구례 화엄사 4사자 3층 석탑, 공주 계룡산 청량사터 쌍탑, 황룡사 9층 목탑, 안동 신세동 7층 전탑[안동 법흥사터 7층 석탑], 경주 분황사 모전석탑 등의 이름을 자세히 살펴보면 탑의 이름은 크게 3부분으로 되어 있음을 짐작할 수 있다. 즉 위치, 형태와 층수, 재료로 구성되었음을 알 수 있다. ① 위치는 탑이 있는 자리를 가리키고, ② 형태는 탑이 어떤 모양을 하고 있는지를, 층수는 탑의 층수가 몇 층인지를 가리키며, ③ 재료는 탑을 만든 재질이나 만든 방법을 말한다. 그리고 이들 ①·②·③에 해당하는 내용을 그냥 순서대로 이어 부르면 그 탑의 이름이 된다.

| **탑 이름 :** | **[위치 · 소재지]** | **[형태/층수]** | **[재료]** |
|---|---|---|---|
| | 어디 | 모양/몇 층 | 무엇으로 |

〈위치〉는 현재 탑이 있는 자리나 원래부터 있던 곳, 옮기기 전에 있던 장소 또는 지역을 말한다. 만약 현재 탑이 있는 자리가 원래 있던 곳이 아니고 만약 옮겨진 것이면 본래 그 탑이 있던 곳을 탑 이름에 사용하면 된다. 경주 불국사 3층 석탑은 말 그대로 경주의 불국사라는 절에 있는 3층의 석탑을 말하며, 정산 서정리 9층 석탑은 충남 청양군 정산면 서정리에 있는 9층의 석탑을 말한다. 그리고 부여 정림사터 5층 석탑은 충남 부여에 있는 정림사라는 절에 있던 탑으로서, 현재 절은 없어지고 그 터에 남아 있는 5층의 석탑을 말한다.

대개 탑 이름은 그 지역 이름과 절 이름을 함께 사용하는데, 유명한 절이나 유명한 탑 같은 경우, 지역 이름은 빼고 절 이름만 쓰기도 한다. 또 탑이 있었던 절을 알 수 없을 경우는 그냥 탑이 있는 곳의 지역 이름만 쓰기도 한다. 그리고 본래 있던 곳에서 다른 곳으로 옮겨진 탑의 경우, 현재 탑이 소재하는 곳을 밝혀주기도 한다. 경천사 10층 석탑의 경우, 이 탑은 경천사에 있는 10층의 돌탑으로서 경천사에 있을 것이라 생각하기 쉽지만, 실제 경천사에 있지 않고 경복궁으로 옮겨졌다가 다시 국립중앙박물관으로 옮겨진 탑이다. 현재 경천사는 없어지고 경천사터는 남아 있지만 그래도 경천사터 10층 석탑이라고 하지 않았다. 왜냐하면 경천사터에 있는 10층 석탑이 아니기 때문이다. 이런 때는 '국립중앙박물관 소재 경천사 10층 석탑' 또는 '경천사 10층 석탑(국립중앙박물관 소재)'이라고 하면 된다. 이렇게 탑이 현재 있는 곳을 밝혀 이름을 지으면 탑에 대한 이해가 훨씬 쉽고 정확할 것이다.

〈형태〉는 탑이 이루어진 모양 또는 배치된 형태를 말한다. 대부분 탑은 탑을 위쪽에서 아래로 내려다볼 때 4각형 모양을 하고 있어 대개 그 형태를 표시하지 않지만, 특별한 형태를 한 탑에 대해서는 그 구별되는 모습을 표시한다. 평창 월정사 8각 9층 석탑과 김제 금산사 6각 다층 석탑은 각각 탑의 형태가 8각형과 6각형을 하고 있으며, 구례 화엄사 4사자 3층 석탑은 사자 네 마리가 탑을 받들고 있는 특별한 모습을 하고 있다.

그리고 탑이 배치된 형태를 특징으로 잡아 이름에 포함하기도 한다. 공주 계룡산 청량사터 쌍탑은 탑이 두 개가 어우러져 있는 모습을 함께 부르는 말이며(두 개의 탑이 남매처럼 있어 남매탑, 우리말로 오누이탑, 오뉘탑이라고 부르기도 한다), 미륵사터 동 9층 석탑은 미륵사터 동쪽에 있는 9층의 석탑을 말한다. 마찬가지로 감은사터 동·서 3층 석탑은 쌍탑으로서 동쪽과 서쪽에 각각 배치된 3층의 석탑을 가리킨다.

〈층수〉는 탑의 탑신부에 해당하는 층의 개수로서, 보통 사람들의 집을 생각하여 지붕과 같은 모습을 한 부분[옥개석(屋蓋石)]의 수가 바로 층수가 된다. 즉 탑의 머리와 밑 부분을 제외한 탑의 몸통에 해당하는 부분의 지붕 수를 가리킨다.

〈재료〉는 탑을 무엇으로 만들었느냐는 것인데, 나무로 만들었으면 목탑(木塔), 돌로 만들면 석탑(石塔), 벽돌로 만들었으면 전탑(塼塔), 진흙으로 만들면 이탑(泥塔), 철로 만들면 철탑(鐵塔), 금 · 은으로 만든 것이면 금은탑(金銀塔), 청동으로 만들면 청동탑(靑銅塔) 등으로 분류한다. 또 돌로 만들었으나 돌을 벽돌 모양으로 만들어 쌓았으면 모전석탑(模塼石塔: 벽돌 모양의 돌탑)이라고 부른다. 대체로 중국에서는 전탑, 한국에서는 석탑, 일본에서는 목탑이 많이 만들어졌다.

〈위치-형태/층수-재료〉 순으로 구성된 탑 이름의 순서는 바뀌기도 한다. 경기 남양주시 조안면 송촌리 수종사 부도를 1939년 중수할 때 청자항아리 사리 장치에서 금동 9층 소탑이 발견되어 현재 국립중앙박물관에 보관되어 있는데, '수종사 부도 내(內) 유물 금동 9층 소탑'이라고 불린다. 여기서 '수종사 부도 내(內) 유물'은 '수종사 부도 안에서 발견된 유물'이란 뜻으로, 〈위치〉에 해당하며, 금동은 〈재료〉, 9층은 〈층수〉, 그리고 소탑(小塔)은 '작은 탑'이란 뜻으로 탑의 〈형태〉를 가리킨다. 일반적인 방법인 〈위치-형태/층수-재료〉 순으로 탑 이름을 지어보면 '수종사 부도 내 소9층 금동탑'이 되는데, '소9층 금동탑'은 아무래도 어법상 어색하고, 부르기가 불편하다. 차라리 '금동 9층 소탑'이 더 어울리고, 부르기 편하며, 이해하기도 쉽다. 이처럼 특별한 경우에는 그 이름 짓는 순서가 바뀌기도 하는데, 무엇보다도 부르기 쉽고, 이해하기 쉽게 이름 짓는 것이 중요하다.

지금까지의 내용을 종합해보면, 경주 고선사터 3층 석탑은 경주 고선사터에 남아 있는 3층으로 된 돌로 만든 탑을 말하며, 경주 분황사 모전석탑은 경주 분황사에 있는 탑으로서 돌벽돌로 쌓은 탑이긴 하나 정확히 몇 층인지는 모르는 탑을 말한다. 또 김제 금산사 6각 다층 석탑(六角多層石塔)은 전북 김제 금산사에 있는 6각형 형태의 돌탑으로서, 정확한 층수는 단정하기 어려우나 여러 층으로 이루어진 탑을 말한다. 그리고 안동 신세동 7층 전탑[안동 법흥사터 7층 전탑]은 절 이름은 모르고(법흥사로 추정) 안동시 법흥동 (옛 신세동)〈안동시 가람2길〉에 있으며 벽돌을 쌓아 만든 7층으로 된 탑을 가리킨다. 그리고 '국립중앙박물관 소재 경천사 10층 석탑'은 현재 국립중앙박물관에 있는 탑이지만, 본래 경기 개풍군 광덕면 중연리 경천사에 있었던 10층의 탑을 말한다.

# 알고 보면 외울 것도 없는 불상 이름

**불상 이름 짓는 법**

## 역사는 외우는 게 아니다

'태정태세문단세 예성연중인명선……' 또는 '태혜정광 경성목현 덕정문순……' 어디선가 많이 들어본 말들일 것이다. 조선시대와 고려시대 역대 왕의 이름 첫 글자들을 모아놓은 것이다. 아마 암기식 수업을 주로 받아온 우리나라 사람이라면 누구나 기억하는 내용이다. 많은 사람들이 하루 종일 무언가 외우기만 했던 학창 시절이 떠오를 것이다. 재미있는 역사 시간마저도 외우는 것 때문에 정신없이 바쁘고, 때에 따라서는 지겹기만 하던 기억이 있을 것이다.

평소에 널리 쓰이지도 않고, 외우기도 어려운 긴 불상 이름들, 고구려의 연가7년명 금동 여래 입상, 백제의 금동 미륵보살 반가사유상, 서산 마애 삼존불상, 신라의 철원 도피안사 철조 비로자나불 좌상, 발해의 이불 병좌상, 고려의 논산 관촉사 석조 미륵보살 입상, 영주 부석사 소조 아미타여래 좌상 등등의 이름들! "도대체 이 이름들을 누가 지었기에 이리도 어렵게 지었으며, 또 하필이면 이토록 길게 지었단 말인가?" 이 이름 때문에 지금도 많은 사람들이 푸념에 신경질까지 내고 있을지도 모른다.

모름지기 이름이란, 남들이 부르기 쉬워야 하고 또한 기억되기 쉬워야 하는데 교과서는 물론 역사책에 등장하는 용어들을 보면 어려운 게 한둘이 아니다. 무덤 이름만 해도 적석목곽분이니, 수혈식석실분이니, 횡혈식전축분, 토광묘, 옹관묘 등등 쉽게 이해할 수 없는 용어들이 많다. 이런 용어에 대해 선생님으로부터 자세한 설명을 들어도 막상 수업이 끝나고 나면 잊어버린 적이 한두 번이 아니었다. 요즘은 한자를 모르는 학생들을 위한 배려에서인지, 아니면 한글을 생활화하자는 취지에서인지는 모르지만, 지금 학교에서 사용하고 있는 교과서에 등장하는 용어 가운데 많은 것들이 순수한 우리말로 바뀌었다. 즉 뗀석기 · 간석기, 곧선사람(호모 에렉투스) · 슬기사람(호모 사피엔스) · 슬기슬기사람(호모 사피엔스 사피엔스), 돌무지무덤 · 돌널무덤 · 흙무덤 · 독무덤 등등 들으면 어느 정도 쉽게 이해할 수 있는 용어들이 사용되고 있다. 그러나 불상 이름은 그렇지 못하다. 아직도 불상 이름에는 주로 한자로 된 용어를 사용하고 있다. 따라서 이해하기 어렵고 외우기 어려운 것은 예나 지금이나 마찬가지다. 좀 쉽게 이해하는 방법은 없을까?

사실 알고 보면, 불상 이름들도 그리 어려운 게 아니다. 불상도 불교문화가 반영된 것인 만큼 불교를 조금이라도 더 이해하고, 무엇보다 불상 이름이 지어진 원리만 잘 이해하고 있으면, 아무리 긴 이름이라도 쉽게 기억할 수 있다. 원리를 알면 쉽다. 심지어 어떤 불상을 처음 발견하였을 때, 전문가에 의지하지 않고서 스스로 그 불상의 이름을 지을 수도 있다.

먼저 앞에 소개된 불상들의 이름을 세로 방향으로 한 줄씩 배치하여 자세히 살펴보자. 그러면 이 불상 이름들이 다음과 같이 크게 네 부분으로 구성되어 있음을 알 수 있다. ① 그 불상이 발견된 지역이나 특징, ② 불상을 만든 재료나 방식, ③ 불상의 주인공, ④ 불상이 취하고 있는 자세나 형태, 이렇게 크게 네 부분으로 말이다.

**불상 이름 : [지역/특징] [재료/방식] [주인공] [자세/형태]**

〈어디에서〉 〈무엇으로〉 〈누구를〉 〈어떻게〉

## 불상 이름에도 본관이 있다

첫인상이 중요하다고 했던가! 사랑도 첫사랑은 잊기가 어렵고, 말도 첫마디가 좋아야 그다음이 술술 잘 풀린다고 한다. 불상 이름도 첫 부분이 중요하다고 하면 억지일까? 불상 이름의 첫 부분에는 '지역'이 표시되어 있는데, 지역에는 그 불상이 있는 지역[소재지(所在地)]이나 그 불상이 발견된 지역[발견지(發見地)] 또는 출토된 지역[출토지(出土地)]이 다 포함된다. 불상의 소재지나 발견지·출토지는 사람과 견주어 말하면 출생지에 해당하고, 사람 이름으로 말하면 성(姓)에 해당한다고 할 수 있다. 또 사람 이름의 성 가운데서도 본관(本貫)과 같은 것이라고 할 수 있다.

불상은 대부분 소재지가 바뀌지 않고 예전부터 있던 곳에 있는 경우가 많다. 이런 경우는 별문제가 없지만, 원래 있던 곳과 현재 있는 곳이 다를 경우에는 문제가 된다. 탑과 달리 불상은 크기가 작고 옮기기가 쉬워 현재 있는 곳이 원래 있던 곳과 다를 수 있다. 이럴 때는 현재 있는 곳인 소재지와 원래 있던 곳인 발견지·출토지를 구별할 필요가 있다. 또 불상은 있는 곳에서 발견된 경우가 많지만, 땅속에서도 나오는 경우도 있어 이런 때는 발견지라는 말보다 출토지라는 말을 사용하면 된다. 그러나 발견지·출토지와 소재지가 다른 경우가 그리 많은 편은 아니다. 대개 불상이 발견된 곳이 그 불상의 소재지이고, 불상이 출토된 곳이 바로 그 불상의 소재지이다.

여하튼 발견지·출토지는 그 불상이 처음 발견·출토된 지역을 가리키는데, 지역 이름의 사용 범위는 상황에 따라 다르다. 경우에 따라 군(郡) 단위를 사용하고, 리(里) 단위〈도로명주소에 따르면 로(路) 또는 길 단위〉까지 사용하기도 한다. 리 단위까지 사용할 때는 군과 리 가운데 있는 면(面)은 생략하는 게 보통이며, 리 대신 읍(邑)을 사용하기도 한다. 그리고 시(市)의 경우, 군·리와 같이 시 단위만 사용하고, 동(洞) 단위〈도로명주소에 따르면 로(路) 또는 길 단위〉까지 사용하기도 한다. 도(道) 이름은 보통 생략하는 편이지만, 편의에 따라 표시하기도 한다.

서산 마애 삼존불상은 충남 서산시 운산면 용현리〈서산시 운산면 마애삼존불길〉에 있는 불상으로 '서산 용현리 마애 삼존불상'이라고 부르면 되지만, 너무 유명한 덕분인지 그냥 시(市) 단위만 사용하여 '서산 마애 삼존불상'이라고 부른다. 그동안 공식 이름도 '서산 마애 삼존불상'이었다. 2010년 '서산 용현리 마애 여래 삼존상'으로 공식 이름이 변경되었는데, 그래도 사람들은 여전히 '서산 마애 삼존불상'이라고 부르고 있다.

충남 태안군 태안읍 동문리〈태안군 태안읍 원이로〉에 있는 태안 마애 삼존불상도 마찬가지로 '태안 동문리 마애 삼존불상'이라고 부르면 되지만, 서산 마애 삼존불상과 더불어 유명해졌기에 그냥 태안 마애 삼존불상이라 불렀다. 이 역시 2010년 공식 이름을 '태안 동문리 마애 삼존불 입상'으로 변경하였는데, 일반인들은 여전히 '태안 마애 삼존불상'이라고 부르고 있다.

부여 군수리 석조 여래 좌상은 충남 부여군 부여읍 군수리에 있는 백제 절터를 조사할 때 발견된 불상인데, 부여 지역에서 많은 불상이 나왔기에 리(里) 단위까지 사용하고 있다. 예산 삽교 석조 보살 입상은 충남 예산군 삽교읍 신리〈예산군 삽교읍 도청대로〉에 있는 불상으로, 리(里) 대신 읍(邑)을 사용한 예이며, 예산 화전리 사면석불은 충남 예산군 봉산면 화전리〈예산군 봉산면 화전2길〉에 있는 불상으로, 봉산면(面)이 생략된 예이다. 안동 이천동 석불은 경북 안동시 이천동〈안동시 제비원로〉 태화산 기슭의 소나무가 우거진 곳에 있는 석불로, 동(洞) 이름이 사용된 예이다.

▲ **예산 삽교 석조 보살 입상** 2개의 돌로 조각한 석불로, 거구에 볼품없는 모습은 관촉사와 대조사 석조 보살 입상과 비슷하며, 지방색이 강한 고려시대 불상의 특징을 잘 보여주고 있다.

이렇듯 지역 이름의 사용 범위는 일률적으로 정해진 것이 아니라, 대개 일반인들에게 널리 알려진 범위 내에서 사용한다. 많이 알려진 지역이면 시·군 단위만으로 충분하고, 잘 알려지지 않은 지역이면 리나 동 단위까지 밝혀주면 된다. 결국 많은 사람들이 알아듣기 쉽고 또 이해하기 쉬우면 된다고 할까!

절이 아닌 곳에 불상이 있거나 개인이 소유하고 있는 경우도 있겠지만 대부분 불상은 절에 모셔져 있다. 따라서 불상의 소재지·발견지는 절이나 절터인 경우가 많다. 이럴 때는 당연히 그 절 이름을 직접 사용하여 이름 지으면 된다. 절 자체가 곧바로 소재지요, 발견지라고 할 수 있다. 충남 논산시 관촉동〈논산시 관촉로253번길〉 관촉사에 있는 '논산 관촉사 석조 미륵보살 입

▲ **철원 도피안사 철조 비로자나불 좌상** 신라 말기부터 크게 유행한 철불을 대표할 만큼 뛰어난 불상으로, 불상을 받치고 있는 대좌까지도 철로 만든 보기 드문 불상이다. 그러나 이 불상은 왼쪽 사진처럼 도금된 상태였다. 이에 2005년 '철조 원형을 살린다'는 취지에서 장흥 보림사 철조 비로자나불 좌상과 함께 전면적인 보존처리 작업에 들어가 2007년에 완료, 오른쪽 사진처럼 철조 그대로의 모습을 하고 있다.

상'과 강원 철원군 동송읍 관우리〈철원군 동송읍 도피동길〉 도피안사에 있는 '철원 도피안사 철조 비로자나불 좌상'은 그 소재지가 절인 경우이고, 충남 부여 정림사터에 있는 '부여 정림사터 석조 여래 좌상'[부여 정림사터 석불 좌상]은 그 발견지가 절터인 예이다.

불상의 소재지·발견지가 절이나 절터인 경우, 지역 이름과 절 이름을 함께 사용하거나 지역 이름은 빼고 절 이름만 사용하기도 했다. 즉 '논산 관촉사 석조 미륵보살 입상'이나 '관촉사 석조 미륵보살 입상'이라고 해도 되고, '철원 도피안사 철조 비로자나불 좌상'이라고 하거나 '도피안사 철조 비로자나불 좌상'이라고 해도 상관없다. 다만 일관성을 갖기 위해서는 될 수

▲ **연가7년명 금동 여래 입상[금동 연가7년명 여래 입상]**(앞과 뒤) 높이가 16.2cm 정도인 아주 작은 불상이지만, 화려한 광배 앞에 꼿꼿이 서 있는 모습으로 강렬한 인상을 주는데, 살이 빠진 길쭉한 얼굴은 미소를 머금고 있다. 뒤쪽에 대략 "연가7년에 고구려 낙랑(평양) 동사의 승려들이 1,000개의 불상을 만들어 유포하기로 하였는데, 29번째 것"이라는 글이 새겨져 있는데, '연가7년'은 고구려 안원왕 9년(539)으로 추정된다.

있으면 지역 이름과 절 이름을 함께 사용하는 것이 좋지 않을까 싶다.

그런데 불상 이름의 첫 부분에 소재지나 발견지·출토지를 표시한다고 해서 무조건 발견되거나 출토된 지역 이름을 사용하는 것은 아니다. 불상이 출토된 지역이 다행히 그 불상이 만들어진 지역이거나 예전부터 있었던 곳일 경우에는 출토지 이름을 그대로 사용하면 된다. 하지만 만약 불상이 발견되거나 출토된 지역이 원래 그 불상이 있던 자리가 아니라 다른 곳에서 옮겨진 것이라면, 발견지·출토지 이름을 그대로 사용할 때 오해를 살 여지가 많다. 따라서 불상이 발견된 지역과 애초 그 불상이 있던 지역(또는 나라)이 다른 경우에는 그 발견지·출토지 이름을 불상 이름에 그대로 사용하지 않는 게 좋다. 이런 때에는 출토지와 만들어진 지역(또는 나라)을 구별할 수 있는 다른 이름을 사용하는 것이 더 바람직하다. 또 불상이 이 사람 저 사람에게 옮겨 다니다 보면 그 불상이 원래 있던 곳이나 만들어진 곳을 파악하기 어려울 수가 있는데, 이럴 때에도 출토지 대신 다른 이름이나 다른 방식으로 표시하는 것이 더 좋을 것이다.

고구려 불상으로 널리 알려진 연가7년명 금동 여래 입상(延嘉七年銘金銅如來立像, 국립중앙박물관 소장)은 1963년 경남 의령군 대의면 하촌리에서 우연히 발견되어 신라 불상으로 보기 쉬웠다. 그러나 뒷면에 새겨진 글과 강렬한 느낌을 주는 표현 방법 등으로 보아 6세기에 제작된 고구려 불상으로 밝혀졌다. 이렇게 출토지와 제작한 곳(또는 나라)이 다른 경우나 출토지가 정확하지 않으면 그 불상이 다른 불상과 구별될 수 있는 '어떤 특징'을 중심으로 하여 그 이름을 짓는 게 더 나을 수 있다.

불상 이름에 지역 대신 '특징'을 사용하기도 한다. 불상에는 그 불상을 제조하게 된 까닭이나 제조 연대(年代) 또는 특별한 글자 등이 새겨져 있는 것들이 있다. 불상에 글자 등이 쓰여 있을 때는 바로 그것을 특징으로 잡아 불상 이름을 짓기도 한다. 즉 발견된 불상에 '○○……' 글자가 새겨져 있다면 '○○명[銘(새길 명)]'이란 용어를 사용하여 이름 지으면 된다. 고구려에서 제작된 연가7년명 금동 여래 입상은 불상 뒷면에 "延嘉七年歲……"라고 쓰인 글자가 있어, 불상의 이름을 '연가7년명(延嘉七年銘)'이라 지은 것이다. 즉 '연가7년이라고 새겨진' 불상이라는 뜻이다. 다만 예전에는 '연가7년명 금동 여래 입상'에서처럼 '○○명' 특징을 재료에 해당하는 이름 앞에 두었으나, 요즘은 '○○명' 특징을 재료 다음에 표기하여 '금동 연가7년명 여래 입상'이라 부르고 있다. 마찬가지로 공식적인 이름이 '계미명 금동 삼존불 입상은 금동 계미명 삼존불 입상'으로, '신묘명 금동 삼존불 입상은 금동 신묘명 삼존불 입상'으로 바뀌었다.

이와 같은 방법으로 이름 지어진 불상으로는 계유명 삼존 천불 비상(癸酉銘三尊千佛碑像), 계유명 전씨 아미타불 삼존 석상(癸酉銘全氏阿彌陀佛三尊石像)[계유명 전씨 아미타불 비상(碑像)], 기축명 아미타여래 제불보살 석상(己丑銘阿彌陀如來諸佛菩薩石像)[기축명 아미타불 비상(碑像)], 금동 계미명 삼존불 입상[계미명 금동 삼존불 입상(癸未銘金銅三尊佛立像)], 금동 신묘명 삼존불 입상[신묘명 금동 삼존불 입상(辛卯銘金銅三尊佛立像)] 등이 있다. 이들 가운데 대부분은 맨 앞에 있는 글자를 특징으로 잡아 이름을 짓는데, 때에 따라서는 맨 앞에 있는 글자가 아닌 글자를 사용하기도 한다. 보통 시기를 나타내는 글자를 특징으로 잡아 이름으로 사용한다. 신묘명 금동 삼존불 입상은 뒷면에 쓰인 "景□四年在辛卯……"라는 글 가운데 '신묘(辛卯)'를 특징으로 잡아

▲ **계유명 삼존 천불 비상** 앞면의 삼존불 양쪽에 새겨진 글을 통해, 나라를 잃은 백제 사람들이 먼저 가신 이들의 한을 달래고 명복을 빌기 위하여 673년 만든 것임을 확인할 수 있다. 왼쪽과 오른쪽 사진은 각각 정면에서 본 모습과 조금 옆에서 본 모습이다.

'신묘명'이라고 이름 지은 것이다.

충남 연기군 조치원읍 서광암에서 발견된 '계유명 삼존 천불 비상'은 통일신라시대에 만들어진 불상으로, 발견된 지역을 염두에 두어 '서광암 삼존 천불 비상(三尊千佛碑像)'이라고 불리기도 한다. 이 불상도 표면에 "癸酉年四月十伍日……"라는 글이 새겨져 있어 이름을 '계유명'이라 지었다. 높이 91cm, 너비 47.5cm, 두께 14.5cm인 사각형의 돌 전체에 수많은 부처님[천불(千佛)]이 새겨져 있고, 또 맨 앞에 삼존불이 조성되어 있어 '삼존 철불'이라 하였으며, 불상의 전체 형태가 돌비석 형태[석비상(石碑像)]를 띠어 '비상(碑像)'이라 하였다. 흔히 보기 어려운 매우 독특한 형태를 한 이 불상은 현재 국립공주박물관에 소장·전시되어 있다.

**▲ 계유명 전씨 아미타불 삼존 석상[계유명 전씨 아미타불 비상]** 계유명 삼존 철불 비상과 마찬가지로 사각형으로 된 돌의 각 면에 불상과 글씨를 조각한 비석 형태이다. 삼국통일 직후인 673년 만든 것으로 파악된다. 사진은 국립공주박물관 벽면에 불비상(佛碑像)을 설명하고 있는 그림의 일부이다.

충남 연기군 전의면 다방리〈연기군 전의면 비암사길〉 비암사 극락전 앞 3층 석탑 꼭대기 부분에서 발견된 '계유명 전씨 아미타불 삼존 석상'은 통일신라시대에 만들어진 불상으로, 높이 43cm, 폭 26.7cm, 측면 17cm인 사각형의 돌 각 면에 불상과 글씨를 조각한 비석 형태[비상(碑像)]를 하고 있다. 또 불상 아래와 좌우 측면에 120여 자의 글이 새겨져 있는데, 간단히 해석하면 "계유년(癸酉年)에 전씨(全氏) 집안이 발원하여 국왕 등을 위하여 아미타불상(阿彌陀佛像)·관음대세지상(觀音大勢至像)을 조성한다."라는 내용이다. 이렇게 글이 새겨져 있으면 보통 '계유(癸酉)'를 특징으로 삼아 '계유명'이라고 하는

데, 전씨가 만든 것임을 강조하여 '계유명 전씨(癸酉銘全氏)'라 하였다. 그리고 아미타불을 비롯한 삼존불을 새긴[아미타불 삼존(阿彌陀佛三尊)], 돌로 만든 불상[석상(石像)]이기에 '계유명 전씨 아미타불 삼존 석상'이라고 불렀는데, 요즘에는 비상인 점을 강조하여 '계유명 전씨 아미타불 비상'이라는 말을 더 많이 사용한다. 공식 이름도 계유명 전씨 아미타불 비상이다. 이 불상은 비암사 극락보전 앞에 세워진 3층 석탑에서 기축명 아미타여래 제불보살 석상[기축명 아미타불 비상], 미륵보살 반가사유 석상[미륵보살 반가사유 비상] 등과 함께 발견되었는데, 이들 모두 국립청주박물관에 소장·전시되어 있다.

반가사유상, 특히 금동 미륵보살 반가사유상[금동 미륵보살 반가상]으로는 백제와 신라의 것으로 판단되는 금동 미륵보살 반가사유상이 아주 유명한데, 이 두 불상은 각각 백제와 신라를 대표하는 불상처럼 여겨지기도 한다. 또 금동 미륵보살 반가사유상은 백제와 신라에만 있는 것이 아니라 고구려의 것으로 판단되는 금동 미륵보살 반가사유상도 있는데, 고구려 것은 백제와 신라 것보다 그 크기가 아주 작으며, 널리 알려지지도 않았다. 아무튼 금동 미륵보살 반가사유상은 고구려·백제·신라 삼국 모두에서 나오고 있는데, 이름이 모두 '금동 미륵보살 반가사유상'이다. 따라서 서로 구별하여 사용할 필요가 있다. 그래서 보통 금동 미륵보살 반가사유상 이름 앞에 고구려·백제·신라라는 나라 이름을 사용하여 '고구려 금동 미륵보살 반가사유상(국보 제118호, 삼성미술관 리움 소장), 백제 금동 미륵보살 반가사유상(국보 제83호, 국립중앙박물관 소장), 신라 금동 미륵보살 반가사유상(국보 제78호, 국립중앙박물관 소장)'이라 부르기도 한다. 하지만 더 확실히 구별할 필요가 있다. 그러기 위해서는 서로 구별될 만한 특징을 잡아 이름을 짓곤 한다. 즉 머리에 쓰고 있는 모자[보관(寶冠), 화관(花冠)]의 형태를 중심으로 이름을 지어 서로 구별하여 사용하기도 한다.

▲ **평천리 금동 미륵보살 반가사유상** 높이 17.5cm의 작은 보살상으로, 머리에는 삼산관(三山冠)을 쓰고 있으며, 고개를 약간 숙여 생각에 잠겨 있는데, 입가에는 엷은 미소가 흐른다.

▲ **탑형보관 금동 미륵보살 반가사유상** 높이 80cm의 보살상으로, 머리에 화려한 관을 쓰고, 오른쪽 팔꿈치를 무릎 위에 올린 채 생각에 잠겨 있으며, 풍만한 얼굴에 미소를 띠고 있다.

현재까지 발견된 고구려 반가상 가운데 반가상으로는 유일한 불상으로 파악되고 있는 고구려 금동 미륵보살 반가사유상은 1944년 평남 평양시 평천리에서 공사를 하던 중 출토되었는데, 녹이 많이 슬었고, 오랫동안 흙 속에서 침식된 흔적이 뚜렷하고, 불에 탄 흔적이 남아 있는 상태로 발견되었다. 만든 연대가 6세기 후반으로 추정되는 이 불상은 출토지가 확실하여 굳이 모지와 같은 특징을 중심으로 하지 않고, 그냥 출토지를 중심으로 이름을 지어 '평천리' 금동 미륵보살 반가사유상이라고 부르기도 한다.

고구려와 다르게 백제와 신라의 금동 미륵보살 반가사유상은 모자를 특징으로 삼아 이름을 지어 구별한다. 신라 금동 미륵보살 반가사유상은 그 출토지를 정확히 알 수 없는데, 1912년에 일본인이 조선총독부에 기증하였던 것을 1916년 총독부박물관을 창설할 때 옮겨져 보관되어왔다. 현재는 국립중앙박물관에 있다. 또 제작한 곳에 대해 여러 가지 설이 있어 고구려 불상으로 보기도 하지만, 일반적으로는 신라 불상으로 보고 있다. 여하튼 출토지가 불확실한 이 불상은 보통 '탑형보관(塔形寶冠·塔型寶冠)' 금동 미륵보살 반가사유상이라고 부르는데, '모자에 많은 탑이 있는 모습'을 그 특징으로 잡아 이렇게 이름을 지었다. 또 이 탑형보관 불상은 '모자에 둥근 해와 초승달이 장식된 모습'을 특징으로 잡아 '일월식보관(日月飾寶冠·日月式寶冠)' 금동 미륵보살 반가사유상이라고 부르기도 한다. 만들어진 시기는 6세기 중엽이나 그 직후로 추정되고 있다.

▲ **삼산관 금동 미륵보살 반가사유상** 93.5cm 높이에 우리나라 반가사유상을 대표할 만큼 가장 크고 뛰어난 보살상으로, 잔잔한 미소에 생각에 잠겨 있는 자세가 아주 세련되고 우아하다. 사진은 국립중앙박물관 벽면에 소개하고 있는 그림의 일부이다.

삼국시대 후기에 만든 것으로 추정되는 백제 금동 미륵보살 반가사유상은 1920년대 경주에서 발견되었다고도 전하나 그 출토지가 정확하지 않아 꼭 백제의 것이라고 할 수는 없지만, 전체적인 느낌이 고구려 것도 아니고 신라 것도 아니라는 점 등 여러 가지를 근거로 백제 불상으로 보고 있다. 현재 국립중앙박물관에 있는 이 불상은 '세 개의 산으로 빙 둘러 있는 모습의 모자'를 특징으로 잡아 '삼산관(三山冠)' 금동 미륵보살 반가사유상이라고 부르기도 한다. 어떤 이는 이 삼산관이 아닌 '사화관(四花冠: 네 개의 산 모양으로 된 화관)' 금동 미륵보살 반가사유상이라고 부르기도 하지만, 이는 잘못 판단한 것으로 보인다. 왜냐하면 모자 모습은 세 개의 산이 연결된 모습이지, 네 개의 산이 연결된 모습은 아니기 때문이다. 그런데 고구려 금동 미륵보살 반가사유상도 머리에 삼산관을 쓰고 있으나 출토지가 확실한 탓인지 머리 모양보다 출토된 지역을 중요시하여 그 지역 이름을 사용, 평천리 금동 미륵보살 반가사유상이라고 부른다.

흔히 일본 국보 제1호(1951년 6월 9일 일본문화재위원회에서 국보 제1호를 지정하였는데, 이후 일본에서는 국보 제2호, 제3호, 제4호로 구분하여 지정하지 않고 그냥 국보로만 지정하였다고 한다) 라고 부르고 있는 고류지 목조 미륵보살 반가사유상은 백제 삼산관 금동 미륵보살 반가사유상과 그 모양은 물론 풍기는 분위기마저 매우 흡사하다[고류지는 광륭사(廣隆寺)의 일본식 발음으로 코류지, 고류사, 코류사라고도 발음한다]. 이런 점을 내세워 백제 문화가 일본에 영향을 준 것으로 설명하곤 한다. 그러나 고류지 목조 미륵보살 반가사유상을 만든 재료가 한반도에서 생산되는 소나무의 하나인 적송(赤松)인 점을 앞세워 신라 문화의 일본 전파를 주장하기도 한다. 적송은 우리나라에서만 자라는 것도 아니며, 우리나라에서도 주로 경북 지역에서 자라는 소나무이므로 백제가 아닌 신라의 영향으로 봐야 하는데 백제 불상과 비교하는 것 자체가 잘못이고, 아예 백제가 아닌 신라의 영향으로 목조 미륵보살 반가사유상이 제작됐다는 것이다.

▲ **일본 고류지 목조 미륵보살 반가사유상** 그동안 우리나라의 영향을 강조하고자 백제 금동 미륵보살 반가사유상과 닮은 점을 많이 찾았다. '어쩌면 이렇게 우리 반가사유상하고 꼭 닮았을까?' 고민하지 말고, 이제 다른 점을 찾아보는 것은 어떨까!

일본 고류지에는 일본 국보 제1호인 '보관(寶冠) 미륵보살 반가사유상' 이외에 역시 국보(지정번호는 없음)인 백제 녹나무로 만든 '보계(寶髻: 상투) 미륵보살 반가사유상'이 있다. 이들 불상에 대해서는 다양한 의견이 있지만, 앞의 보관 미륵보살 반가사유상은 신라 적송으로 만들어진 것으로 616년 신라 왕실이 보내준 불상이라고 하고, 보계 미륵보살 반가사유상은 603년 고류지가 처음 세워질 때 백제 왕실에서 녹나무로 조각한 것이라고 한다. 둘 다 신라에서 전해준 것이라는 주장도 있지만, 녹나무로 만들어진 일본 국보 보계 미륵보살 반가사유상은 603년 백제로부터 영향을 받은 것으로, 적송으로 만들어진 일본 국보 제1호 보관 미륵보살 반가사유상은 616년 신라가 보내준 것으로 보는 게 일반적이다. 결국 일본 고류지에는 우리나라와 관련이 많은 불상으로 백제 녹나무 '보계 미륵보살상'과 신라 적송 '보관 미륵보살상'이 전해지고 있다고 할 수 있는데, 백제든 신라든 우리 문화가 일본 문화에 영향을 준 것이다. 여하튼 한국과 일본의 미륵보살 반가사유상은 양국 문화 교류를 확인할 수 있는 중요한 불상인 것은 분명하다.

**[지역]** 충남 '태안' 마애 3존불상
전북 '익산 연동리' 석조 여래 좌상
경북 '경주 남산 칠불암' 마애불
전북 '남원 만복사터' 석불 입상

**[특징]** '계유명(癸酉銘)' 청동 신장 입상[청동 계유명 신장 입상]
'태평흥국명(太平興國銘)' 마애보살 좌상
'방형대좌(方形臺座)' 금동 미륵보살 반가상

## 불상 이름에는 재료가 표시되어 있다

불상 이름의 둘째 부분에는 그 불상을 만든 '재료'가 표시되거나, 만든 '방식'이 표시되기도 한다. 불상을 만든 재료로는 금(金)[금제(金製)], 금동(金銅), 청동(靑銅) · 동(銅), 돌(石)[석조(石造)], 철(鐵)[철조(鐵造)], 나무(木)[목조(木造)], 바위[마애(磨崖)], 흙[니(泥: 진흙)], 종이[지(紙)] 등이 있다. 금으로 만들면 금불(금제 여래), 금동으로 만들면 금동불(금동 여래) · 금동 보살, 돌로 만들면 돌불(돌부처) · 석불(석조 여래) · 석조 보살, 철로 만들면 철불 · 철조 불(철조 여래) · 철조 보살, 나무로 만들면 목불 · 목조 불(목조 여래) · 목조 보살, 그리고 바위에 새기면 마애불·마애 보살, 흙(진흙)으로 만들면 이불(흙부처), 종이로 만들면 지불(종이불) 등이 된다. 때에 따라 바위에 새기고서도 마애불이라 하지 않고 '마애 석불'이라고 하여 '석(石)' 자를 첨가한 경우도 있는데, 이는 바위에 새긴 마애불이긴 하지만, 돌에 새긴 것과 같은 인상을 주거나 돌처럼 새긴 점을 강조하여 그리 이름 지은 것이다.

흔히 불상을 만드는 방식은 크게 조소(彫塑)와 주조(鑄造) 두 가지로 나눠 볼 수 있는데, 조소는 깎거나 붙여서 만드는 방식이며, 주조는 녹인 금속을 틀에 부었다가 굳게 하여 만드는 방식이다. 조소는 조각(彫刻)과 소조(塑造)로 나뉘는데, 조각은 밖에서 안으로 깎아가며 만드는 방식이고, 소조는 안에서 밖으로 붙여 나오면서 만드는 방식이다. 그리고 조각의 형식 가운데 평면에다 새기는 방식을 부조(浮彫)라고 한다. 주조의 경우에도 그 틀을 만들 때는 조각이나 소조의 방식이 사용된다.

**조소**
- **조각** : 밖에서 안으로 깎아가며 만드는 방식(석불이나 목불)
  - 부조: 평면에다 조각
- **소조** : 안에서 밖으로 붙여 나오면서 만드는 방식(이불이나 종이불)

**주조** : 녹인 금속을 틀에 부었다가 굳게 하여 만드는 방식(금동불, 철불)
(틀은 조각·소조의 방식으로 만듦)

돌이나 나무로 만든 불상은 거의 조각 방식으로 만들기 때문에 불상 이름에 조각(또는 조소)이라는 용어를 굳이 사용하지 않는다. 금이나 금동 및 철로 만든 불상은 대개 주조 방식으로 만들어지는 경우가 많으며, 대부분의 주조는 조각 방식으로 틀을 만들어 사용하고 있으므로 굳이 조각(또는 주조)이라는 표시를 할 필요가 없다. 다만 소조 방식으로 조성된 불상은 그리 많지 않으므로 소조임을 강조하기 위해 특별히 소조라는 용어를 표시하

▲ **태안 마애 삼존불상** 가운데 부처님과 좌우 보살로 구성된 일반적인 삼존불상과 달리 보살을 중심으로 좌우에 부처님이 배치된 특이한 형식을 한 백제 최고(最古)의 마애불로 추정되는 불상이다. 훼손을 방지하기 위해 보호각을 세워 그 안에 모시고 있으나 훼손이 많이 되어 있다.

기도 한다. 부조도 마찬가지, 부조는 조각의 일종이므로 부조임을 표시할 필요가 없지만 특별히 부조임을 밝히는 경우도 있다. 그리고 나한전의 나한상 등은 흙으로 만든 것들이 많지만, 흙으로 만든 흙부처[이불 · 니불(泥佛)]는 흔하지 않은 편이며, 종이로 만든 종이불[지불(紙佛)] 또한 적은 편이다. 흙이나 종이 불상은 대개 소조 방식으로 만들어지는데, 그래서 그런지 불상 이름에서는 '이불'이나 '지불'이라는 말 대신 '소조'임을 밝히는 경우가 많다. 종이나 흙으로 만들어진 불상에는 건칠불(乾漆佛)이라는 것도 있는데, 건칠불은 나무나 종이, 천(삼베), 흙으로 불상을 만든 후 옻칠을 하고 다시 도금한 불상을 말한다. 간단히 '옻칠을 한 불상'이라고 할 수 있다. 건칠불은 보통 나무로 간단한 골격을 만든 뒤 종이나 천 같은 것으로 불상을 만들어

옻칠을 하고, 나무 골격 위에 진흙을 바른 다음 속을 빼내 불상을 만들어 옻칠을 하며, 찰흙으로 불상을 빚어 삼베를 덧입히고 그 위에 옻칠을 하기도 한다. 이런 건칠불은 불상을 만든 방식이 '건칠'임을 밝히곤 한다.

▲ **영주 부석사 소조 아미타여래 좌상** 우리나라 소조불상 가운데 가장 크고 오래된 것으로, 통일신라시대 불상 양식에서 크게 벗어나지 않은 점으로 보아 고려 초기 불상으로 추정된다. 대체로 조형미가 떨어지는 고려시대 불상과 다르게 나름 괜찮은 불상으로, 높이 2.78m 정도에 화려하지만 근엄하고 딱딱한 분위기를 풍긴다.

결국 불상 이름의 두 번째 부분에는 그 불상을 만든 재료를 알 수 있도록 재료 이름을 표시하는데, 경우에 따라서는 불상을 만든 방식을 표시한다. 대부분의 불상은 조각 방식으로 만들어졌기 때문에 만든 방식을 굳이 표시하지 않지만, 소조나 부조와 같은 특별한 경우에는 그 만든 방식을 표시한다.

충남 태안군 태안읍 백화산 정상 부근에 있는 태안 마애 삼존불상(磨崖三尊佛像)은 '마애'라는 재료만 표시된 경우이다. 그리고 이 불상은 부조의 형식을 취하고 있지만, 마애불은 대부분이 조각의 형식이므로 부조임을 표시하지 않았다. 부조임을 굳이 표시한 불상으로는 전남 화순군 도암면 대초리〈화순군 도암면 천태로〉 운주사에 있는 화순 운주사 부조 이불 와상 등이 있다. 경북 영주시 부석면 북지리〈영주시 부석면 부석사로〉 부석사 무량수전에 있는 영주 부석사 소조 아미타여래 좌상(塑造阿彌陀如來坐像)은 소조의 양식을 하고 있다.

[금동] 충남 예산 교촌리 출토 '금동' 보살 입상

[ 돌 ] 대구 동화사 비로암 '석조' 비로자나불 좌상

충남 논산 개태사 삼존 '석'불

충남 연기 비암사 미륵보살 반가 '석'상

[나무] 전남 완도 관음사 '목조'불 좌상(전남대박물관)

[ 철 ] 광주 증심사 '철조' 비로자나불 좌상

경기 광주 춘궁리 '철'불

충남 서산 보원사터 출토 '철'불 좌상

[바위] 경북 경주 남산 칠불암 '마애'불

[ 흙 ] 경북 경주 기림사 '소조' 비로자나삼불 좌상

[종이] 충남 논산 쌍계사 '종이'불

강원 고성 화진포 삼불사 '종이'불

[소조] 경북 영주 부석사 '소조' 아미타여래 좌상

[부조] 전남 화순 운주사 '부조' 이불 와상

[건칠] 경북 경주 기림사 '건칠' 보살 반가상

## 불상 이름에는 자신의 신분이 나타나 있다

불상 이름의 세 번째 부분은 불상에 표현된 인물, 즉 '주인공'이 누구인지를 알려주고 있다. 불상을 좁은 의미로 해석하면 '부처님을 표현한 인물상'을 가리키지만, 넓은 의미의 불상은 '불교와 관련된 인물상' 모두를 가리킨다. 불교와 관련 있는 인물로는 부처님 이외에 보살(菩薩), 성문(聲聞) · 연각[緣覺: 독각(獨覺)] · 아라한[阿羅漢, 줄여서 나한(羅漢)], 금강역사(金剛力士), 사천왕(四天王),

신장(神將:수호신), 염라대왕(閻羅大王)을 포함하는 시왕[십왕(十王)], 그리고 스님[조사(祖師)·국사(國師)·왕사(王師)·선사(禪師)·대사(大師)] 등이 있다. 이들 인물 가운데 특히 부처님과 보살이 불상에 많이 등장한다.

불상이나 불화(佛畵)를 자세히 살펴보면 짐작할 수 있듯이, 부처님은 모자[화관(花冠), 보관(寶冠)]를 쓰지 않은 나발(螺髮: 곱슬머리처럼 소라 모양으로 빙빙 틀어서 돌아간 형상의 머리털)형의 머리를 하고 있으며, 보살은 대부분 모자를 쓰고 있다. 결국 부처님과 보살의 구별은 화관에 달렸다고 할 수 있는데, 대개 화관을 쓰고 있으면 보살, 쓰고 있지 않으면 부처님이다.

부처님을 가리키는 이름만 10여 가지나 된다. 그 가운데 일반적으로 널리 알려진 이름은 불(佛)과 여래(如來)이다. 그리고 부처님은 한 명이 아니다. 부처라는 말은 '깨달은 자', 즉 각자(覺者)를 뜻하는 용어로, 고유 명사가 아닌 일반 명사이다. 일반인들에게까지 널리 알려진 부처님으로는 석가모니불(釋迦牟尼佛), 아미타불(阿彌陀佛), 미륵불(彌勒佛), 비로자나불(毘盧遮那佛), 노사나불(盧舍那佛), 약사불(藥師佛) 등이 있다.

불교에서는 법신불(法身佛)로 비로자나불, 보신불(報身佛)로 노사나불(또는 아미타불·약사불), 화신불(化身佛)로 석가모니불, 이렇게 세 분의 부처님을 삼신불(三身佛)이라고 한다. 이 삼신불과 불상 이름에 많이 사용되고 있는 삼존불(三尊佛)은 그 의미가 서로 다른 것이다. 일반적으로 삼존불은 '부처님 세 분'이 나란히 있거나 또는 '부처님과 보살 모두 세 분'이 나란히 모셔져 있는 모습을 통칭하여 부르는 말이다. 다만 부처님 세 분만을 모실 경우, 대개 삼신불이 모셔지는데 이런 경우의 삼신불은 삼존불에 해당한다. 하지만 삼존불은 삼신불만 모시는 게 아니다. 삼존불에는 부처와 보살이 함께 모셔지는 경우가 있다. 부처와 보살이 함께 모셔진 경우, 대부분 가운데에 부처님 한 분과 양쪽에 각각 한 분씩의 보살이 모셔져 있는 경우가 많지만, 아주 드물고 특이하게 태안 마애 삼존불상처럼 가운데에 보살 한 분, 양옆에 부처님 두 분이 모셔진 예도 있다.

보살은 '보리살타(菩提薩陀)'의 준말로 '각유정(覺有情)'이라는 뜻이다. 각유정은 '깨달은 중생', '깨닫게 하는 중생', '깨우칠 중생'으로 다양하게 해석하기도 하는데, 결국 보살은 '깨달은 중생으로서 더불어 다른 중생의 깨달음을 도와주는 이'라고 하겠다. 흔히 보살 하면 '깨달음의 경지는 부처와 같으나, 중생들과 함께 어울려 지내면서 그들을 깨달음으로 이끌어내고자 아직 부처의 자리에는 가지 않은 자'라고 해석하곤 한다. 많이 알려진 보살로는 미륵보살(彌勒菩薩), 관세음보살[觀世音菩薩, 줄여서 관음보살(觀音菩薩)], 대세지보살(大勢至菩薩), 문수보살(文殊菩薩), 보현보살(普賢菩薩), 지장보살(地藏菩薩) 등이 있다.

▲ **대세지보살과 관세음보살** 왼쪽 그림의 대세지보살은 지혜를 상징하는 보살로, 보통 책을 들고 있거나 중앙에 보배로운 병이 새겨진 모자를 쓰고 있다. 오른쪽 그림의 관세음보살은 자비를 상징하는 보살로, 보통 중앙에 부처님 모습이 새겨진 모자를 쓰고 있다. 사진은 강원 양양 진전사터에 새로 지은 적광보전 벽화에 그려진 보살 모습이다.

▲ **지장보살상** 사진은 서산 개심사 명부전에 있는 지상보살상인데, 지장보살은 남들에게 더는 벗어줄 옷이 없어 '몸을 땅[地]에 감춘[藏]' 보살로, 보통 삭발한 채 모자를 쓰지 않아 주로 파란빛이 나는 민머리를 하고 있거나 두건을 쓰고 있다.

미륵보살은 석가모니 다음으로 이 땅에 부처님으로 올 분[미래불(未來佛)]이며, 지장보살은 미륵불이 출현할 때까지 천상(天上)에서 지옥(地獄)까지의 모든 중생을 제도한 뒤에 성불하겠다고 맹세한 분이다. 그래서 지장보살은 대개 지옥문 앞을 지키며 중생을 제도하고 있는 모습으로 표현되고 있다.

관세음보살 · 대세지보살은 대개 아미타불과 짝이 되어 삼존불을 이루는 보살이며, 문수보살 · 보현보살은 비로자나불이나 석가모니불과 짝이 되어 삼존불을 이루는 보살이다. 흔히 관음보살은 중앙에 부처님의 모습이 새겨져 있는 모자를 쓰고 있으며, 대세지보살은 중앙에 보병(寶甁: 보배로운 병) 또는 감로수병[甘露水甁, 간단히 감로병(甘露甁)]이 새겨진 모자를 쓰고 있다.

보살이 대부분 모자를 쓰고 있는 데 비해, 유독 지장보살은 모자를 쓰지 않고 있다. 대신 두건(頭巾)을 두르고 있거나 민머리(대머리)를 하고 있다. 보통 지장보살은 지팡이나 지혜를 상징하는 보배 구슬을 들고 있는 모습인데, 삭발한 채 모자를 쓰지 않은 모습은 대개 파란빛의 민머리로 표현하고 있다.

지장보살을 모신 건물을 지장전 또는 명부전(冥府殿)이라고 하는데, 명부는 저승[사람이 죽은 뒤에 그 혼령이 가서 산다는 세상으로, 황천(黃泉), 염라국(閻羅國: 염라대왕이 다스리는 나라)이라고도 한다. 이에 비해 현재 사는 세상을 이승이라고 한다]을 가리키는 말이고, 명부를 지키는 분이 바로 지장보살이기에 그리 이름 지은 것이다.

**[불=여래]** [충남] 당진 영탑사 금동 삼존'불'상

[충남] 청양 장곡사 철조 '약사여래' 좌상

**[보 살]** [태평] 흥국명 마애 '보살' 좌상(경기 이천시 마장면 장암리)

[경북] 경주 석굴암 '11면관음'상

**[기 타]** [경북] 경주 석굴암 '사천왕'상

[경남] 진주 내율리 절터 계유명 청동 '신장' 입상

## 불상 이름에는 친절하게 자세까지 표시되어 있다

불상 이름의 마지막 부분에는 그 불상이 취하고 있는 '자세'가 나타나 있다. '서 있는' 모습이면 입상[立像: 입불(立佛)], '앉아 있는' 모습이면 좌상[坐像: 좌불(坐佛)], '누워 있으면' 와상[臥像: 와불(臥佛), 열반상(涅槃像)]이라고 한다. '누워 있는 부처님'을 뜻하는 와불은 '열반에 든 부처님', 즉 석가모니가 열반하는 모습을 형상화한 것인데, 보통 오른쪽 어깨를 아래로 하여 옆으로 비스듬히 누워 있는 모습이다. 또 오른팔은 머리를 받들 듯이 밑으로 하고, 왼팔은 어깨에서 다리를 향해 쭉 펴 몸 위에 올려놓은 모습이다. 우리나라는 인도나 중국과 비교하여 와불이 희귀한 편인데, 얼마 되지 않는 와불 가운데 화순 운주사 부조 이불 와상(浮彫二佛臥像)이 유명하고, 법주사 팔상전 안의 열반상이 그나마 알려졌다. 요즘에 와불이 많이 조성되었는데, 경기 용인시 처인구 해곡동〈용인시 처인구 동부로837번길〉 연화산 와우정사(臥牛精舍) 열반전 와불상, 경남 사천시 백천동〈사천시 백천길〉 백천사 와불, 경북 영천시 북안면 고지리

▲ **보은 법주사 팔상전 열반상** 팔상전 안에는 중앙에 사각으로 조성한 기둥의 4면에 각 2폭씩 부처님의 일대기가 그려진 8폭의 팔상도(八相圖)가 있고, 4면의 팔상도 앞에 열반상을 포함한 불상이 각각 모셔져 있다. 열반상은 입구 뒤쪽에 있는 녹원전법상 · 쌍림열반상이 그려진 팔상도 앞에 모셔져 있다.

〈영천시 북안면 내서로〉 만불산 만불사 황동와불열반상, 충남 부여군 내산면 저동리 미암사〈부여군 내산면 성충로미암길〉 와불, 충북 진천군 진천읍 연곡리〈진천군 진천읍 김유신길〉 보탑사 적조전(寂照殿) 와불상, 부산광역시 기장군 장안읍 장안리〈기장군 장안읍 장안로〉 불광산 장안사 극락전 와불상 등은 조성된 지 그리 오래되지 않은 것들이다.

좌상 가운데에도 두 명 이상의 인물이 '나란히 앉아 있는' 경우를 병좌상(竝坐像)이라고 하는데, 만약 두 명의 부처가 나란히 앉아 있는 불상이면 이불 병좌상(二佛竝坐像)이라고 한다. 이렇게 두 명의 부처가 나란히 앉아 있는 불상을 이불 좌상(二佛坐像)이라 하지 않고 이불 병좌상이라고 하는 것에 비해, 부처님 두 분이 함께 서 있거나 누워 있는 것은 이불 병입상(二佛竝立像), 이불 병와상(二佛竝臥像)이라 하지 않고 그냥 이불 입상(二佛立像), 이불 와상(二佛臥像)이라고 하는 편이다.

▲ **부여 미암사 와불** 최근 '최대의 와불', '최초의 와불'이라며 서로 다투듯이 거대한 열반상이 많이 조성되고 있는데, 미암사 와불은 길이가 27m, 높이와 폭은 각각 6m 정도이다.

이불 병좌상은 보통 『법화경』의 사상을 반영하여 다보여래와 석가여래가 자리를 나눠 나란히 앉은 모습을 형상화한 불상으로서, 중국 길림성 혼춘현 반랍성[吉林省 琿春縣 半拉城: 발해의 네 번째 수도였던 동경 용원부(東京 龍原府)가 있던 지역]에서 출토된, 발해의 이불 병좌상이 있다. 이 이불 병좌상은 국사 교과서에 소개되어 유명하지만, 정작 우리나라도 중국도 아닌 일본 도쿄대학교에 있어 아쉬울 뿐이다. 우리나라에는 이불 병좌상이 드문 편인데, 충북 괴산군 연풍면 원풍리〈괴산군 연풍면 원풍로〉 마애 이불 병좌상(보물 제97호)이 있으며, '죽령 마애불'과 '전(傳) 대전사터 출토 청동 이불 병좌상' 등이 있다

▲ **괴산 원풍리 마애 이불 병좌상** 높이가 12m나 되는 높은 벼랑의 큰 암석을 우묵하게 파 감실(龕室: 사당 안에 신주를 모시어 두는 방)을 만들어 그곳에 석가여래와 다보여래 두 명의 부처님을 나란히 배치한 마애불로서, 우리나라에서는 보기 드문 예로 고려시대에 조성된 것으로 추정된다.

고 하나 죽령 마애불이나 전(傳) 대전사터 출토 청동 이불 병좌상에 대해서는 별다른 정보를 구할 수 없어 이 또한 아쉽기만 하다. 일반적인 이불 병좌상은 아니더라도 두 명의 부처님이 나란히 있는 것으로는 화순 운주사 부조 이불 와상, 파주 용미리 마애 이불 입상 등이 있다.

그리고 한쪽 다리를 다른 쪽 다리 위에 올려놓고 반 정도 앉아 있는(의자에 앉아 있는) 형태를 반가상(半跏像)이라고 한다. 반가상 가운데에서도 한 손, 주로 오른손으로 턱을 받치고 있으면서 생각하고 있는 모습을 하고 있으면 반가사유상(半跏思惟像)이라고 한다. 반가상은 반가부좌상의 준말이다. 불교에서는 오른발을 먼저 왼편 넓적다리 위에 올려놓고, 다시 왼발을 오른편 넓적다리 위에 올려놓고 앉는 자세를 결가부좌(結跏趺坐) 또는 간단히 가부좌(跏趺坐)라고 하며, 한쪽 발만 다른 쪽 넓적다리 위에 올려놓고 앉는 자세를 반가부좌(半跏趺坐)라고 한다. 그런데 불상의 좌상(坐像)은 거의 결가부좌를 하고 있기 때문에 결가부좌상 또는 가부좌상이라는 용어는 굳이 표시하지 않고, 특별한 경우인 반가상, 반가사유상만 표시하고 있다.

불상의 자세보다는 불상이 전체적으로 취하고 있는 '형태'에 더 초점을 두어 불상 이름을 짓기도 한다. 충남 연기군 조치원읍 서광암에서 발견된 계유명 삼존 천불 비상(癸酉銘三尊千佛碑像)은 크기가 91cm 정도인 비석(碑石) 모양에 수많은 부처님이 삼존불과 함께 새겨져 있는 매우 독특한 형태를 이루고 있다. 여기에서 비상(碑像)은 불상과 비석을 겸한 형태, 즉 불상 및 불상과 관련된 비문을 함께 조각한 형태를 말하는데, 간단히 비형석상(碑形石像), 즉 '비석 모양의 불상'을 가리키는 말이다. 비상은 대개 불상 전체가 작은 비석 모양을 이루면서 불상을 조각하고 비문(碑文)도 조각한 다음 덮개돌[개석(蓋石)]을 덮은 형태를 이루고 있다. 또 비상은 네모진 기둥 모양의 돌을 다듬어서 네 면에 불상을 조각하였으므로 사면불(四面佛)에 해당하기도 한다. 우리나라의 경우, 삼국시대 불상에서는 비상이 나타나지 않고 통일신라 초기부터 나타나고 있는데, 특히 백제 멸망 이후 백제 유민들을 통해 많이 조성되어 충남 연기군 지역을 중심으로 여러 개의 비상이 발견되었다.

경주시 인왕동〈경주시 원화로〉 안압지에서는 금동판 삼존불상 2점과 보살 좌상 8점이 출토되었는데, 이곳에서 출토된 금동 판불상(板佛像)처럼 불상의 형태가 특별한 것으로 '판불(板佛)'이란 것이 있다. 판불은 판처럼 되어 있는 불상, 즉 널빤지나 동판(銅版) 등의 재료에 모양을 새기고 색을 칠한 방식의 불상을 말하는데, 대개 판판한 금속판을 뒤쪽에서 두드려 불상을 이루는 면이 튀어나오도록 제작한다. 또 판불은 금동(金銅)의 판형(板形)으로 된 것이 많다. 하여 판불은 불상의 전체적인 형태를 나타내는 것이기도 하지만, 한편으론 그 불상이 만들어진 재료를 나타내기도 한다.

사면불도 불상의 형태가 특별한 것으로 볼 수 있다. 사면불은 일반적으로 불상의 네 면에 불상이 새겨진 것을 말하는데, 암반 위에 돌출한 돌기를 사면으로 깎아 사방의 면에 불상을 새긴 것이 대부분이다. 사면불은 일명 '사방불'이라고도 하는데, 동서남북의 방위에 따라 사방정토에 군림하는 신앙의 대상인 약사불, 아미타불, 석가불, 미륵불을 새긴 불상을 뜻한다. 또 사면불은 새긴 돌이 큰 돌기둥이 아니어서 보통 마애불이라

▲ **예산 화전리 사면 석불** 백제시대 유일한 사면불로, 땅속에 묻혀 있던 것을 1983년에 발굴한 것이다. 우리나라 최초의 석조 사방불로서, 서산과 태안 마애 삼존불과 비교되는 불상이다.

고 하지는 않지만, 그 조각 기법이 바위에 새긴 것과 같고 그 예도 워낙 적어 사면불 자체를 마애불로 취급하기도 한다.

사면불로는 충남 예산군 봉산면 화전리〈예산군 봉산면 화전2길〉 석조 사면불상[예산 화전리 사면 석불], 경주 동천동 굴불사터 석조 사면불상[경주 굴불사터 사면 석불], 경북 영주시 이산면 신암리〈영주시 이산면 한성로〉 마애 삼존 석불[영주 신암리 마애 여래 삼존상, 영주 신암리 사면 석불] 등이 유명하다.

**[서 있는]** 충남 부여 규암리 금동 관음보살 '입'상
**[앉아 있는]** 충남 천안 각원사 청동 '좌'불상
**[나란히 앉아 있는]** 발해 이불 '병좌'상
**[반 정도 앉아 생각하고 있는]** 금동 미륵보살 '반가사유'상
**[누워 있는]** 전남 화순 운주사 '와'불

**[비석 모양]** 계유명 삼존 천불 '비'상
**[판 모양]** 경주 안압지 출토 금동 삼존 '판'불상
**[사면불]** 충남 예산 화전리 '사면' 석불

## 불상 이름은 부르기 쉽고 간단할수록 좋다

사실 불상 이름을 짓는 법은 하나의 원칙일 뿐, 절대적인 법칙은 아니다. 따라서 사람들이 부르기 쉽고, 구별하기 쉽게 짓는 것이 가장 중요할 것이다. 모름지기 이름이란 남들이 알아주어야 하고, 불러주어야 한다. 아무리 쉬운 이름이라도 부르는 사람이 없으면 아무 소용이 없으며, 아무리 어려운 이름

도 많은 사람들이 자꾸 부르면 그 자체가 좋은 이름이 된다.

결국 이름을 지을 때는 많은 사람들이 인정하는 보편적이고 기본적인 형식에 맞추면 된다. 보통 앞에서 제시한 '소재지/특징—재료/방식—주인공—자세/형태' 순서와 원칙에 맞춰 지으면 되지만, 경우에 따라서는 어떤 부분을 생략할 수도 그 순서가 바뀔 수도 있다.

순서를 바꿔서 편할 것 같으면 바꾸면 된다. 가령 논산 개태사 삼존 석불 같은 경우, 본래 순서대로 하면 '논산 개태사 석조 삼존불 입상'이지만, '석조 삼존불 입상'을 간단히 '삼존 석불'이라고 하면 부르기가 한결 더 쉬워진다. 이렇게 많은 사람들이 '개태사 삼존 석불'이라고 하다 보니 이 말이 개태사 석조 삼존불 입상을 대신하게 되었다. 사실 충남 논산시 연산면 천호리〈논산시 연산면 천호1길〉 개태사에 있는 삼존 석불의 공식 이름은 '개태사터 석불 입상'이며, 이것이 또 2010년에 '논산 개태사터 석조 여래 삼존 입상'으로 변경되었다. 공식 이름에 '개태사'가 아니라 '개태사터'라고 한 것은 지금의 개태사가 있는 곳이 원래 개태사가 있던 자리가 아니기 때문이다. 개태사는 고려 태조 왕건이 후백제와의 최후 결전에서 승리한 것을 기념하기 위해 격전지인 이곳에 창건한 사찰이다. 조선시대에 폐사되어 방치되어 내려오다가 1934년 원래 위치에서 200m 정도 남쪽인 지금의 자리에 재건되었다. 개태사 창건 당시에 조성된 것으로 파악되는 석불 입상은 옛 절터에서 두세 부분 절단된 채로 발견되었는데, 이를 복원하면서 지금 위치의 개태사로 옮겨 세웠다. 그래서 '개태사'보다 '개태사터' 삼존 석불이라고 하는 것이 더 정확한 표현이라고 할 수 있다. 그런데도 사람들이 여전히 그냥 편하게 '개태사' 삼존 석불이라고 부르고 있으니, 어쩌면 이 불상이 개태사터에 있는 것도 아닌 만큼 개태사 삼존 석불이라고 하는 것이 더 타당할 수도 있다.

경주 석굴암 본존불상은, 불상 이름 짓는 원칙에 따르면 경주 석굴암 석조 석가모니불 좌상 또는 경주 석굴암 석조 본존불 좌상이다. 그런데 이 불상은 아주 잘 알려져 다른 불상과 혼동할 여지가 적다. 또 간단히 생략하여 불러도 이 불상이 어떤 불상인지 일반 사람들이 잘 아는 편이다. 그래서 간단히 석굴암 본존불상(本尊佛像)이라고 불러도 별문제가 되지 않는다. 본존불은 간단히 본존, 다른 말로 주세불(主世佛)이라고도 부르는데, 근본 되는 부처, 으뜸 되는 부처, 주인 되는 부처라는 뜻이다. 삼존불 가운데 중앙에 있는 분을 본존이라고 하여 그를 가리키는 말이기도 하고, 석가모니를 직접 가리키는 말이기도 하다. 인간 세상에 부처로 나타나 주인이 된 분이 바로 석가모니 부처이므로 석가모니불을 으뜸가는 부처라는 뜻에서 본존불을 석가모니불과 같은 개념으로 사용한다.

충남 논산시 관촉동〈논산시 관촉로253번길〉 관촉사에 있는 '은진 미륵(恩津彌勒)'도 경주 석굴암 본존불상처럼 간단히 생략된 불상 이름이다. 은진 미륵의 공식 이름은 '논산 관촉사 석조 미륵보살 입상'이다. 이곳은 논산시 관촉동으로 지명이 바뀌기 전에는 논산군 관촉면 은진리였는데, 은진 관촉사에 많은 사람들이 다녀가면서 간단히 '은진 미륵'이라고 하였다. 무엇보다도 불상의 생김새가 거대한 모습에 균형감 없이 아주 특이하게 생겨 많은 사람들의 입에 오르내리면서 '은진 미륵'이라고 부르다 보니 그대로 통하였다. '논산 관촉사 석조 미륵보살 입상'이라고 하기보다 '은진 미륵'이라고 부르는 게 아무래도 쉽고 자연스러웠을 것이다.

은진 미륵처럼 특이하게 생긴 모습으로, 충남에서 은진 미륵과 쌍벽을 이루는 불상으로 충남 부여군 임천면 구교리〈부여군 임천면 성흥로197번길〉 대조사 석조 미륵보살 입상이 있다. 부여 대조사 석조 미륵보살 입상 또한 간단히 '대조사 미륵불'로 불린다. 그런데 이들 은진 미륵과 대조사 미륵불은 모두 미륵보살이 아니라 관세음보살이라는 주장도 만만치 않다. 그래서 요즘에는 미륵보살인지 관세음보살인지를 밝히지 않고, 그냥 논산 관촉사 석조 보살 입상, 부여 대조사 석조 보살 입상이라 부르기도 한다.

▲ **은진 미륵** 균형미가 떨어지고 지방색이 강한 고려 불상의 특징을 잘 보여주는 대표적인 불상으로, 높은 원통에 네모난 갓 모양을 한 모자를 쓰고 있는 얼굴이 체구에 비해 큰 편이다. 한편, 미륵보살이 아니라 관음보살이라는 주장도 있어 굳이 미륵이나 관음보살을 밝히지 않고 그냥 '관촉사 석조 보살 입상'으로 부르기도 한다.

운주사 와불은 전남 화순군 도암면 대초리 운주사에 누워 계신 부처님으로, 경주 석굴암 본존불상이나 관촉사 은진 미륵처럼 간단히 생략된 이름이다. 운주사 와불의 공식 이름은 '화순 운주사 와형 석조 여래불(臥形 石造 如來佛)'인데 보통 '화순 운주사 부조 이불 와상(浮彫 二佛 臥像)'이라 부르기도 한다. 이 와불이 우리나라 와불을 대표할 정도로 귀하다 보니, 아주 유명하여 '운주사 와불'이라고 해도 통하게 되었다. 하지만 운주사 와불은 엄밀하게 말하면 와불이 아니다. 와불은 '열반에 든 부처님' 모습을 형상화하여 보통 '옆으로 비스듬히 누워 있는' 모습이다. 그런데 운주사 와불은 옆으로 누워 있는 게 아니라 아예 하늘을 보고 누워 있다. 더 자세히 살펴보면 하늘을 보고 누워 있는 것도 아니다. 원래는 큰 돌에 서 있는 모습과 앉아 있는 모습으로 두 명이 조각된 것인데, 큰 돌 자체가 누워 있어 돌에 새겨진 조각이 누워 있는 것처럼 보이는 것일 뿐이다. 그래서 공식 이름이 '와불(佛臥)'이 아닌 '와형(臥形) 석불(石佛)'이다. 운주사 와불은 엄밀하게 보아 와불이라고 할 수 없지만, 우리나라에서 누워 있는 불상이 희귀

▲ **운주사 와불** 도선국사가 하룻밤 사이에 천불천탑을 세우며 마지막으로 일으켜 세우려고 했는데, 공사에 싫증난 동자승이 "닭이 울었다."고 거짓말을 하여 불상을 세우지 못했다는 전설이 전해지는 와불이다.

했던 만큼 그냥 와불로 알려졌으며, 우리나라 와불을 대표할 정도로 유명해졌다.

여하튼 운주사 와불은 두 명의 부처님이 같이 누워 있는데, 흡사 여자와 남자가 나란히 누워 있는 것처럼 보인다. 특히 남자는 도포 자락 속으로 두 손을 모아 기도하는 모습이며, 여자는 한 손은 옆으로 가슴을 덮고 다른 한 손은 아래로 배를 덮고 있는 모습이다. 나란히 누워 있는 그 다정한 모습이 부부처럼 보였는지 '운주사 부부와불(夫婦臥佛)'이라고도 부른다. 부처님도 부부가 있구나! 생각하면, 사람 눈에는 역시 사람밖에 없다는 생각이 들 정도로 재미있다. 아마 시집 못 간 노총각 노처녀들이 보면 시샘이 날 만할 것이다.

## 스스로 지어보는 불상 이름

실제 불상의 이름을 지어보도록 하자. 만약 내가 근무하는 공주고등학교(충남 공주시 중학동 137-1〈공주시 공주고당길〉) 뒷산에서 아이들과 역사 현장 답사를 하다가 우연히 돌로 만들어진 불상을 하나 발견했다고 하자. 그 불상을 자세히 보니, 모자를 쓰지 않은 세 명의 부처님이 서 있는 모습을 하고 있었다. 이런 경우 불상 이름을 어떻게 지어야 할까? 망설일 필요가 전혀 없다. 발견된 지역은 공주 중학동, 돌로 만들어졌으므로 석조, 모자를 쓰고 있지 않으므로 부처님, 그것도 3명의 부처님? 아, 그거야 삼존불! 자세는 서 있으므로 입상. 이것들을 하나로 연결하면 '공주 중학동 석조 삼존불 입상'이 된다. 더 간단히 '공주 중학동 석조 삼존불상' 등으로 이름 지으면 된다.

조금 어려운 것을 해보자. 앞서 발견한 불상에서 만약 인물상이 바위에 새겨져 있었고, 머리에 모자를 쓰고 있었으며, 특히 모자 중앙에 부처님이 새겨져 있었다고 하자. 또 불상의 자세가 반 정도 앉아 손으로 턱을 받치고 고민하는 모습을 하고 있었다고 하자. 그러면 이 불상의 이름은 어떻게 될까? 차근히 생각하면 이것도 쉽게 풀린다. 앞에서 했던 방식대로 해결하면 된다. 발견된 곳은 공주 중학동, 바위에 새겼으니 마애, 모자를 썼으니 보살, 특히 모자 중앙에 부처님 모습의 조각이 새겨져 있으니 관세음보살일 것이다. 그리고 자세를 보니 반가사유상, 결국 '공주 중학동 마애 관세음보살 반가사유상'이 될 것이다. 간단히 '공주 중학동 마애 관세음보살 반가상', '공주 중학동 마애 관음보살 반가상' 등으로 이름 지으면 된다.

사실 관세음보살이 반가사유상 자세를 한 경우는 찾아보기 어렵다. 만약 이런 불상이 발견되었다면 역사학계에 큰 관심을 불러일으킬 것이다. 더욱이 공주고등학교 뒷산에서 이런 불상이 나왔다는 것은 아주 특별한 일이 될 것이다. 그러면 그 불상을 아주 간단히 '공주고 관음보살상'이라고 해도 안 될 것은 없다.

또 만약 '공주 중학동 마애 관세음보살 반가사유상'이라고 이름 지을 수 있는 불상에 '전병철'이라는 글씨가 새겨져 있다고 하자. 이런 경우라면 출토 지역보다는 특징을 잡아 이름을 지어도 될 것이다. 즉 '전병철명 마애 관세음보살 반가사유상'이라고 하면 된다. 또 아주 간단히 '전병철명 관음보살상'이라고 해도 될 것이다.

대한민국 역사상식 4

# 불상만 봐도 그 시대 정치가 보인다

시대별 불상의 특징

## 불상을 보면 그 시대 사람을 알 수 있다

잘 모르는 불상을 보고 그 불상이 어느 시대에 조성된 것인지 쉽게 판단할 방법은 없을까? 그 질문에 대한 대답은 뜻밖에 간단하다. '없다'는 것이다. 탑을 시대별로 구분하는 간단한 기준이 있긴 있었지만, 그 기준도 정확하거나 딱 맞는 것은 아니었다. 그런데 불상은 탑과 같은 그런 기준마저 정하기가 어려운 형편이다. 왜냐하면 불상은 그 종류가 더 다양하고, 탑보다 훨씬 많은 숫자가 전해지고 있기 때문이다. 따라서 불상을 구별하는 방법이란 다양할 수밖에 없다. 불상을 시대별로 구별할 수 있는 어떤 원칙이 있다고 하더라도, 그것만으로 불상을 구별한다는 것 자체가 무모한 일이 되기 쉽다. 그렇다고 불상을 시대별로 구별하는 방법을 포기할 수는 없다.

어떤 불상을 보고 그것을 시대별로 구분할 수 있는 아주 기초적인 기준이라도 찾아볼 필요가 있다. 비록 전문적인 수준은 아니더라도 적어도 고등학교 교과서 수준에서라도 불상을 시대별로 구별할 수 있는 기준이나 원칙을 찾아보고자 한다.

탑과 마찬가지로 불상도 그 불상이 만들어진 그 시대 정치와 무관하지 않다. 정치를 잘 살펴보면 그 당시에 왜 그런 문화가 유행했는지, 왜 그런 문화재가 만들어졌는지 짐작할 수 있다. 문화는 사람들의 삶이 예술적으로 녹아난 것으로, 사람들의 생각을 반영하기 마련이다. 탑을 보면 그 시대 정치를 알 수 있었듯이 불상만 봐도 그 시대의 정치를 알 수 있다. 또 불상을 보면 사람들의 삶을 알 수 있다. 따라서 그 당시 사람들의 삶을 알고, 그 시대 정치를 안다면 문화재를 시대별로 구분할 수 있고, 불상을 시대별로 구분할 수 있다. 이렇게 불상을 제대로 이해하기 위해서는 불상을 단순히 문화재 차원에서만 이해해서도 안 되고, 예배 대상으로서 종교적으로만 접근해서도 안 되며, 모름지기 정치 · 경제 · 사회 · 문화의 다양한 방향에서 인간들의 삶과 연결해 이해하는 것이 좋을 것이다.

불상은 탑보다 뒤에 생긴 것이다. 석가모니 부처님이 죽게 되자 예배의 대상이 석가모니의 사리를 모셔둔 탑으로 옮겨졌다. 하지만 석가모니의 사리는 한정되어 있어서 더는 새로운 탑을 세울 수가 없었다. 부처님의 사리인 진신사리가 모셔지지 않은 탑들이 세워졌지만, 탑을 대신하여 예배를 올릴 수 있는 다른 대상이 필요하였다. 그러던 상황에 BC 4세기 후반 마케도니아의 왕 알렉산더(BC 356~323, 재위 BC 336~323)가 동방 원정에 나서 페르시아 제국을 정복하고 인도와 아프가니스탄까지 정복하였는데, 이때 사람 모습을 조각하던 그리스 조각이 인도 서북부 간다라 지방에 전해졌다. 그 영향으로 간다라 지방에서는 사람, 특히 불교 관계 인물을 조각하는 것이 유행하게 되었는데, 이를 '간다라 미술'이라고 한다. 그리스 조각의 영향으로 인도에서 불교 관계 인물, 특히 부처님을 조각함으로써 불상이 탑을 대신하였다. 즉 예배 대상이 탑에서 불상으로 바뀌었다. 여전히 탑에도 예배를 하긴 하였지만, 이제는 주로 불상을 대상으로 예배하였다.

▲ **인도 간다라 불상 일부** 고대 그리스에서는 인간적인 것을 존중하는 경향으로 인간의 모습을 조각하는 게 유행하였는데, 그리스 조각이 인도에 전해져 부처님 등을 조각하기 시작하였다. 이를 간다라 불상이라고 하는데, 사진은 인도 델리 국립박물관이 있는 조각상의 일부이다.

우리나라에 불교가 들어온 시기는 대략 4세기경으로 추정된다. 중국을 통해 불교가 들어오면서 경전과 함께 탑과 불상도 같이 전래한 것으로 파악되는데, 이후 불상이 자체적으로 제작된 것으로 여겨진다. 고구려와 백제는 신라보다 일찍 불교를 받아들였는데, 신라는 지리적으로 폐쇄된 지역에 있다 보니 전통적이고 배타적인 성격이 강하여 처음부터 강력하게 불교를 거부하였다. 그러다가 법흥왕과 이차돈이 서로 짜고서 미리 계획한 각본에 의해 "불교를 믿는 자를 죽이니 흰 피가 나왔다."라고 겁을 주면서 결국 불교를 받아들이게 하였다. 삼국 모두 왕권 강화나 왕실 보호 차원에서 불교를 수용하였는데, 불교는 지배층의 권력 유지와 강화에도 유리하였던 만큼 귀족 중심으로 적극 수용되었다. 그래서 삼국시대 불교를 귀족불교·왕실불교라고 부르기도 한다. 이후 불교가 널리 퍼져 통일신라시대에 와서는 일반 대중에게도 크게 유행하였다.

## 삼국시대 불상은 웃으랴 고민하랴 고생 많았다

현재까지 전해지는 삼국시대 불상은 탑에 비해 많은 편이다. 전해지는 삼국시대 탑은 고구려·백제·신라 다 합해 몇 개밖에 되지 않아 불상도 그럴 것이라 생각하기 쉽지만, 전해지고 있는 삼국시대 불상은 생각한 것보다 많다.

고구려의 것으로 파악되는 불상으로는 1963년 경남 의령군 대의면 하촌리에서 아낙네에 의해 우연히 발견된 연가7년명 금동 여래 입상[금동 연가7년명 여래 입상](국립중앙박물관 소장)이 있다. 이 불상은 현존하는 우리나라 불상 가운데 가장 오래된 고구려 불상으로 여겨진다.

황해도 곡산군 화촌면 봉산리에서 출토된 신묘명 금동 삼존불 입상[신묘명 금동 삼존불상, 금동 신묘명 삼존불 입상, 금동 신묘명 삼존불상](삼성미술관 리움 소장)도 고구려 불상이며, 계미명 금동 삼존불 입상[계미명 금동 삼존불상, 금동 계미명 삼존불 입상, 금동 계미명 삼존불상](간송미술관 소장)은 그 출토지를 알 수

▲ **신묘명 금동 삼존불 입상** 1930년 황해도 곡산에서 출토된 삼존불상으로, 높이가 15.5cm 정도인 아주 작은 불상이다. 뒷면(오른쪽 사진)에 새겨진 "경□사년재신묘비구(景□四年在辛卯比丘)……" 내용과 양식으로 보아 고구려 불상으로 보이며, '신묘'는 고구려 평원왕 13년(571)으로 추정된다.

▲ **부여 군수리 석조 여래 좌상** 1936년 군수리에 있는 절터를 조사할 때 발견된 13.5cm 정도의 불상으로, 웃음이 가득한 얼굴을 하고 있는데, 6세기 중엽의 백제 불상으로 파악된다.

▲ **부여 군수리 금동 보살 입상** 1936년 군수리 절터를 조사할 때 발견된 11.5cm 정도의 아주 작은 불상으로, 넓은 얼굴과 풍만한 미소 등 백제인의 얼굴을 잘 표현한 6세기 불상으로 파악된다.

없어 정확히 어느 나라 것인지 확실하진 않지만, 고구려 불상으로 추측하고 있다. 또 고구려 미륵 반가상의 대표적인 것으로 평남 평양시 평천리에서 출토된 평천리 금동 미륵보살 반가사유상(삼성미술관 리움 소장)이 있다. 이외에도 평남 평원군 원오리 절터에서 발견된 여래 좌상, 평양 부근 출토라고 전하는 여래 좌상 등이 있다.

백제 불상으로는 충남 부여군 부여읍 군수리 출토 석조 여래 좌상(국립중앙박물관 소장)과 금동 보살 입상[부여 군수리 금동 보살 입상](국립부여박물관 소장), 부여군 규암면 규암리 출도 금동 관음보살 입상[부여 규암리 금동 관음보살 입상](국립부여박물관소장, 1997년 보물에서 국보로 승격·지정됨)과 금동 보살 입상[부여 규암리 금동 보살 입상], 부여군 규암면 신리 출토 금동 여래 좌상[부여 신리 금동 여래 좌상]과 금동 보살 입상[부여 신리 금동 보살 입상] 2개, 부여읍 부소산 출토 금동 일광 삼존불상, 전북 익산시 삼기면 연동리(석불리) 석조 여래 좌상, 충남 서산 마애 삼존불상[서산 용현리 마애 여래 삼존상], 충남 태안 마애 삼존불상[태안 동문리 마애 삼존불 입상] 등이 있으며, 유명한 삼산관 금동 미륵보살 반가사유상(국립중앙박물관 소장)이 있다.

▲ **부여 규암리 금동 관음보살 입상** 1970년 규암리 절터에서 출토된 21.1cm 정도의 아주 작은 불상으로, 자연스러운 미소와 날씬하게 빠진 몸매를 하고 있는데, 7세기 초 백제 불상으로 파악된다. 왼쪽과 오른쪽 사진은 각각 앞 · 뒤 모습이다.

신라 불상으로는 경주박물관 소장 미륵 반가상, 경주 분황사 모전석탑 인왕상(仁王像) 8구(軀), 경주시 배리[배리(拜里)=경주시 배동 산65-1〈경주시 배동 포석로〉] 남산 기슭에 있는 삼존불상[경주 배리 삼존불상], 경주 탑리 아미타 삼존불상[탑리(塔里)=경주시 탑동(洞)], 경주 인왕리 석가여래 좌상[인왕리(仁旺里)=경주시 인왕동(洞)], 경주 남산 불곡 마애 여래 좌상[경주 남산 불곡 석불 좌상, 불곡 감실 부처](불곡(佛谷)=경주시 인왕동 산56〈경주시 인왕동 문천길〉, 경주 남산 장창골에서 발견된 석조 미륵 삼존불상(국립경주박물관 소장) 등이 있으며, 유명한 탑형보관 금동 미륵보살 반가사유상(국립중앙박물관 소장)이 있다.

경주 배리 삼존불상은 경주 배리 삼존 석불 입상, 경주 배리 석조 삼존불 입상, 경주시 배동 석조 여래 삼존 입상으로도 불린다. 공식 이름은 '경주 배리 석불 입상'이었는데, 2010년 '경주 배동 석조 여래 삼존 입상'으로 변경

▲ **경주 배리 삼존불상(왼쪽)** 위 사진처럼 예전에는 야외에 노출되어 있었는데, 많이 훼손되어 요즘에는 왼쪽 아래 사진처럼 전각 안에 모셔져 있다. 풍만하면서 다정한 얼굴, 어린아이 같은 표정에 인간적인 정감이 넘치지만 균형미가 떨어지고 촌스럽게 보이기도 하는데, 7세기 신라 불상으로 파악된다. 불상의 미소가 그리웠는지 오른쪽 사진처럼 전각 기둥에 옛 사진이 붙어 있다.

하였다. 또 경주 장창골 석조 미륵 삼존불은 경주 삼화령 미륵 삼존불로도 불리는데, 표정이 너무도 천진난만하여 '아기부처'라고도 불렸으며, 또 발견된 지역이 삼화령(三花嶺)이라 '삼화령 아기부처', '삼화령 석불' 등으로도 불렸다.

일반적으로 불상을 시대별로 쉽게 구별하는 방법은 탑을 그 당시 정치 상황과 연결하여 시대별로 구별하던 방법과 비슷하다. 다만 삼국시대 불상은 탑의 경우와는 달리 그 숫자가 적은 편이 아니므로 세심한 관심과 함께 더욱더 체계적으로 기억할 필요가 있다.

대개 삼국시대 불상은 웃고 있는 경우가 많다. 불교가 들어오는 시기인 만큼 사람들에게 좋은 인상, 무엇보다도 친근감 있는 인상을 주려고 하였을 것이요, 그러니 웃는 모습을 할 수밖에 없었다. 불교가 우리나라에 들어오는 초기에 조성된 불상들은 대부분 '어딘지 모르게 어설프면서도 사람의 마음

▲ **경주 삼화령 미륵 삼존불** 경주 배리 삼존불상처럼 체구에 비해 머리가 큰 편이며, 천진난만한 웃음과 소박한 모습에 친근감이 들지만 한편으론 촌스럽기도 하다.

을 끌거나 사람의 마음을 편하게 하는 웃음'을 띠고 있다. 이런 웃음을 '온화하면서 친근감을 주는 소박한 미소'라고 할 수 있지만, 다른 면에서 보면 '촌스럽고 푼수 같은 미소, 좀 멍청한 듯한 미소'이기도 하다. 때에 따라서는 잘생긴 얼굴에 멋있는 웃음보다 좀 멍청한 듯한 얼굴에 촌스런 미소가 사람들에게 더 호감을 주기도 한다.

첫인상이 미끈하고 딱딱한 사람보다 좀 어설프고 어수룩하게 보이는 사람에게 더 친근감이 가는 것과 마찬가지라고나 할까? 좀 어수룩하거나 친절해 보여야 부처님에게 가까이 가고 싶지, 딱딱하고 무서우면 누가 부처님에게 가려고 하겠는가! 아무래도 불교가 처음 들어와 사람들에게 낯선 것인 만큼 친근하게 보여야 했을 것이다. 그래서 온화하면서 소박하고 친근감 있는 웃음, 아니 촌스럽고 푼수 같은 미소, 좀 어벙하거나 멍청한 듯한 미소를 지어야 했을 것이다. 이런 점은 불교가 정착된 시기에는 불상 모습이 위엄 있고 딱딱하고 심지어 무섭기까지 하다가, 불교가 쇠퇴할 즈음에는 불상 모습이 볼품없어지는 것과 연관 지어 비교해보면 더 분명하다.

고구려의 연가7년명 금동 여래 입상, 신묘명 금동 삼존불 입상, 계미명 금동 삼존불 입상을 보면 모두 웃고 있는 모습이다. 백제의 서산 마애 삼존불상도 웃고 있고, 태안 마애 삼존불상, 부여 군수리 석조 여래 좌상도 그렇다. 그리고 신라의 경주 배리 삼존불상이나 경주 삼화령 미륵 삼존불도 웃고 있다. 그냥 웃는 게 아니라 좀 어설프게 웃고 있다. 아무리 좋게 봐도 멋있는 미소라기보다 촌스런 웃음이다.

서산 마애 삼존불상의 웃음은 '백제의 미소'로 널리 알려졌다. 백제인의 온화하면서도 낭만적인 기질을 잘 보여주는 미소라고 한다. 그런데 다시 생각해보면 이런 주장은 참 어처구니없는 것이다. 푼수 같은 웃음이 백제인을 대표하는 미소가 되는 꼴이니 말이다. 이렇게 보면 '백제의 미소'는 칭찬이

▲ **서산 마애 삼존불상** 6세기 말이나 7세기 초에 만든 것으로 추측되는, 석굴 형태의 바위에 여래 입상을 중심으로 오른쪽에 보살 입상, 왼쪽에 보살 반가상이 조각된 특이한 불상이다. 풍화 방지를 위해 1965년 보호각을 설치(왼쪽 사진)하였다가 오히려 문제가 되어 2007년 완전히 철거(오른쪽 사진)하였다. 보호각을 없애니 답답하지 않고, 부처님 모습이 환하다.

아니라 욕일 수도 있다. 서산 마애 삼존불상의 웃음을 단순히 백제의 미소라고 떠들어대는 어리석은 짓을 계속해서는 안 될 것이다.

또 서산 마애 삼존불상의 웃음을 놓고 불빛의 위치에 따라 그 미소가 다르다고 하여 떠들썩하기도 하였다. 다시 한 번 생각해보면 이 또한 웃기는 일이 아닐 수 없다. 어찌 이 불상만 그렇겠는가? 사실 이 불상만 불빛의 위치에 따라 표정이 달라지는 게 아니라 모든 불상이 다 그렇다. 심지어 불상이 아닌 우리 자신의 얼굴에 불빛을 비춰보아도 그 위치에 따라 얼굴 모습이 다 다르게 나타난다. 그런데도 서산 마애 삼존불상의 웃음을 가지고 지나치게 떠들고 있으니 한심하지 않을 수 없다. 문화재를 이해하는 데 있어서 중요한 것은 별것도 아닌 것을 가지고 과장해서는 안 된다는 점이다. 되도록 역사적 입장에서 문화재를 이해해야 하고, 상식적으로 이해해야 한다. 불교를 믿는 사람이라면 불상을 신앙의 대상으로 섬길 수밖에 없고, 또 그런 믿음을 결코 무시해서도 안 되지만, 종교적 측면이 아닌 역사적 측면에서 문화재를 이해할 때는 무엇보다도 역사적인 점을 강조해야 한다. 더는 서산 마애 삼존불상의 웃음을 가지고 사람들을 현혹하는 일이 없었으면 좋겠다.

서산 마애 삼존불상에서 정작 중요한 것은 미소가 아니라 바로 이 불상이 불교가 들어오는 초기에 만들어진 불상이라는 점과 당시 중국과의 교류에서 중요한 길목이었던 이 지역에 조성되었다는 점이다. 삼국시대에는 중국과의 교류가 중요하였는데, 태안반도를 거쳐 산동반도(山東半島: 산뚱반도, 산둥반도)에 이르는 바닷길은 주요 무역항로였으며, '태안—서산—당진—예산—부여·공주'로 이어지는 육로는 중요한 교통로였다. 이 길을 따라 불교가 들어오고, 그 길목에 자연스럽게 불상들이 조성되었는데, 바로 서산 마애 삼존불상이나 태안 마애 삼존불상이 이에 해당하는 것이다. 그리고 불교가 들어오는 초기다 보니 사람들에게 친근감 있는 불상이 만들어졌고,

특히 교통로였던 이곳을 지나는 이들에게 자비로움과 편안함을 주기 위해서는 부담 없이 생긴 얼굴에 웃고 있는 모습의 불상이 만들어질 수밖에 없었다.

또한 태안 마애 삼존불상이나 서산 마애 삼존불상이 조성된 내포(內浦) 지역은 수도와 연결되는 대중국 직항로이자, 고구려와 국경을 마주한 군사 요충지로서 국가 차원에서 보호해야 할 중요한 거점이었다. 더구나 이들 불상은 백제가 한강 유역을 잃고 웅진(공주)과 사비(부여)로 수도를 옮기면서 국가 부흥을 꿈꾸던 시기에 왕(정부)에 의해 만들어졌는데, 신앙적으로 국가를 수호하고 나아가 지역민들이 불교 신앙을 바탕으로 국가에 충성하도록 유도하려는 의도에서 세운 것으로 파악된다. 실상은 이런데 서산 마애 삼존불상의 웃음을 '천진난만한 오묘한 웃음'이라거나 '백제의 미소'라고까지 하면서 떠드는 것은 역사를 무시하거나 당시 사람들의 삶을 고려하지 않은 편협한 생각에 불과할 것이다. 문화재는 단순히 문화재로 만들어진 것이 아니라 그 당시 사람들의 삶과 역사가 배어 있는 것임을 간과해서는 안 된다.

금동 미륵보살 반가사유상처럼 삼국시대 불상에는 미륵보살, 그것도 반가사유상이 많이 나타나고 있다. 반가사유상은 무엇인가를 생각하거나 고민하고 있는 모습인데, 이 불상들이 구체적으로 무엇을 생각하고 있는지는 알 수 없지만, 혹 '어떻게 하면 영토를 더 많이 확장할 수 있을까?' 또는 '어떻게 하면 권력을 더 강화시킬 수 있을까?' 고민하고 있던 것은 아닐까 싶다. 그때는 고구려 · 백제 · 신라 각국이 서로 싸우고 있던 만큼 삼국 모두 당면한 가장 중요한 문제가 영토 확장이었다. 그래서 왕은 '어떻게 해야 땅을 확장할 수 있을까?' 고민이 많았는데, 왕은 자신이 미륵임을 내세워 자신을 따르라고 하면서 영토 확장을 꾀하기도 하였다. 귀족들 또한 왕과의 권력관계나 다른 나라와의 전쟁에서 무엇보다도 중요한 것이 자신들의 힘을 더 강하게 하는 것이었다. 그래서 '어찌해야 권력을 강화시킬까?' 고민이 많았다. 이런 고민을 하는 왕과 귀족들의 모습이 자연스레 '고민하는 반가사유상'으로 표현되지 않았을까. 물론 종교적인 처지에서 보면 생·로·병·사를 해탈할 고민을 하는 것이겠지만 말이다. 또 고민이 아니라 명상이나 관조(觀照: 마음의 비춰봄)를 하고 있겠지만 말이다. 여하튼 삼국시대 불상은 웃고 있으랴, 이런저런 고민하랴, 고생이 많았던 게 아닌가 싶다.

**[삼국시대]** '왕실과 귀족 중심의 불교 수용'

· **웃고 있는 불상이 많다(초기 불교)**

(고구려) 연가7년명 금동 여래 입상

(백　제) 태안 마애 삼존불상

서산 마애 삼존불상

(신　라) 경주 배리 삼존불상

· **미륵보살상이나 반가사유상이 많다**

(고구려) 평천리 금동 미륵보살 반가사유상

(백　제) 삼산관 금동 미륵보살 반가사유상

(신　라) 탑형보관 금동 미륵보살 반가사유상

## 멋있고 야한 불상을 보면 일단 통일신라를 생각하라

통일신라시대 불상으로 널리 알려진 것으로는 경북 경주 불국사 석굴암 본존불상·보살상·금강역사상(金剛力士像)·사천왕상(四天王像)·10대제자상, 계유명 전씨 아미타불 삼존 석상(국립청주박물관 소장), 경주시 남산동〈경주시 칠불암길〉 칠불암 마애불, 경주시 외동읍 괘릉리〈경주시 외동읍 앞등길〉 감산사 석조 미륵보살 입상, 대구광역시 동구 도학동〈대구광역시 동구 팔공산로201길〉 동화사 비로암 석조 비로자나불 좌상, 강원 철원 도피안사 철조 비로자나불 좌상(신라 말기), 전남 장흥군 유치면 봉덕리〈장흥군 유치면 보림사로〉 보림사 철조 비로자나불 좌상(신라 말기) 등이 있다.

통일신라시대 불상은 '가히 예술적이다.'라는 생각이 들 정도로 멋있고 꽤 아름다운 편이다. 또 전체적인 면에서 조화와 균형미가 있다. 그리고 화려한 느낌이 드는 불상이 많다. 이는 신라 귀족들이 여유 있는 생활을 누리던 문화가 그대로 반영된 것으로, 특히 삼국통일 후 3국을 조화롭고 균형 있게 지배하려던 신라인들의 생각이 그대로 불상에 담긴 것으로 보인다. 또 신라 지배층이 향락적이고 사치스런 생활을 하던 모습이 그대로 불상에 반영된 것으로 보인다.

통일신라시대 불상을 보면, 대체로 친근감보다는 근엄하고 위엄 있는 표정을 한 불상이 많다. 통일신라시대에는 이제 불교가 정착될 만큼 자리를 잡았으므로 굳이 푼수처럼 웃어가면서까지 친근감을 보일 필요가 없었다. 불교가 처음 들어오는 과정에서야 친근감 있게 보여야 했지만, 불교가 대중화되고 거의 모든 사람이 불교를 믿게 된 상황에서는 오히려 근엄한 모습이 필요하였다. 그래야 질서가 잡히고, 사람들도 잘 따를 수 있었을 것이다. 또 이제 삼국이 통일된 만큼 고구려인과 백제인들이 불만을 느끼지 않도록 조화 있고 균형 있게 지배할 필요가 있었고, 무엇보다도 백제인과 고구려인들을 쉽게 지배하기 위해서는 푼수 같은 모습보다는 근엄하거나 위엄 있는 모습, 때로는 무서운 모습을 보일 필요가 있었다. 그래서 친근감보다는 근엄하고 위엄 있는 불상들이 만들어졌다고 한다면 억지일까? 한번쯤 생각해볼 만한 일이다.

또한 통일신라시대 불상을 보면, 옷 모양이 화려하고 심지어 야한 모습으로 표현된 불상이 많다. 백제와 고구려가 멸망하자 신라 지배층들은 백제와 고구려로부터 더 많은 노비와 세금을 확보하게 되었고, 고리대금업을 통해 더더욱 부귀와 영화를 누리게 되었다. 이에 신라 귀족들은 호화주택에 별장은 물론 안압지라는 인공 호수까지 만들어 지낼 정도로 사치하고 향락적인 생활을 하였다. 그러다 보니 불상도 화려하고 야한 모습을 띠게 되었다.

만약 멋있고 괜찮은 불상과 마주쳤다면, 일단 통일신라시대 불상으로 봐도 크게 어긋나지 않는다. 그리고 야한 모습의 불상을 보았을 경우, 그 불상을 통일신라시대 불상으로 봐도 될 정도로 통일신라 불상은 화려하고 야한 편이다. 근엄함과 야함이 잘 어울려 있는 통일신라 불상! 이런 불상의 대표적인 예는 경주시 인왕동〈경주시 원화로〉 안압지 출토 금동 판불상(板佛像)과 불국사 석굴암 본존불상에 잘 나타난다.

▲ **경주 안압지 출토 금동 삼존 판불상** 안압지 출토 10점의 판불상 중 2점인 삼존불상의 하나로, 조각이 사실적이고 입체적으로 잘 표현되었으며, 전체적으로 화려하고 야하기도 하다.

1976년 경주 안압지에서는 금동판 삼존불상[금동 삼존 판불상, 금동 삼존 판불 좌상, 금동 아미타 삼존 판불 좌상] 2점과 금동판 보살 좌상[금동 보살 판불상] 8점, 이렇게 총 10점의 판불상이 출토되었다. 이 10점의 판불상은 하나의 삼존불상과 네 점의 보살상이 한 세트를 이루어 두 종류의 소형 목제 불감(佛

龕: 불상을 모셔두는 방이나 집)과 같은 구조물에 부착되어 있던 것으로 추정되며, 당시 중국과 일본에서 유행하던 조각 양식을 반영하여 7세기 말인 통일신라 초기에 제작된 것으로 파악된다.

신라 귀족들의 유흥 장소라고 할 수 있는 안압지에서 출토된 불상을 보라! 특히 삼존불상에 새겨진 조각이 섬세하고 사실적이며 화려하지만, 화려한 것을 넘어서 야하기도 하다. 가운데 부처님의 양쪽에서 가슴을 환히 내놓은 채, 허리를 약간 비틀고 서 있는 불상의 모습은 아무리 양보해 보아도 유흥가 댄서(Dancer)의 모습과 흡사하다. 배꼽이 보일 듯 말 듯 아랫도리를 걸치고 있는 모습은 "중생 구제에 힘쓰겠다."고 맹세한 보살의 모습이라고 하기에는 너무할 정도로 야하다. 허리를 비틀고 있는 모습은 어떻고! 흔히 허리를 약간 비튼 모습은 누군가를 유혹하는 듯한 모습이라고 할 수 있는데, 아무리 그래도 그렇지 보살이 어찌 체통 없이 중생을 유혹한단 말인가! 더군다나 불교는 유혹하는 종교가 아니라 수행하는 종교일 터인데……. 이리 보나 저리 보나 안압지 출토 금동 판불상은 야한 불상이 아닐 수 없다.

또 경주 석굴암 본존불상의 얼굴을 한번 보라! 온화한 모습이란 거의 없어 보인다. 치켜 올라간 눈에 굳어 있는 표정은 당장에라도 화를 내거나 호령할 것만 같은 얼굴이다. 부처님이라면 그 얼굴이 근엄해야 중생들로부터 존경받을 수 있겠지만, 석굴암 부처님의 얼굴은 근엄함을 넘어서 두렵고 무서울 정도다. 다정함이나 인정과는 멀리 떨어져 있는 듯하다. 이는 아마 백제와 고구려를 멸망시키고 그들을 쉽게 지배하려는 신라인들, 신라 지배자들의 모습이 반영된 것이리라. 그리고 본존불상은 완벽할 정도로 조화와 균형을 이루고 있으며, 안정감이 있다. 이 또한 백제와 고구려 사람들의 불만을 최소화하면서 되도록 안정되게 다스리고 싶은 신라 지배층의 염원이 반영된 것이리라.

엄숙하고 무섭기조차 한 석굴암 부처님에게도 재미있는 사실이 있다.

▲ **경주 석굴암 본존불상** 세련미에 균형미가 있으며, 화려하고 야하기도 한 통일신라 불상은 석굴암 본존불에 이르러 그 정점에 이른 듯 완벽할 정도로 근엄하고 무섭기조차 하다. 뒤에서 보니 새롭다고 할까! 두 발과 옷자락이 자연스럽고 사실적으로 아주 잘 표현되어 있다.

바로 옷을 야하게 입고 있다는 것이다. 젖꼭지가 환히 비칠 정도의 얇은 옷을 입고 있는 모습이나 몸을 가리긴 했지만, 한쪽 어깨와 팔을 다 드러내놓고 있는 모습은 아무래도 야한 편이다. 스님들이 가사를 입을 때 가사를 어깨에 걸치다 보니 아무래도 한쪽 어깨와 팔이 드러날 수밖에 없다. 석굴암 부처님도 그런 모습을 표현한 것이기는 하지만 아예 젖꼭지가 보일 정도로 걸친 모습은 심한 편이다. 여기에 잠옷처럼 얇은 옷을 살짝 걸친 모습은 야하지 않을 수 없다. 두 젖꼭지마저 환하게 다 보이는 것은 요즘 배꼽 내놓고 다니는 처녀들보다도 더 야하다고나 할까! 여하튼 통일신라 불상의 모습도 그 시대의 시대적 상황과 결코 무관하지 않음을 알 수 있다.

불상을 보고 느끼는 정도는 사람마다 다르다. 석굴암 부처님을 보고 더할 나위 없는 감탄과 함께 예술의 극치를 느끼는 사람도 있다. 또 많은 사람들이 느끼던 것과는 아주 다르게 석굴암 본존불을 보는 사람도 있다. 다양하게 볼 수 있다는 것은 나쁜 게 아니다. 한 가지 방향으로만 보는 것이 더 문제일 것이다. 어떤 사람은 석굴암 부처님을 야하게 보는 것을 두고 너무 부정적으로 보는 게 아니냐고 할지 모른다. 그러나 한번쯤 더 생각하여 이렇게 보는 것을 부정적으로만 평가하지 말고, '아, 그렇게 볼 수도 있겠구나!' 하고 열린 마음을 가졌으면 좋겠다. 남들과 똑같이 보지 않고, 새로운 각도로 역사나 문화재를 접한다는 것은 중요한 일이고, 필요한 일이다. 왜냐하면 그렇게 함으로써 역사가 발전하기 때문이요, 무릇 역사는 변하는 것이기 때문이다.

경북 안동시 안기동〈안동시 한화4길〉 석불사 약사전에 있는 석조 여래 좌상[안동 안기동 석불 좌상]을 보라! 부처님은 부처님인데 부처님 같지 않다. 다소 험상궂은 모습에 힘깨나 쓰는 무술인 같기도 하고, 무엇보다도 하얀 얼굴에 돋보이는 빨간 입술과 수염을 보면 우습기도 하다. 한편으론 비범한 분위기에 영험한 기상이 느껴지는데, 아무리 봐도 못생겼다. 특이한 부처님이다.

사실 안동 안기동 석불 좌상은 원래 있던 불상의 모습이 아니라고 한다. 이 불상은 불상의 머리가 없는 상태로 발견되었는데, 이 머리 없는 불상과 대좌(臺座: 받침대)가 안기동 철도관사 내에 보관되어 있었다. 몸통과 대좌가 원래 같이 있던 것인지도 확실하지 않지만, 불상의 머리를 시멘트로 복원하여 그냥 대좌 위에 올려놓았다. 현재 불상이 발견되었던 지역에 약사전(藥師殿)을 지어 이곳에 모셔두었는데, 불상의 몸과 대좌 사이를 유리로 나눠놓았으며, 대좌 또한 유리 등으로 막아 보호하고 있다. 안기동 석불 좌상은 원래 모습을 정확히 알 수 없음에도 균형 잡힌 자세나 둥글게 처리된 어깨, 부드럽게 흘러내린 옷 주름, 힘 있고 안정감 있는 사실적인 모습, 우수한 조각 기법 등으로 보아 통일신라 말기의 것으로 파악되어

▲ **안동 안기동 석조 여래 좌상** 몸과 받침대를 보면 나름 안정감이 있고 조각도 뛰어나지만, 전체적으로 어딘지 어색하고 균형이 맞지 않는 듯하다. 특히 하얀 모습에 빨간 입술과 수염이 눈에 띈다. 뭔가 어울리지 않고 이상하지만, 비범하고 신기하기도 하다. 왼쪽 사진은 머리가 복원된 불상이 대좌 위에 있는 모습이고, 오른쪽 사진은 현재 석불사 약사전에 모셔진, 불상의 몸과 대좌 사이에 유리가 있는 모습이다.

보물 제58호로 지정되었다. 그런데 몸과 받침대는 나름 괜찮아 보이지만 얼굴은 영 아니다. 이상할 정도로 못생겼다. 못생겨서 친근하기도 하지만. 서로 어울리지 않는 것들끼리 조화를 이루었다고나 할까! 여하튼 개성이 강한 불상이다.

이렇게 신라 말기에는 조화와 균형이 없는 못생기고 이상한 불상들이 나타나기 시작한다. 굳은 표정에 딱딱한 분위기를 주는 호족들의 모습을 반영한 불상들이 나타나기 시작한다. 또 철조 불상이 많이 나타나기도 한다. 이는 통일신라 말기부터 고려적인 냄새가 풍기는 불상이 등장하고 있음을 미리 알려주는 것이기도 하다.

**[통일신라] : '아름답고 멋있으며 화려함'**

· **조화와 균형미 및 안정감과 통일감**

철원 도피안사 철조 비로자나불 좌상

근엄하고 위엄 있는 얼굴

· **경주 석굴암 석조 석가모니불 좌상**

야한 옷차림과 자세

경주 안압지 출토 금동 판불상

## 고려시대 불상은 불쌍할 정도로 못생겼다

고려시대 불상은 대개 딱딱하고 굳은 표정을 한 불상이 많은 편이다. 호족 중심의 문화가 불상에 그대로 반영되어 무사적인 분위기를 풍기기 때문이다. 그리고 고려시대 불상은 전체적으로 못생기고 멋없으며, 제멋대로인 불상이 많다. 이는 호족들의 세력 근거지가 지방에 있었던 만큼 각양각색의 지방색이 불상에 반영되었기 때문이다. 이런 고려시대 불상을 긍정적인 측면에서 좋게 평가하면, 개성이 강하고, 친근감이 있으며, 인간적인 불상이라고 할 수 있다.

또 고려시대에는 철로 만들어진 불상과 거대한 바위에 새긴 불상이 많은 편이다. 철이 많이 사용된 것은 고려 지배층인 호족들의 군사적인 성격과 무관하지 않을 것이다. 아무래도 군사적으로 철이 중요한 만큼 그래서 철로 불상을 조성한 것이 아닌가 싶다. 그리고 거대한 바위에 불상을 새긴 것은 높고 큰 것을 뽐내기 좋아하는 군대 속성과 관련 있지 않을까.

고려시대 불상으로 널리 알려진 것으로는 경기 하남시 하사창동〈하남시 춘궁로〉 철조 석가여래 좌상[하남 하사창동 철조 석가여래 좌상, 광주 춘궁리 철조 석가여래 좌상, 춘궁리 철불](국립중앙박물관 소장), 경기 파주시 광탄면 용미리〈파주시 광탄면 혜음로〉 용암사 마애 이불 입상(磨崖二佛 立像)[파주 용미리 석불 입상, 용미리 마애불, 용미리 쌍미륵], 강원 삼척 정상동 마애불, 충남 논산시 연산면 천호리〈논산시 연산면 계백로〉 개태사터 석조 여래 삼존 입상[논산 개태사 삼존 석불, 개태사 석불], 논산 관촉사 석조 미륵보살 입상[은진 미륵], 충남 부여 대조사 석조 미륵보살 입상[부여 대조사 미륵불], 충남 당진시 정미면 수당리〈당진시 정미면 원당골1길〉 안국사터 석조 여래 삼존 입상[당진 안국사터 석불 입상], 충남 홍성군 홍북면 신경리〈홍성군 홍북면 용봉산1길〉 마애 여래 입상[홍성 신경리 마애 석불, 신경리 마애불], 충북 충주시 수안보면 미륵리〈충주시 수안보면 미륵리사지길〉 석조 여래 입상[충주 미륵리 석불], 충북 충주시 지현동〈충주시 지현동 사직산12길〉 대원사 철불 좌상, 전북 고창군 아산면 삼인리〈고창군 아산면 선운사로〉 선운사 동불암 마애불 좌상[고창 선운사 마애불], 전북 익산시 금마면 동고도리〈익산시 금마면 고도9길〉 석조 여래 입상[익산 고도리 미륵불], 전남 화순 운주사 이불 부조 와상[운주사 와불], 경북 안동시 이천동〈안동시 제비원로〉 마애 여래 입상[안동 이천동 석불, 제비원 석불, 제비원 미륵불], 경북 안동시 안기동〈안동시 한화4길〉 석조 여래 좌상[안동 안기동 석불 좌상], 경북 영주 부석사 소조 아미타여래 좌상 등이 있다.

논산 개태사 석불을 보라. 부처님이 무슨 무술 연습을 하는지는 몰라도, 날카로운 눈과 야무진 얼굴, 마치 수건을 두른 듯한 단단한 머리 모양은 무사들의 모습과 흡사하다. 손 모양도 태권도 연습을 하고 있는 자세처럼 보인다. 그리고 발이나 손 크기가 몸의 전체적인 비율에 비해 너무 크다. 균형이나 미적 감각이 없이 그저 제멋대로인 것 같다. 나름 투박한 멋이라고나 할까 개성이 강하다고 할까, 지방색이 많이 반영된 듯하다.

무사적인 모습은 파주 용미리 마애불에서도 잘 나타나고 있다. 두 명의

▲ **논산 개태사 삼존 석불** 고려 태조 왕건이 후백제와의 최후 결전에서 승리한 것을 기념하기 위해 개태사를 창건할 때 조성한 불상으로, 무사적인 분위기가 물씬 풍긴다.

불상 가운데 둥근 갓(모자)의 불상은 남상(男像), 모난 갓의 불상은 여상(女像)이라고 하는데, 모두 표정이 심상치 않다. 무뚝뚝한 모습도 그렇지만, 곡선보다 직선이 더 강조되어 전체적인 모습이 딱딱하게 경직되어 있으며, 표정 자체가 굳어 있다. 용미

▲ **파주 용미리 마애 이불 입상** 거대한 바위 위에 얼굴과 모자에 해당하는 돌을 얹어 만든 두 분의 부처님으로, 신체 비율이 맞지 않고, 무사처럼 딱딱한 분위기에 개성이 뚜렷해 보인다.

▲ **안동 이천동 마애 여래 입상 원경 및 근경** 파주 용미리 마애불처럼 거대한 바위 위에 얼굴과 모자에 해당하는 돌을 얹어 만든 부처님으로, 균형이 맞지 않고, 경직된 분위기에 지방색이 강해 보인다.

리 마애불의 모습은 영락없는 무사의 얼굴이다. 그리고 전체적으로 균형이 맞지 않는다. 몸에 비해서 손 크기가 너무 작다. 한마디로 예술적 감각이 뒤떨어지는 편이다.

안동 이천동 석불도 무사적인 모습을 잘 보여주고 있다. 이 석불은 경북 안동시 이천동 태화산 기슭, 제비원 연미사 옛터에 있는 석불상이다. 이 일대를 제비원이라고도 부르는데 그래서 이 불상을 제비원 석불, 제비원 미륵불이라 부르기도 한다. 이천동 석불을 보고 '얼굴에는 자비로운 미소가 흐르고 있어 거구의 불상임에도 전체적인 형태는 자연스럽다'고 생각하는 사람도 있지만 아무리 봐도 웃는 모습보다는 야무지고 딱딱한 모습이라는 생각이 더 든다. 그리고 몸에 비해 얼굴이 너무 작아 균형이 맞지 않는, 역시 개성이 강한 불상이다.

▲ **홍성 신경리 마애 여래 입상** 바위 안에 공간[감실(龕室)]을 만들어 조각한 높이 4m 정도의 거대한 불상으로, 몸에 비해 얼굴이 너무 크고 풍만하며, 팔과 다리가 너무 길어 균형이 없어 보인다. 고려 초기 마애불의 특징을 잘 보여주고 있는데, 왼쪽 사진은 옆모습, 오른쪽 사진은 앞모습이다.

홍성 신경리 마애불의 모습은 또 어떤가! 지그시 감은 듯한 눈과 웃고 있는 입으로 온화하고 인자한 모습을 보이고 있지만, 역시 못생기고 촌스러운 모습이다. 좀 멋있게 서 있으려고 허리를 약간 비튼 것처럼 보이기도 하는데, 이 또한 멋있기보다는 오히려 어색한 모습이다. 또 얼굴은 몸보다 너무 큰 편이고, 팔은 너무 긴 편이며, 손 모양도 어설프다. 볼품없는 불상이다. 그래도 못생긴 탓인지 친근감이 느껴지고, 우리가 주변에서 흔히 만날 수 있는 사람과 같은 얼굴을 하고 있어 반갑기도 하다.

고려시대 불상이라고 다 균형이 없거나 못생긴 것은 아니다. 충남 청양군 대치면 장곡리〈청양군 대치면 장곡길〉 장곡사 금동 약사여래 좌상이나 경북 영주 부석사 소조 아미타여래 좌상[공식 이름은 영주 부석사 소조 여래 좌상] 등은 균형감이 넘치고 멋있으며, 화려하다.

청양 장곡사 대웅전은 상·하 두 채로 되어 있어 상대웅전에는 철조 약사여래 좌상과 철조 비로자나불 좌상이, 하대웅전에는 금동 약사여래 좌상이 모셔져 있는데, 상대웅전 철조 약사여래 좌상은 통일신라 말기, 철조 비로자나불 좌상은 고려시대, 하대웅전 금동 약사여래 좌상은 고려 후기에 조성된 불상이다. 특히 하대웅전 금동 약사여래 좌상은 1959년 불상 밑바닥을 열고 조사하면서 먹으로 쓴 발원문 등의 불상복장(佛像腹藏: 불상 속에 들어 있는 유물)이 발견되었다. 이를 통해 불상을 만들게 된 이유와 연도를 파악할 수 있어 이 불상은 고려 충목왕 2년(1346)에 조성된 것으로 확인되었다.

**▲ 청양 장곡사 금동 약사여래 좌상** 장곡사 상 · 하대웅전 가운데 하대웅전에 모셔진 부처님으로, 갸름한 타원형의 얼굴은 단정하고 우아한 모습이다. 대개 균형이 없이 자유분방한 고려시대 불상과 달리 균형과 멋이 있는 고려 불상 가운데 하나이다.

영주 부석사 소조 아미타여래 좌상은 소조로 만들어져 유명하기도 한데, 소조란 나무로 골격을 만들고 진흙을 붙여가면서 만드는 방식이다. 고려 초기의 작품으로 파악되는 부석사 소조 아미타여래 좌상은 우리나라 소조 불상 가운데 가장 크고 오래된 작품으로 그 가치가 매우 크다. 어쨌든 부석사 소조 아미타여래 좌상은 고려시대 불상으로서는 상당히 균형 있는 모습에 정교한 솜씨를 보여주고 있다. 특히 부처의 몸에서 나오는 빛을 상징하는 광배(光背)를 불상의 뒤편에 나무로 따로 만들어놓았는데, 가장자리에 불꽃이 타오르는 모양을 표현하였다. 머리 광배와 몸 광배는 원형으로 표현하고 그 안에는 꽃무늬를 장식하여 전체적으로 아주 화려하다. 고려시대 불상으로서는 상당히 멋있는 불상에 해당한다.

▲ **광주 춘궁리 철조 석가여래 좌상[하남 하사창동 철조 석가여래 좌상]** 높이 2.85m나 되는, 당당한 어깨와 두드러진 가슴은 경주 석굴암 부처님을 생각하게 하고, 날카로운 야무진 얼굴은 무사를 연상케 하는 불상이다. 통일신라 불상 양식을 계승한 고려 초기 불상으로 파악된다.

한편, 고려 귀족들이 거대한 바위나 돌로 집 밖에 제멋대로 만든 불상과는 달리 철불이나 개인 집에서 모시던 불상들은 조각이 뛰어나고 꽤 멋있는 편이다. 즉 고려시대에 조성된 불상들이 대체로 조화와 균형미가 떨어지고 못생길 정도로 개성이 강한 편이지만, 철불이나 지배층이 집 안에서 모시던 비교적 작은 불상은 그 생김새가 매우 화려할 정도로 온갖 치장을 하고 있으며, 조각도 뛰어나 아주 멋있고 괜찮다. 이는 철을 소중히 여기던 고려 호족들이 권력을 장악한 이후 귀족으로서 화려한 생활을 누리던 이중적인 모습이 반영된 것으로 보인다. 이런 모습을 잘 반영한 것으로는 경기 하남시 하사창동〈하남시 춘궁로〉 절터에서 발견된 철조 석가여래 좌상[하남 하사창동 철조 석가여래 좌상, 광주 춘궁리 철조 석가여래 좌상, 춘궁리 철불](국립중앙박물관 소장, 이곳과 관련된 옛 지명은 경기도 광주군 동부면 '하사창리', 경기 광주군 동부면 '춘궁리'인데, 현재 하남시 '하사창동', '춘궁동'이다), 철조 비로자나불 좌상(국립중앙박물관 소장), 충남 서산 운산면 출토 철조 여래 좌상(국립중앙박물관 소장) 등이 있다.

공식 이름은 하남 하사창동 철조 석가여래 좌상이지만, 흔히 광주 춘궁리 철조 석가여래 좌상, 간단히 춘궁리 철불이라고 부르는 불상을 보면, 전체적으로 균형감과 안정감이 있는 모습을 하고 있다. 더욱이 당당한 어깨와 두드러진 가슴 및 간결한 옷 주름은 석굴암 본존불을 떠올리게 할 정도로 멋이 있다. 그러면서 날카로운 눈과 직선 모양의 콧등은 단정한 인상과 무사적인 느낌을 주기도 한다. 통일신라시대 불상 양식을 계승한 고려시대 초기의 전형적인 작품임을 알 수 있다.

또 고려 지배층이 집에 모신 작은 불상들은 멋있고, 화려하며, 심지어 야하기도 하다. 밖에 세운 못생긴 거대한 불상과는 달리 집 안에 이런 불상을 모시며 자신들의 권력 유지와 복을 빌었을 것이다. 이러한 면을 확인할 수 있는 화려한 불상으로는 금동 관음보살 좌상(국립중앙박물관 소장), 금동 대세지보살 좌상(호림박물관 소장) 등이 있다. 금동 관음보살 좌상은 화려하면서도 앉아 있는 자세가 요염할 정도로 야한 모습을 하고 있다. 금동 대세지보살 또한 장신구를 아예 옷 대신 입은 것처럼 온갖 장신구로 둘러싸여 화려함을 뽐내고 있다. 이렇게 통일신라시대와 마찬가지로 고려시대에도 소형 불상들은 화려하고

▲ **금동 관음보살 좌상** 앉아 있는 자세가 남다른, 높이 38.5cm의 작은 불상으로, 갸름한 얼굴에 신체가 호화로운 장식으로 뒤덮여 있다. 라마교의 영향을 받아 13세기에 조성된 것으로 추정된다.

야한 모습을 하고 있다.

여하튼 우리가 주변에서 흔히 볼 수 있는 불상 가운데 못생기고 제멋대로 생긴 불상들은 대개 고려시대에 조성된 것으로 보면 크게 틀리지 않는다. 그렇기 때문에 고려시대 불상이 예술적인 면에서 통일신라시대보다 뒤떨어진다고 볼 수 있다. 하지만 다른 각도에서 보면, 불상 예술의 대중화 또는 민중화가 이루어졌다고 볼 수도 있다. 전해지는 통일신라 이전의 불상들에 대부분 지배자의 정서가 반영되었다고 한다면, 고려시대 불상에는 민중의 모습이나 지방적인 색채가 반영되었던 것이다.

## 조선시대 불상은 너무 많아 대책이 없다(?)

조선시대 불상은 현재 전해지는 것이 많을뿐더러 그 모습도 다양하다. 또한 이전 시대에 비해 역사적 가치나 의미가 상대적으로 줄어들었다. 따라서 어떤 기본적인 기준을 가지고 그 특징을 설명하기란 쉽지 않고, 또 굳이 기본적인 기준을 찾을 필요도 없다. 그만큼 조선시대 불상은 어떤 기준에 따라 설명하기가 어렵고 복잡하기 때문이다. 느긋이 이해하려는 여유 있는 자세와 좀 더 많은 관심과 애정을 갖고 접근하는 자세가 필요할 뿐이다. 조선시대 불상은 어쩔 수 없다. 너무 많아 대책이 없다고 할까?

**[고려시대] : '무사적이고 못생겼으며 멋이 없음'**

논산 개태사 삼존 석불상

논산 관촉사 석조보살 입상

부여 대조사 석조보살 입상

**· 다양한 지방색과 개성미 및 친근감**

화순 운주사 부조 이불 와상

· **딱딱하고 굳은 표정의 얼굴**

파주 용미리 마애불

안동 이천동 석불

· **철로 만든 불상이나 마애불이 많음**

광주 춘궁리 철불

* **철불과 집 안에 모신 작은 불상: '멋있고 화려'**

**[조선시대] : '불상의 역사적 의미 · 가치 감소'**

'탑과 마찬가지로 불상도 그 당시 사람들의 삶을 반영한다.'라는 생각으로 불상을 시대별로 구별하는 기본적인 기준을 찾아보았다. 지금까지 제시한 불상을 구분하는 기준으로 살펴보면 대략 맞을 것이다. 이런 기준이 모든 불상에 적용되는 것은 아니고 또 예외가 없는 것도 아니지만, 이것은 불상을 시대별로 쉽게 구분하는 최소한의 기준이 되곤 한다. 앞으로 '모든 문화는 그 당시 정치 상황을 반영한다.'라는 역사적 안목을 가지고 불상을 만난다면, 그동안 그냥 지나쳤던 불상도 예사롭게 보이지 않을 것이다. 관심도 생기고 재미도 있을 것이다. 또 관심을 두다 보면 애착이 생기고, 애착을 갖고 문화재를 대하다 보면 남다른 정까지 느낄 수 있다. 문화재를 한낱 과거 유산으로 보지 않고 좀 더 많은 관심과 애정을 가지고 본다면, 문화재야말로 말없이 살아 있는 존재요, 발 없이 움직이는 존재임을 알게 될 것이다. 나아가 문화재는 현재 살고 있는 자기 자신의 모습과도 크게 다르지 않음을 알 수 있을 것이다.

# 제2부

국보 같은데 보물이라니

건물에도 신분이 있었다

절 건물도 주인 따라 정해졌다

# 국보 같은데 보물이라니

문화재에 대하여

## 누구는 국보1호, 누구는 보물1호

산천초목이 숨 쉬는 곳을 여행하다 보면 많은 문화재를 만나게 된다. 이들 문화재에는 우리 조상의 손길이 알알이 서려 있고, 유구한 역사의 온갖 흔적은 물론, 때로는 외침과 내환의 상처가 그대로 배어 있다. 더러는 세월에 지쳐 겨우 버티고 있는 모습으로 남아 있기도 하다. 이런 문화재들을 통해 우리는 조상의 숨결을 느낄 수 있으며, 그것을 통해 역사적 교훈이나 삶의 지혜를 얻기도 한다.

문화재 주변에는 그 문화재에 대한 설명을 써놓은 안내 표지판이 함께 있다. 표지판에는 문화재의 명칭은 물론 이력이 간략하게나마 기록되어 있어 일반인들이 이해하는 데 큰 도움이 된다. 하지만 때에 따라서는

▲ **서울 흥인지문** 원래 조선 전기에 지어졌으나 조선 후기에 새로 지은 것이다. 바깥쪽으로 반원 모양의 옹성(甕城)과 함께 남아 있는 특별한 것으로, 조선 후기 건축 양식을 잘 나타내고 있다.

어려운 용어나 한자로 쓰여 있어 별 도움이 되지 않을 경우도 있다. 그래도 없는 것보다는 나아 일반인들은 이를 통해 문화재에 대한 설명을 쉽게 접할 수 있다.

보통 문화재를 설명하는 안내판에는 '국보 제○○호' 또는 '보물 제○○호', '사적 제○○호', '도지정문화재 제○○호', '천연기념물 제○○호'라는 내용까지 밝혀, 그 문화재의 가치를 일반인들이 힘들지 않게 판단할 수 있도록 하고 있다(때에 따라서는 '제○○호'에서 '제'를 생략하여 '○○호'라고 하기도 한다). 이렇게 지정된 문화재임을 밝힘으로써 그 문화재의 가치와 소중함을 파악할 수 있지만, 때에 따라서는 오히려 역효과를 주기도 한다. 국보라고 쓰여 있으면 왠지 모르게 훌륭한 것처럼 여기기 쉽고, 지방문화재라고 적혀 있으면 가볍게 볼 수 있는 여지가 많기 때문이다. 실제 그런 이야기들을 자주 듣기도 하며, 때에 따라서는 '저런 문화재가 어째서 국보로 지정되었지?' 하며 고개를 갸우뚱거리게도 된다.

서울의 남대문과 동대문만 보아도 이해가 잘 안 된다. 어째서 비슷한 문화재이면서도, 남대문인 숭례문(崇禮門)은 국보 제1호이고, 동대문인 흥인지문(興仁之門)은 보물 제1호인지? 보기에는 같은 수준의 문화재일 것 같은데, 어떤 것은 국보에 속하고 어떤 것은 보물에 속하는지? 더욱이 동대문에는 성곽 일부까지 남아 있는데도 보물에 불과하다니! 이해가 안 되고, 헷갈릴 뿐이다. 애써 찾아보아도 자세히 설명된 내용을 찾기도 어려워 답답한 적이 한두 번이 아니었다.

국보로 지정된 문화재와 지방문화재로 지정된 문화재를 차별하는 것은 어쩌면 자연스러운 일인지도 모른다. 또 국보 같은데 보물로 지정된 문화재에 대해 의심하는 것도 당연한 일이다. 이렇게 생각하는 데는 '국보는 매우 훌륭한 문화재요, 크고 뛰어나며, 예술적 가치가 높은 것은 물론 돈으로 따져도 상당한 가치가 있는 것'이라는 의식이 밑바탕에 깔려 있다. 그래서 국보보다 보물이 떨어지고, 지방문화재는 훨씬 더 형편없는 것으로 생각하기 쉽다. 더구나 문화재 안내 표지판을 보면 국보, 보물, 지방문화재 등으로 분류되어 있어 당연히 문화재를 차별하여 받아들일 수도 있다. 하지만 이것은 문화재나 문화재를 구분하는 기준을 제대로 이해하지 못하는 데서 오는 오해이다. 따라서 문화재에 대한 정확한 이해와 함께 문화재를 구별하는 기준을 제대로 알 필요가 있다.

그러면 국보와 보물의 차이는 무엇일까? 조선시대 왕이 가장 중요시했던 일 가운데 하나가 종묘(宗廟: 역대 왕과 왕비의 위패를 모시고 제사를 지내는 왕실의 사당)와 사직(社稷: 토지신과 곡물신에게 제사를 올리는 일)을 잘 지키는 일이었는데, 토지신과 곡물신에게 제사를 지내던 곳인 사직단(社稷壇)은 현재 사적 제121호로 지정되어 있다. 여기서 사적이란 또 무엇인가? 그리고 국보와 보물, 사적 등 이런 문화재는 누가 구별하고, 지정하는지? 궁금한 게 한둘이 아니다.

## 각종 문화재는 〈문화재보호법〉에 의해 관리된다

문화재는 보존할 만한 가치가 있는 문화유산으로서, 형태를 갖춘 것만 문화재가 아니라, 눈에 보이지 않으나 여러 세대를 거치는 동안 입에서 입으로 전해져 온 여러 가지 예술 활동과 인류학적인 유산, 민속, 법, 습관, 생활양식 등까지 포괄하는 용어이다. 문화재의 의미가 이렇게 포괄적인 만큼 문화재의 종류 또한 다양하며, 우리나라에도 참으로 다양한 형태의 문화재들이 전해 내려오고 있다.

각종 문화재를 좀 더 체계적으로 관리하기 위하여 정부에서는 1962년 1월 10일 〈문화재보호법〉을 제정하여 공포 · 시행한 이후 여러 번의 부분 개정과 전면 개정을 거쳐 현재에 이르고 있다. 〈문화재보호법〉에 의하면, "문화재란 인위적이거나 자연적으로 형성된 국가적 · 민족적 · 세계적 유산으로서 역사적 · 예술적 · 학술적 · 경관적 가치가 큰 것"이라고 정의하고 있다. 또 문화재를 유형문화재, 무형문화재, 기념물, 민속문화재(옛 민속자료) 등 크게 네 가지로 나누고 있다.

첫째, 유형문화재는 건조물, 전적(典籍), 서적(書跡), 고문서, 회화, 조각, 공예품 등 유형(有形)의 문화적 소산으로서 역사적 · 예술적 또는 학술적 가치가 큰 것과 이에 준하는 고고자료(考古資料)를 말한다.

둘째, 무형문화재는 연극, 음악, 무용, 놀이, 의식, 공예기술 등 무형(無形)의 문화적 소산으로서 역사적 · 예술적 또는 학술적 가치가 큰 것을 가리킨다. 그리고 무형문화재를 보존하고 있는 사람을 흔히 인간문화재라고 부른다.

셋째, 기념물은 절터[사지(寺址)], 옛 무덤[고분(古墳)], 조개무덤[조개무지: 패총(貝塚)], 성터, 궁터, 가마터[요지(窯址)], 유물포함층(遺物包含層) 등의 사적지(史蹟地)와 특별히 기념이 될 만한 시설물로서 역사적 · 학술적 가치가 큰 것, 경치 좋은 곳[경승지(景勝地)]으로서 예술적 가치가 크고 경관이 뛰어난 것, 동물(그 서식지, 번식지, 도래지 포함), 식물(그 자생지 포함), 지형, 지질, 광물, 동굴, 생물학적 생성물 또는 특별한 자연현상으로서 역사적 · 경관적 또는 학술적 가치가 큰 것을 말한다.

넷째, 민속문화재는 의식주, 생업, 신앙, 연중행사 등에 관한 풍속이나 관습과 이에 쓰이는 의복, 기구, 가옥 등으로서 국민생활의 변화를 이해하는 데 반드시 필요한 것을 가리킨다.

이들 문화재를 좀 더 쉽게 정리해보면 다음과 같이 분류할 수 있다.

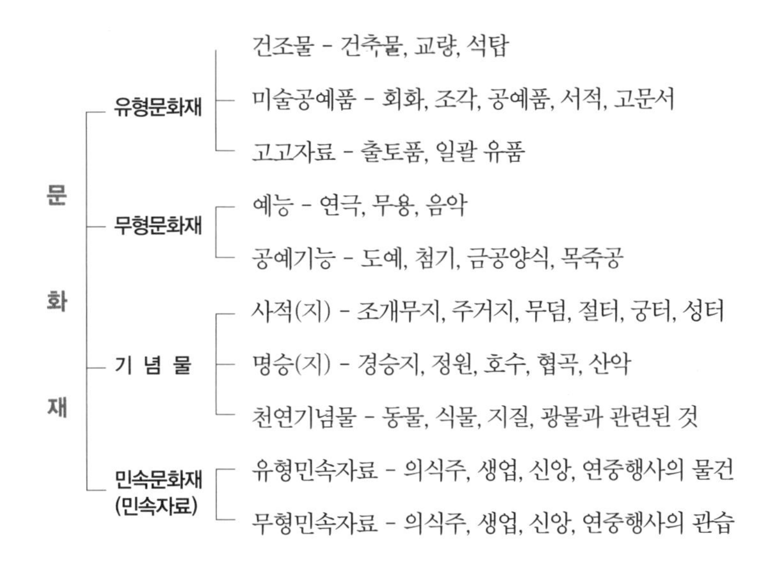


〈문화재보호법〉을 보면, "문화재를 보존하여 민족문화를 계승하고, 이를 활용할 수 있도록 함으로써 국민의 문화적 향상을 도모함과 아울러 인류문화의 발전에 기여하려는 목적에서 문화재보호법을 제정 · 시행한다."고 밝히고 있다. 이런 목적에 따라 문화재 가운데 중요한 문화재를 따로 지정하

기도 하는데, 이를 '지정문화재'라고 한다. 이렇듯 문화재는 크게 문화재보호법 또는 시 · 도 문화재보호조례에 의해서 보호되는 지정문화재와 법령에 따라 지정되지는 않았지만 문화재 중에서 지속적인 보호와 보존이 필요한 '비지정문화재'로 구분한다. 그리고 지정문화재는 국가지정문화재, 시 · 도지정문화재, 문화재자료로 구분하며, 비지정문화재에는 매장(埋葬)문화재, 일반 동산(動産)문화재 등 기타 지정되지 않은 문화재(향토 유적 · 유물)가 해당하는데, 지정 · 비지정문화재를 막론하고 모든 문화재는 소중한 문화유산이므로 차별 없이 보존하고 보호할 필요가 있다.

지정문화재와 비지정문화재로 구별하는 것과는 별도로 '등록(登錄)문화재'라는 것도 있다. 등록문화재는 지정문화재가 아닌 문화재 가운데 보존과 활용을 위한 조치가 특별히 필요한 것을 문화재청장이 등록한 문화재를 말한다. 등록문화재는 주로 근 · 현대 시기에 형성된 건조물 또는 기념될 만한 시설물 형태의 근대문화유산 가운데 보존 및 활용을 위한 조치가 특히 필요한 것들이다.

지정문화재는 크게 국가지정문화재와 시 · 도지정문화재, 그리고 문화재자료로 구분하고 있다. 〈문화재보호법〉에 따르면, 국가지정문화재는 문화재청장이 지정한 문화재이며, 시 · 도지정문화재는 국가지정문화재로 지정되지 아니한 문화재 가운데 특별시장 · 광역시장 · 도지사 또는 특별자치도지사가 보존할 가치가 있다고 인정하여 지정한 문화재이다. 문화재자료는 국가지정문화재나 시 · 도지정문화재로 지정되지 아니한 문화재 가운데 특별시장 · 광역시장 · 도지사 또는 특별자치도지사가 향토문화의 보존상 필요하다고 인정하여 지정한 문화재를 말한다. 일반적으로 시 · 도지정문화재와 문화재자료를 합해서 '지방지정문화재', 간단히 '지방문화재'라고도 한다. 그러나 지방문화재 범주에 문화재자료를 포함하지 않기도 하며, 지방문화재와 지방문화재자료로 따로 구별하여 사용하기도 한다.

〈문화재보호법〉에서는 "문화재를 공식적으로 지정하기 위해서는 문화재위원회를 설치해야 한다."고 밝히고 있다. 문화재위원회는 문화재의 보존·관리 및 활용에 관한 각종 사항을 조사·심의하는 일을 맡게 되는데, 우리나라 문화재 지정도 문화재위원회에 소속된 문화재위원의 판단에 따라 결정된다. 한마디로 문화재위원의 손에 따라 문화재 지정이 좌지우지된다고 할까! 그만큼 문화재위원의 역할이 중요하다고 하겠다.

## 국보와 보물의 차이는 상대적인 것이다

〈문화재보호법〉에 의하면, 문화재청장은 문화재위원회의 심의를 거쳐 유형문화재 가운데 중요한 것을 보물로 지정할 수 있고, 또 보물에 해당하는 문화재 가운데 인류 문화의 관점에서 볼 때 그 가치가 크고 유례가 드문 것을 국보로 지정할 수 있다고 한다.

보물(寶物)은 '보배로운 물건'이란 뜻이며, 국보(國寶)는 '나라의 보배'라는 뜻이다. 또 국보는 '나라의 보물'이라고 해석할 수도 있다. 따라서 국보는 보물 가운데 나라를 대표할 만한 것을 가리킨다. 흔히 국보는 그 분야의 '보물 중에서 가장 대표적인 문화재'라거나, 또는 '제작 연도가 오래되었다'거나, '그 시대를 대표하는 유일무이한 가치가 있는 문화재'라고 설명하면서 국보와 보물을 구별하는 경우가 있다. 그러나 〈문화재보호법〉에서는 보물과 국보를 구별하는 기준을 자세히 규정하지 않고 있다. 〈문화재보호법〉에 나오는 대로 "유형문화재 가운데 중요한 것을 보물로 지정한다."라고 할 때, 그 '중요한 것'의 기준이 무엇인지 잘 알 수 없다. 또 〈문화재보호법〉에 나오는 대로 "보물에 해당하는 문화재 가운데 인류 문화의 관점에서 볼 때 그 가치가 크고 유례가 드문 것을 국보로 지정한다."라고 할 때, '인류 문화의 견지'가 구체적으로 무엇을 뜻하는지 잘 알 수 없을뿐더러 '그 가치가 크고 유례가 드문 것'이라는 말 또한 쉽게 이해되지 않는다. 막연하고 추상적이며, 모호하다.

국보와 보물을 구별할 수 있는 기준에 대해 〈문화재보호법 시행규칙〉에서는 좀 더 자세히 설명하고 있다. 〈문화재보호법 시행규칙〉 제2조 별표1 '국가지정문화재의 지정 기준'을 보면, 국보는 보물에 해당하는 문화재 가운데,

첫째, 특히 역사적 · 학술적 · 예술적 가치가 큰 것.

둘째, 제작 연대가 오래되었으며, 그 시대의 대표적인 것으로서, 특히 보존 가치가 큰 것.

셋째, 제작 의장이나 제작 기술이 특히 우수하여 그 유례가 적은 것.

넷째, 형태 · 품질 · 제재 · 용도가 현저히 특이한 것.

다섯째, 저명한 인물과 관련이 깊거나 그가 제작한 것 등이라고 밝히고 있다. 그런데 이 내용 역시 기준이 추상적이고 막연하다. 이런 기준을 가지고는 일반인들이 국보와 보물을 구별하기가 쉽지 않다. 보물과 국보를 판단하는 문화재위원들이 오랜 경륜과 높은 학식으로 보물과 국보를 정할 테지만, 그래도 일반인들이 쉽게 이해할 수 있는 객관적인 기준이 있어야 하지 않을까! 하지만 실상은 그렇지 못하다. 국보와 보물의 구별이 뚜렷하지 않고, 그 구별 자체가 모호한 것이 현실이기도 하다.

사실 문화재가 갖는 가치의 크고 작음을 결정하는 일반적인 기준을 설정한다는 것은 불가능하고, 그것을 결정하는 일 자체가 어리석은 일인지도 모른다. 문화재를 포함한 예술품은 물론 세상의 모든 가치 판단은 상대적이고 주관적일 수밖에 없기 때문이다. 그럼에도 문화재를 국보와 보물로 구별하는 것은 문화재의 가치를 따져 우열을 가리는 데 있지 않고, 문화재를 체계적으로 관리하고 보존하려는 노력이라고나 할까? 여하튼 보물과 국보의

구분은 상대적이고 주관적일 수밖에 없다. 다만 그 분야에 종사하는 전문적인 사람이 판단한다면 어느 정도 객관적인 평가를 할 수는 있을 것이다.

문화재의 가치 판단이 상대적일 수밖에 없다는 점을 인정한다면, 국보와 보물의 구별이 꼭 어려운 것만은 아니다. 〈문화재보호법〉에 명시된 '그 가치가 크고 유례가 드문 것'을 예로 들어 살펴보면 나름대로 국보와 보물의 차이를 짐작할 수도 있다.

아주 소중한 문화재로서 둘 다 똑같은 가치가 있음에도 흥인지문이 보물로 지정된 것에 비해 숭례문이 국보로 지정된 데에는 분명한 까닭이 있다. 조선시대 한양에는 출입문으로 대문(大門) 4개와 소문(小門) 4개가 세워졌다. 대문으로 동쪽은 흥인지문(興仁之門), 서쪽은 돈의문(敦義門), 남쪽은 숭례문(崇禮門), 북쪽은 숙청문[肅淸門 → 숙정문(肅靖門)]을 두었으며, 소문으로는 동북쪽에 홍화문[弘化門 → 혜화문(惠化門)], 서북쪽에 창의문[彰義門: 자하문(紫霞門)], 동남쪽에 광희문[光熙門: 수구문(水口門: 멀지 않은 곳에 청계천 물이 빠져나가는 곳이 있어 붙여진 이름), 시구문(屍軀門·屍口門: 시체가 성 밖으로 나가는 문)], 서남쪽에 소덕문[昭德門 → 소의문(昭義門)]을 두었다. 현재까지 남아 전해지고 있는 것은 동대문과 남대문뿐인데, 남대문은 1395년에 세워졌고 동대문은 1396년에 세워져 남대문이 일 년 먼저 앞섰다. 또 한양을 둘러싼 동·서·남·북 대문 가운데에서도 남대문은 정문(正門)으로서 동대문보다 그 중요성에서 차지하는 위치가 더 높았다. 따라서 그 어느 문보다도 '그 가치가 크고 유례가 드문 것'으로 판단, 국보로 지정되었다.

숭례문과 흥인지문, 둘 다 소중한 목조 건물이면서 하나는 국보로 지정되고 또 다른 하나는 보물로 지정된 것에 비하여, 고려시대에 만들어져 지금까지 전해지고 있는 목조 건물들은 모두 국보로 지정되었다. 그 희소성이 매우 높기 때문이다. 전해지고 있는 조선시대 목조 건물이 많은 데 비해 고려시대 목조 건물은 몇몇밖에 전해지지 않는다. 우리나라에서 지금까지 전

▲ **안동 봉정사 극락전** 1972년 보수공사 때 고려 후기(1363)에 지붕을 크게 수리하였다는 기록이 확인되어 아무래도 우리나라에서 가장 오래된 목조 건물의 하나이다.

▲ **영주 부석사 무량수전** 부석사는 의상대사가 창건한 곳으로, 1358년 불에 타버려 고려 말기(1376)에 다시 지은 것이다. 흔히 볼 수 있는 법당과 달리 옆면에 불상을 모시고 있다.

▲ **영주 부석사 조사당** 의상대사의 초상을 모시고 있는 곳으로, 고려 말기(1377)에 세워진 건물이다. 건물 안쪽 좌우에 보살상 · 사천왕상 등이 그려진 벽화는 고려 후기의 것으로서, 현재 전해지는 벽화 가운데 가장 오래된 것이라고 한다.

▲ **예산 수덕사 대웅전** 고려 후기(1308)에 조성된 건물로, 지은 시기를 정확하게 알 수 있는, 우리나라에서 가장 오래된 목조 건물로 여겨지고 있다. 특히 맛배지붕으로 된 건물 옆면의 사람 인(人)자 모양과 장식적인 요소가 매우 아름답다.

해지는 목조 건물은 아무리 오래되었어도 그 시대가 고려 후기(또는 고려 말기)이다. 즉 고려시대 이전의 목조 건축은 하나도 남아 있지 않으며, 고려 후기에 조성되어 전해지는 목조 건물은 몇몇밖에 되지 않기 때문에 '제작 연대가 오래되고, 그 가치가 크고, 그 유례가 적어 드문 것'이라 여겨 모두 국보로 지정하였다. 경북 안동 봉정사 극락전(極樂殿, 국보 제15호), 경북 영주 부석사 무량수전(無量壽殿, 국보 제18호) · 조사당(祖師堂, 국보 제19호), 충남 예산 수덕사 대웅전(大雄殿, 국보 49호), 강원 강릉시 용강동〈강릉시 임영로131번길〉 객사문(客舍門, 국보 제51호)[공식적인 이름은 강릉 임영관 삼문(臨瀛館 三門)] 등이 이에 해당하는 대표적인 건물이다. 이외에도 고려시대에 조성된 건물이 몇몇 있지만, 대체로 이 건물들을 우리나라에 전해지는 가장 오래된 목조 건물로 기억하면 된다. 그러므로 이들 이외의 건물들은 대부분 그 생김새가 아무리 오래되어 보이고, 썩어 곧 무너질 것 같아도 조선시대에 만들어진 건물로 보면 된다.

▲ **강릉 객사문[임영관 삼문]** 객사는 옛 지방관청에 딸린 건물로, 중앙에 왕을 상징하는 전패(殿牌)를 모신 곳과 양옆에 파견된 관리들이 이용하는 숙박시설이 있었다. 객사는 왕을 상징하는 패를 모셨기에 관아보다 더 중요한 위치를 차지하였는데, 사진은 고려시대 강릉 객사였던 임영관 터에 남아 있는 삼문(三門) 형식의 정문 모습이다.

고려시대 목조 건물이 아니면서 국보로 지정된 것은 전남 강진군 성전면 월하리〈강진군 성전면 무위사로〉 무위사 극락보전(국보 제13호), 경북 영천시 청통면 신원동〈영천시 청통면 청통로〉 은해사 거조암 영산전(국보 제14호), 충북 보은 법주사 팔상전[법주사 5층 목탑](국보 제55호), 전남 순천 송광사 국사전(국보 제56호), 전북 김제 금산사 미륵전(국보 제62호), 전남 구례 화엄사 각황전(국보 제67호), 서울 종로구 세종로〈서울 종로구 사직로〉 경복궁 근정전(국보 제223호)·경복궁 경회루(국보 제224호), 서울 종로구 와룡동〈서울 종로구 율곡로〉 창덕궁 인정전(국보 제225호), 서울 종로구 와룡동〈서울 종로구 창경궁로〉 창경궁 명정전(국보 제226호), 서울 종로구 훈정동〈서울 종로구 종로〉 종묘 정전(국보 제227호), 경남 양산 통도사 대웅전 및 금강계단(국보 290호), 경북 안동 봉정사 대웅전(국보 제311호) 전북 완주군 경천면 가천리〈완주군 경천면 화암사길〉 화암사 극락전(국보 제316호) 등이 있다. 이들 건물은 비록 고려시대 목조 건물처럼 제작 연대가 아주 오래되어 가치가 있는 것은 아니나 '그 제작 기술이 우수하고, 생김새로 보아 특이하고, 가치가 큰 것'이기에 국보로 지정된 것으로 파악된다.

**[현존하는 고려시대 건물]**

경북 안동 봉정사 극락전

경북 영주 부석사 무량수전

부석사 조사당

충남 예산 수덕사 대웅전

강원 강릉 객사문

**[대표적인 조선시대 건물]**

충북 보은 법주사 팔상전

전북 김제 금산사 미륵전

전남 구례 화엄사 각황전

탑과 불상도 목조 건물에 적용했던 방식대로 국보와 보물이 지정되었다. 국보로 지정된 탑을 대략 살펴보면, 서울 종로구 파고다공원에 있는 서울 원각사터 10층 석탑[파고다탑](국보 제2호), 충북 충주시 가금면 탑평리〈충주시 가금면 중앙탑길〉 7층 석탑[충주 탑평리 중앙탑](국보 제6호), 충남 부여 정림사터 5층 석탑(국보 제9호), 전북 남원시 산내면 대정리〈남원시 산내면 천왕봉로〉 실상사 백장암 3층 석탑(국보 제10호), 전북 익산 미륵사터 석탑(국보 제11호), 경북 안동 법흥사터 7층 전탑[안동 신세동 7층 전탑](국보 제16호), 경북 경주 불국사 다보탑(국보 제20호) · 3층 석탑[석가탑](국보 제21호), 경주 분황사 모전석탑(국보 제30호), 경남 창녕군 창녕읍 술정리〈창녕군 창녕읍 당산길〉 동 3층 석탑(국보 제34호), 전남 구례 화엄사 4사자 3층 석탑(국보 제35호), 경주 황복사터 3층 석탑(국보 제37호), 경주 고선사터 3층 석탑(국보 제38호), 경주 나원리 5층 석탑(국보 제39호), 경주 정혜사터 13층 석탑(국보 제40호), 전남 장흥군 유치면 봉덕리<장흥군 유치면 보림사로> 보림사 남 · 북 3층 석탑(국보 제44호), 강원 평창 월정사 8각 9층 석탑(국보 제48호), 충북 보은 법주사 팔상전[법주사 5층 목탑](국보 제55호), 경북 의성 탑리리 5층 석탑(국보 제77호), 개성 경천사 10층 석탑(국보 제86호, 국립중앙박물관 실내에 설치), 경북 김천 갈항사 동 · 서 3층 석탑(국보 제99호, 국립중앙박물관에 있음), 개성 남계원 7층 석탑(국보 제100호 국립중앙박물관에 있음), 경남 산청 범학리 3층 석탑(국보 제105호, 국립중앙박물관에 있음), 경주 감은사터 동 · 서 3층 석탑(국보 제112호), 강원 양양 진전사터 3층 석탑(국보 제122호), 목탑(국보 제126-20호, 서울 불교중앙박물관 소장), 경북 구미 죽장리 5층 석탑(국보 제130호), 경북 영양 산해리 5층 모전석탑[봉감탑(鳳甘塔)](국보 제187호), 원래는 충남 천안시 동남구 북면 대평리 탑골 계곡의 절터에 무너져 있던 것을 새로 쌓은 보협인 석탑(국보 제209호, 서울 동국대학교박물관 소장), 금동탑[금동 대탑](국보 제213호, 삼성미술관 리움 소장), 경주시 양북면 장항리 절터 서 5층 석탑[경주(월성) 장항리 서 5층 석탑](국보 제236호), 전북 익산 왕궁리 5층 석탑(국보 제289호) 등 약 30개 정도(2011년 12월 기준)가 있다.

여기에 국보로 지정된 승탑인 여주 고달사터 부도[고달사지 승탑](국보 제4호), 전남 구례 연곡사 동승탑[연곡사 동부도](국보 제53호), 구례 연곡사 북승탑[연곡사 북부도](국보 제54호), 전남 화순 쌍봉사 철감선사탑(국보 제57호), 강원 원주 법천사 지광국사 현묘탑(국보 제101호, 국립중앙박물관 보관), 충북 충주 정토사 홍법국사 실상탑(국보 제102호 국립중앙박물관 보관), 전(傳)강원 원주 흥법사 염거화상탑(국보 제104호 국립중앙박물관에 있음), 충북 충주 청룡사터 보각국사 정혜원융탑(국보 제197호) 등을 합하면 약 40여 개 정도가 된다.

국보로 지정된 불상으로는, 대략 경북 경주 석굴암 석굴(국보 제24호), 경주 불국사 금동 비로자나불 좌상(국보 제26호) · 금동 아미타여래 좌상(국보 제

▲ **군위 아미타여래 삼존 석굴** 경북 군위군 팔공산 절벽의 자연동굴에 만들어진 사원으로 흔히 '제2 석굴암'이라고 부르고 있지만, 정작 경주 석굴암 석굴보다 조성 시기가 앞선 통일신라 초기의 석굴사원이다. 우리나라 석굴사원은 태안과 서산 마애삼존불에서 군위 석굴암을 거쳐 경주 석굴암에 이른 것으로 보기도 한다.

27호), 경주 백률사 금동 약사여래 입상(국보 제28호, 국립경주박물관 소장), 경북 영주 부석사 소조 여래 좌상(국보 제45호), 충남 청양 장곡사 철조 약사여래 좌상 및 석조 대좌(국보 제58호), 강원 철원 도피안사 철조 비로자나불 좌상(국보 제63호), 금동 계미명 삼존불 입상(국보 제72호, 간송미술관 소장), 금동 미륵보살 반가사유상(국보 제78호, 탑형보관, 국립중앙박물관 소장), 경주 구황동 금제 여래 좌상(국보 제79호, 국립중앙박물관 소장), 경주 구황동 금제 여래 입상(국보 제80호, 국립중앙박물관 소장), 경주 감산사 석조 미륵보살 입상(국보 제81호, 국립중앙박물관 소장), 감산사 석조 아미타불 입상(국보 제82호, 국립중앙박물관 소장), 금동 미륵보살 반가사유상(국보 제83호, 삼산관, 국립중앙박물관 소장), 충남 서산 마애 삼존불상[서산 용현리 마애 여래 삼존상](국보 제84호), 금동 신묘명 삼존불 입상(국보 제85호, 삼성미술관 리움 소장), 계유명 전씨 아미타불 삼존 석상(국보 제106호, 국립청주박물관 소장), 계유명 삼존 천불 비상(국보 제108호, 국립공주박물관 소장), 경북 군위군 부계면 남산리〈군위군 부계면 남산4길〉 팔공산 절벽의 자연동굴에 만들어진 군위 아미타여래 삼존 석굴(국보 제109호), 전남 장흥 보림사 철조 비로자나불 좌상(국보 제117호), 금동 미륵 반가사유상(국보 제118호, 평양 평천리 출토, 삼성미술관 리움 소장), 금동 연가7년명 여래 입상(국보 제119호, 국립중앙박물관 소장), 금동 여래 입상(국보 제123-4호, 국립전주박물관 소장), 강릉 한송사터 석조 보살 좌상(국보 제124호, 국립춘천박물관 소장), 서울 삼양동 금동 관음보살 입상(국보 제127호, 국립중앙박물관 소장), 금동 관음보살 입상(국보 제128호, 호암미술관 소장), 금동 보살 입상(국보 제129호, 삼성미술관 리움 소장), 금동 보살 삼존 입상(국보 제134호, 삼성미술관 리움 소장), 전남 영암 월출산 마애 여래 좌상(국보 제144호), 경북 구미 선산읍 금동 여래 입상(국보 제182호, 국립대구박물관 소장), 구미 선산읍 금동 보살 입상(국보 제183호, 국립대구박물관 소장), 금동 보살 입상(국보 제184호, 국립대구박물관 소장), 경기 양평 신화리 금동 여래 입상(국보 제186호, 국립중앙박물관 소장), 경북 경주 단석산 신선사 마애 불상군(국보 제199호, 국립중앙박물관 소장), 금동 보살 입상(국보 제200호, 부산광역시립박물관 소장), 경북 봉화 북지리 마애 여래 좌상(국보 제201호), 강원 평창 상원사 목조 문수동자 좌상(국보 제221호), 공주 의당 금동 보살 입상(국보 제247호, 국립공주박물관 소장), 불상(국보 제282-1, 경북 영주 흑석사 소장), 부여 규암리 금동 관음보살 입상(국보 제293호, 국립부여박물관 소장), 충남 태안 마애 삼존불상[태안 동문리 마애 삼존불 입상](국보 제307호), 전남 해남 대흥사 북미륵암 마애 여래 좌상(국보 제308호), 경북 경주 남산 칠불암 마애 불상군(국보 제312호) 등 약 40개 정도(2011년 12월 기준)가 있다.

국보로 지정된 탑이면서도 일반인들은 물론 역사에 관심이 있는 사람들에게도 잘 알려지지 않은 것들이 있는가 하면, 보물이지만 일반인들에게까지 널리 알려진 것들도 많다. 가령 창녕 술정리 동 3층 석탑은 국보이면서 널리 알려지지 않은 것이고, 부여 장하리 3층 석탑이나 부여 무량사 5층 석탑, 익산 왕궁리 5층 석탑 등은 보물이면서 널리 알려진 것이다. 이들 탑은 모두 고려시대 조성된 탑으로서, 장하리 3층 석탑은 조화와 균형미가 깨진 고려시대 탑의 특징을 보여주는 예로 자주 소개되는 탑이고, 무량사 5층 석탑과 왕궁리 5층 석탑은 부여 정림사터 5층 석탑 양식을 계승한 대표적인 탑으로 많이 알려진 탑이다.

국보이지만 잘 알려지지 않고, 보물이면서도 널리 알려진 점은 불상도 마찬가지다. 국립중앙박물관에 있는 경주 구황리(구황동) 금제 여래 좌상과 경주 구황리(구황동) 금제 여래 입상은 국보이면서도 잘 알려지지 않은 불상이고, 은진 미륵으로 더 많이 알려진 논산 관촉사 석조 미륵보살 입상과 논산 개태사 삼존 석불은 보물이면서 널리 알려진 것이다. 은진 미륵은 균형미 없이 제멋대로 생긴 고려시대 불상의 특징을 설명할 때 그 대표적인 예로 소개되는 불상이고, 개태사 삼존 석불은 고려시대 불상의 무사적인 특징을 설명할 때 빠지지 않고 등장하는 불상이다. 이러고 보면 국보와 보물이라고 해서 특별히 차이가 있는 것은 아닌가 보다.

시·도지정문화재도 마찬가지다. 시·도지정문화재라고 해서 보물과 큰 차이가 있는 것은 아니며, 보물보다 못한 것도 아니다. 보물이라고 해서 예술적 가치가 높고, 시·도지정문화재라고 해서 예술적 가치가 떨어지는 게 아니다. 국보와 보물의 경우처럼 보물과 시·도지정문화재도 역사적 가치에서 별 차이가 없다. 다만 국보와 보물은 국가에서 지정한 것이고 시·도지정문화재는 시·도에서 지정한 것일 뿐이며, 보물과 시·도지정문화재의 가치 차이는 상대적인 것에 불과할 뿐이다.

충남 보령시 성주면 성주리〈보령시 성주면 성주사지1길〉 성주사터(사적 제307호)에는 통일신라 탑들로 여겨지는 4개의 탑이 있다. 앞쪽에 5층 석탑이 있고, 뒤쪽에 중앙 3층 석탑과 동·서 3층 석탑이 나란히 서 있다. 그런데 앞쪽 5층 석탑과 뒤쪽 중앙 3층 석탑 및 뒤쪽 서 3층 석탑은 각각 보물 제19호, 보물 제20호, 보물 제47호로 지정되었으나 동 3층 석탑은 충청남도 유형문화재 제26호로 지정되었다. 동 3층 석탑은 서 3층 석탑과 형태가 거의 비슷하고, 조각이 새겨진 것까지 비슷하여 보물로 지정되지 않았다. 그리고 이곳

성주사터에는 통일신라시대의 승려 낭혜화상 무염(無染)의 일생을 기록한 '성주사 낭혜화상 백월보광탑비(郎慧和尙白月葆光塔碑)'도 함께 있는데, 비문은 최치원이 지은 글로 역사적 가치가 높고, 그 크기와 화려한 풍채 및 조각 솜씨가 통일신라시대 최고의 수준을 보여줄 정도로 뛰어난 점 등이 인정되어 국보 제8호로 지정되었다.

성주사터 5층 석탑과 성주사터 중앙 3층 석탑이 보물로 지정된 것과는 다르게 성주사터 동·서 3층 석탑은 형제처럼 같은 모양을 하고 있으면서 각각 보물과 시·도지정문화재로 따로 지정된 것에 대해 어쩌면 '서운하다', '이상하다'는 생각을 할지도 모른다. 하지만 그렇지 않다. 같은 수준이기에 그 가운데 하나만 보물로 지정하고, 나머지 다른 하나는 굳이 보물로 지정하지 않았다고 쉽게 생각하면 된다. 똑같은 가치의 모든 문화재를 다 보물

▲ **보령 성주사터 서 3층 석탑(왼쪽)과 동 3층 석탑(오른쪽)** 두 탑 모두 2층의 높은 기단에 안정과 균형미가 있는 3층탑으로, 1층에 자물쇠 모양과 고리 모양이 조각되어 있으며, 통일신라 후기에 조성된 것으로 추정된다. 이웃을 잘못 만난 탓일까! 두 탑이 거의 같은 모습을 하고 있지만, 서 3층 석탑이 보물로 지정되어 동 3층 석탑은 충청남도지정문화재로 지정되었다.

로 지정할 필요는 없을 것이다. 결국 국보든 보물이든 또는 시·도지정문화재든 다 소중하고 가치 있는 문화재인 것은 틀림없는 사실이다. 편의상 서로 구분하고 있을 뿐이다.

국보와 보물, 시·도지정문화재는 한 번 지정됐다고 해서 그대로 있는 게 아니라 취소되기도 하고, 변경되기도 한다. 경남 창원시 진해구 앵곡동 해군사관학교박물관에 있던 귀함별황자총통(1596년조)[龜艦別黃字銃筒(1596年造)]은 해군에 의해 1992년 경남 통영시 한산면 두억리 문어포 서남쪽 해저에서 발굴 인양되어 국보 제274호로 지정(1992. 09. 04.)되었으나, 진품이 아닌 모조품으로 밝혀져 문화재적 가치가 상실되어 문화재위원회의 심의·의결을 거쳐 지정 해제(1996. 08. 31.)되었다. 또 국보 제278호로 지정(1993. 04. 27.)된 태종11년이형원종공신록권부함(太宗十一年李衡原從功臣錄券附函)은 관련된 다른 보물과의 형평성 문제로 지정 해제(2010. 08. 25.)되어 보물 제1657호로 재조정되었다.

▲ **공주 청량사터 쌍탑** 둘 다 고려 중기에 조성된 것으로 짐작되는데, 청량사터 5층 석탑(보물 제1284호)은 정림사터 5층 석탑 양식을 따르고, 청량사터 7층 석탑(보물 제1285호)은 미륵사터 석탑 양식의 특징을 나타내고 있다. 이렇게 한 곳에 서로 다른 유형의 백제탑이 세워진 것은 특이하다고 하겠다.

그리고 충남 공주 청량사터 5층 석탑과 7층 석탑[청량사터 쌍탑, 남매탑]은 둘이 함께 충청남도 유형문화재 제1호로 지정(1971. 09. 14.)되었다가 각각 국가지정문화재로 지정(1998. 09. 15.)되어 5층 석탑은 보물 제1284호, 7층 석탑은 보물 제1285호로 승격되었다. 또 충남 태안 마애 삼존불상은 보물 제432호로 지정(1966. 02. 28.)되었으나, 국보 제

84호로 지정(1962. 12. 20.)된 서산 마애 삼존불상보다 더 앞선 조형 양식을 지닌 백제 최고(最古)의 마애불상이란 점에서 국보로서의 가치가 인정되어 국보 제307호로 승격 · 지정(2004. 08. 31.)되었다. 경북 문경 봉암사 지증대사 적조탑비 또한 보물 제138호로 지정(1963. 01. 21.)되었다가 1,085년 전에 세워진 아주 오래된 비석으로 지증대사의 일생을 알 수 있는 자료적 가치와 함께 신라 선종사(禪宗史) · 서예사 · 한문학사 등 한국 고대 문화사 연구에 중요한 가치를 갖는 탑비로 평가되어 국보 제315호로 승격 · 지정(2010. 01. 04.)되었다.

2011년 12월 현재, 우리나라 국보는 총 316호 412개가 지정되었는데, 그 가운데 2개의 국보가 지정에서 해제되어 실제로는 총 314호에 410개가 국보로 지정되어 있다. 보물은 총 1,746호에 2,275개가 지정되었는데, 그 가운데 총 35호에 36개의 보물이 지정에서 해제되어 실제로는 총 1,711호에 2,239개가 보물로 지정되어 있다.

## 문화재 지정 번호는 없어도 상관없는 번호다

우리나라에서 문화재를 지정할 때, 문화재 이름에 각각의 고유 번호를 부여하고 있다. 국보 제1호, 보물 제3호, 사적 제12호, 천연기념물 제9호, 중요무형문화재 제30호, 중요민속자료 제17호, 충청남도 유형문화재 제18호, 충청남도 기념물 제7호, 충청남도 민속자료 제5호, 충청남도 무형문화재 제2호 등등이 그것이다. '제1호, 제2호, 제3호……'처럼 문화재에 붙여진 번호는 큰 의미가 있는 것은 아니다. 문화재에 붙여진 번호는 단순히 그 번호가 붙여진 순서를 의미할 뿐이지, 번호가 빠르다고 하여 우수한 문화재를 의미하지는 않는다고 한다.

우리나라에서 〈문화재보호법〉이 제정된 것은 1962년 1월 10일로, 이 법에 따라 1962년 12월 20일 국보 등을 지정하게 되었는데, 이때 1933년 일제에 의해 이미 제정된 〈조선 보물 · 고적 · 명승 · 천연기념물 보호령〉에서 지정한 기존의 보물급 문화재들 가운데에서 국보를 지정하였다고 한다.

일본은 1929년 〈국보보존법〉을 제정하여 자기 나라 문화재를 보호 · 관리하였으며, 조선의 문화재에 대해서는 1933년 〈조선 보물 · 고적 · 명승 · 천연기념물 보호령〉을 제정하여 관리하였다. 〈조선 보물 · 고적 · 명승 · 천연기념물 보호령〉에는 국보가 없었는데, 해방된 1955년 대한민국 정부는 일제강점기 때 지정한 보물을 모두 국보로 승격시켰다. 이로써 우리나라에서 처음으로 국보가 마련되었으며, 1962년 〈문화재보호법〉이 제정되면서 제대로 국보가 지정되었다. 그리고 1963년에는 북한에 있는 문화재를 제외한 상태에서 이미 지정한 국보를 다시 국보와 보물로 분류하여 재지정하면서 국보와 보물이 자리를 잡게 되었으며, 이후 〈문화재보호법〉이 몇 차례의 개정을 거쳐 오늘에 이르고 있다.

그리고 일제가 지정하였던 보물을 모두 국보로 승격시키는 과정에서 편의상 서울 남대문을 그대로 국보 제1호로 지정하였다고 한다. 그런데 남대문이 우리나라 국보 제1호로 지정된 것을 두고 비판이 적지 않다. 서울 남대문의 원래 이름은 '숭례문'인데, 일제는 우리 문화를 격하시키고자 하는 의도로 '남대문'을 사용했다고 한다. 남대문은 서울에만 있는 문도 아니고, 숭례문(崇禮門: 예를 숭상하는 문)처럼 의미가 담긴 이름이 아니며, 단지 방향만 가리키는 문 이름일 뿐이다. 그래서 일제는 우리 민족이 '예를 숭상'하는 꼴을 인정하기 싫어 숭례문 대신 남대문을 더 내세웠다. 당시 사람들이야 평상시 명칭으로 남대문이란 말을 썼겠지만, 정식 이름은 숭례문이다. 그런 숭례문을 두고 남대문이라니! 이에 국보 제1호의 공식 명칭을 숭례문으로 해야 한다는 주장이 있었다. 이런 주장이 반영되었는지, 현재 우리나라 국보 제1호의 공식 명칭은 '서울 남대문'에서 '서울 숭례문'으로 바뀌었다. 마찬가지로 보물 제1호인 서울 동대문의 공식 이름도 '서울 흥인지문'으로 바뀌었다.

▲ **불에 타버린 국보 제1호 숭례문** 한 사람의 작은 실수로 일어난 화재로 숭례문 대부분이 타버렸다. 그런데 타버린 것은 나무만이 아니다. 민족의 유산이 타버린 것이요, 민족 자존심에 큰 상처가 난 것이기도 하다. 원형 복원을 기대할 뿐이다.

아예 국보 제1호를 숭례문에서 '한글' 또는 '훈민정음'이나 다른 것으로 바꾸자고 주장하는 이들도 있어 또 다른 관심을 끌기도 한다. 특히 2008년 2월 10일, 숭례문이 화재로 많은 부분이 타버려 국보로서의 가치가 크게 손상된 만큼 이 기회에 아예 국보 제1호를 다른 것으로 바꾸자는 주장도 많았다. 그러나 정부는 숭례문을 복원하여 국보 제1호로서의 상징성을 유지하기로 하였다. '우리나라 문화재를 대표하는 국보 1호이기에 비록 가치가 예전만 못해도 꼭 복원해야 한다.'고 생각한 것이리라. 앞으로 국보 제1호가 어떻게 될지 궁금하다.

어쨌든 남대문이 우리나라의 문화재 가운데 가장 가치가 크다고 인정하여 제1호로 지정한 것은 아니다. 만약 문화재 지정 번호를 그 문화적 가치나 우수성을 기준으로 서열화한다면 많은 혼란과 불편이 나타날 것이다. 즉 새로운 문화재가 발견될 때마다 기존의 지정 번호를 수정해야 하는 문제가 생기길 것이며, 무엇보다도 문화재를 서열화하는 기준을 마련하기가 어렵다. 이런 문제는 문화재에 지정 번호를 부여함으로써 생기는 문제인 만큼 만약 그 번호를 생략하면 문제가 없지 않을까 싶다.

일본의 경우 우리나라와 같이 문화재에 대해 국보 등을 지정하고 있지만, 최근 들어 그 지정 번호를 삭제하도록 제도를 바꾸었다고 한다. 사실 문화재 지정 번호는 별 필요가 없다. 자칫하면 국보 제1호가 국보 제2호보다, 보물 제2호는 보물 제3호보다 더 훌륭한 문화재 같다는 생각을 자아낼 소지가 있기 때문이다. 사실 그 번호라는 게 일반인들에게는 중요하지도 않으며, 별 의미도 없다. 문화재를 나열하거나 분류하여 정리하는 데 필요할지는 모르겠지만.

## 사적과 명승, 천연기념물은 모두 기념물이다

〈문화재보호법〉에 따르면, 문화재청장은 문화재위원회의 심의를 거쳐 무형문화재 가운데 중요한 것을 중요무형문화재로 지정할 수 있고, 기념물 가운데 중요한 것을 사적[史蹟: 역사유적(歷史遺蹟)], 명승(名勝) 또는 천연기념물로 지정할 수 있으며, 민속자료 가운데 중요한 것을 중요민속자료로 지정할 수 있다고 한다.

사적(史蹟)은 기념물 가운데 중요하거나 역사적 · 예술적 가치는 물론 학술적 가치가 큰 것을 국가가 공식적으로 지정한 문화재이다. 사적으로 지정될 수 있는 대상으로는 다음과 같은 것이 있다.

첫째, 선사시대 유적으로, 패총(조개무지) · 유물포함층 · 주거지[집터 · 혈거지(穴居址: 생활하던 곳, 수혈주거지 · 부석주거지 · 동혈주거지 등)] · 지석(고인돌) · 입석(선돌) · 무덤(고분) 등의 유적으로서 학술적 가치가 큰 것이다.

둘째, 제사와 신앙에 관한 유적으로, 절터[사지(寺址)] · 사우터[사우지(祠宇址)] · 제단(祭壇) · 사고지(史庫址) · 전묘지 · 향교터[향교지(鄉校址)], 그 밖에 제사 · 신앙에 관한 유적으로서 학술적 가치가 큰 것인데, 사직단이나 종묘가 이에 해당하며, 특히 조선 후기에 세워진 가톨릭성당도 이에 속한다.

셋째, 정치나 국방에 관한 유적으로, 성곽 · 성터[성지(城址)] · 책채[柵寨:

성책(城柵)이나 성채(城寨)] · 방루(防壘: 적의 공격을 막기 위하여 쌓은 성이나 진지) · 진보(鎭堡) · 수영지(水營址) · 봉수대 및 유지 · 옛 전쟁터[고전장(古戰場)] · 도읍지 · 궁터[궁전지(宮殿址)] · 고도(古都) · 고궁(古宮), 그 밖에 정치 · 국방에 관한 유적으로서 학술상 가치가 큰 것인데, 독립문이나 구러시아 영사관도 이에 속한다.

넷째, 산업과 교통 및 토목에 관한 유적으로, 옛길[고도(古道)] · 다리터[교지(橋址)] · 뚝 · 가마터[요지(窯址)] · 시장터[시장지(市場址)] · 식물재배지 · 석표(石標: 마을과 마을의 경계를 표시하기 위하여 마을 사방에 세운 돌로 만든 팻말. 처음엔 나무를 쓰다가 17세기 말부터 돌을 사용하였다), 그 밖에 산업 · 교통 · 토목에 관한 유적으로서 학술상 가치가 큰 것이다.

다섯째, 교육사업과 사회사업에 관한 유적으로, 서원 · 사숙(私塾: 사설 서당) · 자선 시설 · 석각, 그 밖에 교육 · 학예에 관한 유적으로서 학술상 가치가 큰 것인데, 근대에 설립된 학교 건물도 이에 속한다.

여섯째, 기타 유적으로, 무덤[분묘(墳墓)] · 비(碑) · 옛집[구택(舊宅), 고택(古宅)] · 원지(苑池) · 우물[정천(井泉)] 등으로서 학술상 가치가 큰 것인데, 경주의 계림(鷄林)이나 제주의 삼성혈(三姓穴)이 바로 그 예이다.

결국 사적은 역사적 자취가 남은 현장 가운데 보존할 만한 가치가 있는 것을 지정하여 국가에서 보호 · 관리하고 있는 문화재이다. 우리나라 사적은 2011년 12월 현재 총 519호까지 지정되었는데, 그 가운데 총 18호가 지정에서 해제되어 총 501호 정도가 남아 있다.

우리나라 사적 제1호는 경북 경주시 배동(拜洞)〈경주시 포석정안길〉에 있는 포석정터[포석정지(鮑石亭址)]이다(1963. 01. 21. 지정). 경주 남산 서쪽 계곡에 있는 이곳은 신라 왕실의 별궁이자 임금들이 연회를 베풀던 장소로, 왕과 신하들이 쉬면서 시를 짓거나 잔치를 하던 곳, 또 젊은 화랑들이 풍류를 즐기며 기상을 배우던 곳이라고 한다. 그러나 『화랑세기』 필사본에 포석정

▲ **경주 포석정터**(사적 제1호) 물 위에 술잔을 띄워 돌게 하던, 총 22m의 물길이 잘 전해지고 있는데, 이곳의 용도에 대해 예전에는 연회나 잔치 등 놀이터로 보았으나, 최근에는 제사 등의 의식을 하던 곳이라고 한다.

이 '포석사(鮑石祀)'라고 표현되어 있고, 1998년 근처에서 제사에 쓰인 것으로 보이는 제기(祭器) 등의 많은 유물이 발굴되면서 이곳에 규모가 큰 건물이 있었으며, 특히 이곳은 연회를 즐기던 곳이 아니라 나라의 안녕을 기원하는 제사 의식을 하던 신성한 장소라는 주장이 강하다.

포석정이 만들어진 때는 확실하지 않으나 통일신라시대로 보이며, 현재 정자는 없고 전복 모양처럼 생긴 석조 구조물만 남아 있다. 포석정처럼 술잔을 물 위에 띄워놓고 그 물 위를 돌도록 만든 도랑을 '곡수거(曲水渠)'라고 하며, 흐르는 물 위에 술잔을 띄워 다시 그 술잔이 자기 앞에 올 때까지 시를 한 수 읊는 놀이를 '유상곡수연(流觴曲水宴)'이라고 한다. 곡수거는 중국에서 그 유래를 찾을 수 있으며, 일본 등에서도 조성되었는데, 오늘날 그 자취가 남아 있는 곳으로 포석정 이외에 난정[蘭亭: 중국 절강성 소흥현(浙江省 紹興縣)

에 있는 명승지) 등이 있다.

명승(名勝)은 기념물 가운데 중요한 것을 국가에서 지정한 문화유적지라는 점에서 사적과 마찬가지지만, 사적이 인위적인 것에 가까운 역사적 유적인 데 비하여, 명승은 아름다운 경관과 같은 자연적인 것에 초점을 두어 지정한 문화재이다. 명승으로 지정될 수 있는 것으로는,

첫째, 자연경관이 뛰어난 산악 · 구릉 · 고원 · 평원 · 화산 · 하천 · 해안 · 하안 · 도서(島嶼) 등.

둘째, 동 · 식물의 서식지로서 경관이 뛰어난 곳으로, 아름다운 식물의 저명한 군락지나 심미적 가치가 뛰어난 동물의 저명한 서식지.

셋째, 저명한 경관의 전망 지점으로, 일출 · 낙조 및 해안 · 산악 · 하천 등의 경관 조망 지점이나 정자 · 누(樓) 등의 조형물 또는 자연물로 이룩된 조망지로서 마을 · 도시 · 전통유적 등을 조망할 수 있는 저명한 장소.

넷째, 역사 · 문화 · 경관적 가치가 뛰어난 명산 · 협곡 · 해협 · 곶 · 급류 · 심연 · 폭포 · 호수 · 사구, 하천의 발원지, 동천 · 대(臺), 바위, 동굴 등.

다섯째, 저명한 건물 또는 정원(庭苑) 및 중요한 전설지 등으로서 종교 · 교육 · 생활 · 위락 등과 관련된 경승지(景勝地)로, 역사 · 문학 · 구전 등으로 전해지는 저명한 전설지(傳說址: 전설이 내려오는 곳)나 정원 · 원림 · 연못, 저수지, 경작지, 제방, 포구, 옛길 등.

여섯째, 〈세계 문화 및 자연유산의 보호에 관한 협약〉 제2조의 규정에 의한 자연유산에 해당하는 곳 중에서 관상상 또는 자연의 미관상 현저한 가치를 갖는 것 등이 해당한다.

결국 명승은 자연적 경관 가운데 뛰어난 것을 지정하여 국가에서 보호 · 관리하고 있는 문화재이다. 명승은 2011년 12월 현재, 제84호까지 지정되었는데, 이 가운데 명승 제4호 '해남 대둔산 일원(海南 大芚山 一圓)'과 명승 제5호 '승주 송광사 · 선암사 일원(昇州 松廣寺 · 仙岩寺 一圓)'은 지정에서 해제되어

총 82곳이 남아 있다.

우리나라 명승 제1호는 강원 강릉시 연곡면 삼산리〈강릉시 연곡면 소금강길〉 일대 '명주 청학동 소금강(溟州 青鶴洞 小金剛)'이다(1970. 11. 23. 지정). 이곳 산의 이름은 원래 청학산이었는데, 산의 모습과 경치가 금강산을 닮았다 하여 소금강이라 이름 지었다고 한다. 명승으로 지정될 당시 명주군에 속하였기 때문에 '명주 청학동 소금강'으로 불리던 것이 지금까지 그대로 이어져 굳이 '강릉 청학동 소금강'이라 하지 않고 있다. 그리고 이곳은 오대산국립공원 안에 포함되기도 하는데, 통일신라의 마의태자가 생활하였다는 아미산성을 비롯하여 구룡연못, 비봉폭포, 무릉계곡, 백마봉, 옥류동, 식낭암, 만물상, 선녀탕 등 경치가 뛰어난 곳이 많다.

예전에는 사적이면서 동시에 명승으로 지정되기도 하였다. 흔히 '사적

▲ **강원 연곡 '명주 청학동 소금강'(명승 제1호)** 오랜 세월 속에서 자연스럽게 이루어진 경치를 보면 마치 금강산에 와 있는 듯 기암괴석은 물론 주변 산림경관이 아주 빼어난 곳이다.

및 명승'으로 부르고 있는 곳이 바로 그것인데, '사적 및 명승'은 역사적인 유적과 주위 환경이 잘 어울려 아름답고 특별한 경관을 구성하고 있는 곳을 국가가 지정한 문화재이다. 간단히 말하여 '사적 및 명승'은 가치 있는 역사적 유적과 빼어난 자연경관을 두루 갖춘 지역을 가리킨다. 이렇게 '사적 및 명승'으로 지정된 곳으로는 경북 '경주 불국사 경내'(제1호, 1963. 03. 28. 지정), 경북 경주 '내물왕릉 계림 월성지대'(제2호), 경북 봉화 '유곡 권충재 관계 유적'(제3호), 충북 보은 '속리산 법주사 일원'(제4호, 1966. 06. 24. 지정), 경남 합천 '가야산 해인사 일원'(제5호), 충남 '부여 구드래 일원'(제6호, 1984. 12. 06. 지정), 전남 구례 '지리산 화엄사 일원'(제7호, 1998. 12. 23. 지정), 전남 순천 '조계산 · 선암사 일원'(제8호), 전남 해남 '대둔산 대흥사 일원'(제9호), '서울 백악산(북악산) 일원'(제10호, 2007. 04. 02. 지정)이 있었다.

그러나 2009년 문화재청은 문화재보호법상 국가지정문화재 종별로 정의되어 있지 않던 '사적 및 명승'이란 분류를 없애고, 기존 것은 각각 성격에 맞춰 '사적'과 '명승'으로 재분류하기로 하였다. 이에 지금까지 지정된 10개의 '사적 및 명승'은 모두 지정 해제되어 〈문화재보호법 시행규칙〉 제2조 별표1 '국가지정문화재의 지정 기준'에 따라 2009년 각각 사적이나 명승으로 재지정되었다.

'사적 및 명승' 제6호로 지정된 '부여 구드래 일원'은 부소산 서쪽 기슭의 백마강 가에 있는 나루터 일대를 말한다. 백마강 양쪽에는 왕흥사와 호암리 절터, 부소산성, 부여나성을 비롯한 유적들이 많이 분포되어 있는데, 아름다운 자연경관과 소중한 문화유산이 조화를 이루고 있는 곳이다. 부여 구드래 일원은 '사적 및 명승'이 지정 해제(2009. 12. 09.)됨에 따라 '명승' 제63호로 재지정되었다.

## 천연기념물은 천연기념물이 아니라 국가지정 기념물이다

기념물(記念物)과 천연기념물(天然記念物)의 차이는 간단하다. 앞서 이야기했듯이 기념물 가운데에서 역사적 · 예술적 · 학술적 가치가 큰 것을 국가가 지정한 문화재가 천연기념물이다. 따라서 천연기념물은 국가가 지정한 기념물로서, 단순히 천연기념물을 뜻하는 게 아니다. 즉 단순한 천연의 기념물이 아니다. 이런 천연기념물로 지정될 수 있는 것으로는,

첫째 동 · 식물로서, 한국 특유의 동 · 식물로서 저명한 것 및 그 서식지 · 생장지, 석회암지대 · 사구 · 동굴 · 건조지 · 습지 · 하천 · 호소(湖沼) · 폭포의 소(沼) · 온천 · 하구 · 도서(島嶼) 등 특수 지역이나 특수 환경에서 서식하거나 생성하는 특유한 동 · 식물 또는 동 · 식물군 및 그 서식지 · 생장지 또는 도래지, 문화 · 민속 · 관상 · 과학 등과 관련된 진귀한 동 · 식물로서 그 보존이 필요한 것 및 그 서식지 · 생장지 · 자생지, 한국 특유의 축양(畜養)동물, 문화적 · 과학적 · 경관적 · 학술적 가치가 큰 수림(樹林) · 명목(名木: 유명한 나무) · 거수(巨樹: 큰 나무) · 노수(老樹: 늙은 나무) · 기형목(奇形木), 대표적 원시림 · 대표적 고산식물지대 또는 진귀한 삼림상(森林相), 저명한 동 · 식물 분포의 경계가 되는 곳, 생활 · 민속 · 의식주 · 신앙 · 문화 등과 관련된 유용 동 · 식물의 원산지, 〈세계문화 및 자연유산의 보호에 관한 협약〉 제2조에 따른 자연유산에 해당하는 곳, 귀중한 동 · 식물의 유물 발견지 또는 학술상 특히 중요한 표본과 화석 등이 있다.

둘째 지질 · 광물로서, 지각의 형성과 관련되거나 한반도 지질계통을 대표하는 암석과 지질 구조의 주요 분포지와 지질 경계선, 지질 시대와 생물의 역사 해석에 관련된 주요 화석과 그 산지, 한반도 지질 현상을 해석하는

데 주요한 지질 구조·퇴적 구조와 암석, 학술적 가치가 큰 자연지형, 그 밖에 학술적 가치가 높은 지표·지질현상 등이 있다.

셋째 천연보호구역으로서, 보호할 만한 천연기념물이 풍부하거나 다양한 생물적·지구과학적·문화적·역사적·경관적 특성을 가진 대표적인 일정한 구역, 지구의 주요한 진화 단계를 대표하는 일정한 구역, 중요한 지질학적 과정, 생물학적 진화 및 인간과 자연의 상호작용을 대표하는 일정한 구역 등이 있다.

넷째 자연현상으로서, 관상상·과학상·교육상의 가치가 현저한 것 등이 있다.

결국 천연기념물은 동·식물, 지질·광물기념물, 천연보호구역, 자연현상 가운데 뛰어난 것을 지정하여 국가에서 보호·관리하고 있는 문화재라고 할 수 있다. 2011년 12월 현재, 천연기념물은 총 534호에 560개 정도가 지정되었는데, 이 가운데 112개 정도가 지정에서 해제되어 실제 총 448개 정도가 천연기념물로 지정되어 있다.

천연기념물로 아주 널리 알려진 것으로는 충북 보은군 속리산면 상판

▲ **보은 속리 정이품송(천연기념물 제103호)의 옛 모습과 현재 모습** 키가 14.5m, 가지 길이가 동서 13.70m, 남북 17.28m 정도 되는 소나무로, 긴 우산 모양에 단정하고 우아한 자태가 참 아름다웠다. 오른쪽 사진이 현재 모습인데, '사람도 아닌 나무에 이렇게까지 해야 하나?' 생각이 들 정도로 갖은 노력에도 정이품송의 옛 아름다운 자태는 회복되지 않고 반쪽 정도만 남아 있다.

리〈보은군 속리산면 법주사로〉 '보은 속리 정이품송(正二品松)'이 있다. 이 소나무는 조선 세조가 법주사로 향할 때 가마가 걸리지 않도록 소나무 자신이 가지를 위로 들어 올려 왕이 무사히 지나가도록 하였다고 한다. 또 세조가 이곳을 지나가다가 이 나무 아래에서 비를 피하였는데, 이런 소나무의 충정을 기리기 위하여 정이품 벼슬을 내렸다고 한다. 정이품송으로 불리는 이 소나무는 무엇보다도 모양이 매우 아름답고 크며, 나이가 약 600살 정도로 추정되어 생물학 및 생물유전자원으로서의 가치가 매우 크고, 임금을 섬기는 그 시대상을 잘 전해주는 전설을 지니고 있는 등 문화적인 가치 또한 크므로 천연기념물 제103호로 지정(1962. 12. 03.)하였다. 이 소나무는 각종 재해를 입었는데, 특히 1980년대 초 솔잎혹파리의 피해 때문에 큰 비용을 들여 대규모 방충망을 설치하였다. 1993년에는 강풍으로 서쪽 큰 가지가 부러져 재생을 위한 많은 노력을 기울였으나 별 효과가 없어 결국 그 아름답던 자태를 제대로 보여주지 못하고 있다.

우리나라 천연기념물 제1호는 대구광역시 동구 도동〈대구광역시 동구 도평로〉 측백나무 숲[대구 도동 측백수림, 달성 측백수림]이다(1962. 12. 03. 지정). 우리나라 천연기념물은 일제강점기 때부터 지정되었는데, 관련 법률이 처음 시행된 1933년에 16건이 지정되는 등 일제강점기 때만 154건이 지정되었다. 이때 달성 측백수림이 천연기념물 제1호로 지정되었는데, 1962년 〈문화재보호법〉이 제정되면서 이 번호를 그대로 이어받았다. 측백나무는 중국에서만 자라는 나무로 알려졌었는데, 우리나라 단양·대구·안동·영양 등지에서도 자라고 있어 식물 분포학상 학술적 가치가 높고, 특히 '대구 도동 측백나무 숲'은 한반도의 가장 남쪽에 있는 측백나무 군락지로 식물 유전학상 가치를 인정받아 천연기념물로 지정되었다.

천연기념물에 붙여지는 번호 또한 국보와 보물, 사적이나 명승의 번호와 마찬가지로 그 서열이나 중요도를 나타내는 것은 아니다. 문화재 번호는 지정된 순서, 일종의 관리번호에 불과하다. 또 문화재 번호는 그 문화재가 지정 해제되더라도 그 번호에 다른 문화재를 지정하지 않고 그냥 비워 둔다. 천연기념물은 물론 국보와 보물, 사적이나 명승도 마찬가지다.

▲ **대구 도동 측백나무 숲(천연기념물 제1호)** 높이 100m, 폭 600m 절벽에 5~7m 정도 되는 측백나무 1,000여 그루가 숲을 이루고 있다. 흙도 없는 바위틈에서 수많은 측백나무가 자라고 있는 것을 보면 신기하지만, 지금은 그 수가 크게 줄어 대책이 필요하다.

천연기념물은 다른 국가지정문화재에 비하여 지정 해제된 것이 많은 편이다. 천연기념물로 지정되는 대상이 주로 동·식물인데, 동·식물은 태풍이나 전염병 등 각종 재해로 죽거나 이동하여 다시 돌아오지 않는 적이 많기 때문이다. '합천 백조 도래지'가 그런 경우인데, 천연기념물 제2호로 지정(1962)되었으나 백조가 날아오지 않아 지정이 해제(1973. 07. 19.)되었다. 이처럼 천연기념물은 변화무쌍하여 지정이 해제되거나 새로 지정되는 게 다른 문화재에 비해 상대적으로 많은 편이다.

한·일 간 영토 분쟁이 계속되고 있는 독도는 신라 지증왕 이래 내려온 우리 영토로서 역사성과 더불어 자연과학적 학술가치가 매우 큰 섬이기에 천연기념물로 지정하여 보호하고 있다. 독도는 동도·서도 두 섬과 그 주위에 흩어져 있는 많은 부속도서로 구성되어 있는데, 철새들이 이동하는 길목에 있고, 동해안 지역에서 바다제비·슴새·괭이갈매기의 대집단이 번식하는 유일한 지역이므로 '독도 해조류 번식지'라는 이름으로 천연기념물 제336호로 지정(1982. 11. 16.)하여 보호해왔다. 그런데 독도에 독특한 식물들이 자라고, 화산폭발로 만들어진 섬으로 지질적 가치가 크고, 섬 주변의 바

▲ **독도 천연보호구역(천연기념물 제336호)** 독도는 동도 · 서도 두 섬과 89개의 부속 도서로 구성되어 있는데, 우리 영토로서 역사성과 더불어 자연과학적 학술가치가 매우 큰 섬이다.

다생물들이 다른 지역과 달리 매우 특수하므로 1999년 12월 '독도 천연보호구역'으로 이름을 변경하여 보호하고 있다.

천연기념물은 국가만이 지정할 수 있다. 국가가 지정하지 아니한 기념물 가운데에서 시 · 도가 지정하면 바로 시 · 도지정기념물 또는 지방기념물이 된다. 또한 지방자치단체에서는 사적과 명승을 지정할 수 없으므로 사적과 명승에 해당할 만한 문화재일지라도 지방자치단체에서 지정한 문화재는 그냥 시 · 도지정기념물 또는 지방기념물이다.

무형문화재나 민속자료도 마찬가지다. 중요무형문화재나 중요민속자료는 국가가 지정한 것이지만, 만약 지방자치단체장이 지정하면 그냥 시 · 도지정무형문화재요, 지방무형문화재요, 시 · 도지정민속자료이다. 유형문화재도 마찬가지, 국가가 지정하면 국보가 되고 보물이 되지만, 지방자치단체에서 지정하면 시 · 도지정유형문화재이다.

결국 문화재는 그 지정된 바에 따라 국가지정문화재로는 국보 · 보물 · 사적 · 명승 · 천연기념물 · 중요무형문화재 · 중요민속자료가 있으며, 시 · 도

지정문화재로는 유형문화재 · 무형문화재 · 기념물 · 민속자료 그리고 문화재 자료가 있다.

- **지정문화재** : 국가나 시 · 도에서 지정한 문화재

  **[국가지정문화재]**

  **보물** – 유형문화재 가운데 중요한 것

  **국보** – 보물 가운데 가치가 크고 유례가 드문 것

  **사적** – 국가가 지정하는 역사적 기념물

  **명승** – 국가가 지정하는 자연적 기념물

  **천연기념물** – 국가가 지정하는 천연적 기념물

  **중요무형문화재** – 무형문화재 가운데 국가가 지정

  **중요민속자료** – 민속자료 가운데 국가가 지정

  **[도지정문화재 : 지방문화재]**

  **유형문화재** – 시 · 도지정유형문화재(지방유형문화재)

  **무형문화재** – 시 · 도지정무형문화재(지방무형문화재)

  **기 념 물** – 시 · 도지정기념물(지방기념물)

  **민 속 자 료** – 시 · 도지정민속자료(지방민속자료)

  **[문화재자료 : 지방문화재]** 국가나 시 · 도지정문화재가 아니면서 시 · 도지사가 지정한 문화재

- **등록문화재** : 지정문화재가 아닌 근 · 현대 시기 건조물, 기념이 될 만한 시설물

- **비지정문화재** : 국가나 시 · 도로부터 지정되지 않은 문화재

  **매장문화재** – 토지 · 해저 또는 건조물 등에 포장된 문화재

  **일반동산문화재** – 지정 또는 등록되지 않은 동산의 문화재

2008년 2월 10일, 국보 1호인 숭례문 화재 사건을 계기로 문화재 분류

나 지정에 대해 많은 의견이 나왔다. 특히 1962년 〈문화재보호법〉 제정 때 만들어진 현재의 문화재 등급·분류 체계는 크게 유형문화재, 무형문화재, 기념물, 민속자료 등으로 단순 분류되어 있으며, 건축·동산 등 유형문화재에서만 국보와 보물을 지정해왔고, 사적(역사유적)·천연기념물(자연)·민속자료 등은 국보 지정이 불가능하며, 일본 명칭을 빌려 온 보물·사적·민속자료 등의 구분이 모호해 개선 필요성이 지적됐다. 이에 문화재청은 국보, 보물 등 기존에 부여된 등급을 검토하여 조정 또는 해제하는 등 문화재 등급·분류 체계를 새롭게 개선하는 방안을 마련하겠다고 하였다. 과연 어떤 방안이 마련될지 모르겠지만, 이 기회에 문화재에 대한 종합적인 검토와 함께 전면적인 개편까지 이루어졌으면 한다. 아예 문화재라는 말 대신 문화유산이라는 용어를 사용하는 방안까지 고려하면 좋을 것이다. 더구나 주소 이름이 도로명을 중심으로 바뀌면서 혹 문화재 이름을 변경할 필요가 있다면 이 기회를 활용하여 종합적인 변경이 있었으면 좋겠다.

## 문화재가 아니라 문화유산이다

요즈음 문화재라는 말 대신 '문화유산'이라는 말을 더 자주 사용한다. 인간과 자연이 남긴 유산의 내용이나 범위가 실로 넓고 크기 때문에 단순히 문화재라는 용어로는 그 의미를 통칭하기 어렵다고 한다. 또 문화재(Cultural Property)라는 말은 일본말로, 옛 왕실의 재보(財寶)를 가리키는 좁은 의미의 용어라는 것이다. 하여 문화재라는 말보다 인간과 자연이 남긴 유산을 다 통칭할 수 있는 문화유산(Cultural Heritage)이라는 용어가 더 바람직하다고 한다. 그래서 문화재를 문화유산이란 용어로 바꿔야 하는 것은 물론, 문화재청을 문화유산청, 문화재위원회를 문화유산위원회 등으로 바꿔야 한다고 주장하기도 한다.

또 문화유산과 함께 '세계문화유산'이란 말을 자주 사용하는데, 세계문화유산은 문화유산 가운데 인류 보편적 가치와 탁월한 가치가 있어 이를 보호·보존하고자 세계적으로 지정한 문화유산을 말한다. 세계유산 가운데 문화유산에 해당하는 것이다. 세계유산(世界遺産, World Heritage)은 〈세계유산협약〉에 따라 국제연합 산하 유네스코(UNESCO: 국제연합교육과학문화기구)가 1972년부터 인류 전체를 위해 보호해야 할 현저한 가치가 있다고 인정·지정한 유산을 말한다.

세계유산은 크게 문화유산, 자연유산, 복합유산 세 가지로 구분한다. 문화유산은 유적·건축물·장소로 구성되는데, 세계문명의 발자취를 연구하는 데 중요한 유적지·사찰·궁전·주거지 등과 종교 발생지 등이 포함된다. 자연유산은 무기적·생물학적 생성물로 이루어진 자연의 형태, 지질학적·지문학적(地文學的) 생성물, 멸종 위기에 처한 동식물의 서식지, 세계적 가치를 지닌 지점이나 자연 지역을 대상으로 한다. 그리고 복합유산은 문화유산과 자연유산의 특성을 동시에 충족하는 유산을 가리킨다.

1972년 11월 1일, 유네스코 정기총회에 참가한 각국의 대표자와 전문가들은 인류의 소중한 유산이 인간의 부주의로 파괴되는 것을 막고, 인류 보편적 가치를 지닌 자연유산 및 문화유산들을 발굴 및 보호·보존하고자 〈세계 문화 및 자연유산의 보호에 관한 협약〉, 줄여서 〈세계유산협약〉(Convention concerning the Protection of the World Cultural and Natural Heritage)을 채택하였다. 이에 유네스코의 세계유산위원회는 세계유산 가운데 창조성·역사적 영향성·희귀성 등을 기준으로 〈세계유산협약〉이 규정한 탁월한 가치를 지닌 유산을 세계자연유산, 세계문화유산, 세계복합유산으로 선정·지정한다.

세계유산은 '잠정목록 등재 → 본 신청서 제출 → 자문기구의 현지 실사 및 평가→세계유산위원회의 결정' 과정을 통해서 지정된다. 먼저 각 나라에서 유네스코에 잠정목록을 작성하여 등재신청서와 함께 제출하면, 세계유산위원회가 신청서를 접수하고 검토한 뒤 전문기구에 평가를 의뢰한다. 그러면 전문기구에서 세계유산 후보 지역에 조사관을 파견하여 조사한 후, 현지조사보고서를 작성하여 세계유산 등재 여부를 세계유산위원회에 권고한다. 세계유산위원회는 회의를 개최, 자문기구의 권고 사항을 고려하여 등재 · 보류 · 반려 · 등재 불가를 최종적으로 결정한다.

그런데 세계유산위원회 회의에서 자문을 맡은 국제기념물유적협의회(ICOMOS)와 세계자연보전연맹(IUCN) 두 전문기구의 권고와는 다르게 결정되기도 한다. 자문을 맡은 전문기구의 평가 · 권고가 가장 결정적 요인으로 작용하긴 하지만, 세계유산위원회가 여러 나라로 구성된 위원회다 보니 각국의 이해관계 및 국가별 외교력 · 정치력에 따라 전문기구의 의견과 다르게 세계유산으로 지정되는 결과가 나올 수도 있다. 그래도 최종 결과는 세계유산위원회의 결정에 따를 수밖에 없다.

세계유산으로 등재되면 세계유산기금(World Heritage Fund)으로부터 기술적 · 재정적 원조를 받을 수 있어 좋은 일이지만, 무엇보다도 세계적인 문화유산으로 인정받은 것이기에 자랑스러운 일이 아닐 수 없다. 하지만 세계유산으로 지정되었다고 해서 다 끝나는 것은 아니다. 세계유산으로 지정되었을지라도 지진, 폭풍우, 화재, 기상이변 등의 자연적인 요인에 의해 파괴되거나 인간의 부주의, 전쟁, 무분별한 개발 정책으로 파괴될 수 있다. 이에 유네스코는 세계유산 목록에 올라간 유산 가운데 파괴 위험에 처한 문화 및 자연유산을 '위험에 처한 세계유산'으로 별도로 지정하여 특별히 관리한다.

2011년 8월 현재, 〈세계유산협약〉에 가입한 나라는 188개국이다. 등재된 세계유산으로는 전 세계 153개국이 보유하고 있는 것이 936점에 이르며, 이 가운데 문화유산이 725점, 자연유산이 183점, 복합유산이 28점이다. 그리고 위험에 처한 세계유산목록에 등재된 유산은 35점이며, 이 가운데 문화유산이 18점, 자연유산이 17점이다.

우리나라는 1995년에 종묘(1995_조선), 해인사 장경판전(藏經板殿, 1995_고려), 석굴암·불국사(1995_신라) 3점이 동시에 세계문화유산으로 지정된 이래, 창덕궁(昌德宮, 1997_조선), 수원 화성(華城, 1997_조선), 고창·화순·강화 고인돌 유적(2009_선사), 경주 역사유적지구(2000_신라), 제주 화산섬과 용암동굴(2007), 조선 왕릉(2009_조선), 한국의 역사마을 하회와 양동(2010_조선)을 포함하여 2011년 12월 현재, 총 10점이 세계유산으로 지정되었다. 이 가운데 제주 화산섬과 용암동굴 하나만 세계자연유산이며, 나머지 아홉은 모두 세계문화유산이다.

▲ **수원 화성 화서문(華西門, 보물 제403호)** 화서문은 화성의 서쪽 문으로, 동 창룡문(蒼龍門: 6·25전쟁 때 소실, 1975년 복원), 남 팔달문(八達門, 보물 제402호), 북 장안문(長安門: 6·25전쟁 때 소실, 1976년 복원)과 함께 4대문을 이룬다.

앞으로 세계유산으로 등재될 가능성이 있는 잠정목록으로는 공주·부여 역사유적지구, 익산 역사유적지구, 순천 낙안읍성, 울산 대곡천 암각화군(반구대 암각화 등), 중부내륙 산성군(삼년산성 등), 남한산성, 강진 도요지, 아산 외암마을, 안동 하회마을, 월성 양동마을, 설악산 천연보호구역, 남해안 일대 공룡화석지, 서남해안 갯벌, 염전, 창녕 우포늪 등이 있다.

잠정목록은 세계유산으로 등재하기 위해 작성한 유산목록을 말한다. 세계유산협약에 가입한 회원국은 세계유산으로 등재하기에 적절하다고 생각되는 유산을 잠정목록으로 작성하여 세계유산목록 등재 신청을 하는데, 최소 1년 전에 대략적인 잠정목록을 세계유산위원회에 제출해야 한다. 잠정목록에 포함되어 있지 않은 유산은 세계유산목록에 등재될 수 없기 때문이다.

세계유산과는 좀 다른 각도에서 사용되는 용어로 '세계기록유산'과 '세계무형유산'이라는 게 있다. 세계기록유산(Memory of the World)은 유네스코가 고문서(古文書) 등 전 세계의 귀중한 기록물을 보존하고 활용하기 위하여 1997년부터 2년마다 세계적 가치가 있는 기록유산을 선정하여 지정한 것을 말하는데, 기록유산의 종류에는 서적이나 문서, 편지 등 여러 종류의 동산(動産) 유산이 이에 해당한다. 세계기록유산은 유네스코 세계유산위원회와는 별도로 유네스코 '세계기록유산 국제자문위원회'에서 선정·지정하고 있다.

유네스코에 등재된 한국의 세계기록유산으로는 1997년 10월 1일 『훈민정음』(訓民正音, 1997_조선)과 『조선왕조실록』(朝鮮王朝實錄, 1997_조선)이 세계기록유산으로 등록·지정된 이래, 『직지심체요절』(直指心體要節, 2001_고려), 『승정원일기』(2001_조선), 해인사 고려대장경판과 제경판(高麗大藏經板과 諸經板, 2007_고려), 『조선왕조의궤』(朝鮮王朝儀軌, 2007_조선), 『동의보감』(東醫寶鑑, 2009_조선), 『일성록』(日省錄, 2011_조선), 5·18민주화운동 기록물(2011_대한민국)을 포함하여 2011년 12월 현재 총 9점이 있다.

세계무형유산 또는 세계무형문화유산이라고 부르고 있는 이 말의 정식 명칭은 '유네스코 인류 구전 및 무형유산 걸작(UNESCO Masterpieces of the Oral and Intangible Heritage of Humanity)', 간단히 말해 '인류무형문화유산(Intangible Heritage of Humanity)'이다. 인류무형문화유산은 유네스코가 지정하는 구전 또는 무형유산을 가리키며, 이 또한 유네스코 세계유산위원회와는 별도로 유네스코 '무형유산위원회'에서 선정 · 지정한다.

유네스코는 상당히 오래전부터 무형문화유산 보호에 관심을 두어왔으며, 1997년 총회에서 산업화와 지구화 과정에서 급격히 소멸하고 있는 무형문화유산을 보호하고자 '인류 구전 및 무형유산 걸작 제도'를 채택하였다. 이후 무형문화유산의 중요성에 대한 국제사회의 인식이 커지면서 2003년 유네스코 총회에서는 〈무형문화유산 보호협약〉을 채택하였다. 이렇게 국제사회의 문화유산 보호 활동은 건축물 위주의 유형문화재에서 눈에 보이지 않지만 살아 있는 유산(Living Heritage)인 무형문화유산으로 확대되고 있다.

2011년 12월 현재, 우리나라 무형문화유산 가운데 유네스코 세계인류무형문화유산 걸작[대표목록(Representative List of the Intangible Cultural Heritage of Humanity)]으로 선정 · 지정된 것으로는 종묘 제례 및 종묘 제례악(2001, *중요무형문화재 1호), 판소리(2003), 강릉 단오제(2005), 강강술래

▲ **영산재** 영산재는 야외에 영산회상도 괘불(掛佛: 걸어서 사용하는 탱화)을 내거는 것으로 시작하여 범패(梵唄: 불교음악)와 작법(作法: 불교무용)을 통해 제사를 지내고, 마지막으로 모든 대중이 열을 지어 돌면서 독경을 한다.

(2009), 남사당놀이(2009), 영산재(靈山齋, 2009), 제주 칠머리당 영등굿(2009), 처용무(2009), 가곡(歌曲, 2010), 대목장(大木匠, 2010), 매사냥(2010), 줄타기(2011), 택견(2011), 한산 모시짜기(2011) 등 총 14종이 있다. 이들은 대개 우리나라에서 중요무형문화재로 이미 지정된 것들이다.

영산재(靈山齋)는 죽은 사람을 보내기 위해 지내는 제사인 49재의 한 형태로, 죽은 자의 영혼이 부처님을 믿고 의지함으로써 극락왕생하게 하는 의식이다. 또는 석가모니가 영취산[靈鷲山: 고대 인도 마가다국의 수도 왕사성(王舍城, 라자그리하: 현재의 비하르주 라지기르) 주위에 있는 산]에서 설법한 영산회상(靈山會上)을 상징적으로 재현한 것으로 '영산작법(靈山作法)'이라고도 한다. 전통문화의 하나로 계승되고 있는 영산재는 불교음악에 해당하는 범패(梵唄: 불교의식을 진행하면서 사용하는 모든 음악)와 불교무용에 속하는 작법(作法: 재와 같은 불교의식을 행할 때 추는 모든 춤)으로 구성되어 있으며, 공연이 아닌 대중이 참여하는 장엄한 불교의식으로서 가치가 인정되어 중요무형문화재 제50호로 지정(1973. 11. 05.)되었다.

**〈유네스코 지정 각종 문화유산〉**

- **세계유산** – 세계유산위원회

  세계문화유산, 세계자연유산, 세계복합유산
- **세계기록유산** – 세계기록유산 국제자문위원회
- **세계무형유산[인류무형문화유산]** – 무형유산위원회

## 열 손가락 깨물어 안 아픈 데 어디 있으랴

문화재 가운데에는 사람들의 관심을 끌지 못하는 것들도 많다. 국가나 지방

자치단체로부터 지정받지 않았거나 아예 주변에도 알려지지 않은 경우가 그렇다. 심지어 지정되어 있더라도 그다지 멋이 없다거나 사람들이 미처 그 가치를 알지 못하여 무시당하는 경우도 있다. 그러나 한번 생각해볼 일이다. 문화재는 그 가치를 높이 인정받든 그렇지 못하든 소중한 유산이다. 국보라고 해서 소중히 하고, 이름조차 알려지지 않은 문화재라고 해서 무시하는 것은 〈문화재보호법〉을 제정한 근본 취지에도 맞지 않을 뿐만 아니라 상식 있는 이들이 취할 도리가 아니다.

우리 문화재는 우리 민족의 재산이기도 하지만, 우리 민족의 숨결과 땀이 그대로 담겨 있는 역사적 산물이요, 삶의 결정체다. 불교적으로 말하면 사리와 같은 것이다. 이런 미사여구가 아니더라도 문화재는 곧바로 우리 아버지 어머니의 생전 모습이요, 그 아버지의 아버지들이 우리들의 살림살이로 남겨놓은 유산이다. 결코 소홀히 다루거나 무심하게 볼 수 없는 것들이다. 불자들이 사리를 소중히 하듯이 우리 문화유산 또한 소중하게 보호·보존해야 한다. 생각해보자. 만약 부모가 유산을 남겼다고 했을 때, 후레자식이 아니고서야 어찌 그 유산을 소홀히 하겠는가!

또 생각해보자. 유산 상속으로 형제간에 머리 터지게 싸우기도 하면서 어찌 문화재에 대해서는 너그러운지? 왜들 무심한지 모르겠다. 현재 우리 문화재들이 일본을 비롯하여 외국에 많이 유출되거나 심지어 약탈당하기까지 하였는데도 말이다. 그런데도 사람들은 심각하게 생각하지 않는다. 다시 생각해보자. 만약 당신이 돈 백만 원을 빼앗겼다고 할 때, 아무 일 아닌 듯 무관심할 수 있는지? 아마 모르긴 몰라도 만 원만 뺏겨도 난리가 날 것이다. 그런데 정작 백만 원도 훨씬 넘는 문화재를 빼앗겨버렸다면? 그것도 하나가 아니라, 둘이 아니라 셀 수 없을 만큼 많이 뺏겼다면? 그래도 소홀히 할 것인가?

박물관에 가보면 야외전시장을 겸한 마당이나 뒤편 공간에 돌부처들이

**▲ 국립경주박물관 미술관 뒤편에 전시된 불상들** 아마 여기저기에서 발굴된 것들을 모아 미술관 뒤편에 정리해놓은 것 같은데, 누군지 알 수 없는 불상, 고향을 모르거나 집 없이 떠돌던 불상, 아니면 가치가 떨어지는 불상, 그런 불상들을 모아놓은 것은 아닌지? 목 없는 부처님, 몸뚱이가 잘린 모습의 불상들을 보니 두 동강 난 우리 한반도의 모습이 생각나 애처롭기도 하다.

전시되어 있곤 한다. 멋있기는커녕 못생긴 편에 속하는 불상들이 나란히 모여 있다. 박물관 구경을 온 많은 사람들은 어디 가나 으레 볼 수 있는 불상이려니 하고 지나치곤 하지만, 자세히 들여다보면 눈물이 난다. 팔이 부러진 불상, 다리가 잘려 나간 불상, 목마저 떨어져 나간 불상 등 여기저기 훼손된 것이 많다. 병신 불상들이 쭉 나열된 모습은 마치 시위하고 있는 것처럼 느껴지기도 한다.

어째서 이곳 불상들은 이렇게 비참한 모습을 하고 있을까? 아마 발견될 때부터 팔이 부러지고, 다리가 잘리고, 심지어 목이 떨어져 나가 있었는데, 이런 모습을 그대로 박물관에 옮겨놓아 그랬을 것이다. 언제 누구에게 어떻게 당했는지는 모른 채, 팔을 다치거나 다리가 부러진 채로 말이다. 혹여 폭행을 당해 얼굴이 깨졌는지도 모른다. 잘은 모르지만 뭔가 하고 싶은 말이 있는 것처럼 보이는 불상들이 박물관 마당 한가운데서 우리를 향해 눈짓, 손짓, 몸짓을 하고 있다.

몸뚱이가 잘린 불상! 어쩌면 이 불상이 바로 우리 역사, 우리나라의 현재를 그대로 보여주고 있는 모습인지도 모른다. 국보도 중요하고 보물도 중요하지만, 정작 더 중요한 것은 이름 없는 문화재가 아닐까? 이런 문화재가 있으므로 보물이 있고, 국보도 있는 것이니. 하여 국보나 보물로 지정된 문화재만 소중히 여길 게 아니라, 이름 없는 문화재나 이름은 고사하고 몸마저 잘려 나간 불상들에 더 많은 관심을 쏟을 필요가 있다. 문화재는 모두 소중한 것이고, 잘나고 못난 문화재가 따로 있는 것이 아니니. 만약 문화재를 자신의 몸으로 여긴다면, 소중하지 않은 것이 어디 있으랴! 열 손가락 깨물어 안 아픈 손가락이 어디 있으랴!

# 건물에도 신분이 있었다

### 건물 이름에 대하여

## 건물 이름만 해도 가지가지다

역사와 관계하는 사람으로서 가장 좋은 일 가운데 하나는 답사를 다니는 일이다. 자신이 전공하는 일과 관련된 일을 한다는 것 자체가 즐겁고, 특히 과거를 만나 옛사람들의 모습과 정취를 만난다는 게 좋기도 하지만, 문화유산이 있는 곳과 그 주변은 대개 경치가 좋고 아름다워 볼만한 것들이 많기 때문이기도 하다.

또 역사와 관계하는 사람으로서 가장 싫은 일 가운데 하나가 답사, 특히 남들과 함께 답사를 가는 일이다. 다른 이들과 함께 답사를 가면, 으레 '저 사람은 역사 선생님이니 잘 알고 있겠지!' 하고 생각하는지 이것저것 닥치는 대로 물어보곤 한다. 우쭐대며 대답하는 재미도 있긴 하지만 계속되는 질문에 정작 나만의 답사는 방해받기 십상이어서 짜증이 나는 경우가 더 많다. 더구나 잘 알지도 못하는 것들을 질문받았을 때는 여간 난감한 게 아니다. 역사 선생님이라고 해서 다 아는 게 아니다. 대답할 수 있는 것보다 대답하지 못하는 것이 더 많을 수도 있으니 곤욕이라면 큰 곤욕이다. 사정이 이러니 남들과 함께 답사 가기가 주저되고, 답사 하면 먼저 '질문 없는 답사였으면 좋겠다.'라는 생각부터 든다. 왜들 문화재에 대해 궁금한 것들이 그렇게 많은지?

사실 궁금한 것은 일반인들만이 아니다. 역사를 가르치고 있는 교사로서도 궁금한 게 많다. 아예 관심이 없었다면 질문할 것도 없겠지만, 역사 교사로서 깊든 얕든 간에 역사와 관계하고 있다 보니 오히려 질문할 것도 많다. 아는 게 병이라고 할까, 아예 모르면 모른 채 보이는 대로 느끼기만 하면 되는데, 역사 선생님으로서 느끼는 것만큼 알고도 있어야 하는 처지이다 보니 오히려 질문할 것이 더 많을 수 있다. 이런 사정을 모르고 사람들은 질문을 쏟아낸다. 더구나 교과서에도 나오지 않는 것이나 잘 알려지지도 않은 것까지 자꾸 질문하니 일개 교사로서 곤란한 게 한둘이 아니다. 제발 질문 좀 하지 말았으면! 굳이 알려고 하지 말고 보이는 대로 느끼기나 했으면 좋으련만.

"아는 만큼 보인다."라는 말들을 많이 한다. 그럴듯한 말이지만 곰곰이 생각해보면 이것은 문제가 많은 말이다. "아는 만큼 보인다."라고 하면, "모르면 보이지 않는다."라는 말이 되어버린다. 과연 그럴까? 모르면 보이지 않는 것일까? 내가 생각하기에는 아는 것과 보이는 것은 서로 다르다. 알아야 보이는 것은 아니며, 몰라도 보이는 법이다. 느끼는 것도 마찬가지다. 아는 것과 느끼는 것은 서로 다른 것이다. 알아야 느낄 수 있는 것도 아니며, 몰라도 느낄 수 있다.

"아는 만큼 보인다. 모르면 보이지 않는다."고 말하는 것은 지식인의 만용일 수 있다. 더구나 "모르면 보이지 않는다."라고 말하는 것은 "보이지 않으면 모른다."라는 것과 일맥상통하여 자칫 시각장애인들을 무시하는 처사일 수도 있다. 하여 아는 만큼 보인다고 말하는 것은 배우지 않은 자들을 무시하는 말이며, 반인류적 반민중적인 시각이라고 할 수 있다. 안다고 보이는 게 아니다. 아는 것은 아는 것이요, 보이는 것은 보이는 것이며, 느끼는 것은 느끼는 것일 뿐이다. 물론 알고 보는 게 좋을 수 있고, 알고 느끼는 게 좋을 수는 있겠지만, 그렇다고 아는 만큼 보이는 것은 아니다. 몰라도 보이고, 몰라도 느낄 수 있다.

답사에서 중요한 것은 아는 게 아니다. 아는 것보다 보는 게 더 중요하고, 보는 것보다 느끼는 게 더 중요하다. 그런데 많은 이들이 아는 데 골몰하고 있다. 답사의 묘미는 아는 데 있지 않고, 보고 느끼는 데 있다. 아는 게 목적이라면 굳이 고생하며 답사 현장을 찾아갈 필요가 없다. 집에서 책을 뒤지거나 인터넷으로 검색하면 더 잘 알 수 있다. 그럼에도 사람들은 현장을 찾아간다. 답사 현장은 책이나 인터넷과 달리 사람들에게 뭔가 느끼게 하고, 뭔가를 보여주기 때문이다.

답사에서 정작 중요한 것은 보고 느끼는 일이다. 그러기 위해서는 아는 것으로부터 자유로워져야 하며, 아는 것으로부터 자유로워지려면 기본적인 것만 잘 파악하면 된다. 즉 기본적인 원리를 알면 된다. 원리를 알면 많은 것들을 쉽게 이해할 수 있으니 말이다.

예전에는 건물 이름에도 기본적인 원칙이 있었다. 답사를 가면 ○○궁, ○○전, ○○당, ○○각, ○○사, ○○재, ○○헌, ○○루, ○○정, ○○대, ○○관 등 그 건물에 붙여지는 이름도 많아 하나하나 기억하기조차 어렵지만 사실 별게 아니다. 예전에 지어진 건물들은 나름 원칙에 따라 이름이 지어졌기 때문이다. 따라서 그 원리만 알면 답사 현장에서 '저것은 무엇일까?' 하고 고민하던 것들을 크게 덜 수 있다. 외우려 하지 말고 그 원리만 터득하면 된다. 알려고 골치 아파하던 것들은 원리를 터득하여 빨리 털어버리고, 보고 느끼는 데나 치중하면 답사가 훨씬 재미있을 것이다. 그리고 알고 있는 것이 맞는지 틀리는지 확인해보는 재미도 있을 것이다.

그런데 정작 답사를 다니다 보면 왜 이리 건물 이름이 많은지! 건물에 붙여지는 이름이거나 건물과 관련 있는 이름만 해도 가(家), 옥(屋), 저(邸), 댁 · 택(宅), 무(廡), 우(宇), 주(宙), 호(户), 처(處), 소(所), 교(校), 교(郊), 숙(塾), 대(臺), 시(寺), 청(廳), 서(署), 관(館), 원(院), 사(司), 사(榭), 사(舍), 원(苑), 원(園), 궁(宮), 궐(闕), 전(殿), 당(堂), 합(閤), 각(閣), 재(齋), 헌(軒), 누(樓), 정(亭), 묘(廟), 사(祠), 단(壇), 규(閨), 방(房), 실(室), 암(庵), 고(庫), 간(間), 낭(廊), 장(墻:담장), 문(門), 창(窓), 기단(基壇), 초석(礎石: 주춧돌), 주(柱: 기둥), 공포(栱包), 옥개(屋蓋: 지붕), 천장(天障), 닫집, 단청(丹靑), 현판(懸板), 편액(扁額), 주련(柱聯), 풍경(風磬) 등 한둘이 아니다. 알아볼 엄두가 나지 않을 정도로 너무 많다. 도무지 뭐가 뭔지 제대로 구별이 되지 않는다.

하지만 이 많은 건물 관련 이름들을 그 목적이나 용도에 따라 나눠보면,

집 · 장소를 뜻하는 일반 공간으로 가(家), 옥(屋), 저(邸), 댁 · 택(宅), 무(廡), 우(宇), 주(宙), 호(户), 처(處), 소(所), 교(校), 교(郊), 대(臺).

제사(祭祀)와 관련이 많은 공간으로 묘(廟), 사(祠), 단(壇).

업무(業務)와 관련이 많은 공간으로 궁(宮), 궐(闕), 전(殿), 당(堂), 합(閤), 각(閣), 시(寺), 청(廳), 서(署), 원(院), 사(司), 사(榭).

거주(居住)와 관련이 많은 공간으로 재(齋), 헌(軒), 사(舍), 숙(塾), 규(閨), 방(房), 실(室), 암(庵).

휴식(休息)과 관련이 많은 공간으로 누(樓), 정(亭), 관(館), 원(苑), 원(園).

수납(受納)과 관련이 많은 공간으로 고(庫), 간(間).

출입(出入)과 관련이 많은 공간으로 낭(廊), 장(墻), 문(門), 호(户).

통풍(通風)과 관련이 많은 공간으로 창(窓).

유지(維持)와 관련이 많은 공간으로 기단(基壇), 초석(礎石: 주춧돌), 주(柱: 기둥), 공포(栱包), 옥개(屋蓋: 지붕).

장식(裝飾)과 관련이 많은 공간으로 닫집, 천장(天障), 단청(丹靑), 현판(懸板)·편액(扁額), 주련(柱聯), 풍경(風磬) 등으로 구별할 수 있다.

다만 이런 구별이 딱 맞아떨어지는 것은 아니다. 업무와 관련이 많은 건물이면서도 거주하는 공간일 수 있으며, 휴식을 위한 공간이면서 거주하는 공간일 수도 있다. 편의상의 구분일 뿐이다.

이들 건물 가운데 제사와 관련이 많은 건물인 묘(廟), 사(祠), 단(壇)은 무덤과 관련된 것들이기도 한데, 묘(廟)는 조상이나 훌륭한 신인(神人) 또는 신앙의 대상이 되는 분의 위패 등을 모셔놓고 제사를 지내는 집을 가리키며, 태묘(太廟), 종묘(宗廟), 문묘(文廟), 가묘(家廟) 등이 이에 해당한다. 사(祠)는 사당(祠堂)·사우(祠宇)·사묘(祠廟) 등을 가리키는 말로, 조상의 위패 등을 모셔놓고 제사하는 곳을 뜻하는 말이다. 사(祠)는 보통 존경할 만한 인물의 위패를 모시고 현충사(顯忠祠)·충렬사(忠烈祠)·궐리사(闕里祠)·유경사(惟敬祠)·숭례사(崇禮祠)·고산사(高山祠) 등의 경우처럼

▲ **노성 궐리사** 충남 논산시 노성면 교촌리〈논산시 노성면 교촌길〉에 있는, 공자의 영정을 봉안한 사당이다. '궐리사'라는 이름은 공자가 태어나고 자란 마을인 '궐리(闕里)'에서 유래한 것이다. 또 노성면의 '노성(魯城)'과 노성산(魯城山)은 '이성(尼城)'과 '이산(尼山)'이라고도 하는데, 모두 중국 노(魯)나라 출신으로 자는 중니(仲尼), 이름이 구(丘)인 공자와 관련 있는 말들이다. 궐리사는 강릉, 제천, 화성(오산), 진주 등에도 있었으나 지금은 노성과 오산, 진주에만 남아 있다. 노성 궐리사는 노론이 소론에 대응하기 위해 소론의 영수인 윤증 집 옆에 세운 것이라고 한다.

'○○사'의 형식으로 그 이름을 많이 쓰곤 한다.

결국 묘(廟)나 사(祠)는 같은 말이라고 할 수 있다. 모시는 대상에 따라 천자(天子)·황제(黃帝)의 선조를 모신 사당은 태묘(太廟), 제후(諸侯)·왕공(王公)·귀인(貴人)의 선조를 모신 사당은 종묘(宗廟), 대부(大夫)의 선조를 모신 사당을 가묘(家廟)라고 부른다. 또 공자를 모신 사당을 문묘라 하며, 지방의 저명한 학자·명사를 모신 사당을 향사당(鄕祠堂) 또는 사우·사묘(祠廟)라고 부른다. 그렇지만 이렇게 꼭 구분하여 부르지만은 않고, 흔히 가묘를 그냥 사당이라고 부르는 경우도 많고, 사우와 사당을 같은 의미로 사용하는 경우가 많다.

단(壇)은 제사 등을 지내기 위해 흙이나 돌로 쌓아 '평탄하게 만들어놓은 장소', '높직하게 만들어놓은 장소'를 가리키는 말로 사직단(社稷壇), 원단(圓壇)[원구단(圓丘壇)], 선농단(先農壇), 선잠단(先蠶壇) 그리고 교단·강당·계단 등이 이에 해당한다. 또 단(壇)은 '시신이 없이 죽은 자의 영혼이나 유품 등을 모신 무덤'을 가리키는 말로도 사용하는데, 이 경우 단소(壇所)라고도 한다.

## 집이라고 해서 다 같은 집이 아니다

흔히 우리가 사는 집 하면 ○○동이나 ○○리(요즘은 ○○로) 몇 번지에 있거나 ○○아파트 ○동 ○호에 해당하지만 어떤 사람들은 집을 몇 채씩이나 가지고 있다. 또 서원이나 향교, 사찰에는 다양한 건물들이 여럿 배치되어 있다. 예전 왕 같으면 그 집에 별의별 건물들이 함께 있었다. 집이라 해도 다 같은 집이 아니었다.

또 한 명이 사는 집이 있는가 하면 가족이 사는 집이 있고, 여러 사람이 함께 사는 집도 있다. 그리고 사람이 직접 사는 집을 가리키는 말이 있는가 하면, 호적상으로 집을 가리키는 말이 따로 있기도 하다. 비슷하게 보여도 사는 사람에 따라, 쓰임에 따라 그 이름이 달랐다.

### 가(家)

家(집 가)는 '갓머리[宀(집 면): 집, 사방이 지붕으로 덮어씌워져 있는 집. 집 안] 부(部)'와 '돼지[豕(돼지 시)]'가 합해져 이루어진 글자로, 집을 뜻하는 가장 일반적인 말이다. 예전 중국집은 2층 구조로 위층에 사람이 살고 아래층에 돼지를 기르는 형태(House 개념)를 하고 있어 여기에서 나온 말이라고 한다. 그보다는 돼지를 제물로 하여 제사를 지내는 가족 단위(Family 개념)라는 데서 유래한 말이라고도 한다. 하여 가(家)는 집, 건물, 자기 집, 가족, 집안, 가문 등을 가리키는 말이며, 또한 어떤 분야의 전문가, 어떤 일에 정통한 사람, 학파

▲ **명재 고택** 충남 논산시 노성면 교촌리(郊村里)〈논산시 노성면 노성산성길〉[이곳에 노성향교가 있어 '향교말' 또는 '교촌(郊村)'이라 불렸다]에 있는, 조선시대 소론(少論)의 영수인 명재 윤증(明齋 尹拯; 1629~1714)이 지었다는 집이다. '윤증 선생 고택'으로 지정되었다가 '논산 명재 고택'으로 변경되었다. 엄밀히 말하면 윤증의 아들이 짓고 살았던 집이다. 윤증은 호가 유봉이기도 하고, "이성(尼城: 노성면 일대)의 유봉(酉峰) 아래에 살았다."라는 점 등으로 보아 그가 살던 집은 병사리(丙舍里) 쪽으로 짐작된다.

(學派) 등을 뜻하는 말이기도 하다.

### 옥(屋)

屋(집 옥, 휘장 악)은 '사람[尸(주검 시): 사람이 누워서 쉬고 있는 모양]'이 '이르러[至(이를 지)] 머물 수 있는 곳'이란 뜻으로, '집'을 가리키는 말이다. 가옥(家屋), 옥내(屋內)는 그런 뜻으로 쓰인 예이다. 또 옥(屋)은 옥상(屋上)의 경우처럼 덮개, 수레의 덮개, 지붕 등을 뜻하는 말이기도 하며, '○○옥'처럼 음식점이나 상점의 이름에 많이 붙여 쓰기도 한다.

### 저(邸)

邸(집 저)는 뜻을 나타내는 '우부방[阝=邑(고을 읍): 마을)] 부'와 음(音)을 나타내는 '저[底(근본 저): 언덕 위의 집]'가 합해져 이루어진 글자로, '마을 안에서 언덕 위에 있는 집'을 가리키는 말이다. 언덕 위에 있는 집은 대개 유력자(有力者)의 집이므로 '큰 집'을 뜻하는 말이다. 또는 사람 이름이나 호칭 아래 붙여 그의 저택(邸宅)이란 뜻으로 쓰기도 한다. 왕세자(王世子)를 높여 부르는 말인 '저하(邸下)'는 '큰 집 아래'라는 뜻에서 온 용어이다. 저택(邸宅), 관저(官邸) 등이 이에 해당한다.

### 댁·택(宅)

宅(집 택)은 뜻을 나타내는 '갓머리[宀(집 면): 집 또는 집 안] 부'와 '음을 나타내는 탁[乇(풀잎 탁)]'이 합해져 이루어진 글자로, 사람[人(사람 인)]이 의지하고 사는 집을 뜻하는 말이다. 저택(邸宅: 규모가 큰 집), 사택(社宅: 회사가 사원의 살림집으로 쓰기 위하여 마련한 집), 사택(舍宅: 기업체나 기관에서 일하는 직원을 위하여 그 기업체나 기관에서 지은 살림집), 사택(私宅: 개인 소유의 집), 고택(古宅: 오래된 집) 등이 그런 뜻으로 쓰인 예이다. 또 택(宅)은 유택(幽宅)의 경우처럼 묏자리(무덤 자리) 등을 뜻하는 말이기도 하며, '댁내(宅內) 두루 평안하길 빕니다.'의 경우나 '논산댁'의 예처럼 남을 높여 그의 집이나 가정, 그의 아내를 이르는 말이기도 하다.

### 무(廡)

廡(집 무, 무성할 무)는 뜻을 나타내는 '엄호[广(집 엄)] 부'와 '음을 나타내는 무[無(없을 무)]'가 합해져 이루어진 글자로, 집이나 규모가 큰 집을 가리키는 말이다. 향교 등에서 대성전[大成殿: 공자묘(孔子廟), 즉 문묘(文廟)의 정전(正殿). 공자의 위패를 모시는 전각(殿閣)]의 부속 건물로서 선현들의 위패를 모시고 제사 지내는 건물인 동무(東廡) · 서무(西廡)가 이에 해당한다.

### 우(宇)

宇(집 우)는 뜻을 나타내는 '갓머리[宀(집 면): 집 또는 집 안] 부'와 음을 나타내는 '우[于(어조사 우): 아아 하고 큰 소리를 내다, 크다, 크게 굽다]'가 합해져 이루어진 글자로, 크게 날개를 편 듯한 차양(遮陽: 볕을 가리거나 비를 막기 위하여 처마 틀에 덧붙이는 넓은 조각)이 있는 건물을 가리킨다. 당우(堂宇: 규모가 큰 집과 작은 집을 아울러 이르는 말), 영우(影宇) 등이 이에 해당한다. 그리고 우는 우주(宇宙) 또는 천하(天下)를 뜻하는 말이기도 하다.

### 주(宙)

宙(집 주)는 뜻을 나타내는 '갓머리[宀(집 면): 집 또는 집 안] 부'와 음을 나타내는 '유[由(말미암을 유→주): 빠져나가다, 내밀다]'가 합해져 이루어진 글자로, 지붕이 불룩한 큰 건물을 가리키는 말이다. 옛 중국에서는 우(宇)는 공간적 확대, 주(宙)는 시간적 격차로 보고, 합하여 우주(宇宙)라 하여 천지간의 모든 것을 나타내는 말이기도 한데, 이처럼 주는 직접 집을 가리키는 말로는 거의 쓰이지 않았다.

### 호(户)

戶(집 호, 지게 호)는 '문(門)의 반쪽'을 본뜬 글자로, 집이나 문을 가리키는 말인데, 집을 가리킬 때는 주로 호주(戶主), 호구(戶口)처럼 '행정상 사회 조직의 단위인 집'이나 '호적상 가족으로 구성된 집'을 가리키는 용어로 많이 쓰인다. 관호(官戶)는 '정부에 소속되어 있던 천한 백성'을 가리키거나 '과거에 합격하여 관료가 된 사람의 집'을 뜻하는 말이다. 그리고 호(戶)는 문을 가리키기도 하는데, '문호(門戶)를 개방한다.'에서처럼 문호는 '집으로 드나드는 문'을 뜻하여 외부와 교류하기 위한 통로나 수단을 비유적으로 이르는 말이다. 창호(窓戶)는 '온갖 창과 문을 통틀어 이르는 말'로, 여기에서 호(戶)는 방과 방을 출입할 때 사용하는 문을 가리킨다.

### 처(處)

處(살 처, 곳 처)는 본래 글자로는 処인데, 処는 '안석(案席: 앉을 때 벽에 세우고 몸을 뒤로 기대는 데 쓰는 등받이) 궤(几)'와 '뒤져서 올 치(夂: 머뭇거림, 뒤져 옴)'자가 합쳐진 글자로, '걸어서 걸상이 있는 곳까지 가서 머무름'이라는 뜻이다. '곳, 처소(處所), 살다, 거주하다, 휴식하다, 정착하다, 머무르다', '지위, 신분, (어떤 지위에) 있다, 은거하다', '때, 시간' 등을 가리키며, 어떤 조직 따위에서 일정한 사무를 맡아보는 부서의 명칭 등으로 쓰이기도 한다.

### 소(所)

所(바 소)는 음을 나타내는 '호[戶(집 호→소)]'와 '도끼[斤(도끼 근)]로 찍은 그곳'이라는 뜻이 합해져 '곳'을 뜻하는 말이다. 나중에 처[處(곳 처)]로 대신하여 쓰이기도 하였다. 하여 소와 처는 '바, 것, 곳, 처소(處所), 어떤 일을 처리하는 곳이란 의미에서 관아(官衙), 지위, 자리, 위치, 도리(道理), 사리(事理), 경우(境遇)' 등을 뜻하는 말로 사용되었다. 장소(場所), 묘소(墓所), 산소(山所: 산에 있는 무덤), 단소(壇所: 시신이 없는 무덤), 해우소(解憂所) 등이 이에 해당한다. 해우소는 '근심을 푸는 곳, 번뇌가 사라지는 곳'이란 뜻으로, 주로 절에서 화장실(化粧室, Toilet: 문자 그대로는 화장을 고치는 방. 문화어로는 위생실)을 가리키는 말이다. 옛날 문인들은 화장실이 사색하기에 아주 좋은 공간이라는 의미에서 상칸·상간(想間)이라고도 하였으며, 이외에도 화장실을 가리키는 말로 변소(便所: 똥·오줌을 누게 만들어놓은 곳), 측간[厠間: 뒷간(뒤를 보는 곳)] 등이 있었다. 천주교회에서는 본당(本堂)[성당(聖堂)]보다 작은 교회 단위를 '공소(公所)'라고 하는데, 보통 공소는 신부가 상주하지 않는 예배소나 그 구역을 가리킨다. 굳이 구별하지 않고 공소를 성당이라 부르기도 한다.

▲ **마라도공소** 우리나라 최남단 섬인 제주도 마라도에 있는 공소이다. '마라도성당'이라고 안내되어 있지만 엄밀하게는 공소이다. 독특하면서 작고 아름다운 모습으로 2000년에 지어진 이 공소는 이름이 '뽀르찌운꿀라'라고 하는데, '작은 부분' 혹은 '작은 몫'이라는 뜻이다.

**대(臺)**

臺(대 대)는 뜻을 나타내는 '이를 지(至: 이르다, 도달하다) 부'와 음을 나타내는 '지[之(갈 지): 위에 나오다]의 전음(轉音)과 고[高(높을 고)]의 생략형'이 합해져 이루어진 글자로, 사방을 훤히 바라볼 수 있도록 한 높은 장소를 말한다. 이런 뜻이 확산하여 관청 등의 건물[청와대(靑瓦臺), 청남대(靑南臺)

등]이나 궁 · 성곽 등의 모퉁이에 높게 세워진 건물, 높고 평평한 건축물[돈대(墩臺), 무대(舞臺) 등], 물건을 받치거나 올려놓는 받침[침대(寢臺), 경대(鏡臺) 등], 높게 두드러진 평평한 땅[해운대(海雲臺), 경포대(鏡浦臺) 등], 높게 솟아오른 평평한 물질[서석대(瑞石臺) 등]을 통틀어 일컫는 말이 되었다.

**교(校)**

校(학교 교)는 뜻을 나타내는 '목[木(나무 목)]'과 음을 나타내는 '교[交(사귈 교)]'가 합해져 이루어진 글자로, 挍(견줄 교, 비교할 교)와 서로 통하는 글자이다. '비교하다'는 '재다', '생각하다'라는 뜻이며, 뒤섞인 것을 이것저것 비교하여 바로잡는다는 뜻이다. 또 나무나 대나무 등으로 울타리를 친 곳, 또는 그런 곳에서 지휘하거나 생각하는 일들을 가리키는 말이다. 학교(學校), 향교(鄕校), 장교(將校), 교정하다(校正하다: 바로잡다) 등이 이에 해당한다.

**교(郊)**

郊(성 밖 교, 제사지낼 교)는 뜻을 나타내는 '우부방[阝=邑(고을 읍): 마을)] 부'와 음을 나타내는 동시에 넓다는 뜻을 가진 '교[交(사귈 교)]'로 이루어진 글자로, '넓고 넓은 곳'을 뜻하는 말이다. '들, 야외, 성 밖, 근교(近郊), 시골, 교통의 요충지' 등을 가리키며, 교사[郊祀: 천지(天地)의 제사]의 경우처럼 제사와 관련된 경우에도 사용된다.

**시(寺)**

寺(관청 시, 절 사, 마을 사, 모실 시 내시 시)는 '일정한 법도[寸(마디 촌)]에 따라 토지[土(흙 토)]를 관리하는 곳'이라는 뜻이 합쳐진 말로, '절(사찰), 관청'을 뜻한다. 요즘은 보통 '寺' 하면 절[사찰(寺刹) · 가람(伽藍)]을 가리키지만 원래 '寺'는 관청을 가리키는 말이었다. 예전에 외국에서 온 사람[사신(使臣)]을 접대하는 관공서가 바로 '寺(시)'였는데, 인도에서 중국으로 불교가 들어올 당시는 불교를 전하러 온 사람들 또한 사신에 해당하였기에 이들도 '寺(시)'에 묶었다. 이후 승려들이 다양화됨에 따라 관청인 寺(시)와 따로 구분하여 승려들이 머물며 수행하는 곳이라는 뜻에서 '寺(사)'로 쓰이게 되었다.

**청(廳)**

廳(관청 청)은 뜻을 나타내는 '엄호[广(집 엄): 집] 부'와 음을 나타내는 '청[聽(들을 청)]'이 합해져 이루어진 글자로, '백성의 소리를 듣는 집'이란 뜻이다. 즉 관청(官廳), 관아(官衙), 청사(廳舍)·청사(廳事) 등을 가리키는 말이며, 마루, 대청(大廳: 방과 방 사이에 있는 큰 마루), 건물 등을 가리키는 말이기도 하다.

**서(署)**

署(관청 서)는 뜻을 나타내는 '그물망머리[罒: 그물] 부'와 음을 나타내는 '자[者(놈 자)→서]'로 이루어진 글자로, '者'는 많은 물건을 구별하여 정리하는 일, '署'는 얼기설기 얽힌 일을 정리하는 관청 일의 담당(擔當)을 뜻한다. 서(署)는 경찰서(警察署)·세무서(稅務署)·소방서(消防署), 서원(署員: 관청에 근무하는 사람), 서장(署長: 관청의 우두머리) 등의 예처럼 관청을 가리키는 말이다. 또 서(署)는 음이 닮은 書(글 서), 著(나타날 저, 분명할 저, 지을 저)와 같은 말로도 쓰여 서명(署名: 자기 이름을 문서에 써넣음), 서경(署經: 왕이 새로 관리를 임명할 때 사헌부와 사간원의 의견을 받아 서명하던 일) 등의 예처럼 '나타내다→쓰다'라는 뜻으로 사용되기도 하였다.

**관(館)**

館(객사 관, 집 관, 묵을 관)은 뜻을 나타내는 '식[飠=食(밥 식): 먹다, 음식]'과 음을 나타내는 '관[官(벼슬 관)]'이 합해져 이루어진 글자로, 군대가 머물고 있

▲ **여수 진남관(鎭南館)** 전남 여수시 군자동〈여수시 동문로〉에 있는 조선시대 객사 건물로, 이순신이 전라좌수영(全羅左水營) 본영으로 사용하던 곳이다. 당시에는 진해루(鎭海樓)라는 누각이었는데, 제2차 조일전쟁 때 일본군에 의해 불에 타버려 선조 32년(1599) 전라좌수영 건물로 75칸의 객사를 지어 진남관이라 이름 지었다.

는 곳, 군대가 있는 곳, 관리가 머물며 쉴 수 있는 여관, 관청이나 학교 따위의 큰 건물을 가리키는 말이다. 하여 관(館)은 어떤 기관이나 건물 이름을 나타내는 말[성균관(成均館), 홍문관(弘文館) 등], 지방에 설치했던 객사(客舍), 관원(官員)이 공무로 다닐 때 숙식을 제공하고 빈객을 접대하기 위하여 각 주현에 둔 건물[역관(驛館), 왜관(倭館) 등], 쇠고기나 돼지고기 따위를 전문으로 팔던 상점(商店)이나 고급 음식점(飮食店) 등을 가리키는 말이다.

### 원(院)

院(집 원)은 뜻을 나타내는 '좌부변[阝=阜(언덕 부)] 부'와 '음을 나타내는 완[完(완전할 완): 둘러싼 담장]'이 합해져 이루어진 글자로, '주위에 담을 두른 저택'을 가리키는 말이다. 원(院)은 담장이 있는 집이나 관아(官衙), 관청(官廳)이나 사회 공공기관[법원(法院), 양로원(養老院) 등], 학교[서원(書院), 학원(學

院) 등]·병원 등을 나타내는 말, 또는 유학자의 처소나 절[사원(寺院), 선원(禪院) 등], 뜰[정원(庭園) 등]을 가리키는 말로 쓰였다. 고려와 조선시대에는 역(驛)과 역 사이에 두었던, 공적인 일로 여행하는 관리들을 위해 국가에서 운영하는 여관(旅館)[역원(驛院)]을 가리키기도 하였다. 오늘날 기차역이 있는 곳은 예전에 원(역원)이 있었던 곳이 많다.

▲ **충현서원(忠賢書院)** 충남 공주시 반포면 공암리(공주시 반포면 공암장터길)에 있는 조선시대 사액서원으로, 우리나라의 선현은 물론 중국 주자(朱子)까지 모시고 있다. 선조 14년(1581)에 세워져, 인조 2년(1624) '충현'이라는 현판을 받았으나, 흥선대원군의 서원철폐령으로 고종 8년(1871) 철폐되었다. 고종 28년에 유림들이 단(壇)을 만들어 제향하다가 1925년에 다시 지어 오늘에 이르고 있다.

### 사(司)

司(맡을 사)는 직무로서 어떤 일을 '맡다', '살피다'라는 뜻으로, 공무를 집행하는 벼슬이나 관아(官衙)를 가리키는 말이다. 또 그런 일을 담당하는 벼슬아치, 관리, 공무원 등을 가리키는 말이다. 궐내각사(闕內各司)나 궐외각사(闕內各司)의 경우처럼 궐 안이나 궐 밖에 있는 관청을 가리킨다. 상사(上司)는 위 등급의 관청, 자기보다 벼슬이나 지위가 위인 사람을 가리키는 말이다.

### 사(榭)

榭(정자 사)는 뜻을 나타내는 '나무 목(木)'과 음을 나타내는 '사[射(궁술 사)]'로 이루어진 글자로, 무술을 익히고 수련하기 위해 지은 건물, 특히 궁술을 익히는 건물을 가리킨다. 서울특별시 종로구 와룡동 창덕궁 후원에 폄우사(砭遇榭)라는 건물이 있는데, 이는 왕세자가 독서하며 심신을 수련하던 정자로 추정되고 있다.

### 사(舍)

舍(집 사)는 뜻을 나타내는 '설[舌(혀 설)]'과 음을 나타내는 '여[余(나 여→사)]'가 합해져 이루어진 글자로, '여유 있음'을 뜻하는 말인데, '口'는 위에서 본 건물의 모양이라 '舍'는 '나그네가 머무는 곳, 쉬는 곳'을 가리키는 말이다. 또 '舍'는 나중에 집[글자의 윗부분인 人과 一]에 十(열 십)과 口(입 구)가 합쳐진 글자 또는 人(사람 인)과 舌(혀 설)이 합쳐진 글자로, '여러 사람이 사는 곳'을 가리키는 말이기도 하다. 객사(客舍), 관사(官舍), 기숙사(寄宿舍), 학사(學舍), 정사(精舍) 등이 이에 해당한다. 그리고 병사(丙舍)라는 용어도 있는데, 병사

▲ **남간정사(南澗精舍)** 대전광역시 동구 가양동〈대전광역시 동구 충정로〉에 있는, 조선 중기 대학자 우암 송시열이 지은 건물이다. 우암이 소제(蘇堤: 현 대전광역시 동구 소제동)에 살 때 근처 흥농촌(興農村)에 능인암(能仁庵)이라는 서재를 지어 학문을 연마하며 제자들을 가르쳤다. 숙종 9년(1683) 능인암 아래에 남간정사를 지었는데, 계곡에서 내려오는 물이 건물의 대청 밑을 통해 연못으로 흘러가게 한 것이 독특하다.

는 '묘막(墓幕)'을 가리키며 묘소를 지키기 위해 '무덤 가까이에 지은 작은집, 묘지기가 사는 작은 집'을 말한다.

정사는 '정신이 머물러 있는 곳', 즉 '학문을 가르치기 위하여 마련한 학사나 서원', '정신을 수양하는 곳'을 가리키는 말이며, '절'을 뜻하는 말로 널리 쓰이는 말이기도 하다. 본래 정사는 산스크리트어 'Vihara'의 한역으로, 석가모니 부처님이 생존할 때 머물던 처소[기원정사(祇園精舍) 등]에서 유래하였는데, 우기(雨期)에 비를 피할 정도의 움막과 뜰이 있는 허름한 형태에 불과하였다고 한다. 하지만 많은 이들이 모여 수행하는 곳이었기에 정사는 여러 사람이 모여 수행하는 곳을 가리키는 말이 되었으며, 절을 가리키는 말이기도 하였다. 우리나라에서 정사는 고려 말부터 생겨났으며 주자학의 융성과 더불어 곳곳에 세워졌다. 명망 있는 선비가 자신의 고향이나 경치가 좋은 장소를 택해 은거하면서 강학소를 개설하면 그를 흠모하는 이들이 모여들어 많은 정사가 세워졌다. 정사는 공부하는 곳이라는 점에서 서원과 같지만, 정사와 서원은 서로 달랐다. 서원이 사당을 두어 제사를 하는 등의 공적인 성격이 강하였다면, 정사는 단지 사적으로 학문을 수양하는 곳이었다.

**숙(塾)**

塾(글방 숙)은 뜻을 나타내는 '흙 토(土) 부'와 음을 나타내는 '숙[孰(누구 숙)]'이 합해져 이루어진 글자로, 글방, 학당(學堂), 서당(書堂)을 가리키는 말이다. 또 대문 옆방인 행랑방(行廊房)을 가리키는 말이기도 하다. 숙당(塾堂)하면 학문을 연구하는 집을 가리키며, 숙사(塾師)는 글방의 선생(先生), 숙생(塾生)은 사숙(私塾: 글방. 예전에 한문을 사사로이 가르치던 곳)에 다니는 서생(書生), 숙사(塾舍)는 숙생(塾生)의 기숙사(寄宿舍)를 말한다. 그리고 서숙(書塾)은 또한 글방을 가리키는 말로, 예전에 한문(漢文)을 사사로이 가르치던 곳, 즉 사립학교를 말한다.

**원(園)**

園(동산 원)은 뜻을 나타내는 '큰입구몸[口(입 구): 에워싼 모양] 부'와 음을 나타내는 '원[袁(옷 길 원): 옷이 길은 것처럼 여유가 있는 모양]'이 합해져 이루어진 글자로, 과수원이나 채소밭을 가리키는 말이다. 이에 원(園)은 동산(마을 부근에 있는 작은 산이나 언덕. 큰 집의 정원에 만들어놓은 작은 산이나 숲)[정원(庭園), 소쇄원(瀟灑園)], 뜰, 밭[원예(園藝)], 구역(區域)[동물원(動物園), 학원(學園)], 무덤(왕세자·왕세자빈, 왕세손·왕세손빈이나 왕의 생모인 빈과 왕의 사친의 무덤)[능원(陵園), 원묘(園廟)] 등을 가리키는 말이다. 그리고 후원(後園) 하면 보통 '집 뒤에 있는 정원이나 작은 동산'을 가리킨다.

**원(苑)**

苑(동산 원, 막힐 울)은 뜻을 나타내는 '초두머리[艹=艸(풀 초)] 부'와 음을 나타내는 '원[夗(누워 뒹굴 원)]'으로 이루어진 글자로, 동산(울타리를 쳐 짐승을 기르는 곳이나 나무와 식물 등을 키우는 곳)[비원(秘苑: 창덕궁 울안에 있는 우리나라 최대의 정원) 등], 사물이 모이는 곳[예원(藝苑)], 나무가 무성한 곳 등을 가리키는 말이다. 그리고 후원(後苑) 하면 보통 '대궐 안에 있는 동산'을 가리킨다.

▲ **비원 일부** 창덕궁의 내전 뒤쪽에 있는 후원인 비원은 1997년 창덕궁과 함께 세계문화유산으로 지정될 만큼 우리나라 최대의 정원이자 우리나라를 대표하는 정원 가운데 하나이다. 왕실도서관인 규장각, 영화당, 주합루, 서향각, 영춘루, 소요정, 태극정, 연경당 등 크고 작은 정자와 누각이 수백 종의 나무와 꽃, 잔디, 연못, 물이 흐르는 옥류천과 어울려 아름다운 자연경관을 이루고 있다.

**궁(宮)**

宮(집 궁)은 '갓머리[宀(집 면): 집 또는 집 안] 부'와 '여[呂(음률 려, 법칙 려): 사람의 등뼈가 이어져 있는 모양을 본뜸]'가 합쳐진 글자로, 건물이 많이 늘어선 집을 나타내는 말이다. 중국에서 처음에는 귀천에 관계없이 건물이 늘어선 일반 가옥에도 사용하였으나 진(秦) · 한(漢)나라 이후부터는 건물이 많이 늘어선

▲ **조선시대 궁궐 배치도** 조선 후기 김정호가 제작한 것으로 추정되는 목판본의 서울 지도인 '수선전도(首善全圖)' 위에 조선 5대 궁궐과 종묘와 사직, 사대문(四大門) · 사소문(四小門) 및 내사산(內四山) 등의 위치를 표시한 것이다. '수선'이란 서울을 뜻하는 말이다.

대궐[大闕: 궁궐(宮闕), 궁전(宮殿)]을 뜻하는 것으로만 쓰였다. 경복궁(景福宮), 창덕궁(昌德宮), 창경궁(昌慶宮), 경운궁(慶運宮)[덕수궁(德壽宮)], 경덕궁(慶德宮)[경희궁(慶熙宮)], 운현궁(雲峴宮), 칠궁(七宮), 행궁(行宮: 왕이 궁궐을 떠나 돌아다닐 때 머무는 궁) 등이 이에 해당한다. 하지만 운현궁이나 칠궁, 행궁 등은 엄격하게 말해 궁이라 할 수 없는, 단지 궁이란 이름이 붙여진 곳이라 할 수 있으며, 우리나라의 궁궐 하면 경복궁 · 창덕궁 · 창경궁 · 경운궁 · 경희궁 이렇게 5개의 궁궐이 대표적인 궁이라고 할 수 있다.

경복궁은 태조 4년(1395) 정궁(正宮)으로 창건되어 조일전쟁 때 불탄 것을 고종 4년(1867)에 재건한 것이다. 창덕궁은 태종 5년(1405) 이궁(移宮)으로 창건되어 조일전쟁 때 완전히 불탄 것을 광해군 3년(1611)에 중건한 것이다. 창경궁은 성종 14년(1483) 고려 수창궁지(壽昌宮址)에 세워져 조일전쟁 때 완전히 불탄 것을 광해군 8년(1616)에 중건한 것이다. 경운궁은 왕족의 개인 집을 궁으로 고친 것으로, 궁궐다운 모습을 갖춘 것은 1907년 고종이 양위한 후 이곳에 살면서 덕수궁으로 바꾸면서부터이다. 경희궁은 광해군 9년(1617)에 경덕궁으로 지어져 영조 36년(1760)에 경희궁으로 변경되었는데, 일제강점기 때 거의 헐려 현재 복원공사 중이다.

궁전(宮殿)은 궁궐 안에 있는 전각(殿閣)을 의미하며, 왕과 왕비, 대비 등이 사용하는 사적, 공적인 건물을 가리킨다. 그리고 궁묘(宮廟)라고 할 때는 종묘(宗廟)를 가리키며, 적멸보궁(寂滅寶宮) 하면 석가모니 부처의 진신사리를 모신 법당을 가리킨다. 한편, 궁(宮) 자가 들어간 말임에도 불구하고 건물과 관련 없이 형벌을 뜻하는 것으로 궁형(宮刑)이라는 게 있다. 궁형은 '궁궐에서 행하는 형벌'을 뜻하는 말이 아니라, '남자의 생식기를 없애는 형벌'을 가리킨다. 아마 남자의 생식기를 궁궐처럼 귀중한 것에 비유하여 만들어진 말일 것이다.

**궐(闕)**

闕(대궐 궐)은 뜻을 나타내는 '문[門(문 문): 두 짝의 문, 문중·일가]과 음을 나타내는 '결[缺(이지러질 결): 모자라다, 비다]'이 합해져 이루어진 글자로, 왕궁 정문 양옆에 세운 두 개의 대(臺)를 가리키는 말이다. 하여 궐은 왕궁의 정문 앞 양쪽에 세워져 왕궁의 권위와 장엄함을 더했는데, 궁궐이라는 말은 여기서 생겨난 말이다. 궐하(闕下)라는 말은 '대궐(大闕) 아래, 대궐문 아래, 대궐 전각(殿閣) 아래'라는 뜻으로, '임금 앞'을 가리키는 말로서 임금에 대한 존칭으로 사용하였다. 궐하는 구체적으로 경복궁의 정문에 해당하는 '광화문 앞'을 가리키는 말로도 쓰였다.

궁궐(宮闕)은 궁(宮)과 궐(闕)이 합쳐진 말로, 궁은 왕이 신하와 함께 업무를 보거나 머무는 곳이라면, 궐은 그 궁을 지키는 궁성(宮城)이나 담장, 성루(城樓), 성문(城門) 등을 가리키는 말이다. 경복궁의 경우, 광화문(光化門), 동십자각(東十字閣), 궁의 돌담 등이 궐에 해당한다.

궁궐은 왕이 살며 활동하는 곳을 가리킨다고 할 수 있는데, 이런 궁궐은 용도에 따라 법궁(정궁), 별궁, 이궁, 행궁 등으로 분류할 수 있다. 법궁(法宮)은 왕이 공식적인 활동을 하며 일상생활을 하던 궁궐, 또는 궁궐 가운데 으뜸이 되는 궁궐[정궁(正宮)이라고 불리기도 하는데, 정궁은 후궁·빈궁 등에 상대하여 황후나 왕비를 가리키는 말이기도 하다]을 가리킨다. 별궁(別宮)은 왕이 사신을 접대하거나, 왕 또는 왕세자가 비(妃)를 맞아들이기 위하여 특별히 마련한 궁전, 또 왕의 잠저(潛邸: 왕이 즉위하기 전에 살던 집)를 말한다. 이궁(移宮)은 법궁에 뜻하지 않은 화재 등의 변고가 생겼을 때나 왕의 자의적인 판단에 의해 거처를 옮기고 싶을 때 옮겨 가서 상당 기간 머물며 활동하는 또 다른 궁궐을 말한다. 행궁(行宮)은 왕이 궁궐을 떠나 왕릉에 행차하는 등 각종 행사를 하기 위해 다른 곳으로 돌아다닐 때 하루나 며칠 묵을 곳이 필요하여 거치는 군현의 관아에 임시로 마련한 궁을 가리킨다.

또 궁궐은 크게 외전(外殿), 내전(內殿), 동궁(東宮), 후원(後苑), 주거공간, 궐내각사(闕內各司), 궁성문(宮城門), 궐외각사(闕內各司) 등으로 그 공간이 구성되었다. 외전은 '밖에 있는 궁전'이란 뜻으로, 왕이 공식적으로 신하를 만나 의식이나 연회 등 각종 행사를 치르는 공간을 말한다. 이곳에서 왕의 즉위식을 열기도 하고, 왕이 전체 신하들과 같이 조회(朝會)하기도 하며, 외국에서 온 사신들을 맞아 공식 환영회를 열기도 하였다. 그런 만큼 외전은 궐내에서 가장 장중하고 화려하며 근엄한 공간이다. 경복궁의 근정전(勤政殿), 창덕궁의 인정전(仁政殿) 등이 이에 해당하는데, 이런 궁전을 보통 정전[正殿: 주(主)가 되는 궁전, 왕이 나와서 조회를 하는 궁전. 법전(法殿)이라고도 한다]이라고 부른다. 정전은 회랑(回廊: 폭이 좁고 길이가 긴 통로)으로 둘러싸여 있는데, 회랑으로 둘러싸인 네모난 넓은 마당을 바로 조정(朝廷)이라고 한다. 조정은 왕과 신하들이 모여 조회를 하는 뜰로, 오늘날의 정부(政府)에 해당한다. 또 경복궁의 사정전(思政殿)이나 창덕궁의 선정전(宣政殿)처럼 왕이 신하들과 어전회의를 

**〈궁궐의 정문과 궁전들〉**

| 궁(宮) | 구분 | 정문 (正門) | 왕[대전(大殿)] | | | 왕비 [중전(中殿)] | 왕대비 [자전(慈殿)] |
|---|---|---|---|---|---|---|---|
| | | | 정전(正殿) | 편전(便殿) | 침전(寢殿) | | |
| 경복궁 (景福宮) | 북궐 | 광화문 (光化門) | 근정전 (勤政殿) | 사정전 (思政殿) | 강녕전 (康寧殿) | 교태전 (交泰殿) | 자경전 (慈慶殿) |
| 창덕궁 (昌德宮) | 동궐 | 돈화문 (敦化門) | 인정전 (仁政殿) | 선정전 (宣政殿) | 희정당 (熙政堂) | 대조전 (大造殿) | |
| 창경궁 (昌慶宮) | 동궐 | 홍화문 (弘化門) | 명정전 (明政殿) | 문정전 (文政殿) | 환경전 (歡慶殿) | 통명전 (通明殿) | |
| 경운궁(덕수궁) (慶運宮, 德壽宮) | 서궐 | 인화문 (仁化門) | 중화전 (中和殿) | 덕홍전 (德弘殿) | 함녕전 (咸寧殿) | | |
| 경덕궁(경희궁) (慶德宮, 慶熙宮) | 서궐 | 흥화문 (興化門) | 숭정전 (崇政殿) | 자정전 (資政殿) | 융복전 (隆福殿) | 회상전 (會祥殿) | |
| 비고 | * 덕수궁의 경우, 원래 정문은 남문(南門)인 인화문(仁化門)이지만, 고종 때 중건하면서 동문(東門)인 대안문(大安門)을 대한문(大韓門)으로 고쳐 정문으로 사용하였다. | | | | | | |

열고 경연 등을 하며 편하게 업무를 보는 곳인 편전(便殿)도 외전에 포함되는데, 경우에 따라서는 편전인 사정전이나 선정전을 외전으로 보지 않고 내전으로 보기도 한다.

내전은 '안에 있는 궁전'이란 뜻으로, 왕과 왕비의 공적 활동 및 일상적인 활동이 이루어지는 공간을 말한다. 다시 내전은 대전(大殿)과 중궁전(中宮殿)으로 분류되는데, 대전은 왕이 머무는 궁전, 중궁전은 왕비가 머무는 궁전을 말한다(대전은 외전까지 포함하여 왕이 거처하는 궁전 모두를 통칭하는 말로 쓰이기도 하였다). 경복궁은 대전이자 침전(寢殿: 잠자는 곳)인 강녕전(康寧殿), 중궁전인 교태전(交泰殿)이 내전에 해당하고, 창덕궁은 대조전(大造殿)이 내전에 해당한다. 왕의 어머니인 대비가 머무는 자경전(慈慶殿) 등 또한 내전에 해당한다. 중궁전은 '궁궐에서 가장 중앙부 깊숙한 부분에 있는 궁전' 또는 '내전의 중심이 되는 궁전'이라는 점에서 '중궁'전이라고 하는데, 간단히 '중궁(中宮)' 또는 '중전(中殿)'이라고 하였다. 또 중궁전은 곤전(坤殿)이라고도 하였는데, 중궁 · 중전 · 곤전은 왕비를 직접 가리키는 말이 되어 왕비를 부를 때 왕은 '중궁', '중전', '곤전'이라고 하였으며, 신하들은 '중전마마', '중궁마마', '곤전마마'라고 하였다. 더불어 자경전에 머무는 대비를 직접 가리켜 '자전(慈殿)'이라고도 칭하였다.

외전과 내전을 통틀어 궁궐에서 왕이 주로 활동하는 건물은 정전, 편전, 침전 세 군데라고 할 수 있는데, 그래서 궁전 하면 이 삼전(三殿)을 가리키기도 한다. 이와 달리 어진을 모셔두는 진전(眞殿), 시신을 모시고 제사를 받드는 빈전(殯殿), 위패를 모시고 제사를 받드는 혼전(魂殿) 등의 제사용 건물을 별전(別殿)이라고 하였다.

동궁은 황태자나 왕세자 내외가 머무는 궁전으로, 태자궁, 세자궁이라고도 불렀다. 세자는 다음 왕위를 이을 예비 국왕으로서 앞으로 떠오를 태양과도 같아 그가 사는 곳은 외전의 동쪽에 자리를 잡았기에 '동쪽에 있는 궁'이란 뜻에서 동궁이 되었다. 또 동궁은 세자를 직접 가리키는 말이 되어 세자를 부를 때 '동궁', '동궁마마'라고 하였다.

후원은 궁궐의 북쪽에 조성된 왕실의 공원으로, 이곳에서 임금과 그 가족이 휴식하거나 여가를 즐기던 공간이다. 또 휴식 이외에 과거시험도 치르거나 왕이 직접 군사훈련도 하고, 조그마한 논을 만들어 친히 농사도 지어 보는 공간 등 다용도로 사용되었다. 궁궐의 후원은 아무나 들어가지 못한다는 뜻에서 금원(禁苑), 북쪽에 있다고 해서 북원(北苑), 외전과 내전 다음 궁궐의 맨 뒤에 있어 후원(後苑) 또는 궁원(宮苑), 상원(上苑), 비원(秘苑) 등으로 불리는데, 비원이란 이름은 일제강점기 때 붙여진 명칭이다. 흔히 비원으로 부르고 있는 창덕궁의 후원은 우리나라 정원을 대표할 만큼 잘 전해지고 있으나, 경복궁의 후원은 원래 모습은 전해지지 않고 이 자리 일부에 현재 향원정(香遠亭)과 향원지(香遠池), 건청궁(乾清宮) 등이 복원되어 있다. 일부에서는 현 청와대 또한 후원이 있던 자리라고 말하기도 하지만 청와대는 경복궁 밖에 해당하는 지역이라 이런 견해는 잘못된 것으로 판단된다.

그리고 주거공간은 외전과 내전, 동궁 주변에서 왕 · 왕비 · 세자 등 주요 인물들의 시중을 드는 궁녀, 노복이나 궁을 지키는 병사 등이 생활하는 공간으로, 이 공간은 내전의 연장으로 볼 수 있는데 뚜렷한 명칭은 없이 주거공간 또는 생활주거공간이라고 부르고 있다.

궐내각사는 궐내에서 신하들이 업무를 보며 활동하는 공간, 궐외각사는 궐 밖에서 신하들이 업무를 보며 활동하는 공간을 말한다. 궐내각사는 왕과 직접적으로 관계된 관청들로, 왕의 비서실인 승정원(承政院)이나 왕의 자문과 학문을 맡아보던 홍문관(弘文館), 외교문서를 작성하는 예문관(藝文館), 임시기관이지만 실록을 편찬하는 춘추관(春秋館) 등을 비롯하여 빈청(賓廳: 조선시대 3정승과 정2품 이상 고위 관료가 모여 국사에 관한 중요한 안건을 협의하던 곳), 대청[臺廳: 조선시대 사헌부와 사간원 관리들이 모여 의논하던 곳], 정청[政廳: 조선시대 이조와

▲ **자금성의 정전 태화전(太和殿)** 자금성은 1949년 중국 공산당이 정권을 잡은 뒤에야 비로소 일반인들에게 공개되었는데, 지금은 '과거의 궁전'이라는 뜻에서 '고궁'이 되어 공식 명칭이 '고궁박물원'이란 이름으로 공개되고 있다. 1987년 '명 · 청 시대의 궁궐'이라는 이름으로 유네스코의 세계유산으로 지정되었다.

병조 등의 관리들이 모여 인사에 관한 일을 의논하고 처리하던 곳], 그리고 궁궐을 지키고 관리하는 부서 등이 여기에 해당하였다.

궐외각사는 나랏일을 다루는 관청들로 행정부서인 의정부(議政府)와 육조(六曹), 관리를 감찰하는 사헌부(司憲府), 한양을 관리하는 한성부(漢城府) 등이 이에 해당하였다. 이런 관청들은 경복궁의 경우 광화문 남쪽 좌우에 위치하여 궐 밖에 있는 관청들이었다.

궁궐이라는 말보다 궁성(宮城)이라고 하여 궁 대신 성(城)을 사용하였다. 우리나라 고구려의 국내성(國內城)과 장안성(長安城), 신라의 월성(月城), 중국 베이징[北京(북경)]에 있는 쯔진청[紫禁城(자금성)]이 그 대표적인 예인데, 궁성은 궁을 높고 두터운 성으로 둘러막은 곳이라는 데 초점을 둔 개념이다. 고구려의 안학궁(安鶴宮)이나 고려의 정궁, 조선의 경복궁 등도 실제 성을 울타리로 삼은 궁성에 해당하지만, 성이라 부르지 않고 궁이라 부르고 있다. 이런 점에서 궁궐과 궁성이 확연히 구별되는 것은 아니라 편의상 붙여진 것으로 보인다.

자금성은 명 · 청나라 때 황제가 살던 궁전이다. 보통 성(城)은 적군이 쳐들어오는 것을 막기 위하여 흙이나 돌로 높이 쌓아 올린 큰 담, 성곽(城郭)을 가리키는 말이며, 도읍(都邑), 나라, 도시 등을 가리키는 말이다. 황제가 사는 곳을 ○○궁이라 하지 않고, 자금성이라고 한 것은 황제가 사는 궁전이 하나의 성처럼 견고한 곳이라는 데에서 연유한 것이다. 자금성이 우리나라의 궁보다 커서 혹 궁보다 큰 것이 성이라 궁 대신 성이 붙여진 것으로도 생각하기 쉽지만 그런 게 아니다. 또 자금(紫禁)은 "천자의 궁전은 천제(天帝)가 사는 '자궁(紫宮)'과 같은 금지구역(禁地區域)이다."라는 데에서 연유하였는데, 자금의 자[紫(자줏빛 자)]가 자색을 나타내는 글자여서 그런지 자금성은 자색으로 가득 칠해져 있다. 자색은 기쁨과 행복을 상징하는 빛깔이며, 동시에 우주의 중심인 북극성을 상징한다. 북극성은 하늘의 궁전이 있는 곳으로, 하늘의 아들 즉 천자인 황제가 사는 궁전 역시 그 하늘을 상징하는 자색으로 지은 것이다. 또 자금성은 1406~1420년, 14년간 백만 명이 넘는 백성이 동원되어 지어졌다고 한다. 세계에서 가장 큰 궁전 건축물인 자금성에는 9,999개의 방이 있었는데, 이는 천제가 1만 개의 방에서 살아 황제는 1개를 제외하여 9,999개의 방을 만들었다고 한다.

## 사람 따라 건물에도 서열이 있다

궁궐은 물론 사찰이나 서원, 학교 등에는 다양한 형태의 건물들이 배치되어 있다. 그런데 그 건물들이 마구잡이로 지어지거나 그 건물 이름 또한 막 지은 것들이 아니라고 한다. 건물마다 품격이 다르고, 품격에 따라 이름이 지어졌는데, 건물에도 나름대로 서열이 있다고 한다. 즉 건물 주인의 신분에 따라 그 건물이 차지하는 위치나 공간적 배치에 따른 서열이 정해졌으며, 또 건물 이름에 붙는 끝 글자도 서열에 따라 정해졌다. 보통 그 서열은 '전(殿), 당(堂), 합(閤), 각(閣), 재(齋), 헌(軒), 누(樓), 정(亭), 대(臺)' 순으로 구분한다. 건물에도 신분이 있었던 것이다.

### 전(殿)

殿(큰집 전)은 뜻을 나타내는 '갖은등글월문[殳(창 수): 치다, 날 없는 창] 부'와 음을 나타내는 '둔[臀(볼기 둔)]의 본 자(本 字)'가 합해져 이루어진 글자로, 크고 장엄한 집을 가리키며, 궁전(宮殿), 불전(佛殿), 신전(神殿) 등의 경우처럼 궁성(宮城) · 절 · 향교 · 경학원 등에서의 큰 집(굉장한 집)을 가리키는 말이다.

전(殿)은 건물 가운데 가장 격이 높은 건물에 해당하였다. 따라서 건물의 규모가 크고 웅장하며, 형태가 위엄 있게 조성되었다. 격이 가장 높은 건물인 만큼 궁궐에서는 왕과 왕비, 왕의 부모가 머물며 사는 건물이 전에 해당하였는데, 왕이 머무는 곳을 대전(大殿), 왕비가 머무는 곳을 중전(中殿), 대비가 머무는 곳을 자전(慈殿)이라고 하였다. 경복궁의 경우, 왕이 머무는 정전인 근정전(勤政殿), 편전인 사정전(思政殿), 침전인 강녕전(康寧殿), 왕비가 머무는 중전인 교태전(交泰殿), 왕의 어머니인 대비가 머무는 자전인 자경전(慈慶殿) 등이 이에 해당하였다. 그리고 왕을 부를 때는 '전하(殿下)', 왕비를 가리켜 '중전(中殿)', 대비는 '자전(慈殿)'이라 칭하였는데, 전하(殿下)는 '궁전 아래'란 뜻으로, 한나라 이전에는 제후의 존칭으로 쓰였으며, 그 이후에는 황태자 · 제왕에 대한 존칭으로 쓰였다. 폐하(陛下)는 '섬

돌(궁전에 올라가는 돌층계) 아래'란 뜻으로, 원래는 제후의 존칭이었으나 진시황 이후에는 오로지 천자(황제)의 존칭으로 사용한 용어이다.

▲ **근정전** 조선시대 정궁(正宮)인 경복궁의 중심 건물로, 신하들이 임금에게 새해 인사를 드리거나 왕의 즉위식, 외국 사신을 맞이하는 등 국가의식을 거행하던 곳이다. '근정(勤政)'은 '천하의 일은 부지런하면 잘 다스려진다.'라는 뜻으로, 정도전이 지은 이름이다. 현재 건물은 임진왜란 때 불탄 것을 고종 4년(1867) 다시 지은 것이다.

또 전(殿)이란 말이 붙은 건물에는 불가에서 제일 높으신 분인 부처나 보살 등을 모신 곳[대웅전(大雄殿), 극락전(極樂殿), 관음전(觀音殿), 나한전(羅漢殿)……], 유가에서 공자나 선현을 모신 곳[대성전(大成展)] 등이 있다. 다만 궁궐에서의 전(殿)은 왕과 왕비 등이 머물며 일상적인 활동을 하는 곳이기도 하지만 왕이 조회를 하거나 왕의 즉위식, 세자의 혼례식 등 왕실의 주요한 행사를 하는 공간, 즉 공적인 활동을 하는 공간이라는 의미가 더 강하였다.

**당(堂)**

堂(집 당)은 뜻을 나타내는 '토[土(흙 토)]'와 음을 나타내는 '상[尙(오히려 상, 높을 상)→당]'이 합해져 이루어진 글자로, 흙을 높이 쌓아 올린 위에 세운 네모난 건물을 가리키는 말이다. 공적인 일을 하는 곳을 가리킨다. 또는 집을 반으로 나누어 앞쪽 반 빈 부분을 당(堂)이라 하고, 뒤쪽 막힌 부분을 실(室)이라 하며, 다른 의미로는 햇볕을 받는 집을 가리키거나 예의를 밝히는 곳, 다시 말해서 의식을 갖추어 외부 사람을 만나는 장소를 뜻하는 말이기

▲ **동춘당(同春堂)** 대전광역시 대덕구 송촌동(대전광역시 대덕구 동춘당로)에 있는 건물로, 조선 효종 때 문신 동춘당 송준길(宋浚吉; 1606~1672)의 별당(別堂: 몸채의 곁이나 뒤에 따로 지은 집이나 방)이다. '늘 봄과 같다.'라는 뜻의 동춘당 편액은 노론의 영수 우암 송시열이 쓴 것이다.

도 하다. 그리고 당(堂)은 여러 사람이 집회하는 건물을 가리키는 말로도 사용하며, 가게 이름이나 사람의 아호(雅號) 뒤에 붙여 쓰는 말이기도 하다.

보통 당(堂)은 전(展)보다 한 단계 낮은 건물로, '전'에 비해서 규모가 떨어지는 것은 아니지만, 공적인 행사보다는 일상적인 업무를 보거나 거처하던 집을 가리키는 말로 많이 쓰였다. 왕과 왕비, 그 이하 세자나 궁궐 안 관리들이 사용하는 건물이 바로 당(堂)이었는데, 세자 내외가 함께 생활하던 동궁(東宮: 동쪽에 있는 궁궐)의 처소인 경복궁의 자선당(資善堂), 창덕궁의 중희당(重熙堂) 등이 이에 해당하였다. 그리고 전(展)은 일반 신하들은 물론 신하 가운데 가장 높은 영의정도 사용할 수 없었으므로 사가(私家)에서 사용할 수 있는 가장 높은 것은 당(堂)[동춘당(同春堂) 등]이었다. 또 당(堂)은 불가에서 스님들이 사용하는 곳이나 큰스님들의 영정을 모신 곳[조사당(祖師堂), 고금당(古金堂) 등]에 사용하였으며, 유가에서 성균관이나 향교에서 유생들이 모여 공부하는 곳[명륜당(明倫堂) 등], 유학자들이 머무는 곳 등에 사용하였다. 당(堂)은 강당(講堂)을 뜻하는 일반적인 의미로 사용되는 건물이기도 하다.

**합(閤)**

閤(쪽문 합)은 뜻을 나타내는 '문[門(문 문): 두 짝의 문, 문중·일가]'과 음을 나타내는 '합[合(합할 합)]'이 합해져 이루어진 글자로, '쪽문(대문짝의 가운데나 한 편에 사람이 드나들게 만든 작은 문)'이나 '협문(夾門: 대문이나 정문 옆에 있는 작은 문)', '편전(便殿: 왕이 편하게 일하는 궁전)의 앞문' 등을 가리키는 말이다. 중국에서는 문 옆에 있는 집을 규(閨)나 합(閤)이라 하였는데, 보통 작은 규(閨)를 합이라 하였다. 합하는 '합문 아래'라는 뜻으로, 보통 정1품인 삼정승(三政丞: 영의정·좌우정·우의정)이나 대원군을 높여 부르던 칭호로 쓰였다.

합은 보통 전(殿)이나 당(堂)에 딸려 있으면서 전이나 당을 보조하는 기능을 하는 건물이다. 따라서 그 지위는 물론 규모 면에서 전이나 당보다는 떨어지지만, 전이나 당에 완전히 딸린 건물이 아니라 어느 정도의 규모를 갖춘 독립된 건물이다.

'합' 자가 붙여진 건물은 많지 않은데, 경복궁(景福宮) 재수합(齋壽閤)과 경복궁 건청궁(乾淸宮) 곤녕합(坤寧閤)·정시합(正始閤) 등 정도이다. 재수합은 경복궁 자경전(慈慶殿) 동북 방향에 담장도 없이 홀로 남아 있는 건물로, 원래 주변에 수많은 건물이 있었으나 일제에 의해 모두 헐려 나가고 재수합만 남은 것이라고 한다. 재수합은 만경전(萬慶殿)의 부속 건물로, 왕실 가족들이 사용했을 것으로 추정되는데, 문헌에 따라서는 재수각(齋壽閣)으로 기록되어 있기도 하다.

곤녕합·정시합은 경복궁 안에 있는 궁궐인 건청궁에 있는 건물이다. 건청궁은 역대 임금의 초상화인 어진(御眞) 등을 보관할 목적으로 경복궁 중건사업이 끝난 이듬해인 1873년 고종이 사비(私費: 개인 돈)를 들여 지어졌다가 고종(高宗)과 명성황후(明成皇后)의 거처로 사용한 궁이다. 건청궁이 건립된 지 3년이 지난 1876년 경복궁에 큰불이 나자 고종은 창덕궁으로 생활공간을 옮겼으며, 1885년에 다시 이곳으로 돌아와 1896년 러시아 공관으로 피

▲ **곤녕합** 경복궁의 안채에 해당하는 건청궁(乾淸宮) 오른쪽에 있는 건물로, 곤녕합 중심 공간과 남쪽루인 옥호루(玉壺樓), 동쪽루인 사시향루(四時香樓), 침방(寢房: 잠자는 방)인 정시합(正始閤)이 함께 붙어 있는 형태로 되어 있다. '곤녕(坤寧)'은 '땅이 편안하다.'라는 뜻인데, 그 뜻과는 무심하게 일본 낭인들에게 명성황후가 시해된 곳이기도 하다.

신[아관파천(俄館播遷)] 할 때까지 10여 년간 줄곧 이곳에서 생활하였다. 또 1887년 우리나라 최초로 전등이 가설된 곳-정확하게는 건청궁 바로 앞에 있는 향원정(香遠亭) 근처로, 그곳 연못의 물을 이용해서 전력을 발생시켜서 전등에 불을 켰다고 한다.-이기도 한 건청궁은 우리나라 국모가 살해된 역사의 현장이기도 하다. 1895년 일본이 을미사변[乙未事變. 을미왜변(乙未倭變)이라고도 한다]을 일으켜 건청궁 안의 곤녕합(곤녕합 뜰)에서 명성황후를 시해[명성황후시해사건(明成皇后弑害事件) 또는 민비학살사건(閔妃虐殺事件)]하였는데, 명성황후의 시신은 옥호루(玉壺樓)에 잠시 안치되었다가 건청궁의 뒷산인 녹산(鹿山)에서 불태워졌으며, 타고 남은 잔해는 연못[향원지(香遠池)]에 버리고 일부는 묻어버렸다고 한다. 고종은 1896년 아관파천 이후 건청궁으로 돌아가지 않았고, 주인을 잃은 건청궁은 1929년 일본인들에 의해 헐려 사라졌으며, 대신 그 자리에는 조선총독부미술관이 지어졌다. 광복 후 한동안(1969~1973년) 국립현대미술관으로 사용되다가 대신 1975년 국립민속박물관이 개관하였는데, 그 동쪽에 명성황후가 난을 당한 곳이라는 뜻의 '명성황후조난지지(明成皇后遭難之地)'라는 표석과 함께 당시의 참상을 그린 기록화가 전시되었다. 국립민속박물관이 1993년 옛 국립중앙박물관 건물로 이전하였으며, 이전의 국립현대미술관 건물은 1998년 철거

되었다. 비어 있던 건청궁 자리에 2004년부터 복원사업이 이루어져 2007년 복원되어 일반에 공개되고 있다.

### 각(閣)

閣(문설주 각, 다락집 각)은 뜻을 나타내는 '문[門(문 문): 두 짝의 문, 문중·일가]'과 음을 나타내는 '각[各(각각 각): 格(바로잡을 격)과 같아서 받침대가 되는 것, 즉 문을 열었을 때나 닫았을 때 문짝이 움직이지 않게 거는 도구]'이 합해져 이루어진 글자로, '문짝을 끼워 달기 위하여 문의 양쪽에 세운 기둥인 문설주가 달린 집'을 가리키는 말이다. 하여 '문이 달린 큰 건물, 크고 높다랗게 지은 집, 높은 집' 또는 '다락이 있는 2층집'을 가리키는 말이다. 또 누각(樓閣)이라 하여 '각(閣)과 누(樓)가 함께 있는 건물'[주합루(宙合樓)와 규장각(奎章閣), 종루(鐘樓)와 보신각(普信閣) 등]을 가리키는 말이기도 한데, 이런 경우 누각은 보통 2층의 높은 건물로서 아래층은 통로, 위층은 정자처럼 쓰였다. 그리고 각하(閣下)는 '누각 아래'라는 뜻으로, 누각 아래에서 뵐 수 있을 정도의 높은 사람을 부르는 존칭으로 쓰여 조선시대에는 합하와 같은 의미로 사용되거나 왕세손(王世孫)에 대한 존칭으로 사용하였다.

▲ **열녀 공주 이씨(烈女 公州 李氏) 정려각** 충남 논산 '명재 고택' 앞에 세워진 정려이다. 공주 이씨는 문경공 윤선거(文敬公 尹宣擧)의 아내이자 명재 윤증(明齋 尹拯)의 어머니이다. 병자호란 당시 피난처였던 강화도가 함락되자 "오랑캐의 손에 죽느니 차라리 목숨을 끊겠다."며 순절하였다. 그 후 정경부인에 추증되고, 숙종 7년(1681)에 정려가 세워졌다.

각(閣)은 합(閤)과 마찬가지로 전(殿)이나 당(堂)에 딸려 있으면서 전이나 당을 보조하는 기능을 하는 건물[규장각, 보신각 등]이다. 따라서 그 지위는 물론 규모 면에서 전이나 당보다는 떨어진다. 그러나 전이나 당에 완전히 딸린 건물이 아니라 어느 정도의 규모를 갖추고 독립되어 있는 건물이다. 다만 독립 건물일 경우에도 부속 건물을 많이 거느리지 않고 보조적인 기능을 담당, 왕실과 직접적으로 관련된 물건을 보관하기도 하는 건물이다. 유가에서는 정려각(旌閭閣)이나 충신각(忠臣閣), 효열각(孝烈閣), 비각(碑閣), 존경각(尊經閣:성균관에서 도서관 같은 기능을 하던 곳), 장판각(藏板閣) · 장서각(藏書閣) · 경장각(敬藏閣) 등으로 사용하였으며, 불가에서는 4대 보물[법고(法鼓) · 운판(雲版) · 목어(木魚) · 범종(梵鐘)]이나 경전, 각종 신(神) 등을 모신 건물[범종각(梵鐘閣), 장경각(藏經閣), 사천왕각(四天王閣), 산신각(山神閣), 칠성각(七星閣) 등]에 사용하였다.

### 재(齋)

齋(집 재, 재계할 재)는 '뜻을 나타내는 동시에 음을 나타내는 제[齊(가지런할 제)]'와 '시[示(보일 시): 신(神)을 모시는 일]'가 합해져 이루어진 글자로, '몸을 정결하게 하다, 신에게 제사 지낼 때 몸과 마음을 깨끗이 하다.'라는 뜻이다. 그래서 불가에서는 죽은 이의 복을 빌기 위하여 부처님께 드리는 공양을 재[영산재(靈山齋), 49재(四十九齋) 등]라 하였다. 유가에서는 재실(齋室)이라 하여 '제사를 지내는 곳'[지산재(芝山齋), 추원재(追遠齋), 영모재(永慕齋)

▲ **낙선재** 서울 창덕궁 동쪽에 있는 건물로, 원래 이곳은 상중(喪中)에 있는 왕후들이 소복 차림으로 기거하던 곳이라 단청도 하지 않았는데, 본래 이름은 낙선당이었다. 고종 황제도 이곳에서 지낸 바 있으며, 1917년 창덕궁에 큰불이 났을 때 순종 황제도 내전 대신 이곳에 머물렀다. 또 이곳은 황족들이 마지막을 보낸 곳으로 유명한데, 마지막 황후인 순정효황후 윤씨, 영친왕 이은과 부인 이방자, 덕혜옹주 모두 이곳에서 있다 사망하였다.

▲ **동재와 서재** 충남 논산 돈암서원(遯岩書院)의 기숙사이다. 강당인 양성당(養性堂)을 중심으로 동쪽(왼쪽)이 거경재(居敬齋), 서쪽(오른쪽)이 정의재(精義齋)이다. 돈암서원은 기호학파의 거두이자 예학의 대가인 사계(沙溪) 김장생(金長生)을 모신 사액서원으로, 흥선대원군의 서원철폐령 이후에도 남아 보존된 47개의 서원 가운데 하나이다.

등]을 가리키는 말로 많이 사용하였으며, 성균관·사학(四學)·향교·서원 등에 딸린 기숙사로서 서재(書齋)나 학사(學舍)와 같이 조용하고 경건하게 독서나 사색을 하는 용도로 쓰면서 숙식 등 편안히 쉬며 지낼 수 있는 일상 주거용 건물[동재(東齋), 서재(西齋) 등]을 말하였다. 또 궁궐에서는 주요 인물이 조용하게 지낼 수 있는 독립된 건물[창덕궁 낙선재(昌德宮 樂善齋) 등]로, 왕이나 왕비 같은 주요 인물도 쓸 수 있지만, 그보다는 그 밖의 왕실 가족이나 궁궐에서 활동하는 사람들이 주로 사용하는 건물이었다. 출가하지 않은 대군·공주·옹주들의 집, 세자궁 소속의 인물들이 기거하는 곳, 격이 높지 않은 후궁의 집인 경우가 재에 해당하였다.

### 헌(軒)

軒(집 헌)은 뜻을 나타내는 '거[車(수레 거): 수레, 차]'와 음을 나타내며 '간

▲ **오죽헌** 강원 강릉시 죽헌동〈강릉시 율곡로〉에 있는, 신사임당(申師任堂)과 율곡 이이(栗谷 李珥)가 태어난 집이다. 오죽헌은 앞면에서 보면 왼쪽 2칸은 대청마루로 사용했고, 오른쪽 1칸은 온돌방으로 만들어졌는데, 우리나라 주택 건축물 중에서 비교적 오래된 건물 가운데 하나로 손꼽히는 건물이다. 주변에 오죽(烏竹)이 있어 오죽헌이라는 이름이 붙여졌다.

[干(방패 간→헌): 굽다]'이 합해져 이루어진 글자이다. 본래는 '대부(大夫) 이상의 벼슬아치가 타는 채가 굽고 앞이 높은 수레'를 뜻하는 말이었으나, 나중에 집의 처마도 높고 굽었으므로 처마를 가리키는 말이 되었다. 하여 헌(軒)은 '난간이 있고, 대청마루가 있는 집'[오죽헌(烏竹軒) 등]을 가리키는 말이다. 또 일상 주거용 건물인 재(齋)에 비해 헌(軒)은 일상적 주거용보다는 공무적 기능을 가진 건물[각 고을 관청에 있는 동헌(東軒) 등]에 많이 쓰이는 말이기도 하다.

### 누(樓)

樓(다락 루)는 뜻을 나타내는 '목[木(나무 목)]'과 음을 나타내는 '누[婁(아로새길 루, 별 이름 루): 짜서 꾸며낸다]'가 합해져 이루어진 글자로, '나무를 짜서 높이 세운 망루(望樓: 적이나 주위의 동정을 살피기 위하여 높이 지은 다락집)'를 가리키는 말이다. 이처럼 누(樓)는 다락, 망루, 집 대마루, 층집 등을 가리키는 말로서, 경회루(慶會樓), 주합루(宙合樓), 죽서루(竹西樓), 촉석루(矗石樓), 광한루(廣寒樓), 영남루(嶺南樓, 永南樓), 함화루(咸化樓) 등이 이에 해당한다.

누는 사방을 트고 마루를 한층 높여 지은 다락 형식의 집, 바닥이 지면에서 사람 키 높이 정도의 마루로 되어 있는 건물을 말한다. 누는 보통 마루방 형태로 되어 있거나 큰 정자 형태를 띠며, 또 누각(樓閣)이라 하여 2층으

▲ **정수루(淨水樓)** 충남 논산시 노성면 병사리〈논산시 노성면 종학길〉(이곳에 파평 윤씨의 묘가 많고, '묘를 지키는 묘막, 즉 병사(丙舍)'가 있어 '묘막이 있는 동네'라 하여 '병사리'가 되었다)에 있는 종학당(宗學堂)의 부속 건물로 윤순거(尹舜擧)가 1643년 파평 윤씨 문중 자녀들의 교육을 위해 건립한 서당이다. 종학당 서북쪽 근처에 있는 정수루는 누각과 서재가 있어 선비들이 학문을 토론하며 시문을 짓던 장소이다.

로 된 것도 있다. 2층인 경우에 1층은 기둥 정도만 세워져 있고 2층은 커다란 마루를 놓아서 정자처럼 사용하는, 그런 높은 건물을 말한다. 그래서 누각은 1층은 통행을 목적으로 많이 사용하고, 2층은 연회나 잔치, 다른 나라의 사신들을 접대할 때 이용하는 건물로 많이 사용하였다. 그리고 성곽에서는 지휘소로 사용하였다. 누각이 2층일 경우, 1층과 2층의 이름을 따로 붙여서 1층은 ○○각(閣), 2층은 ○○루(樓)라고 하였는데, '고루거각(高樓巨閣)'이라는 말처럼 루(樓)와 각(閣)은 함께 있는 것이 보통이었다.

### 정(亭)

亭(정자 정)은 '高(높을 고)에서 아랫부분의 口를 제외한 글자'와 음을 나타내는 '정[丁(네 째 천간 정, 장정 정):멈추다. 머무르다]'이 합해져 이루어진 글자로, '머물러 쉬는 건물'을 가리키는 말이다. 흔히 정자(亭子)라고 하는데, 연못가나 개울가, 또는 산속 경관이 좋은 곳에 휴식이나 연회 공간으로 사용하는 작은 집을 말한다. 부용정(芙蓉亭), 압구정(狎鷗亭), 관덕정(觀德亭), 군자정(君子亭), 면앙정(俛仰亭), 식영정(息影亭, 息營亭), 동호정(東湖亭)등이 이에 해당한다.

누정(樓亭)이라고 하여 누와 정은 함께 쓰였는데, 누정은 누각(樓閣)과 정자(亭子)를 합하여 부르는 말로서 정루(亭樓)라고도 하였다. 대체로 누(樓)는 정(亭)보다 규모가 크고 지붕에 긴 용마루(건물의 지붕 중앙에 있는 주된 마루)가 있는 건물이라면, 정(亭)

▲ **동호정(東湖亭)** 경남 함양군 서하면 황산리〈함양군 서하면 육십령로〉에 있는 정자로, 임진왜란 당시 선조가 의주로 피신할 때 임금을 등에 업고 피신시킨 동호 장만리(東湖 章萬里)를 기리기 위하여 후손들이 1895년 건립한 것이다. 강 가운데 술을 마시며 즐기던 차일암(遮日巖: 해를 가릴 정도로 큰 바위)과 그 위에 영가대(詠歌臺), 금적암(琴笛巖)이라고 새겨진 글을 보아 이곳이 풍류를 즐기던 곳임을 알 수 있다.

▲ **식영정(息影亭)** 전남 담양군 남면 지곡리〈담양군 남면 가사문학로〉에 있는, 서하당 김성원(棲霞堂 金成遠)이 장인 임억령(林億齡)을 위해 1560년에 지은 정자이다. 송강 정철(松江 鄭澈)이 권력 다툼으로 벼슬을 그만두고 고향의 성산(星山)에 내려와 있을 때 이곳에 머물면서 「성산별곡」 등의 작품을 지은 곳으로 유명하다. 정자라기보다 일반 가옥 같은 생각이 드는 형태다.

은 누(樓)보다 건축 면적이 좁고 모지붕(지붕면이 용마루에서 한데 모이게 된 지붕. 사각형, 육각형, 팔각형, 부채꼴 등이 있다)으로 되어 있는 경우가 많은 편이다. 그러나 누(樓)라고 하여 정(亭)보다 큰 것만은 아니며, 정(亭)이라고 하여 모지붕으로만 되어 있는 것은 아니다. 또 휴식 공간이 아니라 망루(望樓)나 문루(門樓)처럼 군사적 목적을 위해 세워진 누정[진융루(振戎樓), 수루(戍樓) 등]도 있고, 은퇴한 선비가 머물며 후학을 가르치던 누정[월송정(月松亭), 지선정(止善亭) 등]도 있으며, 이외에도 다양한 목적으로 세워진 누정이 있다. 이렇게 누와 정이 확연히 구분되는 것은 아니며, 또 누와 정은 그 구조나 규모가 다양하여 다른 일반 건물과 비슷한 형태를 한 것들도 적지 않게 있다.

이처럼 건물은 '전당합각재헌루정(展堂閤閣齋軒樓亭)'의 서열에 따라 구성되었다. '전당합각재헌루정'은 대체로 규모가 큰 것부터 작은 것으로 가는 순서요, 품격이 높은 것에서 낮은 것으로 가는 순서다. 또 용도에서도 업무와 관련된 행사를 치르는 것부터 일상 주거용으로, 다시 일상적이지 않은 특별한 용도로, 휴식공간으로 이어지는 순서이다. 한마디로 '전당합각재헌루정'의 순서는 건물들의 신분이자 위계질서라고 할 수 있다.

'전당합각재헌루정'의 위계질서는 궁궐은 물론 사찰이나 성균관과 향교, 일반 민가의 건물에도 적용되었다. 사찰에서 부처님이나 보살을 모신 건물은 대웅전(大雄殿) · 관음전(觀音殿)처럼 '전' 자가 붙는 데 비해 조사당(祖師堂)처럼 사람을 모신 건물에는 '당' 자가 붙었으며, 산신각(山神閣)이나 범종각(梵鐘閣)처럼 각종 신을 모신 건물이나 부속 건물에는 '각' 자가 붙었다. 성균관이나 향교에서도 마찬가지로 공자의 위패를 모신 건물은 대성전(大成殿)이라 하여 '전' 자가 붙는 데 비해 유생들이 모여서 공부하는 건물은 명륜당(明倫堂)이라 하여 '당' 자가 붙었고, 부속 건물에는 존경각(尊經閣)이나 동재(東齋) · 서재(西齋)처럼 '각' 자나 '재' 자가 붙었다. 그리고 일반 민가에서는 건물에 '전' 자를 붙일 수 없었으며, '당'이나 '헌', '재', '정' 자 등을 붙여 사용하였는데, 아무리 높아도 '당'이었다.

하지만 '전당합각재헌루정'의 서열이 꼭 들어맞는 것은 아니고, 그 서열이 엄격히 지켜진 것도 아니었다. 또 이 서열에 따라 건물의 규모가 정해지고, 그 용도가 정해지는 것도 아니었다. 궁궐 안에서는 건물의 크기와 상관없이 그 집을 사용하는 사람들의 신분이 어떤가에 따라서 건물의 지위가 결정되기도 하였으며, 누와 정이 확연히 구분되는 것도 아니었다. 단지 서열이 '전당합각재헌루정'일 뿐이었다. 사람 사는 일이 칼로 무 자르듯 딱 떨어지는 것이 아니라 다양하고 복잡하듯 사람이 사는 집인 '전당합각재헌루정' 또한 사람에 따라, 상황에 따라 다양하고 복잡하였다.

## 건물에 딸린 건물 이름도 가지가지다

건물에는 그 건물에 딸린 다른 건물이 더 있을 수 있고, 또 건물 자체를 이루고 있는 다양한 구조물 들이 있다. 사람이 살다 보면 직접 사는 건물 이외에 별도로 창고가 더 필요할 수 있으며, 사는 집만 해도 문과 창, 마루, 기둥, 지붕 등 다양한 것들로 구성되어 있다. 건물을 제대로 이해하기 위해서는 이런 부속 건물이나 구조물들까지 살펴볼 필요가 있다. 이런 부속 건물이나 구조물까지 살펴보면 건물을 이해하기가 훨씬 쉬울 것이다.

### 규(閨)

閨(협문 규, 도장방 규)는 뜻을 나타내는 '문[門(문 문): 두 짝의 문, 문중·일가]'과 음을 나타내는 '규[圭(홀 규)]'로 이루어진 글자로, 안방이나 도장방(부녀자가 거처하는 방), 침실, 부녀자, 협문(夾門: 대문이나 정문 옆에 있는 작은 문) 등을 뜻하는 말이다. 규중(閨中)이나 규중칠우(閨中七友)가 이에 해당하는데, 규중은 '부녀자가 거처하는 방, 깊은 안방 속'을 뜻하며, 규중칠우는 부녀자가 바느질하는 데 필요한 7가지 물건인 바늘, 실, 골무, 가위, 자, 인두, 다리미 등을 말한다.

### 방(房)

房(방 방)은 뜻을 나타내는 '지게 호[戶(집 호, 지게 호): 지게문(옛날 가옥에서 마루와 방 사이의 문이나 부엌의 바깥문)]'와 음을 나타내는 '방[方(모 방): 곁]'이 합해져 이루어진 글자로, 당집(서낭당, 국사당 따위와 같이 신을 모셔두는 집, 또는 몸채, 원채, 안채, 넓고 큰 방) 옆의 작은 방을 가리키는 말이다. 사람이 살거나 일을 하기 위하여 벽 따위로 막아 만든 칸(곳)으로, 방, 곁방, 규방(閨房: 부녀자가 거처하는 방), 침실(寢室: 잠을 자는 방), 거실(居室: 생활하는 방), 관아(官衙), 사당(祠堂), 집, 가옥(家屋), 가게[조선시대 시전(市廛)보다 작고 가가(假家)보다 큰 가게. 전(廛: 물건을 벌여놓고 파는 가게)과 같은 말] 등을 가리키는 말이다. 복덕방(福德房: 부동산 소개소), 점방(店房:가게), 한약방(韓藥房), 침방(針房: 조선시대 궁중 궁녀들이 바느질하던 곳)·침방(寢房: 침실) 등이 이에 해당한다.

▲ **태조대왕태실** 충남 금산군 추부면 마전리〈금산군 추부면 태실길〉 만인산에 있는, 태조 이성계의 태실로, 함경도 용연 지역에 있었으나 무학대사의 지시로 1393년 이곳으로 옮긴 것이다. 몸돌 안에 있었던 태항아리는 조선총독부가 1928년 창경궁으로 옮겨놓았다(현재 서삼릉에 안치되어 있다). 이후 태실은 파괴되었다가 1993년에 비석과 여러 석물들을 모아 복원하였다.

### 실(室)

室(집 실)은 '갓머리[宀(집 면): 집 또는 집 안] 부'와 '지[至(이를 지)]'가 합쳐진 글자로, '사람이 이르러 사는 집', 곧 집을 가리키는 말이다. 보통 집을 반으로 나누어 실(室)은 바깥채인 당(堂: 앞쪽 빈 부분)에 대하여 안쪽의 방(房: 뒤쪽 막힌 부분)을 가리킨다. 어떤 기관에 딸린 부서를 뜻하는 말이기도 하다. 무덤이나 사당 옆에 제사를 지내기 위해 지은 집인 재실(齋室), 왕족의 태(胎)를 모셔놓은 태실[胎室: 왕이나 왕실 자손이 출산하면 태를 모셔두는 작은 돌방으로, 태봉(胎封)이라고도 한다], 교실(教室), 비서실(秘書室), 접견실(接見室) 등으로 다양하게 사용하고 있다.

**암(庵)**

庵(암자 암, 갑자기 엄)은 뜻을 나타내는 '엄호[广(집 엄)] 부'와 음을 나타내는 동시에 '덮다'의 뜻을 가진 '엄[掩(가릴 엄)]'으로 이루어진 글자로, 菴(암자 암, 풀이름 암)과 같이 쓰이는 말이다. 큰 절에 딸린 작은 절, 중이 임시로 거처하며 도를 닦는 집, 도를 닦기 위하여 지은 자그마한 집, 즉 암자(庵子)를 가리키는 말이다. 다만 암자라고 해서 꼭 절만을 가리키지는 않는다. 조선 중기 대학자로서 노론(老論)의 영수(領袖: 우두머리)인 우암 송시열(尤庵 宋時烈; 1607~1689)이 서재를 지어 그 건물을 능인암(能仁庵)이라고 하였던 것처럼 유학자가 학문을 연마하고자 작게 지은 집도 암자라고 부른다.

암(庵) 자가 붙은 것에는 경주 석굴암 석굴[석굴암, 경주 석굴암, 경주 석굴암 석굴](石窟庵 石窟, 국보 제24호)이 있다. 보통 석굴암 하면 '경주 석굴암'을 떠올릴 정도로 석굴암이란 말은 고유명사처럼 쓰이기도 한다. 그러나 석굴암은 고유명사가 아니라 '석굴로 이루어진 사원, 즉 석굴사원' 또는 '석굴이 있는 암자', '석굴로 된 암자' 등을 뜻하는 일반명사에 해당한다. 실제 경주 석굴암 이외의 다른 곳에서도 석굴·석굴암이라는 용어가 적지 않게 쓰이고 있다. 경북 군위군 부계면 남산리〈군위군 부계면 남산4길〉 팔공산 절벽의 자연동굴에 만들어진 군위 아미타여래 삼존 석굴[제2 석굴암, 군위 석굴암, 군위 삼존 석굴](국보 제109호)이 있으며, 경남 사천시 곤양면 무고리〈사천시 고양면 만점안길〉 '다솔사 보안암 석굴'(경상남도 유형문화재 제39호)이 있다. 이외에도 경기 양주시 장흥면 교현리〈양주시 장흥면 북한산로878번길〉 오봉산 석굴암[양주 석굴암], 경기 의정부시 호원동〈의정부시 호원동 전좌로 155번길〉 사패산 석굴암[의정부 석굴암] 등에서도 석굴암이란 말을 사용하고 있다.

### 고(庫)

庫(곳집 고, 성씨 사)는 '엄호[广(집 엄)] 부'와 '차[車(수레 차, 수레 거)]'가 합쳐진 글자로, 수레를 넣어두는 곳을 가리키며, 무기나 거마(車馬: 수레나 말)를 넣어두는 곳을 말한다. 나중에 책이나 보물을 넣는 곳에도 사용되었는데, 일반적으로 곳간(庫間), 곳집(곳간으로 지은 집), 창고(倉庫) 등을 가리키는 말이다.

### 간(間)

間(틈 간, 사이 간)은 예전에는 閒(틈 한, 사이 간)으로 쓰이는 글자로, 閒은 '문[門(문 문)]'과 '월[月(달 월)→日]'로 이루어진 글자인데, '방문으로 달빛이 비치다, 방문 틈으로 달빛이 들어오다.'라는 뜻에서 '틈이 난 사이(간)'를 가리키는 말이 되었다. 閒은 閑(한가할 한, 막힐 한)처럼 여가·조용함을 뜻하는 것으로 쓰였다.

보통 간(間)은 간격(間隔: 물건과 물건 사이의 거리, 틈, 사이), 민간(民間: 일반 백성들 사이), 세간(世間: 세상 일반인들 사이) 등처럼 '사이, 틈'이란 뜻으로 사용되고, '군신 간(君臣 間: 임금과 신하 사이)에', '좌우간(左右間: 이렇든 저렇든 어떻든 간)에' 등처럼 '……간에'라는 뜻으로 사용된다. 또 측간(厠間: 뒷간)·상간(想間: 생각하기 좋은 곳, 즉 변소)·공간(空間)·중간(中間)·수라간(水剌間: 임금에게 올리는 음식을 만드는 부엌) 등처럼 '무엇이 존재하거나 또는 무엇으로 사용되는 곳'이라는 뜻으로도 쓰인다. 간(間)은 집의 칸 수를 세는 말이기도 한데, 흔히 집의 칸

수를 셀 때는 기둥과 기둥 사이를 한 칸으로 계산한다. 하여 초가삼간(草家三間)은 세 간(칸)짜리 초가라는 뜻으로, 아주 보잘것없는 초가를 가리키는 말이다. 세 칸짜리 집은 보통 기둥이 네 개로 된 집이다.

### 낭(廊)

廊(복도 랑, 행랑 랑, 사랑채 랑)은 뜻을 나타내는 '엄호[广(집 엄)] 부'와 음을 나타내는 '랑[郎(사나이 랑)]'이 합해져 이루어진 글자로, 복도(複道), 사랑채 · 사랑(舍廊: 집의 안채와 떨어져 있는, 바깥주인이 거처하며 손님을 접대하는 곳), 딴채(본채와 별도로 지은 집), 곁채, 행랑(行廊: 대문 옆방) 등을 가리키는 말이다.

사랑(舍廊), 행랑(行廊), 화랑(畵廊: 그림 따위의 미술품을 진열하여 볼 수 있게 만든 방), 회랑(回廊), 정랑(淨廊) 등이 이에 해당한다. 회랑은 정당(正堂)의 좌우에 있는 긴 집채 또는 양옥의 어떤 방을 중심으로 하여 둘러댄 마루를 가리킨다. 정랑(淨廊)은 '깨끗할 정(淨)'과 '복도 랑(廊)'으로 이루어진 말로, '더러움을 버리고 깨끗해지는 곳'이란 뜻에서 주로 '절의 화장실'을 일컫는 말이다. '깨끗한 회랑'이라는 뜻이기도 한 정랑은 대개 복도처럼 길게 만들어져 있다.

### 장(墻)[담장]

墻(담 장)은 뜻을 나타내는 '흙 토(土) 부'와 '색[嗇(아낄 색)]'으로 이루어진 글자로, '담, 담장, 경계(境界)'를 가리키는 말이며, '관을 덮는 옷, 관의 옆널'을 가리키는 말이기도 하다. 이처럼 장(墻)은 흔히 집의 둘레나 일정한 공간을 둘러막기 위하여 흙, 돌, 벽돌 따위로 쌓아 올린 것으로, 담이나 담장, 울타리를 가리키며, 장벽(墻壁)은 담과 벽을 함께 아우르는 말이다.

**문(門, Gate)**

門(문 문)은 두 개의 문짝이 있는 모양을 본뜬 글자로, 문짝을 맞추어 닫는 출입구를 가리키는 말이다. 한자로는 집의 대문(大門, Gate)이나 방문(房門, Door) 모두 문(門)이기도 하지만, 집의 문은 문(門), 방의 문은 호[戶: '문(門)의 반쪽'을 본뜬 글자]로 구분하여 쓰기도 한다.

문은 그 모양이나 종류가 매우 다양하며, 구분하는 방법도 일정하지 않고 다양하다. 먼저 문의 종류는 개폐 방식에 따라 여닫이문·미닫이문·들어걸개문·벼락닫이문·접이문·붙박이문 등이 있는데,

여닫이문은 앞뒤로 밀거나 당겨서 여는 문,

미닫이문은 옆으로 밀어 열거나 닫는 문,

들어걸개문(들어열개문)은 문짝 전체를 들어 걸쇠에 걸어놓는 문(전체를 들어서 활짝 열어놓는다 하여 들어열개문),

벼락닫이문은 밑에서 밀어 문을 연 다음 긴 막대와 같은 것으로 받쳐놓는 문(막대를 빼면 벼락처럼 닫힌다고 하여 벼락닫이문),

접이문은 접어서 여는 문,

붙박이문은 열리지 않는 고정된 문을 말한다.

또 문은 위치에 따라 남문(남대문·주작문)·서문·동문·북문(현무문), 대문·정문·중문·후문, 쪽문·협문·합문, 방문 등이 있는데,

대문(大門)은 큰 문, 집의 정문, 앞대문,

정문(正門)은 건물의 정면에 있는 주가 되는 문 또는 삼문의 가운데 문,

중문(中門)은 가운데뜰로 들어가는 대문 또는 대문 안에 또 세운 문,

후문(後門)은 뒷문, 뒤나 옆으로 난 문,

쪽문은 대문짝의 가운데나 한편에 사람이 빠져 드나들 수 있게 만든 작은 문,

협문(夾門)은 대문이나 정문 옆에 있는 작은 문 또는 삼문의 좌우에 달린

작은 문,

합문(閤門)은 쪽문이나 협문 또는 편전의 앞문으로 각문(閣門)이라고도 하며,

방문(房門)은 방으로 드나드는 문을 가리킨다.

문의 종류로는 문에 사용한 문짝으로 구분하기도 하여 문짝을 구성하는 재료에 따라 판문 · 사립문 · 바자문 · 거적문 등이 있는데,

판문(板門)은 문짝을 넓고 긴 판처럼 만들어 달은 문으로, 하나의 판재로 만들면 통판문, 여러 쪽을 연결하여 만들면 널판문이라 한다.

사립문은 사립짝(나뭇가지를 엮어서 만든 문짝)을 달아서 만든 문,

바자문는 바자(대 · 갈대 · 수수깡 · 싸리 따위로 발처럼 엮거나 결어서 만든 물건) 울타리에 드나들 수 있도록 낸 사립문,

거적문은 문짝 대신에 거적(짚을 두툼하게 엮거나, 새끼로 날을 하여 짚으로 쳐서 자리처럼 만든 물건)을 친 문을 말한다.

또 문은 형태나 쓰임새에 따라 관문 · 성문 · 누문, 평대문 · 솟을대문, 일각문 · 사주문, 삼문, 홍살문, 정려문, 일주문 등이 있는데,

관문(關門)은 국경이나 요새 등지에 두었던 관[關: 성(城)]의 문,

성문[城門: 나성문(羅城門)]은 성곽에 딸린 문,

누문[樓門: 문루(門樓)]은 누각에 딸린 문,

평대문(平大門)은 행랑채나 담장의 지붕과 높이가 같은 대문,

솟을대문은 행랑채의 지붕보다 높이어 우뚝 솟게 만든 대문,

일각문 · 대문(一角大門)은 대문간이 따로 없이 양쪽에 기둥을 하나씩 세워 그 사이에 문짝을 달고 지붕을 이은 단칸 문 · 대문,

사주문(四柱門)은 양쪽에 기둥을 두 개씩 모두 네 개를 세워 그 사이에 문짝을 달고 지붕을 이은 문,

삼문(三門)은 동협문(東夾門) · 정문(正門) · 서협문(西夾門) 세 개로 구성된

▲ **솟을삼문과 일각문** 솟을삼문은 솟을대문을 삼문 형태로 만든 문이다. 삼문은 보통 '동입서출(東入西出)'의 격식에 따라 들어갈 때 동쪽 길로 들어가고, 나올 때는 서쪽 길로 나와야 한다(보통 앞에서 보아 오른쪽이 입구이고 왼쪽 출구인데, 쉽게 생각하여 들어갈 때 오른쪽 문으로 들어가 나올 때로 오른쪽 문으로 나오면 된다). 오른쪽 사진의 일각문은 단칸 문으로, 쪽문이기도 하다.

문으로, 삼문이 여러 개 있을 경우는 입구에 있는 것을 '외삼문(外三門)' 안에 있는 것을 '내삼문(內三門)' 등으로 구분한다.

홍살문은 능(陵)·원(園)·묘(廟)·궁전·관아·서원, 훌륭한 업적을 남긴 사람의 사당이나 열녀·효자문 등의 정면 앞에 세워놓은 붉은 칠을 한 문,

정려문[旌閭門:정문(旌門)]은 국가에서 풍습으로 권장하기 위하여 충신·효자·효부·열녀 등 모범이 되는 사람을 표창하기 위해 그 사람이 사는 마을 입구나 집 앞에 세우는 붉은 문으

▲ **홍살문** 홍전문(紅箭門)·홍문(紅門)이라고도 하는데, 보통 9m 이상의 둥근 기둥 두 개를 세우고 위에는 지붕이 없이 화살 모양의 나무를 나란히 박아놓고, 가운데에는 태극 문양이 있다. 붉은색으로 칠한 것은 악귀를 몰아내는 뜻을 지니며, 신성한 곳임을 상징한다.

로, 출입을 위한 문이 아니라 충신·효자·효부·열녀 등을 정려[旌閭: 정문(旌門)을 세워 표창하는 일]하기 위한 상징적인 건물이다. 정려문은 보통 정려 또는 정려각(旌閭閣)이라고 부르곤 하는데, 정려각은 정려비(旌閭碑)나 현판처럼 만든 정려기(旌閭記)를 모신 건물을 말한다.

▲ **정주먹과 정낭** 제주도의 대문으로, 소나 말이 함부로 집에 들어오는 것을 방지하는 것은 물론 집주인이 있는지 없는지 알려주는 신호 역할을 하였다. 요즘에는 이런 대문을 거의 사용하지 않고 있으며, 눈에 띄는 것은 대부분 관광용으로 만들어놓은 것들이다.

일주문(一柱門)은 기둥을 한 줄로 세워 만든 문으로 주로 절(사찰)에 많이 있는 문이다. 일각문과 형태는 같으나 문짝을 달지 않는 것이 특징이다.

문 가운데 특별한 것으로 제주도 대문이라고 할 수 있는 '정(보통은 정낭이라고 부른다)'이 있는데, 정은 '정낭(정살)'과 '정주먹'으로 구성되어 있다. 정낭은 집 앞에 걸쳐놓은 굵고 긴 나무막대기, 정주먹은 집으로 들어가는 입구의 양쪽에 구멍을 뚫어 세워둔 돌기둥을 말한다. 제주도에서는 집 입구 양쪽에 정주먹을 두 개 떨어지게 세워놓고 정주먹 구멍에 서너 개의 정낭을 걸쳐놓아 대문처럼 사용하였다. 정낭을 걸쳐놓으면 집에 소나 말이 함부로 들어오는 것을 방지하는 것은 물론 집주인이 있는지 없는지 등을 알려주는 신호 역할까지 하였다. 지역에 따라 다르지만, 보통 정낭이 하나도 걸쳐 있지 않으면 '집에 사람이 있다.'라는 뜻이고, 하나만 걸쳐 있으면 '집 안에 사람이 없으나 곧 돌아온다(근처에 있다).', 두 개가 걸쳐 있으면 '오늘

안에 돌아온다(조금 멀리 있다).', 세 개 모두 걸쳐 있으면 '집에서 먼 곳으로 출타했다(나중에 오라).'라는 뜻이라고 한다.

정주먹은 굳이 한자로 표현하여 '正柱目(정주목)'이라고도 하는데, 서너 개의 구멍이 뚫린 커다란 돌로 된 문설주(門-柱: 문짝을 끼워 달기 위하여 문의 양쪽에 세운 기둥)이다. 주로 다공질 현무암으로 만들어졌으나, 지역에 따라서는 나무를 쓰는데 돌로 된 것을 정주석(正柱石), 나무로 된 것을 정주목(正柱木)이라고도 한다.

#### 호(戶, Door)

戶(집 호, 지게 호)는 '문(門)의 반쪽'을 본뜬 글자로, 집을 가리키는 말이지만, 문을 가리키는 말이기도 하다. 보통 문(門)이 문설주 양쪽에 두 개의 문짝을 달아 집과 집, 나라와 나라를 출입할 때 사용하는 큰 문이라면, 호(戶)는 문설주에 한 개의 문짝을 달아 방과 방을 출입할 때 사용하는 문을 가리키곤 한다. 창호(窓戶)가 그런 경우인데, 창호는 '온갖 창과 문을 통틀어 이르는 말'이다.

#### 창(窓, Window)

窓(창 창, 굴뚝 총)은 뜻을 나타내는 '구멍 혈(穴) 부'와 음을 나타내는 '총[悤(바쁠 총)]의 생략형'이 합해져 이루어진 글자로, '총(悤)의 생략형'과 '마음속[心(마음 심)]의 밝은 눈'이라는 뜻이 더해져 '구멍을 내어 밝은 빛을 받는 창'을 뜻하는 말이다. 즉 공기나 햇빛을 받을 수 있고, 밖을 내다볼 수 있도록 벽이나 지붕에 낸 작은 문을 말한다.

창살 · 창문 · 창구 · 동창 등이 이에 해당하는데, 창구(窓口)는 '창의 입구'란 뜻으로, 역이나 영화관, 기타 관람시설 등의 매표소에서 돈을 받고 표를 내주기 위해 창의 아래쪽에 뚫어놓은 구멍 또는 창을 통해 사람과 응대하고 돈의 출납 등 사무를 보는 곳, 그리고 외부와 어떤 일을 교섭하고 절충하는 곳을 가리키는 말이다. 동창(同窓)은 '같은 창'이란 뜻으로, 같은 창을 사용하며 '한 학교에서 공부를 한 사이'를 가리키는 말이고, 동창생(同窓生)은 '한 학교를 같은 해에 나온 사람'을 가리키는 말이다.

### 기단(基壇)과 초석(礎石)

기단은 지면의 습기나 빗물이 건물 안으로 들어오지 못하도록 주변보다 높이 쌓은 것으로, 궁궐 · 관아 · 절 등에서는 건물을 장엄하게 하려고 기단을 높게 만들기도 하였다. 예전에는 보통 기단은 돌로 쌓았는데, 자연석의 면을 고르게 하거나 다듬은 돌을 가지런히 쌓았다.

초석은 건물의 기초를 단단히 하기 위해 기둥을 받치는 돌로서 흔히 '주춧돌'이라고 한다. 기둥 밑에 놓여 지면의 습기를 차단하고, 지붕의 무게를 지면에 전달하는 기능을 한다.

### 주(柱)[기둥]

柱(기둥 주)는 뜻을 나타내는 '나무 목(木) 부'와 음을 나타내는 동시에 '중심의 뜻을 가지는 주[主(주인 주)]'로 이루어진 글자로,' 중심이 되어 떠받치는 나무'라는 뜻이다. '기둥, 기러기발(거문고, 가야금, 아쟁 따위의 줄을 고르는 기구), 줄기, 그루나 포기의 수효를 세는 말, 버티다 · 괴다 · 막다' 등의

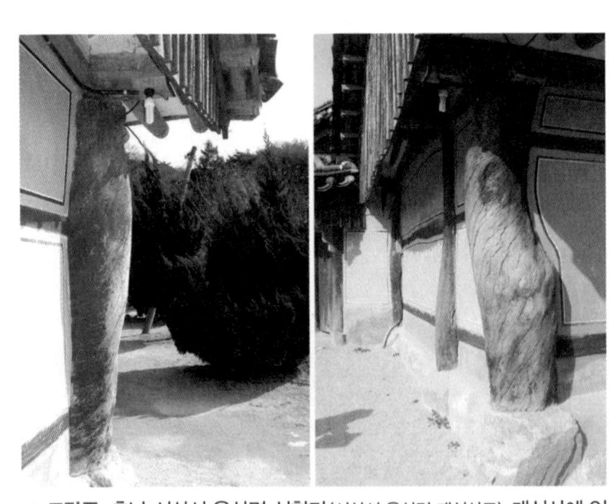

▲ **도랑주** 충남 서산시 운산면 신창리〈서산시 운산면 개심사로〉 개심사에 있는 건물 기둥이다. 자연에 있는 나무를 껍질만 벗겨 색을 칠한 다음 별다른 가공 없이 그대로 기둥으로 사용하였다. 제멋대로 생긴 자연스러운 모습을 그대로 보여주고 있다.

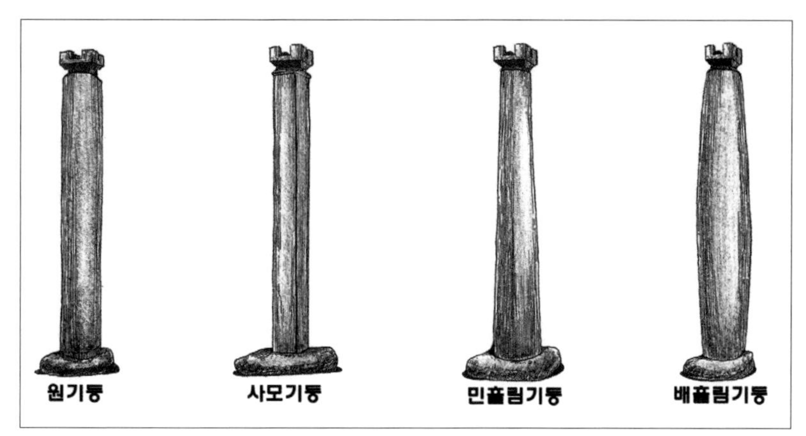


▲ **기둥의 모양** 기둥은 나무기둥과 돌기둥, 원기둥과 각기둥[사각 · 육각 · 팔각기둥], 평기둥과 흘림기둥[민흘림 · 배흘림기둥], 도랑주, 누상주와 누하주, 활주(추녀 밑을 받친 기둥으로 가늘고 긴 편이다) 등 그 종류가 다양하다.

뜻으로 쓰인다.

기둥의 종류에는 재료에 따라 나무기둥과 돌기둥, 단면 형태에 따라 원기둥과 각기둥, 입면 형태에 따라 평기둥과 흘림기둥[민흘림기둥 · 배흘림기둥] 등으로 나누어볼 수 있는데,

나무기둥[목주(木柱)]은 나무로 만든 기둥으로, 가장 흔한 형태의 기둥이다. 특히 도랑주는 자연목(원목)의 껍질 정도만 벗겨 거의 가공 없이 자연 그대로의 원목 모양을 살려 만든 기둥으로, 조선 후기 자연주의 사상의 확산과 함께 살림집이나 사찰 등에서 많이 사용되었다.

돌기둥[석주(石柱)]은 돌로 만든 기둥, 관청 건물이나 누각의 누하주[樓下柱: 누의 밑에 세운 기둥. 누의 위에 세운 기둥은 누상주(樓上柱)라고 한다] 등에 주로 사용되었다.

원기둥[원주(圓柱) · 원통기둥]은 기둥의 머리 · 몸 · 뿌리가 원통형으로 된 기둥으로, 우리나라에서 가장 널리 사용된 기둥 모양이다. 원래 원기둥은 격이 높은 곳, 정전이나 큰 건물 등에 주로 쓰였다. 보통 조선 전기만 해도 살

림집에서 원기둥을 사용하는 것을 금지하였으나 조선 중기에 접어들면서 귀족 집안에서 사용하기 시작하여 조선 후기에는 상당수 살림집에서 원기둥을 썼다.

**각기둥**[각주(角柱)·모기둥]은 기둥의 머리·몸·뿌리가 원통이 아닌 사각형·육각형·팔각형 등으로 된 기둥으로, 사각형의 기둥은 사모기둥[방주(方柱)·사각기둥], 육각형·팔각형의 기둥은 육모기둥[육각기둥], 팔모기둥[팔각기둥]이라고 부른다. 그 가운데 사모기둥이 가장 많은 편이다. 사모기둥은 원기둥과 함께 가장 널리 쓰인 기둥 모양으로, 원래 원기둥보다 격이 낮은 곳에 사용하여 부속 긴물이나 작은 건물 등에 많이 쓰였나. 외국에서는 전봇대[전신주(電信柱)] 같은 곳에도 원형이 아닌 사각형의 기둥을 한 곳도 있는데, 이는 뱀이 기둥을 타고 오르지 못하도록 하기 위한 것이라고 한다.

**평기둥**은 기둥의 머리·몸·뿌리의 지름이 모두 같은 기둥으로, 굳이 평기둥이라는 용어를 사용하고 있진 않지만, 흘림기둥에 대하여 '흘림이 없는 기둥'이라는 의미에서 평기둥이라고 하였다.

**흘림기둥**은 기둥 위·아래의 지름을 달리하는 기둥으로, 민흘림기둥·배흘림기둥 등이 있다. 민흘림기둥은 기둥머리보다 기둥뿌리의 지름이 큰 기둥으로, 안정감을 주는 데 도움이 되지만 구조적 효과보다는 시각적인 효과가 더 크다. 배흘림기둥은 기둥 중간의 배에 해당하는 부분의 지름이 가장 크고 그것을 중심으로 아래와 위로 가면서 점차 가늘게 된 기둥으로, 보통 기둥 높이의 3분의 1 지점(아래에서 3분의 1 지점)이 가장 굵고 위나 아래로 가면서 점차 가늘어지는데 맨 위가 맨 아래보다 더 가는 편이다. 배흘림기둥은 구조상의 안정과 착시현상을 교정하기 위한 심미적인 착상에서 나온 수법으로 서양건축의 엔타시스와 같은 것이다. 배흘림기둥은 그리스의 신전 건축에서도 발견되며, 중국이나 일본의 고대 건축에서도

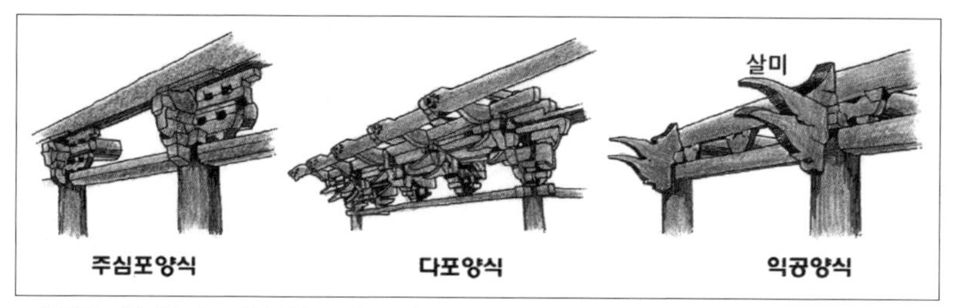


▲ **공포의 모양** 공포는 보통 주심포, 다포, 익공 등으로 구분하며, 공포가 없는 집은 민도리집, 납도리집, 굴도리집 등이 있다. 예전에는 신분에 따라 주택의 규모는 물론 구조나 장식, 심지어 공포의 사용 여부까지 정해졌다.

흔히 사용되었다.

**공포(栱包)**

공포는 간단히 '포(包)'라고도 하는데, 목조 건물에서 지붕 처마 끝의 하중을 받치기 위해 기둥머리 같은 데 짜 맞추어 댄 나무 부재로, 지붕의 하중을 기둥에 전달하는 역학적 기능을 한다. 또한 지붕을 높여주고, 건물을 장식하는 기능을 겸하기도 한다.

공포의 종류는 그 형식이나 포의 위치에 따라 여러 가지로 구분할 수 있으나, 보통 주심포식(柱心包式)·다포식(多包式)·익공식(翼工式) 등으로 구분하곤 하는데,

주심포 양식은 기둥 위에만 공포를 배치하는 형식으로, 가장 오래된 공포 형식이다. 고려시대 이전에 주로 쓰였으며 조선시대 초까지 많이 사용되었다.

다포 양식은 기둥 위는 물론 기둥 사이에도 공포[주간포(柱間包), 간포(間包)]를 배치하는 형식으로, 고려 말부터 나타나 조선시대에 주로 사용되었다.

익공 양식은 주심포 양식과 같이 기둥 위에만 공포를 얹었으나 새 날개 모양의 '살미' 부재가 강조된 형식으로, 간단하면서도 튼튼한 형태이다. 겉모양은 주심포 양식과 같으나 세부 기법은 다포 양식과 비슷하다. 익공 양

식은 공포를 사용한 목조 건축이 유행한 중국 · 일본 · 한국 중에서 우리나라에서만 볼 수 있는 독창적인 형식으로, 조선시대 이후 대체로 궁궐이나 사찰의 부속 건물, 서원, 향교, 사당 등 아주 큰 규모가 아닌 건물에 많이 사용되었다.

하앙식(下昻式)이라는 특별한 양식도 있는데, 하앙식은 바깥에서 처마 무게를 받치는 부재를 하나 더 설치해 지렛대 원리로 일반 구조보다 처마를 훨씬 더 길게 내밀 수 있게 한 건축 양식이다. 중국과 일본에서는 하앙식 건물이 전해져왔으나, 우리나라에서는 전해지지 않는 것으로 알고 있다가 최근 전북 완주 화암사 극락전이 하앙식 목조 건축물로 확인되어 국보 제316호로 지정(2011. 11. 28.)되었다. 이 하앙식 구조를 별개의 양식으로 분류할 것인지, 다포계와 주심포계에 포함시킬 것인지에 대해서는 아직 공식적으로 결정되지는 않았다.

공포는 중국 · 일본 · 한국 등지의 목조 건축에서 쓰였다. 우리나라에서 언제부터 공포가 사용되었는지는 확실하지 않으나, 3~4세기 고구려의 고분벽화에서 주심포 형식의 공포가 보이는 것으로 보아 그 이전부터 공포가 사용되었음을 짐작할 수 있다. 공포는 목조 건물에 반드시 설치한 것은 아니며, 특히 조선시대 일반 살림집에서는 공포를 만들 수 없었으므로 공포를 짜지 않은 민도리집이 많았다. 민도리집은 기둥이나 벽체 윗부분이 도리(기둥 위에 놓아 서까래를 거는 부재)와 장혀(도리를 받는 긴 부재)만으로 된 건물을 말한다. 이에 비해 도리와 장혀 사이에 소로(小櫨)받침이라는 네모난 작은 토막을 넣은 것이 납도리집, 둥근 작은 토막을 넣은 것이 굴도리집이다. 소로받침은 구조적인 것보다는 시각적인 면에서 중요시되는 것으로, 보통 민도리집보다 납도리집, 납도리집보다는 굴도리집을 격식이 높은 것으로 본다. 조선시대에는 주택의 격식이 거주자의 신분에 따라 제한되었는데, 주택의 규모뿐 아니라 건물의 세부 구조나 장식에도 적용되었다. 또 도리와 장혀 사이에 소로받침을 두고 안 두는 차이도 주택의 격식과 관련이 있었다.

**지붕[옥개(屋蓋)]**

지붕은 한자로 옥개(屋蓋)라고도 하는데, 눈비를 막아주고 태양열을 차단하여 내부에서 쾌적하게 생활할 수 있게 하려고 건물의 최상부에 있는 덮개 또는 보호막 역할을 하는 구조를 말한다. 이런 지붕은 재료에 따라 초가지붕 · 기와지붕 · 너와지붕 · 굴피지붕 등으로 나눠볼 수 있고, 또 지붕의 모양에 따라 맞배지붕 · 우진각지붕 · 팔작지붕 · 모임지붕 등으로 구분하는데,

초가지붕은 짚(볏짚)이나 억새, 갈대 따위를 엮어서 이은 지붕,

기와지붕은 기와(암키와와 수키와, 암막새와 수막새, 치미, 용두, 잡상, 귀면)로 덮은 지붕,

너와지붕은 너와(두꺼운 나무 판때기 조각)로 덮은 지붕으로, 강원도 산간지방에서 많이 사용되었다. 너와지붕은 바람으로부터 너와를 보호하기 위해 지붕 위에 무거운 돌이나 통나무를 연결하였는데, 평소 너와와 너와 사이 뚫린 틈바구니로 바람이 통해 환기가 잘되고 적당한 습도가 유지되었으며, 비가 오면 너와가 습기를 쉽게 흡수하여 차분히 가라앉아 비가 새지 않는 방수 역할을 하였다. 그러나 겨울에는 건조하여 나무가 수축하여 틈새가 생겨 난방에는 어려움이 있다.

굴피지붕은 굴피(두꺼운 나무껍질)로 이어 만든 지붕으로, 태백산맥과 소백산맥을 비롯한 산간지방 화전민들의 가옥에 널리 사용되었다. 굴피는 참나무 · 굴참나무 · 상수리나무 등의 속껍질을 사용하여 만들었으며, 겉모양은 거칠어 보이나 매우 가벼운 편이다. 굴피지붕은 보통 두 겹으로 끝 부분이 겹쳐지도록 비늘 모양으로 이어가는데, 지붕 처마 쪽부터 위쪽으로 이어갔다. 이음이 끝나면 지붕이 비와 바람에 파손되지 않도록 '너시래'라는 길

▲ **다양한 한옥 지붕의 모양** 한옥 지붕은 맞배지붕, 우진각지붕, 팔작지붕, 모임지붕, 사모지붕, 육모지붕, 팔모지붕, 다각지붕, 솟을지붕, 가적지붕, 정자지붕(丁자지붕 · T자지붕), 十자지붕, 一자지붕, ㄱ자지붕, ㄷ자지붕, ㅁ자지붕, 층단지붕, 꺾인지붕, 외쪽지붕(한쪽으로만 구성된 지붕) 등등 보는 시각에 따라 다양하게 구분된다.

쭉한 나무 장대를 여러 개 걸쳐놓고 지붕 끝에 묶거나 돌을 올려놓아 고정했다. 비가 오거나 습할 때는 굴피의 부피가 늘어나 비나 습기를 막아주지만, 겨울에는 건조하여 굴피가 수축함으로써 틈새가 생겨 난방에는 어려움이 있다.

맞배지붕[박공지붕]은 '배를 맞댄 것처럼 경사진 지붕이 앞뒤로 서로 맞놓아 있는 지붕'이란 뜻으로, 지붕면이 양면으로 경사를 이루어 마치 책을 반쯤 펴 엎어놓은 것 같은 ∧ 모양[人(인)자형 · 팔(八)자형]의 지붕이다. 앞뒤에서 보면 지붕면이 직사각형 모양이고, 옆에서 보면 지붕면의 테두리만 人자형으로 보인다, 용마루와 내림마루만 있고, 추녀마루는 없다. 맞배지붕은 박공지붕이라고도 하는데, 박공(牔栱 · 欂栱)은 ∧ 모양으로 붙여놓은 두꺼운 널빤지를 말한다. 맞배지붕은 가장 간단한 지붕 형식으로, 주로 주심포집에서 많이 사용되었으며, 행랑이나 헛간 같은 부속 건물 등에 많이 사용되

▲ **지붕의 마루** 마루는 '집채 안에 바닥과 사이를 띄우고 깐 널빤지나 그 널빤지를 깔아놓은 곳' 또는 '지붕이나 산 따위에서 등성이가 진 곳'을 말한다. 지붕의 마루에는 용마루 · 내림마루(합각마루) · 추녀마루 등이 있다.

었는데, 대표적인 것으로는 수덕사 대웅전, 무위사 극락보전 등이 있다.

우진각지붕은 '모퉁이[우(隅: 모퉁이 우, 귀퉁이 우, 구석 우)]진 각(閣: 문설주 각, 다락집 각, 세울 각, 멈출 각) 지붕, 또는 합각이 없이 우진각으로 이루어진 지붕'이란 뜻으로, 지붕 모서리의 추녀마루가 처마 끝에서부터 경사지게 오르면서 용마루에서 합쳐지는 형태의 지붕이다. 한마디로 맞배지붕과 우진각지붕이 합쳐진 지붕이라고 할 수 있는데, 앞뒤에서 보면 지붕면이 사다리꼴 모양이고, 옆에서 보면 삼각형 모양으로 보인다. 내림마루가 없고 용마루와 추녀마루만 있다. 주로 성문이나 누문 등에 많이 사용되었는데, 그 대표적인 것으로는 서울 숭례문, 광화문 등이 있다.

팔작지붕[합각지붕]은 '팔작(八作) 또는 합각(合閣) 지붕'이란 뜻으로, 우진각지붕의 윗부분을 잘라내고 맞배지붕을 얹어놓은 것 같은 지붕, 즉 우진각지붕 위에 맞배지붕을 올려놓은 것 같은 지붕이다. 앞뒤에서 보면 지붕면이 사다리꼴[八자형] 위에 직사각형을 올려놓은 모양이고, 옆에서 보면 사다리꼴[八자형] 위에 삼각형을 올려놓은 모양[또 삼각형의 합각(合閣: 지붕 위의 양옆에 人 또는 八 자 모양을 이루고 있는 각)벽이 나타남]이다. 용마루, 내림마루,

추녀마루를 모두 갖춘 지붕이다. 맞배지붕과 함께 전통 한식 가옥에 가장 많이 사용된 지붕 형태로, 집의 규모가 크거나 격을 높일 필요가 있는 건물 등에 많이 사용되었는데, 대표적인 것으로는 경복궁 근정전, 부석사 무량수전 등이 있다.

모임지붕은 추녀마루가 처마 끝에서부터 경사지게 오르면서 지붕 중앙의 한 점에서 합쳐지는 지붕이다. 지붕의 평면 모양에 따라서 사각형(사각뿔형)인 경우 사모지붕[사각지붕], 육각형 · 팔각형(육각뿔형 · 팔각뿔형)인 경우 육모지붕[육각지붕_육각정] · 팔모지붕[팔각지붕_팔각정]이라고 한다. 용마루와 내림마루가 없고 추녀마루만 있다. 정자나 목조 탑 등에 많이 사용되었는데, 대표적인 것으로는 서울 탑골공원 팔각정, 법주사 팔상전, 쌍봉사 대웅전 등이 있다.

가적지붕[가첨지붕 · 눈썹지붕]은 큰 지붕 옆쪽에 붙어 있는 작은 지붕을 가리키는데, 가적(加樀)지붕은 '처마[樀(처마 적), 檐(처마 첨)]를 덧댄 지붕'이라는 뜻에서 가첨(加檐)지붕이라고도 한다. 또 큰 지붕에 차양(遮陽: 햇빛 가리개)처럼 달아낸 지붕을 하고 있어 마치 그 모습이 눈썹 모양과 같아 눈썹지붕이라고도 한다.

층단지붕은 여러 층으로 된 지붕으로, 대개 밖에서는 여러 층의 중층(重層) 구조를 하고 있는데, 그 안이 하나의 통층(通層)으로 된 것과 여러 층의 내부 층으로 된 것으로 구분되기도 한다. 보은 법주사 팔상전[5층 목탑]이나 김제 금산사 미륵전은 외부는 각각 5층과 3층이지만 내부는 그냥 하나로 연결된 1층 구조로 되어 있으며, 진천 보탑사 대웅보전[3층 목탑]은 겉은 3층이지만 내부는 사람이 오르내릴 수 있도록 층과 층 사이의 천장 위로 두 층이 추가되어 총 5층으로 되어 있다.

## 기왕이면 다홍치마! 집도 화장을 한다

### 천장(天障)

천장은 '천[天(하늘 천)]'과 '장[障(가로막을 장)]'으로 이루어진 말로, '하늘 가로막은 곳'으로서 지붕 아래 실내의 윗부분에 해당하는 부분이다. 천장은 '반자(班子)'라고도 하는데, 반자는 한자의 음만 빌려 온 말로 특별한 뜻은 없다. 보통 천장을 가리켜 '천정(天井)'이라고들 많이 하는데, 천장 가운데 '井(우물 정)' 자 모양을 한 천장을 가리키는 말이라고 할 수 있어 천장 전체를 가리키는 말이 아니다. 따라서 천장 전체를 가리키는 의미로 천정이라는 말을 쓰는 것은 적절하지 못하다.

천장의 종류도 다양하여 연등천장, 우물천장, 귀접이천장 등 다양하나 연등천장과 우물천장이 가장 대표적인 형태이다. 연등천장은 천장에 '아무런 장식을 하지 않아 지붕의 뼈대가 그대로 드러나는' 천장이고, 우물천장은 '井' 자 모양의 틀을 짜 그 사이에 나무판을 끼워 마감한 형태의 천장이다. 그리고 귀접이천장은 귀 모습이 안으로 접혀 들어간 것처럼 천장의 '모서리가 위로 올라갈수록 점점 줄어들어 간' 천장을 말한다. 연등천장은 천장을 만들지 않아 서까래가 그대로 노출되어 보이는 천장이라고 할 수 있는데, 주심포 건물이나 살림집 대청에서 많이 사용하였다. 우물천장은 살림집에서는 거의 찾아볼 수 없고 주로 다포 건물이나 궁궐·사찰 등 큰 건물에서 많이 사용하였다.

### 닫집

닫집은 '따로'라는 뜻의 '닫'과 '집'이 합쳐진 말로, '따로 지어놓은 집'이란 뜻인데, 불전의 불단이나 궁궐의 어좌[御座: 임금이 앉는 자리. 옥좌(玉座), 용

▲ **닫집** 경남 하동 칠불사 대웅전 내부의 닫집과 불전 모습이다. 부처님을 조각한 탱화 위를 천장 아래 주로 빨간색으로 작은 집처럼 화려하게 만들어놓은 장식물이 바로 닫집이다. 경복궁 근정전처럼 궁궐 건물 등에도 이런 닫집을 설치하여 장엄하고 위엄 있게 하였다.

상(龍床)] 위에 화려하게 만들어놓은 작은 집 또는 불상의 머리 위를 가리는 일산(日傘: 해 가리개)을 가리키는 말이다. 닫집은 부처님이나 왕이 머무는 곳을 장엄하게 장식하기 위한 집으로, 한자로는 당가(唐家), 천개(天蓋)라고 한다. 인도는 기후가 더운 나라이기에 옛날 석가모니 부처님이 설법할 때 햇볕을 가리기 위하여 산개(傘蓋)를 사용했는데, 이것이 후에 불상 조각에 받아들여져 닫집이 된 것으로 짐작된다. 처음에는 천으로 만들었으나 나중에는 금속이나 목재로 조각하여 만든 것이 많아졌으며, 모양도 처음에는 연화(蓮華)를 본떴으나 나중에는 4각형·6각형·8각형·원형 등 여러 가지가 나타났다. 닫집은 불전이나 궁궐에만 만들어진 것이 아니라 일반인의 침실 침대를 둘러싼 작은 집 모양도 닫집에 해당한다.

**단청(丹靑)**

단청은 붉은색[丹(붉은 단)]과 푸른색[靑(푸를 청)]이 합쳐진 말로, 붉고 푸른 빛깔의 무늬를 그리는 것을 말한다. 보통 단청 하면 목조 건물에 여러 가지 빛깔(보통 다섯 가지 색)로 무늬를 그려서 아름답고 장엄하게 장식한 것을 말하는데, 넓게는 목조, 석조 등 건축물을 장엄하게 하는 것이나 공예품에

채색해서 장식하는 도(圖), 서(書), 회(繪), 화(畵)를 총칭하며, 색채로 그린 모든 그림을 의미한다. 근대에 와서는 주로 목조 건물에 채색하는 의미로 쓰이면서 단확(丹雘), 단벽(丹碧), 단록(丹綠), 진채(眞彩), 오채(伍彩), 화채(畵彩) 등으로 불린다.

단청은 목조 건물의 벽, 기둥, 천장 같은 데에 무늬를 그려서 아름답게 장식하여 그 위엄을 내세우려는 의도뿐만 아니라 목재의 부식을 방지하고 해충으로부터 보호하여 건물을 장기적으로 보존하려는 데 그 목적이 있었다. 또한 신비감을 주어 잡귀를 쫓는 벽사(辟邪)의 목적도 있었다.

보통 단청의 색은 적(赤: 붉은색), 청(青: 푸른색), 흑(黑: 검은색), 백(白: 흰색), 황(黃: 노란색) 다섯 가지 색을 기본으로 하여 이를 혼합하여 수많은 빛깔을 내어 사용하였는데, 정약용(丁若鏞)은 『여유당전서』(與猶堂全書) 『잡찬집』(雜纂集)에서 "단청의 5색은 오행(五行)사상과 관계가 있다."라고 하였다. 적은 남(南)이자 새[주작(朱雀)]이며, 계절로 여름[夏(여름 하)]이고, 5행으로 화(火)이다. 청은 동(東)이자 용(龍)이며, 계절로 봄[春(봄 춘)]이고, 5행으로 목(木)이다. 흑은 북(北)이자 현무(玄武)이며, 계절로 겨울[冬(겨울 동)]이고, 5행으로 수(水)이다. 백은 서(西)이자 호랑이[虎(범 호)]이며, 계절로 가을[秋(가을 추)]이고, 5행으

〈단청의 5색과 5행〉

| 색깔 | 방위 | 동물 | 계절 | 오행 | 비고 |
|---|---|---|---|---|---|
| **적(赤 : 붉은색)** | 남(南) | 새[주작(朱雀)] | 여름[하(夏)] | 화(火) | 전(前)_전주작 · 남주작 |
| **청(青 : 푸른색)** | 동(東) | 용(龍) | 봄 [춘(春)] | 목(木) | 좌(左)_좌청룡 · 동청룡 |
| **흑(黑 : 검은색)** | 북(北) | 거북이[현무(玄武)) | 겨울[동(冬)] | 수(水) | 후(後)_후현무 · 북현무 |
| **백(白 : 하얀색)** | 서(西) | 호랑이[호(虎)] | 가을[추(秋)] | 금(金) | 우(右)_우백호 · 서백호 |
| **황(黃 : 노란색)** | 중(中) | 인황(人黃) | 토용(土用 : 환절기) | 토(土) | 중앙(中央) |

▲ **다양한 단청** 단청은 가칠단청, 긋기단청, 모로단청, 금단청(錦丹靑) 등으로 구분하고, 무늬는 머리초[두초(頭草)], 별화(別畵), 비단무늬[금문(錦紋)], 단독무늬[궁창초 · 부리초 · 반자초] 등으로 나누기도 하는데, 건물마다 다양한 단청이 복합적으로 이루어졌다.

로 금(金)이다. 황은 중(中)이자 인황(人黃)이며, 계절로 토용(土用: 환절기에 해당)이고, 5행으로 토(土)이다. 단청의 오행사상에는 현세의 강녕(康寧)과 내세의 기원이 깃들어 있다.

단청의 원료인 안료(顔料: 물감)는 원래 진채(眞彩) 또는 암채(岩彩)라 하여 광물질(무기염류) 색감을 사용하였다. 이 안료는 중국에서 생산되는 것이었다. 단청은 광택이 없고 벌레의 침식을 방지하고 방습 효과가 있어 목조건물의 부패를 방지한다. 단청이 무광택이므로 역광에서 보아도 제 빛깔을 발한다.

단청의 역사는 선사시대 신에게 제사를 지내거나 제단을 꾸미는 데 그림을 장식하거나 제사장의 얼굴에 색칠하는 일 등에서 비롯되었다고 한다. 우리나라는 오래전부터 단청이 유행하였는데, 고구려 · 백제 · 신라의 고분벽화 등에 다양한 문양이 그려져 내려오고 있으며, 암막새 기와 밑에 단청의 붓 자국이 있는 것과 함께 단청할 때 물감을 담은 그릇 등이 출토되었다. 특히 신라에서는 5색이 진골(眞骨) 계급부터 사용이 금지되었다고 하는데, 진골보다 높은 계급인 성골(聖骨), 즉 왕궁에서만 5색을 사용하였다. 조선시대에도 단청은 왕궁을 위시한 관아 건축에만 쓰도록 하고 민간에는 금지되었

▲ **다양한 편액** 위 왼쪽은 전남 담양 '식영정', 위 가운데는 대전 대덕구 '동춘당', 아래는 경북 구미 고아읍 예강리 '효자 이진화 정려'에 걸려 있는 편액이다. 그리고 오른쪽 세로로 걸려 있는 현판은 경북 안동 '도산서원'의 편액이다.

다. 흔히 목조 건축물 가운데 단청을 하지 않은 집을 '백골집'이라고 부르는데, 조선시대의 주택 건축은 상류층의 주택이나 민가는 대부분 백골집에 해당하였다. 다만 백골집이라고 해도 색이 들어간 단청을 하지 않았을 뿐 생콩 등을 기름내 발라 나무를 보호하였으며, 조선시대 이전 살림집에서는 금·은 오채(伍彩) 장식이나 옻칠 등으로 궁궐 못지않은 화려한 칠을 하기도 하였다.

**편액(扁額)·현판(懸板)**

편액의 편[扁(넓적할 편)] 자는 '호[戶(집 호)]'와 '책[冊(책 책): 목찰(木札)]'이 합해져 '표찰(表札: 문패)'을 뜻하는 글자며, 액[額(이마 액)]은 '이마 또는 이마와 같은 형태'를 가리키는 말이다. 하여 편액은 종이·비단·널빤지 따위에 그림을 그리거나 글씨를 써서 건물 앞이나 방 안에 걸어놓아 그 건물에 관련된 사항을 알려주는 액자를 가리킨다. 대개 건물 정면의 문과 처마 사이나 문루 중앙 윗부분에 달아놓는데, 대부분 가로로 길쭉하여 횡액(橫額)이라고도 하고, 보통은 현판(懸板)이라고 부른다. 크기는 일정하지 않으나 글씨는 대개 대형이므로 대자(大字)라는 별칭도 있다.

흔히 현판과 편액은 같은 뜻으로 사용한다. 하지만 현판과 편액을 구분하기도 한다. 현판은 나무 판에 글씨를 써 건물에 걸어놓은 모든 것으로, 그 범위가 넓다. 이에 비해 편액의 '액'은 '사람의 이마', 즉 '건물 앞부분 높은 곳'에 해당하는 것이어서 편액은 그 건물을 대표하는 것이다. 즉 한 건물에 걸려 있는 여러 개의 현판 가운데 건물의 이마에 해당하는 현판이 편액이다.

한편, 중국 진(秦)나라 때 건물 명칭을 표시한 것을 '서서(署書)'라고 한 것이 편액에 대한 최초의 기록이라고 하며, 한나라 고조(漢高祖; 재위 BC 206~BC 195) 때 장안성(長安城)의 미앙궁(未央宮)에 재상 소하(蕭何)가 액자를 쓴 것에서 시작되었다고도 한다. 우리나라에서는 삼국시대부터 쓰기 시작하여 조선시대에는 사찰 건물은 물론 도성과 문루, 궁궐 전각, 지방관아와 향교 · 서원 · 누각 · 사당 · 정자 · 일반주택에까지 편액을 사용하였다.

편액은 주로 한자로 쓰여 있는데, 여기에 쓰이는 한자는 전서와 예서 · 해서 · 행서 · 초서 등 매우 다양하며, 요즘에는 한글로 된 편액도 많아졌다. 편액은 건물의 얼굴이자 건물의 명함에 해당하는 것이므로 건물 격식에 어울리는 글씨를 쓰고 여기에 장식까지 하였다. 특히 글씨는 당대 명필과 고승이나 유명한 문인이 쓴 것이 대부분이나, 더러는 옛 선현의 글씨를 모아 만들기도 하고 활자체나 특별히 만든 글씨로 장식하기도 하였다. 이렇듯 편액은 건물 명칭을 알려주는 것은 물론 건물에 멋을 내는 수단임과 동시에 건물의 내력과 함께 건물과 관련된 역사와 인물, 일화 등을 담고 있는 자료이다.

**주련(柱聯)**

주련은 주[柱(기둥 주)]와 연[聯(잇달 련)]이 합쳐진 말로, 기둥에 잇달아 있는 것을 뜻하는 말이다. 즉 '기둥[柱]에 시구(詩句) 등을 연[聯]하여 걸었다.'

▲ **주련** 왼쪽 '天上天下無如佛 十方世界亦無比 世間所有我盡見 一切無有如佛者(하늘 위 하늘 아래 부처님 같으신 분 없나니 시방세계 어디에도 또 비교할 만한 이 없네. 세상에 있는 것을 내가 다 둘러보아도 부처님 같은 분 다시 없도다)' 주련은 보통 대웅전에 있으며, 오른쪽 '阿彌陀佛在何方 着得心頭切莫忘 念到念窮無念處 六門常放紫金光(아미타불이 계신 곳은 어디일까? 마음 머리를 잘 붙들어 잊지 마라. 생각을 이어가다 생각마저 끊어진 곳에 이르면 육근의 문에서 금빛 광명이 흘러나오리)' 주련은 대개 극락전에 있는 주련이다.

라는 뜻에서 주련이라고 하였는데, 건물의 기둥이나 벽에 세로로 써 붙인 글씨를 말한다. 영련[楹聯 *楹(기둥 영)]이라고도 하는데, 좋은 글귀나 남에게 자랑할 내용을 붓글씨로 써서 붙이거나 그 내용을 얇은 판자에 새겨 걸어 놓는다. 대개 판자 아래·위로 연꽃의 잎을 양각(陽刻)하든지 연꽃을 새기든지 당초무늬(덩굴무늬)를 새기든지 하여 윤곽을 정리하고 그 가운데에 글귀를 적어 새김질한다. 그리고 판자 전체에는 보통 약품[밀타승(蜜陀僧)]을 발라 하얗게 만들고, 글씨에는 먹을 넣든지 약품[군청(群青): 고운 광택이 나는 남색]을 가칠(加漆: 어떤 물체를 물감이나 페인트 따위로 여러 번 칠함. *가칠단청은 바탕색만 칠하는 단청으로 선이나 각종의 문양을 전혀 장식하지 않고, 몇 종류의 색으로만 2회 이상 반복으로 칠하여 마무리한 단청을 말한다)하고, 양각한 무늬들은 삼채(三彩) 정도로 단청하여 화려하게 꾸미기도 한다.

주련은 절이나 누정, 다락집, 사대부의 살림집 등에서 주로 사용하였는데, 누정이나 다락집에서는 내려다보이는 좋은 경치를 읊은 시가 주련에 채택되고, 사찰에서는 불경의 내용 등을 주련에 새기곤 한다. 살림집의 경우, 안채에서는 건강과 복을 비는 내용이나 덕담(德談)의 글귀를 주련에 사용하였는데, 더러는 아이들의 인격함양을 위한 좌우명이나 수신(修身)하고 제가(齊家)하는 데 참고가 되는 좋은 시를 써서 걸기도 하였다. 또 사랑채에서는 오언이나 칠언의 유명한 시나 자작한 작품을 써서 걸곤 하였는데, 한 구절씩을 적어 네 기둥에 걸면 시 한 수가 되었다.

**풍경(風磬)**

풍경은 풍[風(바람 풍)]과 경[磬(경쇠 경)]이 합쳐진 말로, '바람에 흔들려 소리 나는 경쇠[종(鍾)]'를 뜻한다. 보통 절 따위의 건물 처마 끝이나 탑 지붕의 난간에 매달아놓은 작은 종을 가리킨다. 작은 종처럼 만들고 그 속에 물고기(대개 붕어나 잉어) 모양의 쇳조각을 달아서 바람이 불면 흔들리면서 소리가 나도록 하였다. 풍탁(風鐸) · 풍령(風鈴) · 첨마(檐馬)라고도 하는데, 풍탁이나 풍령은 풍[風(바람 풍)]과 탁[鐸(방울 탁)]이나 령[鈴(방울 령)]이 합쳐진 말로 '바람에 흔들려 소리 나는 방울'이란 뜻이며, 첨마는 첨[檐(처마 첨)]과 마[馬(말 마)]

▲ 풍경(풍탁) 바람이 불면 물고기 모양이 흔들리면서 물고기 모양과 연결된 가는 쇠가 그것을 둘러싼 쇠경을 때리면서 가늘고 맑은 소리를 낸다. 건물의 처마 끝이나 탑의 지붕 난간에 매달아놓아 시각적인 효과를 내기도 한다.

▲ **나주향교 대성전과 천장 및 공포** 전남 나주시 교동〈나주시 향교길〉에 있는 건물로, 건물 외부는 단청을 새로 한 모습이다.

가 합쳐진 말로 처마 밑에 말 모양으로 달린 종이라는 뜻이다.

풍경은 불교에서 의식이나 연락을 할 때 사용하는 목탁·목어(木鐸·木魚)와도 관련이 많은데, 원래 목탁·목어는 수행하는 스님들에게 경각심을 주기 위한 것이며, 물고기처럼 눈을 감지 않고 수도에 정진하라는 뜻이 담겨 있다.

지금까지 알아본 것을 바탕으로 한 건물을 종합적으로 살펴보자. 먼저 1963년 9월 2일 보물 제394호로 지정된 나주향교 대성전(羅州鄕校 大成殿)의 모습을 살펴보자.

이 건물을 앞에서 보면 5칸으로, 옆에서 보면 4칸으로 되어 있다. 지붕은 팔작지붕의 형태를 하고 있으며, 기둥은 특별한 특징이 없는 원기둥에 민흘림기둥, 공포는 기둥 위에만 있으므로 주심포 양식에 살미가 있는 것으로 보아 익공 양식이다. 천장은 뼈대가 다 드러나므로 연등천장이다. 그리고 산지가 아닌 평지에 세워진 나주향교의 전체 구조는 대성전이 명륜당보다 앞에 있어 전묘후학(前墓後學)의 배치를 하고 있다. 다음은 나주향교 대성전에 대해 문화재청 사이트의 문화유산지식에 소개된 것이다.

향교는 공자를 비롯한 여러 성현에 제사를 지내고 지방민의 교육과 교화를 위해 나라에서 세운 교육기관이다. 나주향교는 태종 7년(1407)에 세워 제사와 교육기능을 수행하다가 신학제 실시 이후로는 제사 기능만을 수행하고 있다.

대성전은 제사를 지내는 곳으로, 교육기능을 수행하는 강당인 명륜당보다 위쪽에 있는 것이 일반적이다. 하지만 나주향교는 공자의 아버지를 모시는 계성사가 있어 명륜당과 대성전의 자리가 바뀌어 있는 것이 특징이다.

규모는 앞면 5칸 · 옆면 4칸으로 지붕은 옆면에서 볼 때 여덟 팔(八) 자 모양을 한 팔작지붕이다. 지붕 처마를 받치기 위해 장식하여 짜여진 구조가 기둥 위에만 있는 주심포 양식인데, 기둥 사이에는 꽃모양의 받침을 만들어 위에 있는 부재를 받치고 있다. 건물 안쪽 바닥은 마루를 깔았고, 천장은 뼈대가 다 드러나는 연등천장으로 꾸몄다.

평면과 세부기법에서 조선 중기의 전형적인 향교 대성전 양식을 찾아볼 수 있는 좋은 예이며, 서울문묘 · 강릉향교 · 장수향교와 더불어 가장 큰 규모에 속하는 중요한 향교문화재이다.

건물에 대한 설명 내용이 그리 어렵지 않다. 건물에 대해 단편적으로 파악한 것들을 문장으로 연결한 것에 불과하다. 이처럼 건물에 대한 기본적인 용어만 이해하면 문화재 안내에 나오는 내용을 쉽게 이해할 수 있다. 모르면 설명문을 읽어도 무슨 이야기를 하는지 도무지 알 수 없지만, 건물에 대한 기본적인 개념만 이해하면 오히려 빠진 설명까지 보탤 수 있다. 문화재 이해는 결코 어려운 게 아니다. 이처럼 기본적인 것만 이해하면 답사가 훨씬 쉽고 한결 즐거울 수 있다. 팔작지붕, 흘림기둥, 주심포·익공 양식, 연등천장, 전묘후학이나 전학후묘 등등 이런 용어에 어려워할 필요가 없다. 사실 이런 것들은 아무것도 아니며, 정작 중요한 것도 아니다. 문화재 답사에서 중요한 것은 건물 구조가 어떻고 양식이 어떻고 하는 것들보다 그 건물에 살던 사람들이나 그 건물과 관련된 사람들의 이야기가 더 중요할 수 있다. 더 중요한 것은 그 건물을 보고 체험하면서 무언가를 느끼는 일일 것이다. 사실 몰라도 아무 상관이 없다. 문화재를 안내하는 설명문을 읽고서 무슨 말인지 몰라도 부끄러운 게 아니다. 아는 것보다 더 중요한 것은 느끼는 것이요, 실천하며 사는 것이다. 몰라도 느낄 수 있으며 무식해도 체험할 수 있고 실천할 수 있다. 아는 것보다 더 중요한 것은 느끼는 것이다. 물론 알면서 느낀다면 금상첨화일 것이다.

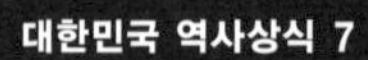



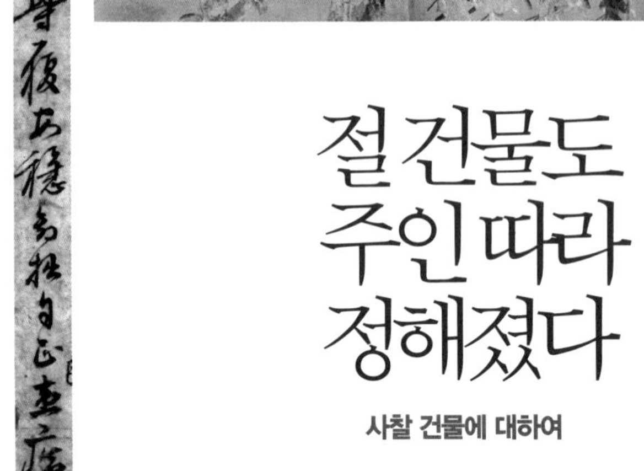

# 절 건물도 주인 따라 정해졌다

**사찰 건물에 대하여**

## 사찰 건물도 이름이 가지가지다

대한민국 사람이라면 절에 가보지 않은 사람이 드물 것이다. 불교를 믿는 신자라면 당연히 그들의 성지인 절에 가보았을 것이고, 종교가 없는 이라면 굳이 종교적 목적이 아닌 답사나 여행 삼아 들러보았을 것이며, 심지어 기독교처럼 다른 종교를 믿는 이라도 절에 놀러 가보기라도 했을 것이다. 우리나라 사찰 대부분이 경치가 아름다운 명승지나 시원한 계곡에 있는 곳에 함께 있어 원하지 않아도 한번쯤은 절에 들러보았을 것이다. 이처럼 사찰은 종교적 기능을 담당하는 공간이기도 하지만, 우리 전통문화가 고스란히 보존되고 있는 곳이자 휴식 공간이요, 관광 명소로 널리 알려졌다. 무엇보다도 여름에 더위를 피하고자 계곡을 찾다 보면 자연스레 절을 찾게 된다.

그런데 절에 들어서면 생소한 것들이 많다. 일상생활과 전혀 다른 신비로운 것들은 물론 잘 알 수 없는 인물이나 신령, 불상이나 조각품, 그림, 건물 등이 적지 않다. 이런 것들을 접하면서 수박 겉핥기식으로 지나치기도 하고, 알아도 그 의미를 제대로 파악하지 못하고 대강 알고 오는 때가 많다. 다만 사찰의 고즈넉한 분위기와 맑은 공기, 자연과 잘 어우러진 아름다움만 느낀 채 말이다.

사실 절에 가서 정작 중요한 것은 불상이 어떻고, 건물이 어떻고, 탑과 부도가 어떻고, 불화가 어떻다는 등을 아는 것보다 시원하고 아름다운 경치에 빠져 몸이 가뿐해지고, 마음이 정화되도록 무엇인가를 깨닫거나 느끼는 일일 것이다. 탑 보고 부도라 하면 어떻고, 석가모니불 보고 아미타불이라고 부르면 어떠랴! 정작 중요한 것은 내 마음이 편해지고, 내 삶에 도움이 될 기운을 얻으면 그만이지! 그리고 인생의 참 도리나 세상의 이치를 깨달으면 그만이지! 이것도 아니면 절에 들러 쉬다 가면 그만이지! 무슨 알음알이가 필요하랴!

기왕이면 제대로 알고 느끼면 더 좋을 것이다. 모른다고 느끼지 못하는 것이 아니고 부끄러운 것은 아니지만, 알면 훨씬 기분이 좋고 "아하 그렇구나!" 하면서 훨씬 더 재미가 있을 것이다. 하지만 알아야 할 게 적지 않다. 모르는 것투성이다. 절과 관련된 것으로 흔히 접하는 것만 해도 한둘이 아니다. 당간과 지주, 일주문, 금강문(인왕문), 천왕문, 불이문(해탈문), 대웅전(대웅보전 · 각황전), 비로전(대적전 · 대적광전 · 대광보전 · 대광명전 · 화엄전), 극락전(무량수전 · 아미타전), 미륵전(미륵보전 · 용화전), 약사전(유리전 · 유리보전), 팔상전(영산전), 천불전, 적멸보궁, 보광전, 관음전(원통전 · 원통보전), 명부전(지장전 · 시왕전), 문수전, 나한전(응진전), 조사전(조사당 · 국사전 · 영각), 독성각, 칠성각, 산신각, 삼성각, 성황각, 장경각(대장전 · 법보전), 범종각, 목탁과 죽비, 탑과 부도, 불상과 불화(탱화 · 괘불, 벽화), 석등, 강원(강당)과 선원(선방), 조실과 방장, 이판과 사판, 요사(요사채)와 종무소, 해우소, 계단(금강계단, 방등계단), 괘불대, 범패와 승무, 가사와 발우, 본사(본산, 교구본사)와 말사 및 암자, 교종과 선종 등이 있다. 이를 분류해 보면,

들어가는 길과 관련된 것으로 당간과 지주, 일주문, 금강문, 천왕문, 불이문,

부처님과 관련이 많은 것으로 대웅전, 비로전, 극락전, 미륵전, 약사전, 팔상전, 천불전, 적멸보궁,

보살 · 조사와 관련된 것으로 관음전, 명부전, 문수전, 나한전, 조사전,

민간신앙과 관련된 것으로 독성각, 칠성각, 산신각, 삼성각, 성황각,

불경 · 불구와 관련된 것으로 장경각, 범종각, 목탁과 죽비,

예배의 대상과 관련된 것으로 탑과 부도, 불상과 불화(탱화 · 괘불, 벽화), 석등,

스님들의 수행과 관련된 것으로 강원과 선원, 조실과 방장, 이판사판,

스님들이 생활과 관련된 것으로 요사채와 종무소, 해우소,

의식이나 행사와 관련된 것으로 계단, 괘불대, 범패와 승무, 가사와 발우,

사찰의 위계와 관련된 것으로 본사(본산, 교구본사)와 말사 및 암자, 교종과 선종 등이 있다.

이상의 것들을 쉽게 이해하기 위해서는 우선 사찰에 있는 건물의 배치부터 알아두면 좋다. 사찰에 있는 건물의 배치를 보통 '가람배치'라고 하는데, 가람배치는 탑 · 금당(법당) · 강당 등 사찰의 중심부를 형성하는 건물의 배치를 뜻하는 말이다. 여기에서 가람(伽藍)은 '승려들이 수행하기 위해 모인 장소'를 뜻하는 말로, 범어(梵語: 산스크리트어) 'Sañgharama'를 한자로 번역하여 승가람마(僧伽藍摩)라고 하였는데, 이를 간단히 한 말이 바로 가람이다. 승가(僧伽)는 중(衆: 무리 중)이란 뜻이고, 람마(藍摩)는 원(園: 동산 원)의 뜻으로, 가

람을 중원(衆園)이라고도 하였는데, 가람은 '많은 승려가 한 장소에서 불도(佛道)를 수행하는 장소'를 가리킨다.

가람을 흔히 사(寺)·사원(寺院), 사찰[寺刹: 찰(刹: 절 찰, 기둥 찰, 탑 찰)] 또는 절, 도량[도장(道場: 도를 얻기 위해 수행하는 장소라는 뜻으로, 절을 가리킬 때는 '도량'으로 읽는다], 정사[精舍: '정신을 수양하는 곳'이라는 뜻으로 여러 사람이 모여 수행하는 곳을 가리킨다] 등이라고 하는데, 중국에서는 불교 승려들이 모여 사는 곳을 사원이라고 하였다. 그 까닭은 한(漢)나라 때 외국에서 온 사신들을 접대하고 머무르게 하는 일을 맡은 관청을 '寺(관청 시)'라고 하였기 때문이다. '원(院)'은 회랑(回廊)이나 담장을 둘러친 건물에 쓰이는 말로, 가람도 회랑이나 담으로 둘렀기에 원을 사용하였다. 당(唐)나라 때에는 사(寺)와 원(園)은 같은 의미로 쓰였는데, 후대에 '사'를 '원'보다 넓은 의미로 사용하는 경향이 생겨나 '사(寺)는 절 전체를 가리키는 말'로, '원(院)은 그 사(寺) 안에 있는 별사(別舍)를 가리키는 말'로 사용되었다. 여기에 '암(庵)은 산속에 있는 작은 집, 토굴(土窟) 등을 가리키는 말'로 사용되었다. 그리고 이것을 통틀어 오늘날 '사원(寺院)'이라고 부르기도 한다.

우리나라에서는 불교 사원을 흔히 '절'이라고도 하는데, 그 유래에 대해서는 아직 뚜렷한 정설이 없다. 다만 신라에 불교가 처음 전해질 때, 아도(阿道) 스님이 일선군(一善郡: 지금의 경북 구미시)의 모례(毛禮)라는 사람의 집에 머물렀는데, 모례의 집이 우리말로 '털레의 집'으로, '털'이 '덜', '절'로 바뀌었다는 설과 함께 사찰은 '절[배(拜)]을 많이 하는 곳'이라고 해서 사찰을 '절'이라고 부르게 되었다고도 한다. 이런 주장 모두가 확실하지는 않다.

우리나라의 가람배치는 시대와 종파에 따라 달랐다. 대체로 고구려의 가람배치는 중앙에 탑이 자리하고 그 탑을 중심으로 동·서·북 3면에 금당이 있다. 금당 뒤에 강당이 배치된 1탑3금당 양식, 백제는 탑·금당·강당이 일직선으로 배치된 1탑1금당(또는 3탑3금당) 양식, 신라는 3개의 금당이 일렬로 배치되어 그 앞에 탑이 있거나 동·서·북 3면에 금당이 배치되고 그 앞에 탑이 있으면서 강당이 금당 뒤에 있는 1탑3금당 양식을 보이고 있다. 통일신라는 금당 앞에 동·서 방향으로 2기의 탑이 배치되고 금당 뒤에 강당이 있는 2탑1금당(쌍탑1금당) 양식이 나타났으며, 통일신라 후기에는 산지(山地)에 가람이 세워지면서 가람배치가 자연 지형에 따라 건물이 세워지면서 쌍탑이 없어져 1탑1금당식이거나 아예 탑이 없는 절이 생겼다. 고려시대 이후에는 통일신라의 가람배치를 계승하면서 다양한 형태가 나타났다.

이처럼 가람배치는 시대별로 차이를 보이면서 발전하였는데, 일반적으로 처음에는 탑과 금당 등 중요한 건물들이 평지에 1탑1금당, 1탑3금당, 2탑1금당 등의 양식으로 정형화되어 배치되다가 신라 말기 선종이 유행하면서 산에 절이 들어서면서 가람배치가 다양한 형태로 변하게 된다. 가장 큰 변화로는 처음에는 탑에 대한 배려가 높았으나 점차 탑보다 금당이 중요한 위치를 차지하고, 심지어 탑이 없는 절이 세워졌으며, 처음에는 금당 뒤에 있던 강당이 나중에는 아예 금당 앞으로 나와 누각 형태로 배치된다는 점이다. 여기에 고려와 조선시대를 거치면서 민간신앙을 흡수하고 새로운 불교사상들이 유입되면서 다양한 건물들이 새롭게 추가되어 다양한 양상을 보이고 있는데, 오늘날 가람배치는 대개 조선 후기의 가람배치를 따르고 있는 것으로 보고 있다.

오늘날 사찰에 있는 건물들은 그 위치가 원래부터 지정된 것은 아니며, 어떤 정형화된 양식에 따라 배치된 것도 아니다. 하여 사찰마다 건물의 위치가 서로 다르기도 한데, 그렇다고 아무렇게 배치된 것은 아니다. 오늘날 가람배치도 나름대로 그 위치가 정해져 있는데, 대체로 여러 개의 문을 지나 탑과 법당에 이르는 순서로 배치되어 있다. 그리고 법당 옆과 뒤편에 불교나 전통신앙과 관련된 다양한 건물들이 세워져 있고, 스님들이 머무는 요사채 등이 배치되어 있다.

사찰 건물의 배치에서 가장 중요한 곳은 부처님이 모셔진 탑이나 금당(법당)이다. 이곳으로 들어가기 위해서 먼저 문(일주문—금강문—천왕문—불이문)을 지나야 한다. 이 문들을 지나 강당으로도 사용되는 누각을 다시 지나면 넓은 마당이 나오는데, 이 마당 가운데에 탑이나 법당(대웅전 · 대적전 · 극락전 · 미륵전 등)이 세워져 있다. 이 탑이나 법당을 중심으로 좌우에 보살(관음전 · 명부전 등)이나 부처님의 제자들을 모신 건물(나한전 · 조사전 등)이 배치되며, 그 옆으로 강원(講院)이나 선방(禪房), 요사채 등이 세워져 있다. 또 마당 맨 앞쪽에 누각이나 범종각 등이 배치되어 있다. 그리고 법당 뒤쪽에 강당(講堂)이나 장경각(대장전), 토속신앙을 수용한 건물(산신각, 독성각, 칠성각, 성황각 등)이 배치되어 있으며, 부도밭이나 마애불 등이 위치하곤 한다. 그리고 절 입구에 당간과 지주가 세워져 있다. 그러나 때에 따라서 부도밭이 절에 들어오는 입구 한편에 세워져 있기도 하고, 마애불이 옆에 세워져 있기도 하며, 또 문만 해도 천왕문이 금강문보다 앞에 배치된 절도 있다. 이처럼 이상의 사찰 건물 배치는 대개 그렇다는 것

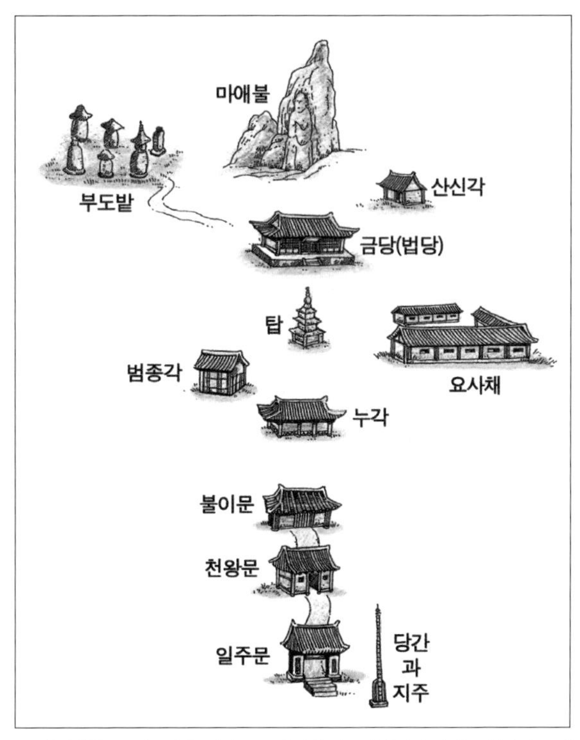


▲ **가람배치도** 일주문을 시작으로 법당에 이르기까지의 배치는 한마디로 세속의 번뇌를 씻고 부처의 세계로 들어서는 구조로 되어 있다. 그리고 탑과 법당을 중심으로 불국토를 이루는 중생들의 다양한 살림살이가 가지런히 배치되어 있다.

이지 모든 사찰에 그대로 적용되는 것은 아니다. 오늘날 가람배치는 딱히 정해진 게 따로 있는 것은 아니고, 사찰마다 그곳 지형과 풍수에 따라 거기에 어울리는 배치를 하고 있다.

## 절은 들어가는 길부터 심상치 않다

절 입구에서부터 절 안으로 들어가다 보면 눈에 띄는 것이 한둘이 아니다. 절 입구에 긴 장대가 서 있기도 하고, 들어가는 문도 하나가 아니라 여럿이며, 문마다 지키고 있는 분들이 보통 분들이 아니라 때론 험상궂은 표정에 때론 익살스럽기도 한 모습으로 문마다 서 계신다. 등골이 오싹하며, 일반 세상과 너무 다른 분위기에 어색하여서 들어가기가 주저되기도 한다. 한편으론 왜 이런 모습들을 하고 있으며, 왜 이리 문이 많은지? 궁금하기도 하다.

### 당간(幢竿)과 지주(支柱)

당간은 '당[幢(기 당)]'과 '간[竿(장대 간)]'으로 이루어진 말로 '기(깃발)를 다는 장대'를 뜻하는 말이며, 지주는 '지[支(가를 지, 가지 지, 지탱할 지)]'와 '주[柱(기둥 주)]'로 이루어진 말로 '지탱하는 기둥'이란 뜻하는 말이다. 하여 당간은 '당(깃발)을 걸어두는 장대'를 말하며, 당간지주는 '당간이 움직이거나 쓰러지는 것을 막기 위해 세운 기둥'을 말한다. 보통 당간지주는 당간의 좌우에 세운 기둥에 2개의 구멍을 뚫어 그곳에 막대를 가로질러 당간이 움직이지 않도록 고정한다.

당(幢)은 본래 사찰의 마당이나 문전에 꽂는 기당(旗幢)의 일종으로서 사찰에서 기도나 법회 등의 의식이 있을 때 당간의 정상에 단 깃발을 말하며,

당간을 간단히 부르는 말이기도 하다. 당간에는 당이나 번[幡(기 번)]을 달았는데, 번(幡)은 종이나 비단 따위를 가늘게 오려서 불화(佛畫)를 그리거나 글씨를 써놓은 긴 깃발로, 청·황·적·백·흑의 다섯 가지 색깔로 길게 만들어 당간이나 탑 등에 걸어놓거나 매달아놓았다. 때에 따라서는 당(幢)은 가로로 긴 깃발, 번(幡)은 세로로 긴 깃발로 구분하기도 하지만, 당(幢)은 청사초롱처럼 종 모양으로 이루어진 깃발, 번(幡)은 아래로 긴 직사각형에 위 부분이 이등변삼각형 모양으로 된 평면형의 깃발로 구분하곤 한다. 하지만 당과 번을 굳이 구별하지 않고 같은 의미로도 사용한다.

▲ **당 · 번과 당간** 왼쪽 두 개는 현재 전해지고 있는 중국의 번이고, 가운데는 용머리 모양을 한 당간의 맨 꼭대기 모습(국립중앙박물관 영상물에 나오는 장면)이며, 오른쪽은 용머리 당간에 당을 매단 모습이다.

예전에 절에서는 당간을 절 입구에 아주 높이 세워 이곳에 당번(幢幡)을 달아 이곳이 어떤 종파적 특성이 있는 사찰인지를 표시하는 것은 물론 부처님이 주재하는 신성한 영역임을 나타내었으며, 부처나 보살의 위엄을 드러내고자 하였다. 또한 절의 위상을 높이고, 도량을 장엄하게 꾸미고자 하였다. 특히 당간의 꼭대기에 용머리처럼 만들어 용의 입에 당번을 걸어 마치 용이 보주를 물고 있거나 성스러운 기운을 내뿜고 있는 모습을 하여 사찰에 대한 수호의 의미를 강조하였다.

그런데 당간은 모든 사찰에 세워진 것이 아니라 일정 규모 이상이거나 왕실의 사찰이나 지배층의 지원이 있는 사찰을 중심으로 세워졌으며, 보통 작은 사찰에는 당간이 없었다. 당과 당간은 통일신라시대부터 각 사찰에서

▲ **공주 갑사 철당간과 담양 객사리 석당간** 갑사 철당간은 통일신라 전기인 문무왕 20년(680)에 세워진 것이라고 하나 통일신라 중기의 것으로 파악된다. 객사리 석당간은 바로 옆에 있는 비석의 내용으로 보아 조선 헌종 5년(1839)에 중건한 것임을 알 수 있는데, 꼭대기에 쇠로 만든 둥근 보륜이 있고 위에는 철침이 있다.

만들어진 것으로 추정되며, 불교를 국교화(國敎化)한 고려시대에는 널리 세워진 것으로 파악된다. 그러나 억불숭유 정책이 시행된 조선시대에는 당간이 거의 세워지지 않았다.

당간은 대개 나무나 돌·쇠 등 다양한 재료를 이용하여 만들었는데, 만든 재료에 따라 철당간(鐵幢竿), 석당간(石幢竿), 목당간(木幢竿) 등으로 불리기도 한다. 또 당간은 꼭대기에 용머리나 둥근 보륜(寶輪: 바퀴 모양의 장식) 등으로 장식하였는데, 용머리 모양을 한 것은 용두당(龍頭幢), 여의주를 장식하면 여의당(如意幢)·여의주당(如意珠幢) 또는 마니당(摩尼幢), 사람의 머리 모양을 한 것은 인두당(人頭幢), 북 모양을 한 것은 고두봉(鼓頭棒) 등으로 불렀다. 그리고 당간지주는 큰 무게를 지탱해야 하는 기둥인 만큼 보통 돌을 이용하여 만들었다.

당번은 보통 천으로 만든 탓인지 그 내구성이 약해 현재 전해지는 게 거의 없으며, 당간 또한 대부분 나무로 만들어져서 그런지 전해지는 게 거의 없고 쇠나 돌로 만든 당간만 전해지고 있는 편이다. 지주는 돌로 만든 것이 대부분이어서 그런지 당간보다 상대적으로 많이 전해지고 있는데, 그래서 당간 없이 지주만 전해지는 것이 많다. 전해지는 당간으로는 충남 공주 갑사 철당간(보물 256호) 및 지주, 충북 청주 용두사터 철당간(국보 41호, 충북 청주시 상당구 남문로2가〈청주시 상당구 상당로55번길〉) 및 지주, 전남 나주 동점문(東漸門) 밖 석당간(보물 49호, 전남 나주시 성북동〈나주시 석당간길〉) 및 지주, 전남 담양 객사리 석당간(보물 505호, 전남 담양군 담양읍 객사리〈담양군 담양읍 객사2길〉) 및 지주 등이 유명한데, 이 중에 갑사 철당간은 통일신라시대의 것으로 전해지는 유일한 당간이며, 나머지 3기는 모두 고려시대의 것이다.

당간과 당간지주는 대개 절 입구에 세워졌다. 그런데 절에 가보면 법당 바로 앞에 당간지주처럼 세워진 것이 있기도 한데, 이 지주는 당간지주가 아니라 괘불(掛佛: 야외법회 등 법당 밖에서 큰 법회나 의식을 거행할 때 걸어놓는 탱화)을 걸기 위해 세운 기둥으로, 보통 '괘불대(掛佛臺)'라고 하는 것이다. 당간지주와 괘불대는 생김새가 비슷하나 서로 다른 것이며, 당간지주와 괘불대는 쉽게 구별되기도 한다. 먼저 당간지주는 대개 절 입구에 세워져 있지만, 괘불대는 주로 법당 앞에 세워져 있다. 또 괘불대는 보통 괘불을 양쪽에서 걸어야 하므로 한 쌍을 이룬 두 개의 돌이 좌우 양쪽에 나란히 세워져 있는 경우가 많으며, 크기도 작은 편이다. 이에 비해 당간지주는 당간을 일직선으로 지탱하는 것이기에 두 개의 돌이 한 쌍을 이루고 있는 것으로만 되어 있으며, 크기도 큰 편이다. 한마디로 괘불대는 지지대가 보통 좌우 양쪽에 세워져 있으며, 당간지주는 지지대가 하나뿐이다.

**일주문(一柱門)**

절에 들어가면서 가장 먼저 만나는 문이 일주문이다. 흔히 건물을 지을 때 사방에 네 개의 기둥을 세워 그 위에 지붕을 올리는 게 대부분이나, 일주문은 '기둥[柱(기둥 주)]을 한 줄[一(한 일)]로만 세워' 그 위에 지붕을 올려 만든 문을 말한다. 일반적으로 양쪽의 기둥 두 개를 일렬로 세워 일주문을 세우는데, 부산 범어사의 일주문처럼 네 개의 기둥을 한 줄로 세워 만든 일주문도 있다. 특히 일주문은 문짝을 달지 않는 것이 특징인데, 주로 사찰에서 많이 사용하고 있으며, 일주문에는 흔히 '○○산 ○○사'라는 현판이 걸려 있어 이 절이 어떤 절인지 안내하는 역할을 하기도 한다.

일주문이란 말은 기둥이 한 줄로 되어 있는 데서 유래된 말로, "모든 진리는 하나로 돌아가고, 모든 존재는 한마음[일심(一心)]의 작용에 의해서 나타난다."라는 불교의 진리를 나타내는 문이기도 하다. 하여 이 문을 들어서면서 "세상 모든 것은 일심동체로서 근본이 하나이지 둘이 아니다."라는 진리를 다시 한 번 새기라는 의미를 담고 있기도 하다. 즉 사찰에 처음 들어서면서 "흐트러진 마음을 하나로 모아 진리의 세계로 향하라."라는 상징적인 의미가 담겨 있는 문이 일주문이다.

이런 일주문은 대개 큰 사찰에나 있지, 작은 절에는 없는 경우가 많

▲ **일주문** 경남 합천 해인사의 일주문으로 '가야산 해인사'라는 현판이 붙어 있다. 해인사는 가야산 서남쪽 기슭에 있는 절로, 신라 애장왕 때 순응과 이정이 세웠다. 의상의 화엄 10찰 중 하나이고, 팔만대장경판이 보관된 법보 사찰로 유명하다.

다. 이럴 때는 일주문 대신 들어오는 문이나 누각에 '○○산 ○○사'라는 등의 현판을 달아 일주문을 대신하기도 한다.

### 금강문(金剛門)·인왕문(仁王門)

일주문 다음으로 있는 문이 금강문이다. 금강문은 금강역사(金剛力士)가 불법을 지키기 위해 서 있는 문으로, 금강역사는 불교 수호신 중의 하나로 불법을 방해하는 사악한 세력을 경계하고 사찰로 들어오는 모든 잡신과 악귀를 물리치는 신장(神將)이다. 금강역사는 원래 인도에서 문을 지키는 신으로, 이를 불교에서 받아들여 부처와 불법을 지키는 신으로 변화되었는데, 소승불교 『오분율(伍分律)』에 따르면 "모든 부처님이 계신 곳에는 항상 오백의 금강신이 있어 좌우에서 부처님을 호위하며 모시고 있다."라고 하였다. 이렇게 불경에는 많은 금강신이 나오나, 우리나라 사찰에서는 대개 나라연금강과 밀적금강 두 분의 금강역사를 배치하여 사찰과 불법을 보호하고 있는데, 흔히 절로 들어가는 문의 양쪽이나 불전의 입구, 불상의 좌우, 탑의 문 등에 두 분의 금강역사를 조각이나 그림으로 표현하여 사찰을 지키도록 하고 있다.

금강문에는 대개 두 명의 금강역사가 서로 마주 보며 서 있는데, 이 가운데 오른쪽(보는 사람 방향에서 왼쪽)을 지키는 역사가 나라연금강(那羅延金剛)이고, 왼쪽(보는 사람 방향에서 오른쪽)을 지키고 있는 역사가 밀적금강(密迹金剛)이다. 나라연금강은 힘의 세기가 코끼리의 백만 배나 된다고 하며, 입을 크게 벌려 '아.' 하는 소리를 내면서 공격하는 자세를 취하고 있어 '아금강역사'라고도 부른다. 밀적금강은 야차신(夜叉神)의 우두머리로서 손에 번뇌를 부수는 지혜의 상징인 금강저(金剛杵)를 쥐고 있으며, '훔.' 하는 소리를 내듯이 입을 다문 채 방어하는 자세를 취하고 있어 '훔금강역사'라고도 부른다. '아'는 범어의 첫 글자이고 '훔'은 범어의 끝 글자여서 두 금강역

▲ **금강역사상** 양산 통도사 금강계단 안으로 들어가는 돌로 된 문[석문(石門)]에 새겨진 인왕상의 모습이다. 보는 방향에서 왼쪽이 나라연금강(아금강역사)상이고, 오른쪽이 밀적금강(훔금강역사)상이다.

사의 입은 시작과 끝을 연결하는 영원과 통일, 완성을 상징하기도 한다. 그런데 경전에 따라 입은 연 것이 금강, 다문 것은 역사라고 설명하기도 한다.

금강역사의 머리 부분은 둥근 빛을 표현하곤 하는데, 이는 이들 신이 단순히 힘만 센 것이 아니라 지혜 또한 뛰어난 점을 표현한 것이다. 금강은 '지(智)'를 가리키므로 금강역사는 힘만 센 수호신이 아니라 지혜를 지키는 수호신이기 때문이다. 금강역사를 인왕역사(仁王力士)라고도 하여 금강문을 인왕문이라고도 하고, 금강역사상(金剛力士像)을 인왕상(仁王像)이라고 부르기도 한다. 또 금강역사는 두 명이 함께 있어 이왕(二王) · 이천왕(二天王)으로도 불리며, 금강신(金剛神), 금강수(金剛手) 등으로 부르기도 한다. 우리나라의 인왕상은 처음에는 갑옷으로 무장한 모습이었으나, 차차 전신을 벗은 채 허리 아래로만 몸의 곡선이 드러나는 얇은 천을 걸친 모습을 한 반나체의 씩씩하고 힘센 모습을 하고 있다. 표정은 매우 무서우나 악의를 찾아볼 수 없고, 무술하는 동작의 자세를 하고 있다.

한마디로 금강역사는 불법이나 사찰을 지키는 문지기이며, 금강역사가 있는 금강문은 사찰의 대문 역할을 하는 문이라고 할 수 있다. 그러나 금강문을 세우지 않은 사찰도 많으며, 금강문보다 천왕문을 앞에 배치한 곳도 있다. 따라서 금강문이 있는 사찰은 대개 금강문이 사찰의 대문 역할을 하지만, 금강문이 없는 사찰이나 천왕문이 일주문 다음에 있는 곳은 천왕문이 대문 역할을 한다. 또 사찰에 따라서는 금강문이 없이 천왕문에 금강역사를 조각하여 모시거나 금강역사의 모습을 그림으로 그려놓은 곳도 있고, 심지어 영암 도갑사(道岬寺)와 공주 마곡사(麻谷寺)에서처럼 해탈문에 금강역사를 모셔놓은 곳도 있다. 여하튼 금강문은 사악한 것들을 버리고, 번뇌를 깨부수며 이 문을 들어서라는 의미가 담긴 문이라고 할 수 있다.

### 천왕문(天王門) · 사천왕문(四天王門)

금강문이 없는 절이 많아 일주문을 지나 흔히 만나게 되는 문이 천왕문이다. 천왕문 안으로 들어서면 대개 좌우로 두 명씩 네 명 조각상이 무섭게 생긴 얼굴에 두 눈을 부릅뜨고 발밑으로 사람들을 짓밟고 서 있는데, 이들

▲ **사천왕상** 신라 말 구산선문(九山禪門) 가운데 가장 먼저 세워진, 선종의 대표 사찰이기도 한, 전북 남원 실상사 천왕문의 사천왕상이다. 왼쪽부터 지국천왕, 광목천왕, 증장천왕, 다문천왕인데, 사천왕상이 지니고 있는 물건이나 피부색은 한결같지 않고 사찰마다 다르기도 하다.

이 사천왕상(四天王像)이다.

사천왕은 천상계의 동서남북 네 곳을 관장한다고 믿은 고대 인도의 신들로, 인도신화에 나오는 야차(夜叉, Yakṣa)에서 유래하여 이를 불교에서 받아들인 것으로 보고 있다. 하여 사천왕은 세계의 중심에 있다고 생각하는 수미산 기슭을 지키며 그곳 중생들이 바른 가르침에 따라 올바르게 살아가고 있는지를 살피고, 그들을 바른길로 인도한다는 천왕들로, 동쪽은 지국천왕(持國天王), 서쪽은 광목천왕(廣目天王), 남쪽은 증장천왕(增長天王), 북쪽은 다문천왕(多聞天王)이 다스리고 있다. 사천왕은 보통 탱화의 네 모서리에 그려지기도 하고 천왕문 등에 조각이나 그림으로 표현되고 있는데, 처음에는 인도 귀족 모습인 귀인형(貴人形)이었으나 중국화하는 과정에서 갑옷을 입고 있는 무인상(武人像)으로 바뀌었다.

사천왕이 지니고 있는 물건은 일정하지 않으나 지국천왕은 비파(琵琶)를, 광목천왕은 용·여의주 또는 새끼줄[견색(絹索)]을, 증장천왕은 칼[보검(寶劒)]을, 다문천왕은 탑[보탑(寶塔)]을 받쳐 든 모습이 일반적이다.

**〈사천왕과 특징〉**

<table>
<tr><th>방향</th><th>이름</th><th>왼손</th><th>오른손</th><th>의미</th></tr>
<tr><td rowspan="2">동</td><td rowspan="2">지국천왕<br>(持國天王)</td><td colspan="2">비파</td><td rowspan="2">지국이란 '나라를 유지한다.'라는 뜻으로, 백성들이 노래를 부를 수 있도록 한다.</td></tr>
<tr><td>칼(보검)</td><td>보주(寶株)</td></tr>
<tr><td rowspan="2">서</td><td rowspan="2">광목천왕<br>(廣目天王)</td><td>여의주</td><td>용/새끼줄</td><td rowspan="2">광목은 '커다란 눈'이란 뜻으로, 바른 일을 할 수 있는 안목을 얻도록 한다.</td></tr>
<tr><td>보탑</td><td>삼지창/책</td></tr>
<tr><td rowspan="2">남</td><td rowspan="2">증장천왕<br>(增長天王)</td><td>주먹</td><td>칼(보검)</td><td rowspan="2">증장이란 '지혜를 넓힌다.'라는 뜻으로, 금강검으로 번뇌를 없애도록 한다.</td></tr>
<tr><td>여의주</td><td>용/새끼줄</td></tr>
<tr><td rowspan="2">북</td><td rowspan="2">다문천왕<br>(多聞天王)</td><td>보탑</td><td>삼지창/책</td><td rowspan="2">다문은 '많이 듣는다.'라는 뜻으로, 부처님의 가르침을 많이 듣고 배우도록 한다.</td></tr>
<tr><td colspan="2">비파</td></tr>
<tr><td>비고</td><td colspan="4">사천왕의 형태나 사천왕이 지니고 있는 물건은 일정하지 않고, 사찰마다 다르기도 하다.</td></tr>
</table>

천왕문은 이 문을 들어서는 이들이 '다문천왕처럼 부처님의 가르침을 듣고 배우고, 광목천왕처럼 눈을 크게 떠 악업(惡業)을 행하지 않고 선업(善業)을 쌓으며, 증장천왕처럼 지혜를 얻어 지국천왕처럼 비파를 들고 노래 부르며 더는 번뇌를 일으키지 않고 살도록 마음을 가다듬으며 들어가는 문'이라고 할 수 있다. 그리하도록 '사천왕이 험상궂은 표정으로 이 문을 오가는 이들을 지켜보고 있는 문'이 바로 천왕문이다. 한마디로 천왕문은 청정한 도량인 불국토를 동서남북에서 지키는 수호신이 있는 곳이라고 할 수 있다.

또 사천왕과 관련하여 팔부(八部)라는 게 있다. 팔부는 사천왕에 딸린 여덟 명의 신(神)[귀신(鬼神)]을 말하는데, 팔부에는 동방 지국천왕에 딸린 ① 건달바(乾闥婆), ② 부단나(富單那), 서방 광목천왕에 딸린 ③ 나가(那伽)[용(龍)·제용중(諸龍衆)], ④ 비사사(毘舍闍), 남방 증장천왕에 딸린 ⑤ 구반다(鳩槃茶), ⑥ 폐례다(薜茘多·閉黎多)[아귀(餓鬼)], 북방 다문천왕에 딸린 ⑦ 야차(夜叉), ⑧ 나찰(羅刹) 등이 있다. 팔부귀중(八部鬼衆)이라고도 부르는데, 이들은 나름대로 역할이 있다.

① 건달바는 인도신화에 나오는 신으로, 천상의 신성한 물인 소마(Soma)를 지키는 신이다. 소마는 모든 병을 회복시켜주는 신령스러운 물이었기 때문에 건달바는 훌륭한 의사로 여겨지며, 술과 고기를 먹지 않고 향(香)만 먹고 산다고 해서 향신(香神) 또는 식향(食香)으로 부르기도 한다. 인도신화에서 천상의 물 소마를 지키는 신으로, 신령스런 약으로 알려져왔다.

② 부단나는 건달바와 함께 동방을 수호하는 귀신이다.

③ 나가, 즉 용(제용중: 모든 용의 무리)은 우리가 흔히 알고 있는 상상의 동물로, 물속에 살면서 바람과 비를 오게 하는 능력을 가진 존재이자 물속을 통치하는 왕이다. 나라를 지키는 선신(善神)으로, 팔대용신(八大龍神) 등 여러 종류가 있다.

④ 비사사는 사람의 정기나 피를 먹는다는 귀신[식혈육귀(食血肉鬼)]이다. 용신(龍神)과 함께 광목천왕을 따라 서방을 수호하는 귀신이며, 혹 동방 지국천왕에 속해 있는 귀신이라고도 한다.

⑤ 구반다는 사람의 정기를 빨아먹는다는 귀신으로, 사람의 몸에 머리는 말 모양을 하고 있는데, 증장천왕의 부하이다.

⑥ 폐레다, 즉 아귀는 계율을 어기거나 탐욕을 부려 육도(六道: 지옥·아귀·축생·아수라·인간·천상) 가운데 하나인 아귀도(餓鬼道)에 떨어진 귀신으로, 목구멍은 바늘구멍보다 작지만 배는 엄청나게 커 음식을 먹을 수 없어 늘 굶주림으로 괴로워한다.

⑦ 야차는 원래 인도신화 『베다』에 나오는 존재로, 원래는 빛처럼 빠른 사람 또는 신으로 받들어지는 사람을 뜻하는 신성한 초자연적 존재로 여겨졌다. 초자연적 힘과 무서운 성격을 가지고 있어서 몹시 포악한 악신(惡神)으로 여겨졌으나, 불교에서는 사람을 도와 이익을 주며 불법을 수호하는 신이 되었다.

⑧ 나찰은 푸른 눈과 검은 몸, 붉은 머리털을 하고서 사람을 잡아먹으며, 지옥에서 죄인을 못살게 구는 일을 한다.

한편, 불가에서는 팔부중(八部衆)이라는 것도 있다. 팔부신중(八部神衆)이라고도 부르는 팔부중은 불법(佛法)을 수호하는 여덟 명의 신장(神將)으로, ① 천(天), ② 용(龍), ③ 야차(夜叉), ④ 건달바(乾闥婆), ⑤ 아수라(阿修羅), ⑥ 가루라(迦樓羅), ⑦ 긴나라(緊那羅), ⑧ 마후라가(摩睺羅迦) 등이 이에 해당한다. 이들 가운데 천과 용이 대표적이라 팔부중을 천룡팔부중(千龍八部衆), 간단히 천룡팔부라고도 부른다. 팔부중은 보통 사천왕에 딸린 여덟 명의 신을 가리키는 '팔부(八部)'와는 다른 것인데, 때에 따라서는 '팔부(팔부귀중)'와 '팔부중(팔부신중)'을 따로 구별하지 않고 모두 팔부중으로 부르기도 한다. 이 경우 팔부중을 '사천왕팔부중'과 '불타팔부중'으로 나눠, 사천왕팔부중은 팔부(팔부귀중)가, 불타팔부중은 팔부중(팔부신중)이 해당하게 된다. 여하튼 팔부신중(천룡팔부중·불타팔부중)은 모두 인도의 신 또는 초인에 해당하는 이들이다.

① 천은 천계(天界)에 거주하는 모든 신을 가리키는 말로, 제신(諸神: 모든 신) 가운데 우두머리가 불법 수호의 신으로 유명한 제석천(인드라)이다. 보통 불가에서 천(天)은 3계(三界: 欲界·色界·無色界) 27천(天)으로 구분되나, 지상의 천으로는 세계의 중심에 있는 수미산(須彌山) 꼭대기에 있는 도리천(忉利天)이 최고의 천이며, 제석천(帝釋天)이 그 주인이다.

② 용은 팔부(사천왕팔부중)의 나가, 즉 제용중과 같다.

③ 야차는 팔부(사천왕팔부중)의 야차와 같다.

④ 건달바는 팔부(사천왕팔부중)의 건달바와 같다.

⑤ 아수라는 인도신화에서는 다면(多面)·다비(多臂), 즉 수많은 얼굴과 팔을 가진 신으로 악신으로 여겨졌으나, 불교에서는 조복(調伏)을 받아 선신의 역할을 한다. 싸우기를 좋아하는 투쟁의 신이다.

⑥ 가루라는 새벽 또는 태양을 인격화(상징화)한 존재로, 새로 표현되어 금시조(金翅鳥)라고도 부른다. 모습은 독수리와 비슷하고, 날개는 봉황의 날개와 같으며, 한번 날개를 펴면 그 길이가 360리 정도 된다고 한다. 뱀은 물론 용도 잡아먹을 수 있으며, 비바람을 그치게 하고 번개를 피하는 힘이 있다. 불교에 수용된 이후에는 수명을 늘리는 능력이 더해졌으며, 불법을 수호하는 신이 되었다.

⑦ 긴나라는 인도신화에서 아름다운 음성으로 노래하며 춤추는 음악의 신(가무의 신)으로, 인간은 아니나 부처를 만날 때만 사람의 모습을 취하는데, 때로는 말의 머리로 표현되기도 한다.

⑧ 마후라가는 인도 신화에 나오는 음악의 신으로, 사람의 몸에 뱀의 머리를 가진 뱀의 신이다. 땅속의 모든 요귀를 쫓아내는 임무가 있는 수호신

이다.

이들 팔부나 팔부중은 부처님을 지키고 불법을 수호하던 신장인 만큼 부처님이나 승려들의 사리를 모신 탑이나 불법을 밝히는 석등(石燈), 불국토로 들어가는 문(門), 불교의 세계를 그린 불화(佛畵) 등에 묘사된 '팔부중상(八部衆像)'이 많이 등장하고 있다.

**팔부[팔부귀중]** '사천왕팔부중'

: 건달바, 부단나, 나가(용), 비사사, 구반다, 페레다(아귀), 야차, 나찰

**팔부중[팔부신중 · 천룡팔부중 · 천룡팔부]** '불타팔부중'

: 천, 용, 야차, 건달바, 아수라, 가루라, 긴나라, 마후라가

**육도(六道)**: 지옥, 아귀, 축생, 아수라, 인간, 천상

**삼계(三界)**: 욕계(欲界), 색계(色界), 무색계(無色界)

**욕계 육천(六天)**[욕육천 · 욕천]: 사왕천, 야마천, 도리천, 도솔천, 화락천, 타화자재천

**불이문(不二門) · 해탈문(解脫門)**

불이문은 사찰의 본당(本堂)에 들어서는 마지막 문으로, 이 문을 지나면 부처님을 모신 법당이 보이는데, 이곳이 바로 불국정토인 곳이다. 따라서 이 문을 통과해야만 진리의 세계인 불국토에 들어갈 수 있음을 상징적으로 보여주고 있다. 불교의 세계관에 따르면, 천왕문을 지나서 수미산 정상에 오르면 제석천이 다스리는 도리천이 있고, 도리천 위에 불이(不二)의 경지를 상징하는 불이문이 있다고 한다. 불이문은 수미산 정상에 들어서는 문으로 이곳을 통과하면 바로 도리천에 다다른다는 것이다.

도리천(忉利天, Trāyastrimśa)은 불교의 우주관에서 분류된 하늘의 하나로서, 3계(三界) 27천(天) 가운데 욕계(欲界) 6천(天)에서 제2천에 해당하는 하늘

이다. 욕계 육천은 욕계에 속한 여섯 종류의 하늘로, 사천왕천(四天王天)[사왕천(四王天)], 도리천(忉利天), 야마천(夜摩天), 도솔천(兜率天), 화락천(化樂天)[낙변화천(樂變化天)], 타화자재천(他化自在天)이 이에 해당한다. 이 육천 가운데 사왕천은 수미산(須彌山) 허리에 있고, 도리천은 수미산 꼭대기에 있으므로 사왕천 · 도솔천은 지거천(地居天)이라 말하고, 야마천 · 도솔천 · 화락천 · 타화자재천은 다 공중에 있으므로 공거천(空居天)이라고 하며, 보통 욕계 육천을 간단히 육욕천(六欲天), 욕천(欲天), 또는 육천(六天)이라고 부르기도 한다.

도리천은 세계의 중심인 수미산(須彌山, Sumeru)의 정상에 있으며, 제석천(帝釋天, Indra: 고대 인도의 천신 가운데 가장 강력한 신으로 도리천의 임금)이 있는 곳이다. '도리'는 33에 해당하는 산스크리트어를 음역한 것으로, 도리천을 '삼십삼천(三十三天)'으로 부르기도 하는데, 이는 도리천의 사방에 봉우리가 있고 그 봉우리마다 8천이 있기 때문에 제석천과 합하여 33천(=4×8+1)이 되기 때문이다. 이 33이란 숫자는 불교 고유의 것이 아니라, 이미 『베다』(Veda, 吠陀)에 "천(天) · 공(空) · 지(地)의 3계에 33신(神)이 있다."라고 기록되어 있는데, 이런 사상이 불교에 수용되어 하나의 우주관을 형성한 것으로 보고 있다. 후세 대승불교의 정토(淨土)신앙 또한 이 도리천 사상이 발전한 형태라고 한다.

불이(不二)는 '둘이 아니다.'라는 뜻으로, '진리는 둘이 아님'을 뜻하는 말이다. 불교에서는 부처와 중생이 다르지 않고, 생(生)과 사(死)가 둘이 아니고, 마찬가지로 번뇌와 깨달음, 선과 불선[不善 *불교에서는 악(惡)이라는 말보다 불선(不善), 암(暗)이라는 말보다 불명(不明)이라는 말을 사용한다], 만남과 이별 등 모든 상대적인 것이 둘이 아닌 경지를 불이라 한다. 이 같은 이치를 알게 되면 부처가 되고 해탈(解脫)할 수 있으므로 불이문을 해탈문이라고도 한다.

한편 불이는 유교에서 '충신불사이군(忠臣不事二君)'을 뜻하는 말이기도 하다. 고려 말 삼은(三隱) 가운데 한 분인 야은 길재(冶隱 吉再)의 영정과 위패

▲ **해탈문** 충남 공주 마곡사에 있는 해탈문이다. 마곡사 해탈문은 불이문에 해당하는 것으로, 정면 3칸 건물에 중앙 1칸은 통로이며, 양쪽 편에는 금강역사상과 문수동자상 등이 모셔져 있다.

를 모신 사우인 청풍사(淸風祠)가 있는 충남 금산군 부리면 불이리의 '불이'는 한자로 '不二'며, 부리면의 '부리' 또한 '불이'에서 온 말이라고 한다.

불이문은 사찰에 따라 해탈문이라는 이름으로 불리기도 하지만, 불국사 자하문(紫霞門)처럼 아예 다른 이름을 쓰는 곳도 있다. 자하(紫霞)는 '자줏빛 노을'이라는 뜻으로, 부처의 몸 빛깔을 상징하여 자하문 또한 부처님이 계신 곳으로 가는 문 또는 부처의 세계에 도달할 수 있는 문, 즉 불이문을 가리킨다. 자하문 하면 서울특별시 종구로 청운동〈서울특별시 종로구 창의문로〉에 있는 자하문을 생각하기 쉬운데, 이 자하문은 서울의 4대문 사이에 있는 4소문(四小門)의 하

▲ **불국사 자하문과 서울 자하문** 불국사 자하문은 불이문에 해당하고, 서울 자하문은 창의문을 말한다. 불국사 자하문은 현재 문화재 보호 차원에서 사용하지 못하고 있지만, 서울 창의문은 태종 때 이곳의 통행이 왕조에 불리하다는 풍수지리설에 따라 폐쇄하였다가 중종 때 다시 열어놓아 통행하도록 하였다.

나로 서북쪽 문인 창의문(彰義門)을 가리키며, 창의문 근처 계곡의 이름을 따서 자하문(紫霞門)이라고 불렀다.

해탈문을 넘어서면 이제 부처님의 세상에 다다르는 만큼 이 문을 들어서는 이들은 세상의 온갖 근심 걱정이나 번뇌에서 벗어나 자유로워져야 할 것이다. 이런 뜻을 새겨 불이문을 지나는 이라면 마땅히 해탈하여 부처의 경지에 이르러야 할 것이다.

## 법당 이름은 불상 따라 정해진다

일주문과 금강문, 천왕문, 불이문을 지나면 부처님이 계시는 곳인 탑이나 불당(佛堂) · 불전(佛殿)에 이르게 된다. 탑은 부처님의 사리를 모신 곳으로 부처님의 몸을 모신 무덤에 해당하며, 불당 · 불전은 '부처님이 계신 집 · 전각'이란 뜻으로, 보통 부처님의 모습을 조각한 불상을 모신 곳을 가리킨다. 한마디로 탑과 불당은 부처님이 계시는 곳으로서 불교에서 가장 중요한 예배의 대상이 되는 곳이다. 특히 불당은 불교 신앙의 대상이 되는 불상을 모신 전각(殿閣)으로, 보통 본존불(本尊佛: '으뜸가는 부처'라는 뜻으로, 보통 석가모니불을 가리킨다. 또 '주가 되는 부처'라는 뜻으로 여러 명의 부처 가운데 중심이 되는 분을 말한다)을 모신, 절의 중심 건물을 가리킨다. 따라서 탑과 불당은 사찰에서 가장 중요한 자리에 있으며, 사찰에서 가장 중심이 되는 곳에 있다.

처음에는 불당보다 탑이 더 중요한 위치를 차지하였으나, 시간이 지나면서 탑보다 불당이 더 중요한 위치를 차지하였다. 우리나라에 불교가 처음 들어올 때는 불당을 금당(金堂)이라고 불렀다. 금당이라는 명칭은 전각 안을 금색으로 칠한 데서 유래했다는 설과 금색의 본존불을 전각 안에 모신 데서 유래했다는 설이 있다. 인도에서는 부처님을 '금빛 나는 분'이라는 뜻에서 금인(金人)이라고 불렀다. 지금도 중국이나 일본에서는 법당이라는 명칭보다 금당이라는 명칭이 더 많이 쓰이고 있다. 우리나라에서는 고려 초기까지는 본존불을 모신 사찰의 중심 건물을 금당이라고 하였으며, 신라 말기 선종이 도입되어 고려시대 이후 선종이 널리 퍼지면서 '불법(佛法)을 말하는 집, 설법하는 강당(교종에서는 설법하는 곳이 바로 강당임이었음)'이라는 뜻에서 금

**〈건물 이름과 모신 분〉**

<table>
<tr><th>구분</th><th colspan="2">건물명</th><th>다른 이름</th><th>모신 분</th><th>좌우에 함께 있는 분</th></tr>
<tr><td rowspan="8">부처</td><td colspan="2">대웅전</td><td>대웅보전 · 각황전</td><td>석가모니불</td><td>문수보살–보현보살 / 가섭–아난</td></tr>
<tr><td colspan="2">비로전</td><td>대적전 · 대적광전 · 대광보전 · 대광명전 · 화엄전</td><td>비로자나불</td><td>노사나불–석가모니불 / 문수–보현</td></tr>
<tr><td colspan="2">극락전</td><td>극락보전 · 무량수전 · 아미타전 · 미타전</td><td>아미타불</td><td>관세음보살–대세지보살, 지장보살</td></tr>
<tr><td colspan="2">미륵전</td><td>미륵보전 · 용화전 · 내원궁 · 자씨전 · 대자보전</td><td>미륵불(보살)</td><td>법화림보살–대묘상(대길상)보살</td></tr>
<tr><td colspan="2">약사전</td><td>유리전 · 유리보전</td><td>약사여래</td><td>일광보살–월광보살</td></tr>
<tr><td colspan="2">팔상전</td><td>영산전</td><td>석가모니불</td><td>갈라(제화갈라)보살–미륵보살</td></tr>
<tr><td colspan="2">천불전</td><td></td><td>과거칠불</td><td>현겁천불(현재천불)</td></tr>
<tr><td colspan="2">적멸보궁</td><td>사리탑전</td><td>진신사리</td><td></td></tr>
<tr><td>불보살</td><td colspan="2">보광전</td><td colspan="3">*어떤 특정한 불 · 보살을 모신 건물이 아니라, 다양한 불 · 보살을 모시는 일반전인 건물 이름임</td></tr>
<tr><td rowspan="5">보살<br>제자<br>조사</td><td colspan="2">관음전</td><td>원통전 · 원통보전</td><td>관세음보살</td><td></td></tr>
<tr><td colspan="2">문수전</td><td></td><td>문수보살</td><td></td></tr>
<tr><td colspan="2">명부전</td><td>지장전 · 시왕전 · 쌍세전 · 영원전</td><td>지장보살</td><td>도명존자–무독귀왕 / 시왕</td></tr>
<tr><td colspan="2">나한전</td><td>응진전</td><td>석가모니불</td><td>가섭–아난, 나한들</td></tr>
<tr><td colspan="2">조사전</td><td>조사당 · 불조전 · 국사전(國師殿) · 영각 · 진영각</td><td>역대 조사</td><td></td></tr>
<tr><td rowspan="4">소승 불교<br>민간<br>신앙</td><td rowspan="3">삼<br>성<br>각</td><td>산신각</td><td>산령각</td><td>산신령</td><td>호랑이, 동남동녀</td></tr>
<tr><td>칠성각</td><td>북두각</td><td>북두칠성</td><td></td></tr>
<tr><td>독성각</td><td>천태각</td><td>나반존자</td><td>일광보살–월광보살</td></tr>
<tr><td colspan="2">성황각</td><td>국사당(局司堂) · 국사단(局司壇) · 가람당</td><td>토속신</td><td></td></tr>
</table>

당을 대신하여 법당(法堂)이라는 명칭이 쓰였다. 또 그 의미가 확대되어 법당은 '설법이나 의식을 행하는 곳'은 물론 '불상을 모신 전각'을 통칭하는 용어가 되었다. 하여 우리나라에서는 법당 하면 불상을 모신 건물을 가리키는 말로 쓰이곤 한다.

사찰 안에는 불상을 모신 다양한 건물들이 있고, 건물마다 다른 현판이 붙어 있는데, 보통 법당의 이름은 그 건물 안에 모셔진 불상이 누구냐에 따라 정해진다. 따라서 현판을 보면 그 건물 안에 어떤 불상이 모셔져 있는지 짐작할 수 있으며, 거꾸로 모셔진 불상을 보고 그 건물의 이름을 생각할 수도 있다. 대개 석가모니 부처님을 모신 건물을 대웅전, 비로자나불을 모신 건물을 비로전, 아미타불을 모신 건물을 극락전, 미륵불(보살)을 모신 건물을 미륵전이라고 한다, 또 관세음보살을 모신 건물을 관음전, 지장보살을 모신 건물을 지장전, 문수보살을 모신 건물을 문수전이라고 하며, 나한을 모신 건물을 나한전, 역대 조사들을 모신 건물을 조사전이라고 한다.

#### 대웅전 · 대웅보전 · 각황전

대웅전(大雄殿)은 이 땅에 부처님으로 오신 석가모니불(釋迦牟尼佛)을 모신 법당을 말하며, 이를 높여 불러 대웅보전(大雄寶殿)이라고도 한다. 대웅이란 일반적인 의미로 '큰 영웅', '위대한 영웅'이라는 뜻으로, 영웅 가운데서도 위대한 사람, 즉 '영웅 중의 영웅'을 가리키는 말이다. 또한 대웅은 불교에서 부처님을 가리키는 말로서 진리를 깨달아 세상에 두루 펼친 위대한 영웅이란 뜻으로 쓰이고 있다. 대웅은 고대 인도의 '마하비라'를 한역한 말로, 그 유래는 『법화경(法華經)』에서 석가모니 부처님을 위대한 영웅, 즉 대웅이라 일컬은 데서 찾아볼 수 있다. 사람으로 태어나 생로병사라는 인간의 가장 큰 고민을 해결한 석가모니는 남다를 수밖에 없었다. 따라서 석가모니는 영웅 가운데서도 가장 큰 영웅이며, 영웅 중의 영웅, 즉 대웅에 해당하였다.

나중에는 대웅이라는 말 자체가 아예 석가모니불을 가리키는 말이 되어 보통 석가모니불이 모셔진 건물을 대웅전이라고 하였다. 때에 따라서는 대웅이란 말이 석가모니만을 지칭하는 게 아니라 모든 부처님에게 공통으로 사용되기도 한다. 이에 석가모니불이 아닌 다른 부처님을 모신 건물을 대웅전이라고 한 곳도 있으며, 석가모니불과 함께 다른 부처님을 함께 모신 건물을 대웅보전이라고 부르기도 한다.

대웅전은 원래 석가모니 부처님 한 분만을 모시던 것을 그의 제자인 가섭존자(迦葉尊者)와 아난존자(阿難尊者)를 좌우에 함께 배치하였다[일반적으로 '배치'라는 말보다 '협시(挾侍: 윗사람을 옆에서 모심)'라는 말을 쓰며, 좌우에 배치한 두 분을 협시보살 · 협시불 등으로 부른다]. 하지만 가섭 · 아난존자 대신 대개 대웅전에는 석가모니불을 중심으로 좌우에 문수보살(文殊菩薩)과 보현보살(普賢菩薩)이 협시하는 경우가 일반적이며, 때에 따라서는 문수 · 보현보살 대신 부처의 자비를 상징하는 미륵 · 관음보살이나 지장 · 관음보살이 협시하기도 한다. 또 석가모니불 좌우에 아미타불(阿彌陀佛)과 약사여래[藥師如來, 약사불(藥師佛)]가 협시하기도 하는데, 아미타불과 약사여래가 함께 모시면 격을 높여 대웅보전이라 한다. 아미타불은 극락왕생과 내세의 행복을 주도하는 부처님이며, 약사여래는 고통받는 환자와 가난한 사람을 구원하는 부처님이다.

또 대웅전에는 삼세불(三世佛)이나 삼신불(三身佛)을 모시기도 하는데, 과거 · 현재 · 미래의 삼세를 교화하는 삼세불 가운데 현세의 석가모니불을 중심으로 좌우에 과거불인 연등불(燃燈佛) 또는 가라보살(迦羅菩薩), 미래불인 미륵보살을 배치한다. 삼신불은 간단히 삼신(三身)이라고도 하는데, 삼신은 법신(法身) · 보신(報身) · 화신(化身)으로서 보통 법신은 비로자나불(毘盧遮那佛), 보신은 아미타불 또는 약사불, 화신은 석가모니불을 지칭하지만, 우리나라에서는 선종의 삼신설(三身說)에 따라 노사나불(盧舍那佛)을 보신불로 삼아 비로자나불 · 노사나불 · 석가모니불을 삼신불로 모시는 경우가 많다. 사찰에서는 이들을 부를 때 '청정(淸淨)법신 비로자나불', '원만(圓滿)보신 노사나불', '천백억(千百億)화신 석가모니불'이라고 한다.

널리 알려진 대웅전 건물로는 충남 예산 수덕사 대웅전(국보 제49호), 경북 안동 봉정사 대웅전(국보 제311호), 경남 양산 통도사 대웅전(국보 제290호), 충남 청양 장곡사 상 · 하대웅전(보물 제162호 · 제181호), 충남 공주 마곡사 대웅보전(보물 제801호), 충북 보은 법주사 대웅보전(보물 제915호), 전북 부안 내소사 대웅보전(보물 제291호), 전북 고창 선운사 대웅전(보물 제290호), 전남 구례 화엄사 대웅전(보물 제299호), 충남 논산 쌍계사 대웅전(보물 제408호), 경남 하동 쌍계사 대웅전(보물 제500호), 전북 완주 송광사 대웅전(보물 제1243호) 등이 있다.

전남 구례 화엄사나 전남 순천 선암사에는 각황전(覺皇殿)이라는 건물

▲ **구례 화엄사 각황전** 원래 이곳에는 3층의 장륙전이 있었고 사방의 벽에 화엄경이 새겨져 있었다고 하나, 임진왜란 때 파괴되었다. 1702년에 다시 지어져 지금까지 전해지고 있는데, 건물 안은 위아래 층이 트인 통층 구조이다. 다보불, 석가모니불, 아미타불 등이 모셔져 있다.

이 있는데, 각황은 '깨달은 왕(황제)'이라는 뜻으로 부처님을 가리키는 말이다. 따라서 각황전은 대웅전을 가리키는 말이라고 할 수 있다. 이들 각황전은 원래 장육전(丈六殿)이라는 하였는데, '장육(丈六)'은 장육불상(丈六佛像)의 준말로 '1장(丈) 6척(尺), 즉 16척[1丈=10尺(10자)] 정도 되는 불상'을 가리키는 말이다. 석가모니 부처님의 몸은 보통 사람보다 두 배로 큰 1장 6척이었다고 하는데, 이에 석가모니나 그를 형상화한 불상을 가리켜 장육금신(丈六金身), 장육존상(丈六尊像)이라고 하였다. 그러나 장육전이라고 하여 석가모니불만을 가리키는 것은 아니다. 장육전은 거대한 크기의 불상을 모신 불전을 가리키는 일반적인 용어이기도 하다.

### 비로전 · 대적전 · 대적광전 · 적광보전 · 대광보전 · 대광명전 · 화엄전

비로전(毘盧殿)은 비로자나불(毘盧遮那佛)을 모신 법당이라는 뜻으로, 화엄사상을 중시하는 사찰에 많이 세워진 건물이다. 『화엄경(華嚴經)』에서 "비로자나불은 항상 고요와 빛으로 충만한 상적광전(常寂光殿)에서 법을 설한다."라고 말하고 있다. 이렇게 비로자나불은 '항상 고요하다.'라고 하여 대적전(大寂殿), 대적광전(大寂光殿), 또는 적광보전(寂光寶殿)이라고도 부르며, 비로자나불은 '항상 빛으로 충만하다.'라고 여겨 대광보전(大光寶殿), 대광명전(大光明殿)이라고도 부른다. 또 비로자나불은 화엄 세계를 이끄시는 부처님이기에 화엄전(華嚴殿)이라고도 부른다.

비로자나불은 불교 삼신불 가운데 법신불에 해당하는 부처님이다. 삼신불은 부처의 몸을 셋으로 나누어 부르는 말로, 법신불과 보신불, 화신불[응신불(應身佛)]을 가리킨다. 삼신불은 줄여서 삼신이라고도 하는데, 다양한 중생들을 제도하기 위하여 부처의 몸을 여러 모습으로 나타낸 것이 바로 삼신불사상이다. 법신불은 원래 빛도 없고 형체도 없는, 뭐라 규정할 수 없는 진리나 영원히 변하지 않는 만유의 본체를 부처님의 모습으로 상징화한 것으로서 보통 비로자나불로 표현하고 있다. 원래는 빛깔도 형체도 없는 법신이 다양한 모습으로 나타나게 되는데 이를 형상한 것이 보신불로서 보통 노사나불로 표현하고 있다. 보신불을 아미타불이나 약사불로 보기도 하는데, 이는 업보윤회설(業報輪廻說)에 따라 보살이 아주 오랜 세월에 걸쳐 수행을 쌓은 결과 이룩한 부처를 보신불로 보는 견해로서, 법장보살이 48가지 큰 서원을 세우고 정진하여 성불한 아미타불이 이에 해당한다. 그리고 다양한 보신 가운데 중생을 제도하기 위하여 직접 현세에 인간의 모습으로 나타난[화(化)한, 응(應)한)] 부처를 화신불 또는 응신불이라고 하며, 석가모니불이 대표적이다. 이런 불교의 삼신불사상은 어쩌면 성부(聖父) · 성령(聖靈) · 성자(聖子)가 하나라는 기독교의 삼위일체설과 비슷하다고 할 수 있다.

우리나라 사찰에서는 선종의 영향을 받아 대개 대광보전 · 대광명전 ·

▲ **비로자나불** 경주 불국사 비로전에 있는 '금동 비로자나불 좌상(통일신라시대)'과 청양 장곡사 상대웅전에 있는 '철조 비로자나불 좌상(고려시대, 철조지만 금으로 도금함)'이다. 흔히 비로자나불은 장곡사 비로자나불처럼 오른손이 왼손 검지를 감싸며 양손을 위아래로 연결하는 모습이 일반적이나 불국사 비로자나불은 왼손이 오른손 검지를 감싸고 있다.

▲ **공주 마곡사 대광보전** 마곡사의 중심 법당으로 진리를 상징하는 비로자나불을 모신 건물이다. 처음 지은 시기는 알 수 없으나 불에 타버렸던 것을 조선 순조 13년(1813)에 다시 지었다. 대광보전 위에 또 다른 법당이 있는데, 이는 대웅보전이다.

대적광전이라는 건물에 비로자나불·노사나불·석가모니불, 이렇게 삼신불을 모시는 경우가 흔하다. 이때 중앙의 본존불은 비로자나불이며, 좌우에는 노사나불과 석가모니불이 협시한다. 그리고 삼신불에 대해 그 앞에 수식어를 붙여 청정법신(淸淨法身) 비로자나불, 원만보신(圓滿報身) 노사나불, 천백억화신(千百億化身) 석가모니불이라고 표현하곤 한다. 사찰에 따라서는 삼신불 좌우에 아미타불과 약사불을 더하여 오불(伍佛)을 모시기도 하며, 비로자나불만 모실 때는 좌우에 문수와 보현 두 보살이 협시하곤 한다.

널리 알려진 비로전 건물로는 충남 공주 마곡사 대광보전(보물 제802호), 충남 공주 갑사 대적전(충청남도 유형문화재 제106호), 경남 합천 해인사 대적광전(경상남도 유형문화재 제256호), 경남 양산 통도사 대광명전(경상남도 유형문화재 제94호), 충북 청원 안심사 비로전(충청북도 유형문화재 제112호) 등이 있다.

**극락전 · 극락보전 · 무량수전 · 아미타전 · 미타전**

극란전(極樂殿)은 극락세계를 주관하고 계시는 아미타불(阿彌陀佛)을 모신 건물이다. 하여 아미타전, 간단히 미타전이라고도 하며, 극락세계는 무량수(無量壽)의 거리에 달하는 서방(西方)에 있기에 무량수전이라고도 한다. 서방정토는 극락세계를 가리키며, '아미타'는 무한한 광명(光明)을 뜻하는 말인데, 아미타불은 자비와 광명으로 서방극락정토를 주관하는 부처님이시다. 흔히 '나무아미타불'이라는 말을 듣곤 하는데, 나무(南無)는 귀의(歸依)와 같은 말로 '돌아가 의지한다.'라는 뜻이다. 귀의는 단순히 상대방에게만 의지한다는 뜻이 아니라, 우선 상대방에게 의지하지만, 나중에는 자신 또한 상대방처럼 되도록 하겠다는 뜻이다. 그러므로 '나무아미타불'은 극락세계에 계시는 아미타불에게 의지하여 자신 또한 부처를 이루겠다는 다짐과 염원을 나타내는 말이라고 할 수 있다.

『무량수경(無量壽經)』에 따르면, 우리가 사는 이 사바세계(娑婆世界: 중생이 갖가지 고통을 참고 견뎌야 하는 이 세상)인 예토(穢土: '더러운 곳'이란 뜻으로 중생이 사는, 번뇌로 가득 찬 고통스러운 세계)에서 서쪽으로 10만억 국토를 지나면 이상적인 극락세계인 정토(淨土: '깨끗한 곳'이란 뜻으로 아무런 번뇌도 고통도 없는 세계)가 있다고 한다. 이상적인 극락정토가 서쪽에 있다고 생각한 데에는 고대 인도 사람들의 세계관이 반영된 것으로 볼 수 있는데, 이는 인도의 지리적 환경을 고려하면 쉽게 이해된다. 인도에서는 뜨거운 하루해가 서쪽으로 기울고 나면 숲이나 강에서 시원한 바람이 불어오는데, 해와 달이 모두 서쪽으로만 가는 것을 보면서 서쪽을 그리지 않을 수 없었을 것이며, 아마도 서쪽에는 안락한 세계가 있으리라고 상상하였을 것이다. 극락이란 말은 청량(淸凉), 인양(安養), 안락(安樂)으로도 표현되기도 하였다. 인도 사람들은 시원하고 편안한 곳을 바로 극락으로 여겼으며, 서쪽에 그런 세상이 있을 것으로 보았던 것이다.

극락전에는 아미타불을 중심으로 좌우에 관세음보살(觀世音菩薩)과 대세지보살(大勢至菩薩)이 협시하곤 한다. 관세음보살은 '세상 사람들의 소리를 관[觀: 마음으로 듣는 일. 이에 비해 귀로 듣는 것은 청(聽)이라 한다]하는 보살'로, 자비를 상징하는 보살로서 한마디로 중생들의 소원을 들어주는 보살이다. 그래서 사람들이 소원을 빌 때 '나무관세음보살'을 자주 부르곤 한다. 대세지보살은 지혜와 광명이 으뜸인 보살로, 지혜의 빛으로 널리 '중생들로 하여금 큰 힘을 얻게 하고, 마군(魔軍)을 항복시키는 큰 힘을 지닌 보살'이다. 관세음보살이 자비를 상징하는 보살이라면 대세지보살은 지혜를 상징하는 보살이다. 관세음보살은 관음(觀音) · 관자재(觀自在) · 관세자재(觀世自在: 세상 모든 것을 '자유자재로 관한다.'라는 뜻)보살 등으로도 부르며, 대세지보살은 대세(大勢) · 세지(勢志) · 득대세지(得大勢志)보살 등으로도 부른다. 대개 관세음보살은 중앙에 부처님의 모습이 새겨져 있는 모자[보관(寶冠) · 화관(花冠)]를 쓰고 있으며, 대세지보살은 중앙에 보병(寶甁: 보배로운 병) 또는 감로수병(甘露水甁, 간단히 감로병)이 새겨진 보관을 쓰고 있는 모습이다. 극락전은 때에 따라 대세지보살 대신 지장보살을 협시보살로 모시기도 하여 아미타불을 중심으로 좌우에 관세음보살과 지장보살이 협시하기도 한다.

▲ **부여 무량사 극락전** 무량사의 중심 건물로, 겉에서 보아 2층이지만 안에서는 위아래 층이 구분되지 않고 하나로 트여 있는 통층이다. 중앙에 높이가 5.5m에 이르는 대형의 아미타불상을 중심으로 좌우에 관세음 · 대세지보살상이 모셔져 있다.

널리 알려진 극락전 건물로는 경북

안동 봉정사 극락전(국보 제15호), 경북 영주 부석사 무량수전(국보 제18호), 전남 강진 무위사 극락보전(국보 제13호), 충남 부여 무량사 극락전(보물 제356호), 경북 문경 봉암사 극락전(보물 제1574호), 경북 구미 도리사 극락전(경상북도 문화재자료 제314호), 강원 속초 신흥사 극락보전(강원도 유형문화재 제14호) 등이 있다.

### 미륵전 · 미륵보전 · 용화전 · 내원궁 · 자씨전 · 대자보전

미륵전(彌勒殿)은 앞으로 이 땅에 부처님이 되어 오실 미륵불(彌勒佛) 또는 미륵보살(彌勒菩薩)을 모신 법당이다. 미륵불은 대승불교의 대표적 보살 가운데 하나로, 석가모니불이 미처 제도하지 못한 중생을 구제할 미래의 부처이다. 미륵(彌勒)은 범어로는 마이트레야(Maitreya)로, 성씨(姓氏)에 해당하며, 이름은 아지타(阿逸多, Ajita)이다. 미륵은 자씨(慈氏)로 번역되어 미륵보살을 자씨보살로도 부르며, 미륵전을 자씨전(慈氏殿) · 대자보전(大慈寶殿)이라고도 부른다. 미륵은 인도의 바라나시국 브라만 집안에서 태어나 석가모니불의 교화를 받으며 수도하였고, '미래에 성불하리라.'라는 수기[授記: 부처가 수행자에게 성불할 것을 미리 예언하는 약속]를 받은 뒤 도솔천[兜率天, Tusita: 불교의 3계(三界) 27천(天) 가운데 욕계(欲界) 6천(天)에서 제4천에 해당하는 곳이다]에 올라가 현재 천인(天人)들을 위해 설법하고 있다고 한다. 미륵보살은 석가모니불이 입멸한 뒤 56억 7,000만 년이 되는 때에 다시 사바세계에 출현하여 화림원(華林園) 용화수(龍華樹) 아래에서 성불하여, 3회의 설법으로 모든 중생을 교화한다고 한다. 이 법회를 '용화삼회(龍華三會)'라고 하며, 이에 미륵전을 용화전(龍華殿)이라고도 부른다. 흔히 미륵이 용화수 아래에서 성불하기 이전까지는 미륵보살, 성불한 이후는 미륵불이라고 부르는데, 미륵전에는 미륵보살보다 미륵불을 형상화한 불상을 더 많이 모시는 편이다. 고구려 · 백제 · 신라의 금동미륵보살반가사유상처럼 미륵보살은 모자를 쓰고 있으며, 미륵불은 일반 부처님들의 모습처럼 모자를 쓰고 있지 않고 나발(螺髮: 작은 곱슬머리 형 두발) 머리에 육계(肉髻: 머리 정수리가 상투처럼 우뚝 솟아오른 부분) 모양을 하고 있다.

도솔천 미륵보살이 머무는 곳을 내원(內院) 또는 내원궁(內院宮)이라고도 한다. 불교설화에 따르면, 수미산 꼭대기로부터 12유순[由旬: 고대 인도의 거리 단위로, 소달구지가 하루에 갈 수 있는 거리이다. 보통 1유순은 40리(里)에 해당하나 80리를 대유순, 60리를 중유순, 40리를 소유순로 구분한다]이나 되는 곳에 도솔천이 있다. 도솔천은 내원궁과 외원궁으로 구성되어 있는데, 미륵보살은 그 내원궁에 거처하면서 석가모니의 교화를 받지 못한 중생을 위하여 설법하며 남섬부주(南贍部州)에 내려와 성불할 시기를 기다린다고 한다. 하여 미륵전을 내원궁이라고 부르기도 한다.

우리나라는 미륵신앙은 중국을 통해 삼국시대부터 들어온 것으로 파악된다. 미륵불이 미래세계를 구제할 부처인 만큼 현세의 고통에서 벗어나고자 하거나 새로운 세상을 꿈꾸는 시기에 미륵신앙이 크게 유행하였다. 특히 엄격한 신분제도와 지배층의 가혹한 착취로 인간으로서의 기본적인 삶을 누리지 못하였던 옛 백성들에게 미륵불은 그들을 구제해줄 희망의 부처이기도 하였다. 특히 지배층의 폭정과 자연재해 등으로 민중들의 생활이 도탄에 빠진 때일수록 미륵불을 기다리거나 이런 때일수록 미륵불을 이용하여 자신이 미륵불의 화신임을 자처하는 지배자(지도자)가 나오곤 하였다. 이처럼 미륵신앙은 사회개혁이나 혁명사상과 관련하여 기독교의 메시아사상처럼 유행하였다.

미륵전에는 미륵불의 협시보살로는 법화림보살(法華林菩薩)과 대묘상(대길상)보살[大妙相(大吉相)菩薩] 또는 묘향보살(妙香菩薩)과 법륜보살(法輪菩薩)을 모시곤 하는데, 대표적인 미륵전 건물로는 전북 김제 금산사 미륵전(국보 제62호) 등이 있으며, 전북 고창 선운사 도솔암 내원궁(전라북도 문화재자료 제125

▲ **김제 금산사 미륵전과 내부 천장** 높이 11.82m의 거대한 미륵불을 모신 법당으로 용화전 · 장륙전이라고도 한다. 겉은 3층이면서 안은 하나로 트인 통층(通層) 구조로 된 우리나라 유일의 목조 건물이다. 1층에는 대자보전(大慈寶殿), 2층에는 용화지회(龍華之會), 3층에는 미륵전이라는 현판이 걸려 있다.

號), 부산 범어사 미륵전(부산광역시 유형문화재 제72호), 경남 양산 통도사 용화전(경상남도 유형문화재 제204호), 전북 익산 남원사 미륵전(전라북도 문화재자료 제88호), 충남 논산 관촉사 미륵전 등이 알려져 있다. 또 경기 양평군 개군면 불곡리〈양평군 개군면 불곡부처울길〉 '불곡리 미륵불'(미륵사에서 최근 미륵불을 모신 '미륵보전'을 세웠다), 충남 홍성군 홍북면 상하리〈홍성군 홍북면 용봉산3길〉 '상하리 미륵불' 등처럼 미륵불만 전해지는 곳도 많다.

**약사전 · 유리전 · 유리보전**

약사전(藥師殿)은 약사여래(藥師如來)를 모신 법당으로, 우리나라에서는 신라시대부터 약사불에 대한 신앙이 깊었으므로 많은 사찰에 약사전이 건립되었다. 약사여래는 중생의 질병을 치료해주고 고통을 없애주는 부처로, 동방(東方)에 있는 유리광세계(琉璃光世界)[정유리세계(淨瑠璃世界)]를 주관하는 부처이다. 따라서 약사여래를 약사유리광여래, 약사전을 유리전(琉璃殿)이라고도 한다. 또 약사여래는 병을 고쳐주는 위대한 부처란 뜻으로 대의왕

**▲봉화 청량사 유리보전** 경북 봉화군 명호면 청량산 청량사에 있는 약사여래를 모신 법당이다. 앞면 3칸, 옆면 2칸의 팔작지붕을 한 다포식 건물로, 절벽 위 한쪽에 아담하게 지어졌다. 현판 글씨는 고려 공민왕이 홍건적의 난을 피해 이곳에 머물 때 쓴 것이라고 한다.

불(大醫王佛)이라고도 하는데, 약사여래는 육체의 질병뿐만이 아니라 무명(無明)까지 치료하여 깨달음으로 인도해주는 부처이다.

약사여래가 있는 유리광세계는 동쪽에 있기에 약사전은 대개 동쪽을 바라보며 세워지며. 약사여래는 보통 왼손에 둥근 약단지나 약병을 들고 서 있는 모습이 많다. 또 약사여래의 좌우에는 일광보살(日光菩薩)과 월광보살(月光菩薩)이 협시하고, 12신장(神將)이 주변에서 호위하곤 한다.

널리 알려진 건물로는 인천 강화 전등사 약사전(보물 제179호), 전남 순천 송광사 약사전(보물 제302호), 경남 창녕 관룡사 약사전(보물 제146호), 경북 봉화 청량사 유리보전(琉璃寶殿, 경상북도 유형문화재 제47호) 등이 있다.

경북 경주 분황사 등에서는 약사여래를 모신 건물에 약사전이나 유리전 대신 '보광전'이라는 현판이 걸려 있다. 보광전(寶光殿)은 '빛이 넓게 비추는 집'이라는 뜻으로, 어떤 특정한 불·보살을 모신 건물이 아니다. 보광전에는 약사불·석가모니불·비로자나불·아미타불 등 다양한 불상이 모셔져 있는데, 전북 남원 실상사 보광전에는 석가모니 삼존불, 경북 상주 남장사 보광전에는 비로자나불, 전남 곡성 도림사 보광전에는 아미타불, 전북 익산 숭림사 보광전에는 석가모니불, 경북 김천 청암사 보광전에는 42수관음보살이 모셔져 있다.

**팔상전 · 영산전**

팔상전(捌相殿 · 八相殿)은 석가모니불의 일생을 여덟 장면으로 나누어 그림으로 그리거나 조각으로 만든 팔상도(八相圖 · 捌相圖)를 모신 건물이다. 팔상전에는 팔상도 이외에 석가모니불을 모셔놓기도 하고, 갈라(제화갈라)보살[연등불 · 보광불 · 정광불]과 미륵보살[미륵불]이 좌우에 협시하기도 한다. 또 후불탱화로 영산회상도(靈山會上圖)가 걸려 있어 영산전(靈山殿)이라고도 한다. 하지만 영산전에는 석가모니불의 일생을 그린 팔상도가 없는 경우도 있다.

석가모니의 일생을 여덟 장면으로 표현하는 데에는 여러 가지 의견이 있다. 가장 널리 알려진 팔상도로는 도솔래의상(兜率來儀相: 석가모니가 도솔천에서 내려오는 모습), 비람강생상(毘藍降生相: 룸비니동산에서 탄생하는 모습), 사문유관상(四門遊觀相: 네 개의 문으로 나가 세상을 보는 모습), 유성출가상(踰城出家相: 성을 넘어 출가하는 모습), 설산수도상(雪山修道相: 설산에서 수도하는 모습), 수하항마상(樹下降魔相: 보리수 아래에서 마귀의 항복을 받는 모습), 녹야(녹원)전법상[鹿野(鹿苑)轉法相: 녹야원에서 첫 설법을 하는 모습], 쌍림열반상(雙林涅槃相: 사라쌍수 아래에서 열반하는 모습)으로 된 여덟 가지이다. 이 여덟 가지 중에서도 성도(成道)가 중심이 되므로 팔상도를 팔상성도(八相成道 · 八相聖圖)라고도 한다. 팔상도는 8폭으로 구성하는 것이 보통이지만 한 폭에 2개씩 묶어 모시기도 한다.

옛날 불화(佛畵) 가운데 현재까지 전해지는 팔상도는 그리 많지 않으나, 경기 양평 용문사와 경북 예천 용문사, 전남 순천 송광사(때론 전남 승주 송광사), 경남 하동 쌍계사 등에는 18세기 초의 팔상도가 보존되어 있으며, 경남 양산 통도사, 충남 서산 개심사, 전남 순천 선암사, 경남 합천 해인사 등에 팔상도가 전해지고 있다.

대표적인 팔상전으로는 충북 보은 속리산 팔상전(국보 제55호)이 있으며, 이외에 충남 공주 마곡사 영산전(보물 제800호), 경기 안성 석남사 영산전(보물

▲ **영천 은해사 거조암 영산전과 내부** 거조사는 은해사보다 먼저 지었지만, 1912년 무렵 은해사의 말사가 되어 거조암이라 부르고 있다. 영산전은 거조암의 중심 건물로, 석가모니불상과 526분의 석조 나한상을 모시고 있는데(영산전보다 오백나한전이 더 어울릴 듯하다), 고려 말기 1375년에 세워졌으나, 현재 건물은 조선시대 건물로 보고 있다.

제823호), 전남 순천 선암사 팔상전(전라남도 유형문화재 제60호), 충남 공주 갑사 팔상전(충청남도 문화재자료 제54호), 경남 하동 쌍계사 팔상전(경상남도 유형문화재 제87호), 경남 밀양 표충사 팔상전(경상남도 문화재자료 제141호) 등이 있다. 널리 알려진 영산전으로는 경북 영천 은해사 거조암 영산전(국보 제14호), 전남 순천 송광사 영산전(보물 제303호) 등이 있다.

### 천불전

천불전(千佛殿)은 천 개의 불상을 모신 전각으로, '누구든지 깨달으면 부처가 될 수 있다.'라는 대승불교의 근본사상을 상징적으로 잘 보여주는 건물이다. 불교에서 말하는 부처는 석가모니 한 분만이 아니다. 비록 역사적으로 나타난 부처님은 석가모니불 한 분이지만, 불교 교리상에는 삼신불(三身佛)이 있고, 삼세불(三世佛)에 과거칠불(過去七佛)이 있으며, 천불(千佛), 삼천불(三千佛) 등 다불(多佛) 사상이 반영되어 부처님이 아주 많다. 여기에서 삼신불은 법신불·보신불·화신불을 말하며, 삼세불은 과거불·현세불·미래불을 말한다. 과거칠불은 석가모니 이전에 이 세상에 출현하였다고 하는 일곱 명의 부처를 가리키는데, 불교에서는 삼겁(三劫)이라 하여 시간을 과거 장엄겁(莊嚴劫), 현재 현겁(賢劫), 미래 성수겁(星宿劫)으로 나누고 있다. 장엄겁에 나타난 비바시불(毘婆尸佛)·시기불(尸棄佛)·비사부불(毘舍浮佛)의 3불과 현겁에 나타난 구류손불(拘留孫佛)·구나함모니불(拘那含牟尼佛)·가섭불(迦葉佛)·석가모니불의 4불을 합하여 과거칠불이라고 한다. 삼겁 가운데 현겁(賢劫)은 세상이 개벽하여 다시 개벽할 때까지의 기간을 이르는데, 불경에 따르면 현겁에 구류손불·구나함모니불·가섭불·석가모니불 등 1,000명의 부처가 나타나 중생을 제도한다고 한다. 천불 사상은 삼겁과 결합하여 과거·현재·미래마다 천불이 있어 삼천불 사상으로 확대되었는데, 삼천불은 장엄겁천불, 현겁천불, 성수겁천불을 가리킨다.

한편, 과거불로 잘 알려진 이로 연등불(燃燈佛)과 다보불(多寶佛) 있는데, 연등불은 석가모니가 전생(前生)에 보살로 수행할 때 석가모니에게 "다음 세상에서 여래가 되리라."라는 수기(授記)를 준 부처이며, 다보여래는 석가모니가 『법화경』을 설하는 곳에 나타나 그 설법을 증명할 것을 약속한 부처이다. 연등불은 산스크리트어로는 '디파가라(Dipaṃkara)'라 하는데, 이를 의역하여 정광불(定光·錠光佛)·등광여래(燈光如來)·보광여래(寶光如來), 음역하여 제화갈라·제원갈이라고도 한다(팔상전에서 석가모니불을 협시하는 제화갈라보살이 바로 연등불이기도 하다). 그리고 다보불, 즉 다보여래(多寶如來)는 동방(東方) 보정세계(寶淨世界·寶正世界)를 주관하는 부처로, 산스크리트어 '프라부타라트나

(Prabhutaratna)'를 의역하여 다보불 또는 대보불(大寶佛)이라 한다. 다보여래는 다보탑과 이불병좌상과 관련 있는 부처이다.

**삼신불(三身佛)** — 법신불(法身佛) · 보신불(報身佛) · 화신불(化身佛)

**삼세불(三世佛)** — 과거불(過去佛) · 현재불(現在佛) · 미래불(未來佛)

**삼존불(三尊佛)** — 본존불(本尊佛)과 좌 · 우 협시불(협시보살)

이렇듯 역사적으로 부처는 석가모니불 혼자이고, 초기 불교에서 부처는 석가모니불 한 분이었으나 점차 시공이 확대되면서 과거불 · 현세불 · 미래불이 나타나 시방삼세(十方三世)에 부처가 존재한다고 보았다. 즉 부처가 공간적으로는 시방에, 시간적으로는 삼세에 존재한다고 보아 우주의 모든 공간과 현재는 물론 과거와 미래의 모든 순간에 부처가 존재한다는 것으로 발전하였다. 나아가 과거 · 현재 · 미래에 각각 천 명의 부처가 존재한다고 보았다. 이런 의미가 반영되어 천불전이 조성되었는데, 천불전에는 과거 장엄겁천불이나 미래 성수겁천불보다 대개 현겁천불을 모시고 있다.

널리 알려진 천불전으로는 전남 해남 대흥사 천불전(전라남도 유형문화재 제48호), 충남 예산 향천사 천불전(충청남도 문화재자료 제173호), 충남 천안 광덕사 천불전(충청남도 문화재자료 제247호), 경북 김천 직지사 천불전 등이 있다.

**적멸보궁 · 사리탑전**

적멸보궁(寂滅寶宮)은 불상을 모시지 않고 대신 석가모니의 진신사리를 모신 법당을 말한다. 적멸은 '열반(涅槃), 즉 깨달음', 보궁은 '보배스런 궁궐'을 뜻하는 말로, 적멸보궁은 '깨달음을 이룩한 석가모니불의 진신사리를 모신 보배스런 궁궐'을 가리킨다. 적멸보궁은 부처의 진신사리를 모셨으므로 불단(佛壇)은 있지만, 따로 불상이나 후불탱화를 모시지 않고 법당의 바깥이나 뒤쪽에 사리탑을 세우거나 계단(戒壇)을 설치하여 그곳을 향해 예배하도록 한 건물이다. 이에 적멸보궁을 사리탑전(舍利塔殿: 사리탑의 건물)이라고도 한다.

진신사리는 부처의 몸에 해당하므로 석가모니불이 죽은 후 불상이 조성될 때까지 가장 중요한 숭배의 대상이었으며, 불상이 만들어진 후에도 중요하게 여겨졌다. 이런 진신사리를 모신 곳이 탑이고, 이런 진신사리를 향해 예배하도록 세운 건물이 적멸보궁이다. 다만 일반 법당보다 그 격을 높여 '전(殿)'보다 '궁(宮)'이라 한 것이다. 이처럼 적멸보궁이라는 현판이 있는 건물은 원래 진신사리의 예배 장소로 사용된 곳이다. 처음에는 사리를 모신 계단을 향해 마당에서 예배하던 것이 편의에 따라 전각을 지어 예배하게 되었으며, 그 전각은 법당이 아니라 예배 장소로 건립되었기 때문에 불상을 따로 모시지 않았다. 다만 진신사리가 봉안된 쪽으로 예배 행위를 위한 불단을 마련하였다.

우리나라 적멸보궁은 643년 신라 자장율사(慈藏律師)가 중국 당나라에서 귀국할 때 가져온 석가모니의 사리와 정골(頂骨) 등을 경주 황룡사 9층탑, 양산 통도사 계단과 평창 월정사 등에 모시면서 마련되었다. 그 가운데 자장율사에 의해 모신 사리가 현존하는 적멸보궁은 모두 다섯 곳이라 하여 이를 '제5대 적명보궁'이라고 부른다. 경남 양산 통도사 적멸보궁[대웅전 · 금강계단 · 대방광전](국보 제290호), 강원 평창 월정사[상원사(상원사 사자암)] 적멸보궁(강원도 유형문화재 제28호), 강원 정선 정암사 적멸보궁(강원도 문화재자료 제32호), 강원 영월 법흥사 적멸보궁, 강원 인제 봉정암 적멸보궁이 5대 적멸보궁에 해당하며. 이외에 경북 구미 도리사 적멸보궁, 대구 달성 용연사 적멸보궁, 경남 사천 다솔사 적멸보궁, 충북 단양 구인사 적멸궁[대한불교 천태종 총본산인 구인사를 창건한 상월원각(上月圓覺) 대조사(大祖師)의 묘로, 사리를 모신 것이 아니라 매장한 묘인데, 이를 적멸궁으로 부르고 있다] 등이 있다.

### 관음전 · 원통전 · 원통보전

관음전(觀音殿)은 관세음보살(觀世音菩薩)을 모신 건물이다. 관세음보살은 자비의 상징으로, 대비관세음보살(大悲觀世音菩薩), 관자재보살(觀自在菩薩)이라고도 한다. 원통(圓通)은 '지혜로 진리를 깨달은 상태에 있음' 또는 '원만하여 모든 존재에 널리 두루 통하고 자유자재(自在)로 거리낌이 없는 상태에 있음'을 뜻으로 말로, 바로 관자재(관세음)보살이 그런 분이라 관음전을 원통전이라고도 한다. 보통 관세음보살을 모신 건물이 절의 주된 건물이면 관음전이라 하지 않고 원통전(圓通殿) 또는 원통보전(圓通寶殿)이라 하며, 다른 건물에 딸린 부속 건물로 관세음보살을 모실 때에는 관음전이라고 부른다. 관음전을 중국에서는 관세음보살의 자비를 강조하여 대비전이라고도 한다.

관세음보살은 자비로 중생의 괴로움을 구제하고 왕생의 길로 인도하는 불교의 보살로, 산스크리트어로 '아바로키테슈바라(Avalokiteśvara)'라고 하는데, 이를 중국에서 의역하여 광세음(光世音) · 관세음(觀世音) · 관자재(觀自在) · 관세자재(觀世自在) · 관세음자재(觀世音自在) 등으로 불렀다. 처음에는 관세음이라는 말을 많이 썼으나, 나중에는 관자재라는 뜻으로 번역하여 사용하였다. 관세음은 '세상의 모든 소리를 관(觀: 마음으로 듣는 일)하여 살펴본다.'라는 뜻이며, 관자재는 이 '세상의 모든 것을 자유자재로 관조(觀照)하여 보살핀다.'라는 뜻이다. 관세음보살은 간단히 관음보살이라고도 하는데, 우리나라에서는 일찍부터 관음신앙이 받아들여져 관자재보다는 관세음이라는 말이 더 널리 쓰였다.

보살(菩薩, Bodhisattva)은 중생이 성불하도록 도와주는 분으로, 특히 관세음보살은 대자대비(大慈大悲)의 마음으로 중생을 구제하고 제도하는 보살이다. 그러므로 세상을 구제하는 보살[구제보살(救世菩薩)], 세상을 구제하는 청정한 성자[구세정자(救世淨者)], 중생에게 두려움 없는 마음을 베푸는 이[시무외자(施無畏者)], 크게 중생을 사랑하는 마음으로 중생을 이롭게 하는 보살

▲ **관세음보살의 다양한 모습** 왼쪽은 김제 금산사 원통전에 있는 사십이수관음보살상이며, 오른쪽은 경주 불국사 관음전에 있는 천수천안관음탱화와 관세음보살 입상 모습이다. 양쪽 모두 중앙에 있는 관세음보살은 쓰고 있는 모자에 새겨진 작은 불상들을 보아 십일면관음보살을 표현하고 있다.

[대비성자(大悲聖者)]이라고도 한다.

관세음보살의 모습은 대개 머리에 보관을 쓰고 있으며, 한 손에는 버드나무가지 또는 연꽃을 다른 손에는 정병을 들고 있다. 흔히 보살은 부처님과 다르게 보관을 쓰고 있는데, 관세음보살이 쓴 보관에는 가운데에 부처 모습이 새겨져 있다. 관세음보살은 단독으로 모셔지기도 하지만, 아미타불의 협시보살로 나타나기도 하는데, 아미타불의 협시보살일 대는 대세지보살(또는 지장보살)과 짝이 되어 아미타불의 좌우에서 협시하곤 한다.

흔히 사람들이 소원을 빌 때면 관세음보살을 많이 찾곤 한다. 관세음보살을 찾는 중생들이 적지 않고, 중생이 원하면 어느 곳에나 나타나는 보살이기에 관세음보살은 여러 모습으로 표현된다. 관세음보살은 성관음·마두관음·수월관음·해수관음·양류관음·백의관음·불공견삭관음·여의륜관음·준제관음·십일면관음·사십이수관음·천수관음·천수천안관음보살 등 다양한 모습으로 나타나며, 육관음(六觀音)·칠관음(七觀音)·삼십삼관음(三十三觀音) 등으로 구분하기도 한다. 여기에서 성관음(聖觀音)은 근본이 되는 모습의 관음으로, 결가부좌를 하고 있으며, 왼손을 펴서 가슴에 대고 오른손에는 연꽃을 들고 있고, 보관 가운데 아미타불이 그려져 있다. 마두관음(馬頭觀音)은 보관에 말 머리를 이고 있으며, 성난 모양을 하고 있는 유일한 관음상으로, 주로 짐승들을 교화하여 이롭게 한다. 수월관음(水月觀音)은 달이 비친 바다 위에 한 잎의 연꽃에 선 모습의 관음이며, 해수관음(海水觀音)은 바다의 중생처럼 수많은 중생을 제도한다는 의미의 관음보살이다. 양류관음(楊柳觀音)은 오른손에는 버들가지를 쥐고 왼손은 왼쪽 젖가슴에 대고 바위 위에 앉아 있는 모습의 관음보살로, 자비심이 많아 중생의 소원에 응하여주는 것이 미치 버들가지가 바람에 나부끼는 것과 같다는 데서 온 것이다. 백의관음(白衣觀音)은 흰옷을 입은 관음보살을 가리키며, 보통 머리에서 발끝까지 온통 흰옷을 걸치고 있으며, 순조로운 출산과 어린아이의 생명을 보살펴준다고 한다. 불공견삭관음(不空羂索觀音)은 중생을 구제하겠다는 염원이 헛되지 않게[불공] 그물로 고기를 낚듯이[견삭: 羂(올무 견, 그물 견), 索(동아줄 삭, 선택할 삭)] 단 한 사람의 중생이라도 놓치지 않고 구원하겠다는 의지를 보여주는 관세음보살을 말한다. 여의륜관음(如意輪觀音)은 여의주의 삼매(三昧)에 들어 있으면서 뜻대로 설법하여 모든 중생의 고통을 덜어주며 소원을 이루어주는 관음으로, 온몸이 금빛인 몸으로 연꽃 위에 앉아 있으며, 머리에 장엄한 관을 쓰고, 대개 팔은 여섯이나 된다. 준제관음(准提觀音)은 3개의 눈으로 중생의 세 가지 장애인 무명과 죄업, 고통을 바르게 보고 18개의 팔로 세 가지 장애를 남김없이 제거하여 청정한 마음을 갖게 하는 보살로, 밀교(密敎)에서는 칠구지불모(七俱胝佛母)라 부르기도 한다. 십일면관음(十一面觀音)은 아수라 세계의 중생을 구제하는 보살로, 머리 위에 다양한 표정을 한 11개의 조그만 얼굴이 있다. 맨 위의 얼굴은 불과(佛果: 불도를 닦아 이르는 부처의 지위)를 나타내고, 전후좌우에 있는 열 개의 얼굴은 보살이 수행하는 과정에서 거치게 되는 열 단계의 경지[10地: 환희지(歡喜地) · 이구지(離垢地) · 발광지(發光地) · 염혜지(談慧地)·난승지(難勝地)·현전지(現前地)·원행지(遠行地)·부동지(不動地)·선혜지(善慧地)·법운지(法雲地)]를 나타내어, 중생의 무명 번뇌를 끊고 부처가 되는 것을 상징한다. 사십이수관음(四十二手觀音)은 42개나 되는 손을 가진 관음보살로 세상을 고루 어루만진다는 뜻이며, 천수관음(千手觀音)이나 천수천안관음(千手千眼觀音)은 천 개의 손과 그 손바닥 한 개씩 총 천 개의 눈으로 표현된 관세음보살로, 천수천안관세음보살은 하나가 아니라 수많은 눈과 손으로 중생들의 고통을 다 보고 듣고 구제해주는 보살임을 상징적으로 표현한 것이다.

관음전에는 관세음보살상이 단독으로 모셔지는 경우가 많으며, 간혹 남순동자(南巡童子)와 해상용왕(海上龍王)이 관세음보살을 협시하기도 한다. 관세음보살은 대개 왼손에 봉오리 상태의 연꽃을 들고 있고, 오른손에는 감로병을 들고 있는 모습이다.

대표적인 관음전으로는 충북 보은 법주사 원통보전(보물 제916호), 경북 안동 개목사 원통전(보물 제242호) 등이 있다. 이외에 경남 양산 통도사 관음전(경상남도 유형문화재 제251호), 강원 양양 낙산사 원통보전, 경북 경주 불국사 관음전, 경남 밀양 표충사 관음전 등이 있다. 우리나라는 불교가 들어온 삼국시대부터 지금까지도 관세음보살을 신봉하는 관음신앙이 불교계에 널리 자리 잡고 있는데, 우리나라 3대 관음도량[觀音道場: 관음성지(觀音聖地)]으로 동해의 강원 양양 낙산사 홍련암(강원도 문화재자료 제36호), 남해의 경남 남해 금산 보리암, 서해(황해)의 인천 강화 보문사가 유명하다. 여기에 남해의 전남 여수 향일암을 합하여 4대 관음도량(관음성지)이라 부르고 있다.

### 문수전

문수전(文殊殿)은 문수보살을 모신 건물로, 문수보살(文殊菩薩)은 대승불교에서 지혜를 상징하는 보살이다. 산스크리트어 '만수스리(Mañjuśri)'를 음역하여 문수사리(文殊師利)·만수시리(滿殊尸利) 또는 만수실리(曼殊室利) 등으로 불렀는데, 문수나 만수는 '묘(妙)', 사리나 시리·실리는 '두(頭)·덕(德)·길상(吉祥)' 등의 뜻으로, 문수사리는 '지혜가 뛰어난 공덕'이라는 뜻이 된다. 하여 문수보살은 지혜를 대표하는 보살로, 대지문수사리보살(大智文殊師利菩薩)이라고 부르기도 한다.

불교에서는 지혜를 반야(般若)라고 하는데, 문수보살은 석가가 죽은 후 인도에 태어나 반야의 이치를 선양, 『반야경(般若經)』을 결집·편찬한 보살이다. 이처럼 문수보살은 석가모니불의 교화를 돕기 위해 일시적으로 보살의 지위에 있지만 이미 예전에 성불하였고, 미래에 성불하여 보견여래(普見如來)가 될 보살이기도 하다.

문수전에서는 문수보살만을 따로 모시지만, 보통 문수보살은 보현보살

▲ **보현보살상과 문수보살상** 대전광역시 유성구 탑립동〈대전광역시 유성구 엑스포로〉 여진불교미술관에 전시된 보살상이다. 대웅전에는 석가모니불을 중심으로 대개 오른쪽(보는 쪽에선 왼쪽)에 보현보살, 왼쪽(보는 쪽에선 오른쪽)에 문수보살이 협시하고 있다. 문수·보현 보살은 비로자나불을 협시하기도 한다.

과 짝이 되어 대웅전이나 대적광전에서 석가모니불이나 비로자나불의 협시보살(脇侍菩薩)로 함께 모셔지곤 한다. 석가모니불이나 비로자나불과 함께 삼존불로 모시는 것은 보현보살이 세상 속에 뛰어들어 실천적 구도자의 모습을 띠고 활동할 때, 문수보살은 사람들에게 지혜의 좌표가 되어 중생 구제에 힘쓰고 있는 모습을 상징화한 것이라고 할 수 있다.

▲ **문수전** 경남 하동 칠불암(칠불선원 · 칠불사) 문수전으로, 1948년 여수 · 순천사건으로 소실되었던 것을 1964년에 중창한 것이다. 칠불암은 아자방(亞字房)과 함께 선원으로 유명한 곳인데, 한 번 불을 지피면 49일 동안 따뜻하다는 아자방은 1982년에 복원되었다.

여하튼 문수보살은 대지문수사리보살이라 하여 지혜를 상징하는 보살이다. 대개 머리에 다섯 상투 모양을 한 관을 쓰고 있으며, 부처님의 왼쪽에서 연화대(蓮花臺)에 앉아 여의주나 지혜의 칼을 오른손에, 지혜의 그림이 있는 푸른 연꽃[청련화(青蓮花)]을 왼손에 들고 있는데, 때에 따라서는 사자[청사자(青獅子)]를 타고 있거나 경전(經典)을 손에 든 모습으로 표현되기도 한다. 이에 반해 보현보살은 대행보현보살(大行普賢菩薩)이라 하여 실천을 상징하거나 부처의 덕을 상징하는 보살로서 대개 부처님의 오른쪽에서 연꽃을 들고 코끼리를 탄 모습으로 표현된다. 보살은 중생을 교화하기 위해 신통력을 발휘하여 여러 가지 모습으로 변해 나타나곤 하는데, 문수보살과 보현보살은 보통 문수동자와 보현동자로 표현되기도 한다.

전설적으로 문수보살은 중국의 산시성[山西省(산서성)] 우타이산[五臺山

(오대산) · 청량산(淸凉山)]에서 1만 보살과 함께 있다고 하는데, 한국에서는 강원도 오대산에 있다고 하여 지금도 오대산 상원사(上院寺)에서는 문수를 주존(主尊)으로 모시고 있다. 널리 알려진 문수전으로는 전북 고창 문수사 문수전(전라북도 유형문화재 제52호), 경남 하동 칠불암 문수전 등이 있다.

### 명부전 · 지장전 · 시왕전 · 쌍세전 · 영원전

명부전(冥府殿)은 지장보살(地藏菩薩)과 지옥의 심판관인 시왕(十王 *원음은 '십왕'이나 '시왕'으로 발음) 및 죽은 사람의 명복을 기원하는 위패들이 모셔져 있는 건물이다. 지장보살을 주불로 모신 곳이기에 지장전(地藏殿)이라고도 하며, 지옥의 심판관인 시왕을 모신 곳이기에 시왕전(十王殿)이라고도 한다. 또 저승과 이승을 연결하는 곳이란 뜻에서 쌍세전(雙世殿)이라고도 하고, 모든 혼령의 근원이라는 뜻에서 영원전(靈源殿)이라고도 하는데, 쌍세전이나 영원전이라는 말은 널리 사용하는 말은 아니다. 일반적으로 명부전이나 지장전, 시왕전이라는 말을 널리 쓰고 있는데, 처음에는 지장전과 시왕전이 각각 독립된 전각으로 분리되어 있었으나, 현세 기복신앙이 내세 구원신앙으로 바뀌면서 합쳐진 것으로 보인다. 우리나라에서는 고려 말 이후 지장전과 시왕전이 명부전으로 결합한 것으로 보고 있다.

지장보살은 도리천에 살면서 미륵불이 성불하여 중생을 제도하는 용화삼회를 열 때까지 중생을 구제하는 보살로, 가난한 이들에게 옷을 벗어주다 보니 속옷까지 다 벗어주게 되어 부끄러운 몸을 숨길 곳이 없어 '땅[地(땅 지)]에 몸을 감췄다[藏(감출 장)]'는 뜻에서 지장보살이라고 하였다고 한다. 이처럼 지장보살은 보살도(菩薩道)를 적극적으로 실천하였는데, 또 "지옥에 오는 모든 중생을 제도한 뒤에야 성불하겠다."라는 서원을 세워 지금도 지옥문 앞에서 중생들을 제도하고 있다고 한다.

시왕은 128개 지옥을 나누어 다스리는 명계의 십대왕(十大王)을 말한다.

사람이 죽으면 그날로부터 49일 되는 날까지 7일째마다 차례로 7번 시왕 앞에 나아가 생전에 지은 죄업의 경중과 선행·악행을 심판받는다고 한다. 십대왕 가운데 널리 알려진 염라대왕(閻羅大王)은 죽은 이의 영혼을 다스리고 생전의 행동을 심판하여 상벌을 주는 지옥의 왕으로, 원래는 『리그베다』에서 최초의 인간으로 죽음을 경험하고 그곳의 신이 된 야마인데, 나중에 야마는 불교에 수용되면서 지옥의 왕이 되어 사람 행위를 심판하는 역할을 하였다. 본래 야마는 욕계 육천 중 세 번째 하늘에 머물며 선업을 쌓아서 죽은 자가 가야 할 천상낙토(天上樂土)의 지배자였으나, 뒤에 지옥을 관장하는 무서운 귀신의 왕이 되었고 이름도 염마(焰摩) 또는 염라(閻羅)로 바뀌었다. 또 불교가 중국에 들어가 도교의 많은 부분을 흡수하면서 시왕(十王)이라는 독특한 개념을 만들어지면서 지옥의 주인이 지장보살로 바뀌고, 염라대왕은 시왕 가운데 하나의 왕으로 등장하였다. 그래서 염라대왕은 시왕 중 다섯 번째 대왕으로 죄인의 혀를 집게로 뽑는 발설지옥(拔舌地獄)을 관장하는 왕이 되었다.

명부(冥府)는 사후세계인 저승세계로, 염라대왕(閻羅大王)이 다스리는 유명계[幽冥界: 진리의 빛이 없는 세계. 곧 삼악도(三惡道: 악인이 죽어서 가는 세 가지의 괴로운 세계로 지옥도, 축생도, 아귀도를 말한다)] 또는 명토(冥土: 사람이 죽은 뒤에 간다는 영혼의 세계)를 통틀어 이르는 말이다. 지장보살은 명부, 특히 지옥문 앞에 머물며 그곳에 오는 중생들이 끝날 때까지 제도한다고 한다. 하여 명부전은 지장보살을 모시고 죽은 이의 넋을 인도하여 극락왕생하도록 기원하는 곳이기도 하다. 그래서 불가에서는 사람이 죽으면 그 위패를 명부전에 모셔 49재 등을 통해 다음 생애에 좋은 곳에 태어나도록 기원한다. 우리는 일상생활에서 죽은 사람을 향해 '삼가 명복을 빕니다.'라는 말을 흔히 쓰는데, 여기서 말하는 명복(冥福)은 '명부에서의 복'을 뜻하는 말이다. 따라서 '명복을 빈다.'라는 말은 '사후세계에서 복을 받도록 빈다.'라는 뜻이다.

**▲ 군위 인각사 명부전 내부** 인각사는 보각국사 일연스님이 『삼국유사』를 저술한 곳으로 알려진 절이다. 이곳 명부전 중앙에는 지장보살과 협시상이, 좌우로는 염라대왕을 비롯한 지옥시왕(地獄十王) 및 기타 인물들이 모셔져 있다. 지장보살은 중앙 대좌에 앉아 있고, 시왕은 의자에 앉은 모습으로 좌우에 각각 다섯 분씩 있으며, 나머지 인물들은 상대적으로 작은 크기로 좌우에 세 분씩 서 있다.

명부전은 대개 법당 오른쪽 뒤에 있는데, 사찰 안의 다른 전각들에 비해 격이 떨어지므로 건물의 크기나 양식에서 차이가 난다. 명부전 안의 불단은 대개 ㄷ자형(冂 모양)으로 하여 가운데에 지장보살을 모시고 좌우에 지옥을 출입한 승려인 도명존자(道明尊子)와 전생부터 지장보살과 인연을 맺었다는 무독귀왕(無毒鬼王)이 협시하도록 하며, 또 좌우로 나눠(보통 다섯 분씩) 시왕을 모시곤 한다. 그리고 지장보살은 대부분 보관을 쓰고 있는 보살과는 달리 보관을 쓰지 않은 채, 삭발하여 파란 민머리를 하고 있거나 두건(頭巾)을 두르고 있으며, 긴 지팡이나 지혜를 상징하는 보배 구슬을 들고 있는 모습을 하고 있다.

널리 알려진 명부전으로는 경남 양산 통도사 명부전(경상남도 유형문화재 제195호), 경남 고성 옥천사 명부전(경상남도 문화재자료 제146호), 서울 흥천사 명부전(서울특별시 유형문화재 제67호), 충남 공주 마곡사 명부전(충청남도 문화재자료 제64호), 전남 구례 연곡사 명부전, 전남 화순 쌍봉사 지장전 등이 있다. 그리고 흔하지 않은 이름으로 경기 파주 보광사 쌍세전, 전북 익산 숭림사 영원전, 충남 공주 신원사 영원전 등이 있다.

### 나한전 · 응진전

나한전(羅漢殿)은 부처님의 제자인 나한을 모신 건물이다. 나한은 아라한(阿羅漢)의 약칭으로, 성자(聖者)라는 뜻이다. 아라한은 공양을 받을 자격[응공(應供)]을 갖추고 진리로 사람들을 충분히 이끌 수 있는 능력[응진(應眞)]을 갖춘 이다. 하여 나한전을 응진전(應眞殿)이라고도 한다.

부처를 흔히 불(佛), 여래(如來)라고 부른다. 일반적으로 부처를 가리키는 이름으로는 열 가지가 있는데, 이를 여래 10호(號)라 한다. 여래 10호로는 여래(如來: 지금까지의 부처와 같이 그렇게 온 분), 응공[應供: 마땅히 공양을 받아도 될 분. 즉 아라한(阿羅漢)], 정각자[正覺者: 올바로 깨달음을 얻은 분. 정등각자(正等覺者) · 정편지(正遍知)], 명행족(明行足: 지혜와 행동이 완전한 분), 선서(善逝, Sugata: 잘 가신 분), 세간해(世間解: 세상을 완전히 이해한 분), 무상사(無上士: 더는 위가 없이 가장 높은 자리에 계신 분), 조어장부(調御丈夫: 조어하는데 훌륭한 능력을 갖춘 분), 천인사(天人師: 신과 사람들을 가르치시는 분), 세존(世尊: 세상에서 존경받는 분) 등이 있다. 여기에 불(佛)까지 합하면 여래 11호(불 11호)가 되는데, 이외에도 부처는 대사(大師) · 도사(導師) · 대선(大仙) · 일체지[一切智: 전지자(全知者)] · 복전(福田: 행복을 기르는 밭) 등으로도 불리고, 또 태양 · 목우(牧牛) · 사자(獅子) 등으로 비유되기도 한다.

이처럼 아라한(나한)은 원래 부처를 가리키는 이름이었는데, 후에 불제자들이 도달하는 최고의 경지를 가리키는 것으로 바뀌었다. 하여 소승불교(小乘佛敎)의 수행자들, 즉 성문(聲聞) 가운데 가장 높은 경지에 해당한다. 즉 잘 정비된 교학(敎學)에서는 성인을 예류(五流) · 일래(一來) · 불환(不還) · 아라한(阿羅漢)의 네 단계로 나누어 아라한을 최고의 자리에 놓고 있다(성문 아라한과 구별하기 위해 여래 10호의 아라한을 따로 '아라하'라고 구분하여 부르기도 한다). 아라한의 경지는 더는 배우고 닦을 만한 것이 없으므로 무학(無學)이라고 하며, 그 이전의 경지는 아직도 배우고 닦을 필요가 있는 단계이므로 유학(有學)의 종류로 불린다.

성문(聲聞, Srāvaka)은 석가모니가 말씀을 듣고 그의 가르침을 그대로 충실히 실천하는 출가자 일반을 가리키던 말이었으니 석가모니가 세상을 떠난 후에는 석가의 음성을 들을 수 없으므로 스스로 연기(緣起)의 이치를 통해 깨달음을 얻는 사람을 연각(緣覺) 또는 독각(獨覺)이라고 하였다. 이후 대승불교(大乘佛敎)가 나타나면서 대승을 실천하는 자를 보살이라 하고 소승의 수행을 하는 자를 성문이라 하였다. 대승불교에 따르면, 보살은 널리 다른 사람을 구제하며 부처가 되는 것을 목적으로 하지만, 성문은 자기만의 수양에 힘쓰며 아라한이 되는 것을 목적으로 하므로 부처는 될 수 없다고 한다. 대승을 보살승(菩薩乘) 또는 불승(佛乘)이라고 하는 데 반하여, 소승을 성문승(聲聞乘)이라고도 한다.

석가모니에게는 10대 제자가 있었다고 한다. 10대 제자는 마하가섭(摩訶迦葉, 마하깟사빠), 아난(阿難, 아난다), 사리자(舍利子 · 舍利弗, 사리뿟뜨라), 목련(目連 · 目犍連, 목갈라나), 아나율(阿那律, 아누룻다), 수보리(須菩提, 수부티), 부루나(富樓那, 뿐나), 가전연(迦旃延, 깟짜야나), 우바리(優婆離, 우빨리), 나후라(羅睺羅, 라훌라: 석가모니의 아들)이다. 이들 10대 제자는 각자 출중한 분야를 하나씩 갖추고 있어 이들을 부를 때 '○○ 제일'이라는 수식어가 따르는데, '두타(頭陀) 제일 가섭', '다문(多聞) 제일 아난', '지혜(智慧) 제일 사리자', '신통(神通) 제일 목련', '천안(天眼) 제일 아나율', '해공(解空) 제일 수보리', '설법(說法) 제일 부루나', '논의(論議) 제일 가전연', '지계(持戒) 제일 우바리', '밀행(密行) 제일 나후라'로 부르고 있다.

또 석가모니에게는 16명의 뛰어난 제자가 있어 이들을 16나한 또는 16성 제자라고 부른다. 16나한 가운데 빈두로파라타(賓頭盧頗羅墮: 흰 머리에 기다란 눈썹을 가진 부처님 제자로서, 빈두로는 그의 이름이며 파라타는 그의 성이다)는 우리나라에서 독성(獨聖: 혼자 깨달은 성인) 또는 나반존자(那畔尊者)라 부르는 이로, 그나마 널리 알려진 인물이다. 보통 나한전에는 석가모니불을 중심으로 좌우

▲ **고창 선운사 나한전 내부** 조선 말기에 세워진 건물로, 조선시대에 도솔암 용문굴에 살던 이무기가 마을 주민들을 괴롭히자 이를 물리치기 위하여 인도에서 나한상을 들여와 모셨더니 사라졌으며, 다시 나타나지 못하도록 이 건물을 세웠다고 전해진다.

에 가섭(迦葉)과 아난(阿難)이 협시하며, 그 좌우로 자유자재한 형상의 16나한이 모셔진다. 끝 부분에 범천과 제석천을 함께 봉안하는 것이 가장 일반적인 형태이다. 16나한은 대개 후불탱화로 모셔지는 경우가 많은데, 이 경우에는 불단에 나한상이 없다. 때에 따라서 나한전에는 오백 나한을 모시기도 하는데, 이는 석가모니가 열반한 후 가섭이 중심이 되어 불경을 편찬하기 위해 회의를 소집했을 때 모인 비구가 오백 명인 데서 비롯한다.

나한전은 대웅전과 달리 좁은 폭의 불단을 ㄷ자형(冂 모양)으로 배치하여 부처를 중심으로 좌우로 나눠 나한을 차례로 모신다. 다만 깨달은 정도가 낮은 나한을 주 대상으로 하였기에 불단을 장식하지도 않고 닫집을 설치하지도 않는다. 위치도 주가 되는 불전에서 떨어진 자리에 두고, 건물의 외양도 주가 되는 불전보다 격이 낮게 한다.

나한신앙은 중국과 일본은 물론 우리나라에서도 크게 성행하였는데, 이 때문에 우리나라에도 나한전이 많이 세워졌다. 나한은 비록 부처보다 낮은 경지에 있고, 대승불교에서는 나한의 위치가 보살보다 떨어지기도 하지만 나한은 공양을 받을 자격을 갖추고 진리로 사람들을 충분히 이끌 수 있는 능력을 갖춘 분이기에 결코 소홀히 할 수 없는 대상이었다. 특히 나한마다 독특한 신통력을 지닌 분이기도 하므로 함부로 대하지 않았다. 하여 나한을 통해 소원을 빌어 해결하고자 하였으며, 이런 까닭에 나한신앙이 널리 유행하여 자리 잡고 있기도 하다.

유명한 나한전으로는 경북 영천 은해사 거조암 영산전[오백나한전](국보 제14호), 경북 울진 불영사 응진전(보물 제730호) 등이 있으며, 충남 공주 마곡사 응진전(충청남도 문화재자료 제65호), 전북 고창 선운사 나한전(전라북도 문화재자료 제110호), 전북 완주 송광사 나한전(전라북도 유형문화재 제172호), 전북 김제 금산사 나한전 등이 있다.

**조사전 · 조사당 · 불조전 · 국사전 · 영각 · 진영각**

조사전(祖師殿)은 주로 선종계통의 사찰에서 그 종파를 연 조사(祖師)나 사찰의 개창자나 중창자, 중수자 및 역대 유명한 스님들의 영정을 모신 건물로 조사당(祖師堂) · 불조전(佛祖殿)이라고 한다. 국사(國師)를 배출한 절에서는 대신 국사전(國師殿)을 짓고, 조사전이 없는 절에서는 영각(影閣) · 진영각(眞影閣)을 지어 그곳에 이름 있는 선사의 영정을 모신다.

조사전은 사찰의 가장 깊은 곳(또는 가장 높은 곳)에 자리 잡고 있는 편인데, 이는 일반인 집에서 뒤쪽에 배치한 가묘(家廟)나 조선 후기 서원의 전학후묘(前學後廟) 배치법을 따른 것이다. 즉 평지가 아닌 산지를 배경으로 사찰을 세우다 보니 높은 곳에 조상을 배치하는 형식에 따른 것이다.

대표적인 조사전 건물로는 경북 영주 부석사 조사당(국보 제19호), 전남 순천 송광사 국사전(국보 제56호), 경기 여주 신륵사 조사당(보물 제180호), 경북 구미 도리사 조사전(도리사는 '신라 최초의 절'로 알려진 곳으로, 아도화상을 모신 조사전이 있었으나, 현재 건물 대신 2004년 조성된 아도화상의 동상이 세워져 있다. 신라에 처음 불교를 전해준 묵호자를 아도로 보기도 한다), 전북 김제 조앙사 진묵조사전, 충북 단양 구인사 대조사전(大祖師殿), 충북 보은 법주사 진영각 등이 있다.

▲ **여주 신륵사 조사당과 내부** 조선 전기에 지어진 것으로, 앞면 1칸, 옆면 2칸 크기이며, 팔작지붕에 다포 양식을 하고 있다. 앞면에 6짝의 문을 달아 모두 개방할 수 있게 하였으며, 옆면은 1칸만 문을 달아 출입구를 만들어놓았다. 안에는 불단 뒤 중앙에 지공(指空)대사를, 그 좌우에 나옹(懶翁)화상과 무학(無學)대사의 영정을 모시고 있다.

### 삼성각(산신각 · 독성각 · 칠성각) / 성황각

절에 가보면 좀 이상하면서도 남다른 건물들을 만날 수 있다. 대개 법당 뒤쪽으로 다소 떨어진 곳에 '산신각(山神閣)'이라는 현판이 붙어 있는 건물이 보이는데, 그 안을 들여다보면 백발의 노인과 호랑이가 그려진 그림이 붙어 있다. 이른바 산신령을 모신 건물이다. 또 '칠성각(七星閣)'이라는 이라는 건물은 북두칠성(北斗七星)을 모신 건물이다. 호랑이나 산신령, 북두칠성이 불교와 무슨 관계가 있을까? 고개가 갸우뚱해지기도 하는데, 이는 우리나라의 토착 민간신앙을 불교가 포용한 것이다. 외래 종교인 불교가 우리나라에 들어와 아무리 유행해도 우리의 토착신앙이 사라지지 않고 여전히 자리 잡고 있기에 불교가 이를 수용한 것이다. 하여 절 한쪽에 자리를 마련하여 그곳에서 예배하고 복을 빌도록 하였다.

산신각은 산신(山神)을 모시는 건물로, 사찰에 따라서는 산령각(山靈閣)이라고도 부른다. 우리나라는 산지가 70퍼센트나 되어 산을 중요하게 여겼으며, 산을 지키며 산에서 일어나는 일을 주관하는 산신이 있다고 믿었다. 또 산에 호랑이가 많아 호랑이를 산신으로 생각하기도 하였다. 원래 산신은 도교에서 유래한 신으로, 불교가 들어오기 전부터 많이 믿던 토착신이다. 이 산신이 불교에 수용되면서 산신은 호법신중(護法神衆:불법을 지키는 신들)의 하나로 자리 잡았다. 불교가 대중화되기 시작한 것은 삼국시대부터이므로 산신도 비교적 일찍 불교에 수용되었을 것으로 여겨지나, 산신각이 세워진 것은 조선 중기 이후부터로 파악되고 있다.

산신각은 대개 법당의 뒤쪽 외진 곳에 세워졌는데, 불교에서는 온갖 신들이 부처나 보살보다 밑에 있고, 산신은 신중(神衆)에 불과하기에 산신각 또한 그리 취급한 것이다. 따라서 산신각은 다른 불교 건물보다 격을 낮춰 '전(殿)' 대신 '각(閣)'을 사용하였으며, 그 규모도 정면 1칸, 측면 1칸이 보통이다.

산신각은 사찰에만 있는 것이 아니라 일반 마을이나 산지 또 유교나 도교와 관련된 곳에도 산신각 또는 산신당(山神堂)이라 이름으로 널리 세워져 있다. 경기 남양주시 별내면 덕송리〈남양주시 별내면 덕릉로1071번길〉에 있는 덕릉(德陵)마을 산신각(경기도 민속자료 제9호)은 마을에 세워진 예이고, 충북 단양군 대강면 용부원리〈단양군 대강면 죽령로〉에 있는 '죽령(竹嶺) 산신당(충청북도 민속자료 제3호)', 강원 평창군 대관령면 횡계리〈평창군 대관령면 대관령마루길〉에 있는 '대관령 산신각[대관령 성황사(大關嶺 城隍祠) 및 산신각]'(강원도 기념물 제54호)은 산지에 세워진 예이다. 대전광역시 중구 무수동〈대전광역시 중구 운남로〉에 있는 여경암(餘慶菴) 뒤쪽에 있는 '여경암 산신당[여경암(부)거업재산신당(餘慶菴(附)居業齋山神堂)]'(대전광역시 유형문화재 제18호)은 유교와 관련된 예이다. 여경암은 조선 영조(재위 1724~1776) 때 문신 권이진(權以鎭: 1668~1734)이 교육 장소로 쓰기 위하여 숙종 41년(1715)에 지은 건물로, 앞쪽에 서당 건물로 사용했던 거업재(居業齋), 뒤쪽에 산신당이 자리하고 있다.

산신각 안에는 산신을 형상화한 조각상이나 산신탱화(山神幀畵)[산신령도(山神靈圖)]를 모시는데, 산신은 보통 인격신인 산신령과 화신인 호랑이로 표현하였다. 산신탱화는 대개 대머리에 흰 수염, 긴 눈썹이 휘날리는 나이가 든 도사(道師)가 호랑이에 걸터앉거나 기대고 있는 모습으로 표현하였다. 또 산신령은 손에 부채나 불로초 등을 들고 있으며, 주로 봉래산·영주산·방장산 등의 삼신산을 배경으로 산신탱화가 구성되었다. 한라산이나 속리산·계룡산·지리산 등지의 사찰에는 드물게 여자 산신을 모시는 경우도 있는데, 여자 산신은 트레머리에 댕기를 두르고 치마저고리를 입고 있다. 이 밖에 복건(幅巾)이나 유건(儒巾), 정자관(程子冠)을 쓰고 지팡이를 든 유교식 산신도 있고, 삭발한 스님이 불경을 들고 있는 불교식 산신도 있다.

▲ **산신탱화** 충남 부여군 외산면 만수리 무량사 산신각에 있던 산신령도이다. 무량사 산신각에는 칠성과 독성도 함께 모셔져 있는데, 예전에는 이들 삼성을 모시고 '산신각'이라는 현판이 붙어 있었지만, 지금은 삼성각으로 바뀌었으며 산신탱화도 새로운 것으로 바뀌었다.

산신각처럼 민간신앙을 수용한 불교 건물인 칠성각(七星閣)은 칠성신을 모시는 건물이다. 칠성은 수명장수신(壽命長壽神)으로 일컬어지는 북두칠성(北斗七星)을 가리키는데, 본래 중국에서 유입된 도교신앙의 신으로 불두칠성의 별자리를 신격화한 것이다. 이런 도교사상이 불교와 융합하여 생긴 신앙이 칠성신앙으로 한국에 들어와 토착화되었다. 칠성신은 옛날부터 우리나라 민간에서 재물과 재능을 주고 아이들의 수명을 늘려주며 비를 내려 풍년

**▲ 트레머리 가발과 복건/정자관/유건** 트레머리는 앞에 옆 가르마를 타서 갈라 빗은 다음 뒤통수 한가운데에 넓적하게 틀어 붙이는 머리를 말한다. 복건은 유복(儒服)을 입을 때 머리에 쓰던 두건이며, 정자관은 조선시대 사대부들이 평상시에 쓰던 모자로 위가 터진 山(산) 모양을 2단 또는 3단으로 덧붙여 만들었다. 유건은 조선시대 유생들이 쓰던 실내용 두건이다.

이 들게 해주는 신으로 믿어왔다. 이 칠성신이 불교에 흡수되면서 처음에는 사찰의 수호신으로 자리 잡았다가 점차 약사(藥師)신앙과 결합, 조선 중기 이후 수명장수신 본래의 모습이 강조되어 병자나 자식 낳기를 기원하는 사람들에게 널리 유행하였으며, 별도의 건물인 칠성각에 모셔지게 되었다.

칠성각에는 칠성을 형상화한 조각이나 칠성탱화(七星幀畵)[칠성도(七星圖)]를 모시는데, 칠성탱화에는 칠성삼존불(七星三尊佛)을 중심으로 좌우에 북두칠성을 부처로 표현한 칠여래(七如來)와 도교와 관련된 칠원성군(七元星君) 및 각종 권속 등이 표현된다. 칠성삼존불은 치성광여래(熾盛光如來)를 중심으로 일광보살과 월광보살을 좌우에 협시한 모습이다.

칠성각 또한 삼성각과 마찬가지로 다른 불교 건물보다 격이 떨어져 사찰 건물을 그 중요도에 따라 상단·중단·하단으로 나눌 때 하단에 속하게 된다. 하여 정면 1·2칸, 측면 1칸으로 대부분 작은 규모인데, 칠성신을 산신·독성과 함께 삼성각(三聖閣)에 모실 때는 칠성만을 모시는 건물보다 크게 짓기도 한다.

산신과 칠성을 따로 산신각과 칠성각을 마련하여 모시기도 하지만 삼성각에 산신·칠성·독성(獨聖)을 한꺼번에 모시기도 한다. 삼성각은 산신과 칠성 및 독성을 한꺼번에 모신 곳으로, 하여 삼성각은 산신각과 칠성각, 독성각(獨聖閣)을 함께 아우르는 말이다. 다만 경남 양산 통도사 삼성각에서는 산신·칠성신·독성이 아닌 고려 말의 3대 성승(聖僧)인 지공(指空), 혜근(慧勤: 懶翁和尚), 무학대사(無學大師)의 영정을 모시고 있는데, 이처럼 삼성각이란 이름은 '세 분의 성스러운 분을 모신 건물'이라는 일반적인 의미로 사용되기도 한다.

▲ **칠성탱화['중요무형문화재 제48호 단청장(丹青匠)' 만봉 스님의 작품]** 위쪽 중앙에 가부좌를 틀고 계시는 치성광여래를 중심으로 아래쪽에 좌우(보는 방향에선 우좌)로 월광·일광보살, 또 아래쪽 왼편에 네 분의 여래와 오른편에 세 분의 여래, 위쪽 왼편과 오른편에 각각 세 분과 네 분의 칠원성군이 서 있다. 여래와 보살은 머리 뒷부분에 둥근 빛을 내고 있으며, 칠원성군은 손에 홀대를 들고 있다. 오른편 맨 위쪽의 머리가 뾰족한 대머리 노인은 수성노인이라 불리는 남극성이다.

삼성각에는 대개 중앙 상단에 칠성탱화를 모시고, 왼쪽[향우측(向右側: 바로보는 방향에서 오른쪽)]으로 산신탱화와 오른쪽[향좌측(向左側: 바라보는 방향에서 왼쪽)]으로 독성탱화를 모시는데, 때에 따라서는 탱화와 함께 칠성조각, 산신조각, 독성조각을 모시기도 한다. 삼성각은 보통 사찰 뒤쪽에 자리하며, 보통 삼성을 함께 모실 때는 정면 3칸, 측면 1칸 건물을 짓고 따로 모실 때는 정면 1칸, 측면 1칸의 건물을 짓는다.

독성각은 독성(獨聖)을 모신 건물로, 독성은 남의 도움을 받지 않고 홀로 깨달아 성인이 된 사람을 가리키며, 독수성(獨修聖)이라고도 한다. 또 연각(緣覺)을 지칭하기도 하는데, 연각은 스승 없이 혼자서 십이연기(十二緣起)의 이치를 깨달은 성자를 가리킨다. 독각은 고독을 즐기며 설법도 하지 않는 성자로서 보통 소승불교에서 강조되는 인물이다.

독각은 흔히 나반존자로 표현되는데, 나반존자(那畔尊子)는 남인도 천태산(天泰山)에서 홀로 수행을 하면서 12연기를 깨달은 성자(聖者)로, 천태산에서 해가 뜨고 지는 것, 잎이 피고 지는 것, 봄에 꽃이 피는 것, 가을에 열매가 맺는 것 등 변함없이 운행되는 우주의 법칙을 깨달았다고 한다. 천태산에서 나반존자가 깨달았기에 나반존자를 모신 독성각을 천태각이라고도 하는데, 나반존자는 삼명[三明: 세 가지 신통력(神通力)]과 자리이타(自利利他)의 능력도 지녔다고 한다. 삼명은 전생을 꿰뚫어보는 숙명명[宿明明: 숙명통(宿明通)], 미래를 보는 천안명[天眼明: 천안통(天眼通)], 현세의 번뇌를 끊을 수 있는 누진명[漏盡明: 누진통(漏盡通)]을 말하는데, 이러한 능력으로 나반존자는 자리이타(自利利他), 곧 자신과 남을 이롭게 하므로 중생의 공양을 받게 되었다고 한다.

▲ **독성탱화** 강원 평창 월정사 삼성각에 있는 나반존자도이다. 삼성각 안에는 중앙에 칠성탱화와 칠성조각상을 모시고, 그 왼쪽[향우측(向右側)]으로 산신탱화와 산신조각상, 오른쪽[향좌측(向左側)]으로 독성탱화와 독성조각상을 모시고 있다.

나반존자의 유래에 대해서는 여러 가지 설이 있다. 먼저 나반존자는 부처의 제자가 되어 아라한의 경지를 이룬 인물로, 석가모니의 수기를 받아 남인도 천태산에 머무르다가 말법시대에 나타나 미륵불이 오기 전까지 중생들을 교화, 중생들에게 복을 주고 재앙을 없애주는 등 소원을 들어준다고 구전(口傳)되고 있다. 그러나 석가모니의 제자들(10대 제자, 16나한, 500나한 등) 가운데 나반이라는 이름이 보이지 않을뿐더러 이름이 거론된 경전도 없으며, 중국이나 일본의 문헌에서는 전혀 나오지도 않는다고 한다. 그래서 단군을 신격화한 것이나 단군신앙에서 생겨난 우리나라 고유의 신으로 보기도 한다. 하지만 이런 주장은 무리가 있는데, 이는 우리나라에 독성각이 처음 만들어진 것은 1693년(숙종 19)이며, 1800년대 들어서야 본격적으로 사찰에 세워졌기 때문이다.

또 다른 주장으로, 불교의 18나한(16나한에 가섭과 빈두로를 더하면 18나한) 가운데 한 명인 빈두로(賓頭盧, Pindola)존자로 보기도 한다. 빈두로는 인도의 발치국(跋蹉國) 사람으로 어려서 출가, 아라한의 경지에 올라 신통력이 뛰어났다고 한다. 또 빈두로는 석가모니의 수기를 받아 열반에 들지 않고 남인도 마라산에 있으면서 석가모니 열반 이후의 중생을 제도하는 주세(住世)아라한, 즉 '이 세상에 머물러 있는 아라한'으로 일컬어진 인물이다. 특히 빈두로존자는 나반존자처럼 흰 머리와 기다란 흰 눈썹 등 외모에서 비슷한 점이 많고, 신통력이 뛰어난 점 등이 너무 비슷하여 나반존자와 빈두로존자를 동일 인물로 보기도 한다.

여하튼 나반존자는 영험이 큰 성인으로 알려진 인물로, 성격이 매우 엄하고 무서워 공양을 드릴 때는 목욕재계는 물론이고 공양물도 제대로 갖춰야 한다고 알려졌으며, 영험이 높은 분인 만큼 결코 소홀히 대하지 않았다. 하여 독성신앙이 널리 자리 잡았다.

이런 나반존자를 모신 독성각에는 나반존자를 형상화한 조각상이나 독성탱화(獨聖幀畵)[독성도(獨聖圖)·나반존자도(那畔尊者圖)·수독성탱(修獨聖幀)]를 모시는데, 독성탱화는 대개 천태산과 소나무·구름 등을 배경으로 희고 긴 눈썹을 드리운 비구가 오른손에는 석장(錫杖), 왼손에는 염주 또는 불로초를 들고 넓은 돌이나 바위 위에 앉아 있는 모습으로 표현되고 있다. 때로는 독성 외에 차를 끓이는 동자가 등장하고, 동자와 문신(文臣)이 양쪽에서 협시하기도 한다.

삼성각이나 칠성각은 본래 불교가 아니지만, 이를 수용하여 사찰 안에 세워진 건물이다. 또 이런 건물로 간혹 성황각(城隍閣)이라는 것도 있다. 성황각은 마을신이나 산신 등 그 지방의 토속신(土俗神)을 모신 곳으로, 이 또한 본래 불교가 아니지만 토속신앙을 수용, 통합한 것이다. 성황각은 일반 마을 입구에 세워진 성황당(城隍堂)[서낭당] 또는 성황단(城隍壇)[서낭단]에 해당하는 건물이라고 할 수 있으며, 사찰에 따라서 일주문 가기 전이나 일주문과 사천왕문 사이 또는 사천왕문 옆에 모시고 있다. 국사당(局司堂), 국사단(局司壇), 가람당(伽藍堂)이라고도 하는데, 대표적인 것으로는 강원 평창 월정사 성황각 등이 있다.

성황당[성황단]은 토지와 마을을 수호하는 신인 서낭신을 모신 신당(神堂)[신단(神壇)]으로, 서낭당[서낭단]이라고도 하며, 할미당[고로당(老枯堂)], 천왕당(天王堂), 국사당(局司堂) 등 다양하게 부르고 있다. 제주도에서는 본향당(本鄕堂)·할망당 등으로 부르며, 때에 따라서는 산신을 모신 산신당(山神堂)을 서낭당으로 부르기도 한다. 서낭당은 주로 마을 어귀나 고갯마루에 원뿔꼴로 쌓아놓은 돌무더기[돌탑 또는 방사탑] 형태로 세워져 있는데, 그 곁에는 보통 신성시하는 나무[서낭나무·신목(神木)] 또는 장승이 세워져 있다. 이곳을 지날 때는 돌·나무·오색 천 등 무엇이든지 놓고 지나다녔는데, 서낭당 위에 돌 세 개를 올려놓으면 재앙이 없어지고 재수가 좋다고 하였다. 또 그곳의 물건을 함부로 파거나 헐지 않는 금기(禁忌)가 있었다.

서낭당이 세워진 이유에 대해서는 경계를 표시하기 위해서, 또는 석전(石戰)이나 전쟁에 대비하기 위해서 만들어진 것이라는 설도 있으나, 민간에서의 서낭은 그보다 종교적 의미가 더 강하였다.

▲ **평창 월정사 성황각** 두 평 남짓한 자그마한 크기의 맞배지붕 건물로, 월정사 일주문을 지나 전나무숲길로 들어서서 멀지 않은 거리에 세워져 있는데, 마을신을 모신 건물이다. 이를 통해 불교가 토속신앙을 수용한 것을 파악할 수 있다. 오른쪽 사진은 성황각 내부 모습이다.

서낭신앙의 전래에 대해서는 여러 가지 주장이 있다. 그 가운데 중국으로부터 전래한 것이라는 주장이 유력하다. 중국 위진남북조(魏晉南北朝時代)의 북제(北齊) 때 출현하여 송(宋)나라 때 크게 전파되었으며, '수용(水庸: 도랑)을 제사하는 데서 시작한 성지신앙(城池信仰)'이라고 주장하기도 한다. 성지는 성읍(城邑)을 수호하기 위하여 성읍 둘레에 파놓은 못으로, 그 성지의 신이 성읍의 수호신으로 발전한 것이 바로 서낭이라는 것이다.

우리나라에 서낭신앙이 들어온 것은 고려 문종 때 신성진(新城鎭)에 성황사(城隍祠)를 둔 것이 시초이며, 그 뒤 고려에서는 고을마다 서낭을 두고 이를 극진히 위하였다. 조선시대도 서낭신앙이 널리 유행, 조정은 물론 민간 모두에서 산악과 마을에 서낭을 모시고 제사하였는데, 서낭당에서는 정기적인 제사뿐만 아니라, 국난이나 가뭄이 있을 때마다 서낭제를 거행하여 나라의 안정과 태평을 기원하곤 하였다.

한편, 서낭을 성황과 분리하여 해석하는 주장도 있다. 우리나라에는 이미 오래전부터 서낭신앙이 있었으며, 나중에 중국으로부터 성황신앙이 유

▲ **다양한 형태의 서낭당** 서낭당은 ①잡석을 막 쌓아놓은 형태, ②서낭나무에 백지나 청 · 홍 · 백 · 황 · 녹색 등의 5색 비단 헝겁 조각을 잡아맨 형태, ③서낭나무에 잡석을 막 쌓아놓은 단이 있고 서낭나무에 백지나 5색 비단 헝겁을 잡아맨 형태, ④서낭나무와 당집이 함께 있는 형태, ⑤입석(立石) 형태 등이 있다.

입되었다는 것이다. 서낭신앙과 성황신앙은 그 신앙의 기능이나 형태가 비슷하여 기존의 우리 서낭신앙과 새로 들어온 성황신앙은 쉽게 합쳐지게 되었으며, 특히 서낭을 한자로 표기할 때 '城隍'으로 기록할 수밖에 없어 서낭과 성황은 더욱 쉽게 하나가 된 것으로 보고 있다.

## 부처님이 사는 절도 사람이 사는 곳이다

사찰에서 가장 중심이 되는 것은 탑과 불상, 그리고 법당이다. 지금까지 이곳에 이르기 위해 여러 단계의 문을 지났으며, 그 과정에 당간과 지주, 법당과 연계된 다양한 건물들도 들여다보았다. 지금까지 살펴본 것들은 불교를 대표하는 불 · 법 · 승 삼보(三寶) 가운데 주로 불보(佛寶)와 관련된 것이 많았다. 법보(法寶)와 승보(僧寶)에 관한 것이 빠졌다. 이미 살펴본 부도나 조사전 등이 승보와 관련 있는 것들이긴 하지만 더 많은 것들이 남아 있다.

### 장경각 · 대장전 · 법보전

장경각(藏經閣)은 불경(佛經)이나 불경을 새긴 목판(木版)을 보관한 건물로, 대장전(大藏殿), 법보전(法寶殿), 판전(版殿) 등 여러 가지 이름을 사용하고 있다. 대장전은 대장경(大藏經)을 보관한 건물이란 뜻이며, 법보전은 법보, 즉 불경을 보관한 건물, 판전은 불경을 새긴 목판을 보관한 건물이란 뜻이다. 유교의 향교나 서원에서도 유교 경전을 보관한 장소를 장경각이라고도 하지만, 유교에서는 장경각이라는 말보다 장판각(藏板閣) · 장서각(藏書閣) · 경장각(敬藏閣) 등의 명칭을 더 많이 사용하였다.

불교를 창시한 석가모니가 말씀한 가르침을 경(經), 석가모니가 정한 규범을 율(律)이라 하고, 이 경과 율을 해석하여 그 정신을 밝힌 것을 논(論)이라 한다. 이 세 가지를 모은 것을 각각 경장(經藏) · 율장(律藏) · 논장(論藏)이라고 하며, 이 세 가지를 합해 삼장(三藏)이라고 부른다. 흔히 경장을 가르치는 스승을 강사(講師), 율장을 가르치는 스승을 율사(律師), 논장을 짓거나 가르치는 스승을 논사(論師)라고 한다. 그리고 경장 · 율장 · 논장 이 세 가지 모두에 능통한 사람을 삼장법사(三藏法師)라고 부르며, 삼장비구(比丘) 또는 삼장성사(聖師), 간단히 줄여서 삼장이라고도 한다. 경 · 율 · 논 가운데 한 가지 장에 정통하기도 어려우므로 삼장에 모두 정통한 법사란 극진한 존경의 대상이 아닐 수 없다. 흔히 『서유기(西遊記)』에서 손오공 · 저팔계 · 사오정 등과 함께 등장하는 스님이 삼장법사인데, 삼장법사는 사람의 이름이 아니라 불교에 모든 분야에 정통한 스님을 가리키는 일반 명사이다. 보통 『서유기』에 등장하는 삼장법사를 현장(玄奘) 스님으로 여기곤 한다.

대장경은 불교 경전을 총 집대성한 것을 가리키는데, 대장(大藏)은 삼장(三藏)보다 더 크다는 의미가 있는 말이다. 대장경은 보통 경 · 율 · 논에 소(疏: 논에 대한 주석)와 초(抄: 소에 대한 주석)까지 합쳐진 대경전(大經典)으로, 일체경(一切經), 삼장경(三藏經) 또는 간단히 장경(藏經)이라고도 한다. 따라서 대장경에는 석가모니뿐만 아니라 그 제자를 비롯하여 인도 · 중국 등지의 조사(祖師) · 고승들이 남긴 저서나 문헌 등도 포함되어 있다. 이런 점에서 대장경, 특히 목판대장경(木板大藏經)은 아무 나라에서나 만들 수 있는 게 아니었다. 대장경은 경 · 율 · 논은 물론 소 · 초까지 모든 불교 경전이 총집대성된 나라에서나 만들 수 있었다. 이런 대장경을 고려는 세 차례(정확히는 두 차례)나 만들었다. 1011~1087년 거란 침입 시에 만들어진 '초조대장경(初雕大藏經)'과 1091~1101년 초조대장경에서 빠진 것을 보완하기 위해 대각국사 의천(大覺國師 義天)의 주도 아래 조판된 '교장[教藏: 불교경전 주석서(註釋書)로, 흔히 '속장경(續藏經)'이라고 불렀으나 엄밀한 의미에서 대장경이 아닌 대장경 연구서에 불과하여 이제는 '교장'이라고 부른다]', 그리고 초조대장경과 교장이 몽골의 침략으로 1232년 소실되자 몽골과의 전쟁 속에서 1236~1251년 다시 조판한 '재조대장경(再雕大藏經)[팔만대장경(八萬大藏經) · 고려대장경(高麗大藏經)]'이 바로 그것이다.

고려가 대장경을 조판한 의도에 대해서는 서로 다른 의견이 있다. 권력을 무력으로 장악하고, 몽골 침입에 대항하여 직접 싸우지 않고 강화도로 피난 간 지배층이 자신들의 폭력성과 무능 및 부도덕한 면에 대한 백성들의 분노와 불만을 종교적으로 해결하려는 정치적 의도에서 조판하였다는 견해가 있다. 또한 당시 국교였던 불교를 상징하는 대장경 판각이라는 거국적 사업을 통해 왕과 신하와 백성들의 일체감을 조성하고 문화적 자긍심을 높여 대몽항쟁의식을 고취하고, 그 힘을 바탕으로 국난을 극복하려는 의도에서 대장경을 조판하였다는 견해도 있다.

▲ **해인사 장경판전의 경판고 및 팔만대장경판** 해인사 장경판전 입구에는 '八萬大藏經', '藏經閣', '普眼堂'이라는 현판이 차례로 걸려 있으며, 장경판전은 남쪽 수다라장(修多羅藏)과 북쪽 법보전(法寶殿) 2동(棟)의 경판고(經板庫)와 또 동 · 서 2동의 작은 서고(書庫)로 구성되어 있어 전체적으로 직사각형 구조를 하고 있다.

대표적인 장경각으로는 경남 합천 해인사 장경판전(국보 제52호), 경북 예천 용문사 대장전(보물 제145호), 전북 김제 금산사 대장전(보물 제827호) 등이 있다. 다만 김제 금산사 대장전은 원래 미륵전 창건 당시 세워진 목조탑으로 이곳에 불경을 보관하였는데, 뒷날 목탑을 전각 형식으로 바꾸면서 예전 불경을 보관하던 기능은 없어지고 지금은 불상을 모시고 있을 뿐이다. 예천 용문사 대장전 안에는 윤장대(輪藏臺)를 설치하고 그 위에 서고를 만들어 경전을 모셔두고 있는데, 윤장대는 글자를 모르거나 불경을 읽을 시간이 없는 사람들을 위해 만든 장치로, 이것을 한 바퀴 돌리면 경전을 한 번 읽은 것과 같은 공덕이 쌓인다고 한다.

가장 대표적인 장경각인 경남 합천 해인사에 있는 장경판전은 팔만대장경판(국보 제32호)이 보관된 곳으로, 특히 장경판전의 경판고(經板庫)는 온도와 습도의 변화가 거의 없도록 통풍과 환기 등을 고려하여 설계되어 있어 현대 과학자들 사이에서도 극찬을 받고 있다. 이런 점 등이 높이 평가되어 해인사 장경판전은 1995년 12월 유네스코 세계문화유산으로 등록·지정되었다.

**범종각 · 종각 · 종루 / 법고각 · 고각 · 고루**

범종각(梵鐘閣)은 '종이 있는 건물'로, 종각(鐘閣)·종루(鐘樓)라고도 부른다. 법고각(法鼓閣)은 '법고(法鼓: 불법을 전하는 북)가 있는 건물로, 고각(鼓閣)·고루(鼓樓)라고도 한다. 보통 범종각이 있는 절이 많으며, 법고각이 있는 절은 드문 편이다.

사찰에서는 때를 알리거나 불교의식을 할 때에 사용하는 종을 보통 '범종(梵鐘)'이라고 한다. '범(梵)'은 산스크리트어 '브라흐마'를 음역으로, '청정하다', '신성하다'는 뜻이다. 따라서 범종은 청정한 사찰에서 사용하는 '맑은소리를 내는 종'이라는 뜻이다. 그런데 범종각에는 범종만 있는 게 아니라 커다란 북인 '법고'와 쇠로 만들어 구름 모양을 한 '운판(雲版)', 나무로 만들어 물고기 모양을 한 '목어(木魚)'가 함께 있는 경우가 대부분이다. 이들 네 가지를 사찰에서는 사대(四大) 보물, 간단히 사물(四物)이라 부르는데, 각각 해당하는 중생들에게 부처님의 가르침을 소리로 전달하는 역할을 한다. 즉 범종은 두 발로 다니는 중생, 법고는 네 발로 다니는 중생, 목어는 어류와 관계있는 중생, 운판은 조류에 관계있는 중생들에게 각각 그 소리를 들려준다고 한다.

보통 사찰에서는 아침·저녁으로 이 사물을 울려 온갖 중생들에게 불법의 소리를 전하곤 하는데, 그 순서는 법고, 범종, 목어, 운판 순이다. 특히 범종은 대개 아침에 28번, 저녁에 33번을 치곤 하는데, 28은 선종의 1대 조사인 가섭존자로부터 28대 조사인 달마대사까지를 상징하며, 33은 이 28대 조사(달마대사는 중국에서 1조)에 중국의 조사 5명(중국 2조 혜가대사부터 6조 혜능대사까지)을 합한 총 33명의 조사를 상징한다. 이런 견해와 달리 28은 불교의 세계관인 삼계(三界), 즉 욕계 · 색계 · 무색계에서 욕계 6천(天), 색계 18천(天), 무색계 4천(天), 총 28천(天)을 가리키고, 33은 삼계의 욕계 6천(天) 가운데 도리천(忉利天) 33천(天)을 상징하는 것이라고도 한다.

▲ **불교의 사물** 충남 예산 수덕사 법고각(法鼓閣)에 있는 사물로, 위 왼쪽이 범종, 오른쪽이 법고이며, 아래쪽 왼쪽이 목어, 오른쪽이 운판이다. 법고각 안에 있는 범종의 크기가 작은 편인데, 크기가 큰 범종은 법종각이라는 건물에 따로 마련되어 있다. 다른 사찰에서는 법종각 안에 사물이 마련되어 있는 경우가 많다.

불교 사물 가운데 좀 생소한 것이 운판과 목어인데, 운판은 불교의식에 쓰이는 도구의 하나로 대판(大版)이라고도 부른다. 보통 운판은 뭉게구름 모양의 얇은 청동 또는 철제 평판으로 만들어지며, 두드리면 맑고 은은한 소리가 난다. 선종(禪宗)에서는 일반 건물이나 부엌 앞에 달아두고 공양시간을 알리는 도구로 쓰였는데, 부엌 앞에 구름 모양으로 된 운판을 달아둔 데에는 구름이 물을 뜻하기에 불을 다루는 부엌에서 화재를 막는다는 주술적인 이유도 있던 것으로 보인다.

목어 또한 불교의식에 쓰이는 도구의 하나로, 어고(魚鼓) 또는 어판(魚板)이라고도 부른다. 보통 목어는 나무를 깎아 잉어 모양으로 만들고 속을 파내고 그 속을 두드려 소리를 낸다. 모양은 대개 기다란 물고기 모양을 하고 있는데, 물고기 모양인 것에 대해서는 정확한 근거는 없으나 전하는 이야기가 있다. 옛날 어떤 스님이 스승의 가르침을 어기고 죽은 뒤에 물고기가 되었는데 그 등에서 나무가 자랐다. 어느 날 스승이 배를 타고 바다를 지나가는데 한 마리의 물고기가 바다에서 나타나 전에 지었던 죄를 참회하며, 등에 자란 나무를 없애주기를 애걸하였다. 이에 스승은 자비를 베풀어 물고기 몸을 벗게 하고 그 나무로 물고기 모양을 만들어 달아놓아 스님들에게 이 일을 잊지 않고 열심히 공부하도록 하였다고 한다. 또 다른 주장으로는, 물고기는 밤낮으로 눈을 감지 않으므로 수행자로 하여금 졸거나 자지 말고 늘 깨어 꾸준히 수도에 정진하라는 뜻에서 물고기 모양으로 만들었다고 한다.

처음에는 긴 물고기 모양이던 목어가 세월이 지나면서 둥근 모양으로 단순화되어 염불이나 독경, 예불 등을 할 때, 또 공양할 때나 대중을 모을 때에 신호를 내는 것으로 사용하였다. 우리나라에서는 긴 것을 목어라고 하고 둥근 것은 목탁(木鐸)이라고 구분하여 부른다. 중국 사찰에서는 한국의 목탁보다 훨씬 큰 목탁이 사용되며, 우리나라에서 한 손에 목탁을 들고 다른 손으로 목탁 채를 잡아 두드리는 것과는 달리 단(團) 위에 올려두고 두드린다.

범종, 법고, 운판, 목어 · 목탁 등처럼 불교의식에 쓰이는 도구를 불구(佛具) 또는 법구(法具) · 승구(僧具)라 하는데, 향로(香爐)나 촛대, 정병(淨瓶: 맑은 물, 즉 감로수를 담는 병), 다기(茶器: 찻그릇), 금고(金鼓: 군에서 전진 · 정지 · 후퇴 등의 군령을 내리는 데 사용한 징 모양의 신호 기구), 금강저(金剛杵: 원래 고대 인도의 신이 사용하던 무기의 일종으로, 승려들이 도를 닦을 때에 쓰는 도구로서 모든 악마를 물리친다), 금강령(金剛鈴: 한쪽에는 갈고리 모양의 금강저와 다른 한쪽은 방울로 된 불교의 도구), 사리기

(舍利器: 사리를 보관하는 그릇), 요령(搖鈴) · 풍령(風鈴), 염주(念珠), 죽비(竹篦), 석장(錫杖: 일종의 지팡이), 화만(華鬘: 꽃다발), 발우(鉢盂: 스님들의 밥그릇으로 '바리때'라고도 부른다), 번(幡: 깃발) · 당(幢: 기), 천개(天蓋: 닫집) 등도 불구에 해당한다. 죽비는 사찰 특히 선원(禪院)에서 수행자를 지도할 때 사용하는 것으로, 약 40~50cm 길이의 통대나무를 3분의 2 정도는 가운데를 쪼개어 양쪽으로 갈라지게 하고, 가르지 않은 부분은 손잡이를 만든다. 한 손으로 손잡이 부분을 잡고 갈라진 부분을 다른 손바닥에 내려치면 '탁.' 하는 소리가 나는데, 이런 신호를 참선할 때나 예불, 참회, 공양 등을 할 때 죽비 소리에 맞춰 대중이 일사불란하게 움직이게 하곤 한다.

▲ **부안 내소사 보종각** 이곳에 있는 동종(銅鍾, 보물 제277호)은 원래 내변산에 있는 청림사(青林寺)에서 고려 고종 9년(1222)에 만든 것이었으나 조선 철종 원년(1850)에 이곳으로 옮겨진 것이다.

범종각은 대개 절의 중문 위에 있는 문루(門樓)에 마련되거나 독립적인 종각(鐘閣)으로 세워지는데, 일반적으로 범종각에는 범종과 법고, 목어, 운판이 다 함께 있는 편이다. 다만 충남 예산 수덕사에서처럼 범종각에는 범종만 있고, 따로 법고각(法鼓閣)에 범종과 법고, 목어, 운판이 다 함께 보관된 곳도 있다. 전북 부안 내소사도 특이하게 범종과 법고, 목어, 운판이 함께 있는 범종각이 있고, 또 범종만 있는 보종각(寶鐘閣)이 따로 있다.

**불화(탱화 · 괘불, 벽화 등)**

불화(佛畫)는 불교의 종교적인 이념을 표현한 그림으로, 좁게는 불 · 보살 등을 표현하여 예배하기 위한 그림을 가리키지만 넓게는 불교의 이치를 표현한 만다라(曼荼羅 · 曼陀羅)나 벽화, 사찰을 장엄하게 하기 위한 단청 등 불교적인 목적을 지닌 불교 회화 전반을 가리킨다.

불화는 그 용도에 따라 예배를 하기 위한 예배용(禮拜用), 불교의 교리를 쉽게 전달해주기 위한 교화용(敎化用), 사원 장식을 위한 장엄용(莊嚴用) 등으로 구분하기도 하지만 이들은 딱히 한 가지로 규정되지 않고 복합적인 의도로 만들어지거나 사용된다. 또 불화는 만들어진 형태에 따라 벽화(壁畫: 벽에다 그린 그림), 경화(經畫: 경전에 그린 그림), 탱화(幀畫) 등으로 나누기도 하는데, 우리나라에서는 탱화가 주류를 이루고 있는 편이다.

탱화는 불교의 신앙내용을 그린 그림 불화(佛畫)의 한 종류로, 대개 천(비단 또는 베)이나 종이에 불교 신앙의 내용을 압축하여 불 · 보살과 신중(神衆) 등을 그림으로 표현한 뒤 족자나 액자로 만들어 법당에 모셔진 불상 뒤에 걸어놓는다.

탱화는 보통 상단(上壇) · 중단(中壇) · 하단(下壇)탱화로 구분할 수 있는데, 상단탱화는 전각의 중앙에 모신 불상이나 보살상 뒷면에 거는 탱화로 후불탱화(後佛幀畫)라고도 부른다. 상단탱화에는 주로 『화엄경』이나 『법화경』 등의 내용이 그려져 있으며, 전자를 화엄탱화(華嚴幀畫), 후자를 영산회상도(靈山會上圖)라고도 부른다. 중단탱화는 불법을 수호하는 신들인 신중을 따로 독립시켜 그린 것으로 신중탱화(神衆幀畫)라고도 부르는데, 전각의 주불을 모신 중앙 불단의 왼쪽이나 오른쪽의 벽면에 걸어둔다. 칠성탱화(七星幀畫) · 제석탱화(帝釋幀畫) · 산신탱화(山神幀畫) 등이 신중탱화의 대표적인 예이다. 하단탱화는 죽은 자나 조상의 영혼을 극락에 왕생시키기 위한 기원에서 비롯된 것으로, 보통 아미타불과 보살, 아귀, 그리고 지옥에서 고통받고 있는 중생들을 묘사

하고 있다. 하단탱화는 보통 불전의 왼쪽이나 오른쪽에 설치하고, 탱화 앞에 고인의 위패나 사진을 모신 영단(靈壇)이 마련된다고 하여 영단탱화(靈壇幀畵)라고 부르며, 아미타불이 아귀나 지옥의 중생에게 감로(甘露)를 베푼다는 뜻에서 감로탱화(甘露幀畵)라고도 부른다.

상단탱화는 불교의 근본 진리와 그 진리를 설하는 모습을, 중단탱화는 불법을 수호하는 호법(護法)신앙을, 하단탱화는 정토신앙이나 지장신앙 등이 불교와 결합하여 조상을 공경하는 신앙을 표현한 것으로 파악된다. 후불탱화는 본존불이 무슨 불(佛)이냐에 따라 탱화의 구도가 달라지고, 신중탱화도 수호의 기능을 어디에 강조점을 두느냐에 따라 내용과 구도가 달라진다. 탱화는 보통 중심인물을 중앙에 크게 표현하고 그와 관계된 무리를 주위에 그려 넣는 군상도(群像圖)로서, 시대와 지역에 따라 각 존상의 선정과 배치, 기능적 강조점 등이 달라 신앙의 특징을 살필 수 있는 좋은 자료가 된다.

상단탱화 가운데 대표적인 것으로는 영산회상도, 화엄변상도, 관경변상도(아미타극락회상도), 아미타내영도, 약사회상도, 미륵하생경변상도, 팔상도, 수월관음도, 백음관음도, 32응신도 등이 있으며, 중단탱화로는 지장탱, 시왕탱, 제석탱, 칠성탱, 산신탱, 조왕탱 등이 있고, 하단탱화로는 감로탱 등이 있다.

영산회상도는 석가모니불이 영취산[靈鷲山: 고대 인도 마가다국의 수도 라자그리하(王舍城) 주위에 있는 산. 기사굴산(耆闍崛山)이라고 음역하기도 한다]에서 설법하는 장면을 표현한 탱화로, 중앙에 설법을 하고 있는 석가모니불을 중심으로 주변에 문수와 보현, 관세음과 대세지를 비롯한 보살, 가섭과 아난을 비롯한 10대 제자, 사천왕과 금강역사를 비롯한 수호신 등이 표현된다. 영산회상도에서 쉽게 찾을 수 있는 분이 가섭과 아난존자인데, 부처님의 양옆에서 마주하면서 흰 눈썹에 민머리를 하고 있는 노인 모습이 가섭존자이고, 삭발한 머리에 젊은 모습이 아난존자이다.

가섭은 부처님의 10대 제자 가운데 첫 번째에 해당하는 제자로, 세상을 돌아다니며 어려운 일을 피하지 않고 솔선수범하는 등 항상 엄격한 계율을 지켜 '두타 제일(頭陀第一)'이라고 하였다. 또 가섭은 덕이 높고 지혜가 뛰어나 마하가섭(摩訶迦葉)이라고 하였는데, 부처님이 돌아가신 후 지도자가 되어 불교 경전을 결집(結集)하는 데 주도적 역할을 하였다. 아난은 부처님의 10대 제자 가운데 부처님이 말씀하신 바를 가장 잘, 가장 많이 기억하였던 제자로 '다문 제일(多聞第一)'이라고 하였는데, 그의 뛰어난 기억력 덕택으로 석가모니가 돌아가신 후 이루어진 불교 경전 결집에서 아주 큰 역할을 하였다. 가섭과 아난의 이런 면모는 뒷날 선종의 맥은 가섭존자에게, 교종의 맥은 아난존자에게 이어졌다. 특히 선종과 관련하여 가섭은 석가모니와 말없이 법을 주고받은 이심전심(以心傳心)이 유명하다.

가섭과 석가모니의 이심전심은 세 번 있었다고 한다. 첫 번째 이심전심은 석가모니가 중인도 비사리성(毘舍離城) 북서쪽에 있는 다자탑(多子塔)에서 설법을 하고 있을 때, 가섭이 두타행을 마치고 누더기 모습으로 뒤늦게 도착하였다. 대중들이 형편없는 차림의 가섭을 보고 경멸하는 눈초리를 보내자 석가모니는 자신이 앉아 있던 자리를 반 정도 옮기고 나머지 절반은 가섭을 불러 앉도록 한 후 형편없는 차림을 할 정도로 두타행을 실천한 가섭을 칭찬하였다. 이를 다자탑전분반좌(多子塔前分半座)라 한다. 두 번째 이심전심은 석가모니가 중인도 왕사성(王舍城) 북동쪽에 있는 영취산에서 설법을 하고 있을 때, 하늘에서 꽃비가 내렸다. 석가모니는 꽃송이 하나를 들어 보이며 아무런 말도 하지 않았다. 대중들은 이 뜻을 아무도 몰랐으나 가섭만이 이를 알고 빙그레 웃었다고 하여 이를 영산회상거염화(靈山會上擧拈花), 간단히 염화미소(拈花微笑)라 한다. 세 번째 이심전심은 석가모니가 북인도 쿠시나가라성[拘尸羅城] 북서쪽의 사라수(沙羅樹)에서 열반했다는 소식을 듣고 뒤늦게 도착한 가섭이 석가모니의 관 주위를 세 번 돌고 세 번 절하고 울

▲ **후불탱화와 괘불** 왼쪽은 충남 공주 마곡사 대웅보전의 후불탱화로 영산회상도이며, 오른쪽은 마곡사 석가모니불 괘불이다. 괘불은 중앙의 석가모니불을 중심으로 6대 보살(제화갈라 · 미륵 · 관세음 · 대세지 · 문수 · 보현보살)과 10대 제자, 제석천 · 범천 · 사천왕 · 아수라 · 용왕 등이 좌우 대칭으로 화면 가득히 그려졌다. 석가모니불은 용화수 가지를 양손에 받쳐 들고 있는 모습인데, 손이 다른 신체 부분에 비해 크게 그려져 있다.

자 관 속에서 석가모니의 두 다리가 나와 화답하였다고 한다. 이를 사라쌍수곽시쌍부(沙羅雙樹槨示雙趺)라고 한다. 이 세 번의 이심전심을 삼처전심(三處傳心: 세 곳에서 마음이 전해짐)이라고 하여 석가모니가 가섭에게 세 곳에서 불교의 진수(眞髓)를 전했다는 것이다. 이 삼처전심을 선종에서는 교외별전(敎外別傳: 책 또는 말 이외에 따로 전한 것)의 유일한 근거라고 하여 매우 중요시하는데, 일설에는 후세에 선종이 성립되면서 만들어진 이야기라고 주장하는 이들도 있다.

여하튼 우리나라 사찰은 어디든지 신앙 대상으로 불상을 봉안하고 그 뒤에 탱화가 걸려 있게 마련인데, 일본 · 중국 등의 사찰에서는 이와 같은 탱화가 없다. 중국이나 일본에도 우리나라 탱화와 비슷한 불화가 있긴 하지만

▲ **괘불함와 괘불대 · 괘불석주** 괘불함은 괘불을 보통 두루마기로 감아 보관하다 보니 마치 긴 관 모양을 하고 있으며, 법당 안 뒤편이나 옆쪽에 보관하곤 한다. 괘불석주는 보통 양쪽에 지지대를 세워 괘불을 걸어야 하므로 한 쌍을 이룬 두 개의 돌을 좌우 양쪽으로 나란히 세운다. 왼쪽 사진에서 바닥에 긴 관처럼 있는 것이 괘불함이고, 오른쪽 사진에서 밑에 세워진 좌우 한 쌍씩의 돌이 괘불석주, 그 위에 받듯이 서 있는 둥글고 긴 쇠막대가 괘불대이다.

이들 불화는 우리나라 탱화처럼 직접적인 신앙의 대상인 후불탱화로서의 성격을 지니지는 않는다.

탱화 가운데 괘불(掛佛)이란 게 있다. 괘불은 법당 밖에서 큰 법회나 의식을 거행할 때 걸어놓는 탱화로, 다른 불화와 달리 크기가 매우 큰 편으로 큰 것은 높이 15m, 너비 10m에 이른다. 이 괘불을 내걸기 위해서는 받침대가 필요하여 보통 법당 앞에 양쪽으로 각각 두 개의 돌기둥과 그곳에 긴 대를 세워 사용하였는데, 이 돌기둥을 괘불석주(掛佛石柱)라 하고, 괘불을 높이 걸 수 있도록 나무나 쇠로 만든 대를 괘불대(掛佛臺)라 한다. 보관할 때는 두루마리로 감아 괘불함(掛佛函)에 넣어 법당 안에 두고, 내다 걸 때는 법당 옆의 괘불문(掛佛門)을 통해 나갔다. 보통 괘불이 있는 절의 법당 안 뒤편이나 옆쪽에 가보면 아주 긴 관처럼 생긴 것이 있는데 이것이 괘불함이다. 만약 너비가 꽤 넓은 괘불이 있으면 법당 뒤편으로 따로 문을 하나 더 마련하곤 하는데 이 문이 괘불문이다.

괘불을 내걸고 치르는 의식을 괘불재(掛佛齋)라고 하는데, 가뭄 때 하는 기우재(祈雨齋), 죽은 이의 극락왕생을 기원하는 영산재(靈山齋), 죽은 뒤에 치를 불사를 생전에 미리 하는 예수재(豫修齋), 물속과 땅 위에 있는 영혼을 달래고 천도하는 수륙재(水陸齋) 등이 있다. 그 밖에 나라에 천재지변이 생겼을 때도 재를 치렀는데, 영산재에는 영산회상도를 모시며, 예수재나 수륙재에는 지장회상도나 명부시왕도, 관음재에는 관음보살도, 용왕재에는 용왕대신도, 산신재에는 산왕대신도 괘불을 사용하였다. 막상 사찰마다 괘불이 있거나 또 모든 종류의 괘불을 갖추고 있는 것은 아니기에 한 가지 괘불로 다양한 재를 지내곤 하였다.

괘불은 야외에서 법회를 할 때에도 사용되는데 이와 관련된 말이 '떠들썩하고 시끄러운 상태'를 뜻하는 야단법석(野壇法席)이다. '야단(野壇)'이란 '야외에 세운 단'이란 뜻이고, '법석(法席)'은 '불법을 펴는 자리'라는 뜻으로, 야단법석은 '야외에 자리를 마련하여 부처님의 설법을 듣는 자리'라는 뜻이다. 야단법석에 많은 사람이 모이다 보니 질서가 없고 시끌벅적하고 어수선하게 된다 해서 경황이 없고 시끌벅적한 상태를 가리켜 야단법석이라고 하였다.

### 석등

석등(石燈)은 사찰에서 어둠을 밝히기 위해 세운 것이지만, 불교의 진리를 밝히는 지혜의 상징으로서 부처님에 대한 등(燈) 공양을 의미하는 것이기도 하다. 또 석등은 부처의 광명을 상징하여 광명등(光明燈)이라고도 부른다. 원래 석등은 중국 한나라 이래 묘제(墓制)에서 비석 등과 함께 사용하는 석물(石物)인데, 이를 불가에서 받아들여 사찰의 중심부에 있는 법당이나 탑 앞에 세워졌으며, 나중에는 승려의 무덤인 부도 앞에나 정원 등에도 세워졌다.

석등의 구조는 부도의 구성 요소와 비슷하나 훨씬 단조로운 형태이며 조각도 간략한 편인데, 일반적으로 불을 밝히는 화사석(火舍石)을 중심으로 아래로는 3단을 이루는 받침돌을 두고, 위로는 지붕돌을 올린 후 꼭대기에 머리장식을 얹어 마무리한다. 즉 땅 위에 지대석을 깔고 하대석(下臺石) · 간주석(竿柱石)[기둥돌] · 상대석(上臺石)을 차례로 쌓아 기단부를 형성하고, 그 위에 불을 켜는 화사석(火舍石)[등불집돌]과 화사석을 덮는 갓돌인 옥개석[지붕돌]이 몸체 부분을 이루고, 옥개석을 덮는 장식인 보륜(寶輪) · 보개(寶蓋) · 보주(寶珠)로 꾸민 상륜부로 구성되는 것이 일반적인 구조이다. 불을 밝히는 화사석에는 화창(火窓)을 내는데, 화사석을 8각으로 하여 4면에 화창을 내고 나머지 4면은 화사벽(火舍壁)으로 조각을 새기는 것이 기본이지만 8면에 모두 화창을 내는 경우도 있다.

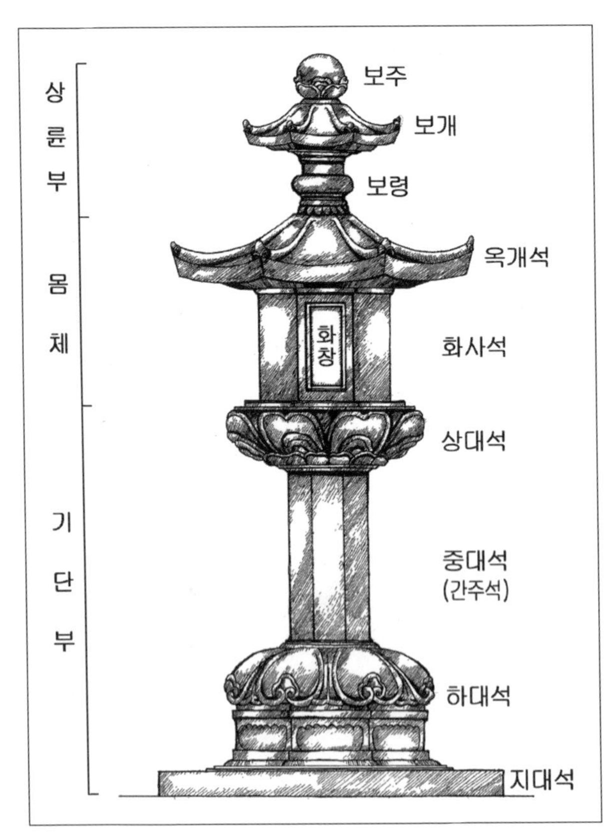

▲ 석등의 구조

삼국시대부터 세워진 석등은 시대와 지방에 따라 그 양식이 달랐다. 통일신라시대에는 간주석, 상대석, 화사석,

옥개석이 8각형으로 된 것이 많은데, 경북 영주 부석사 무량수전 앞 석등(국보 제17호)과 전남 구례 화엄사 각황전 앞 석등(국보 제12호) 등이 대표적인 예이다. 또 통일신라시대에는 간주석을 사자 두 마리를 세운 것으로 대신한 양식이 유행하였는데, 그 대표적인 예로 충북 보은 법주사 쌍사자 석등(국보 제5호), 전남 광양 중흥산성 쌍사자 석등(국보 제103호, 국립광주박물관 보관) 등이 있다. 그리고 고려시대에는 충남 논산 관촉사 석등과 같이 원형의 간주석에 4각형의 상대석, 화사석, 옥개석을 얹은 새로운 양식이 나타났으며, 6각형 양식의 석등도 세워졌다. 조선시대에는 주로 4각형 양식에 짧고 두터운 모양이 많은 편이며, 이후 유교의 발전과 불교의 쇠퇴로 사찰에 세워지는 석등은 점차 줄어들었다.

### 강원(강당)과 선원(선방)

강원(講院)은 사찰에서 경(經)과 논(論) 등 불교 교리를 가르치는 전통적인 교육기관으로, 불교가 처음 들어온 삼국시대에는 사찰의 금당 뒤에 넓은 강당(講堂)을 만들어 승려 또는 속인을 상대로 교육하였다. 강당은 '강의나 의식을 하는 데 쓰는 큰 방'을 뜻하는 말로, 사찰에서 경전을 강(講)하거나 법을 설(說)하는 건물을 가리킨다. 강당이라는 명칭은 인도에서 시작되었는데, 집회소를 의미하는 산스크리트어 '프라아사다(Prāsāda)·사브하(Sabhā)·산타가라(Santhāgārra)'를 한역한 것이다. 인도 석굴사원에서는 3면 또는 4면이 승방(僧房)으로 둘러싸인 중앙의 공간을 승려들의 집회소로 사용한 것으로 보인다. 중국에서 칠당가람제(七堂伽藍制: 중문·탑·금당·강당을 일직선상에 남으로부터 배치하고, 중문과 강당을 연결하는 회랑을 방형으로 돌려 금당과 탑이 그 안에 오게 하고, 남회랑의 좌우단과 북회랑의 좌우단에 경루 혹은 종루를 설치하는 방식)가 생기면서 그 영향으로 고대 우리나라와 일본의 사찰에서는 금당(金堂) 바로 뒤에 강당이 세워지는 양식이 유행하였다. 강당은 우리나라에 불교(교종)가 처음 들어올 때 탑·금당과 함께 사찰에서 아주 중요한 위치를 차지하는 건물이었으나 신라 말기 선종이 유행하면서 그 중요성이 상대적으로 줄어들었으며, 나중에는 금당 뒤에 있던 강당이 아예 금당 앞으로 나와 누각 형태로 배치되기도 하였다.

선원(禪院)은 참선을 통해 진리를 깨닫도록 수행하는 교육기관으로, 신라 말기 선종이 유행하면서 사찰에 선방을 만들어 특히 하안거(冬安居)와 동안거(夏安居)를 통해 참선 수행에 매진하였다. 선방은 '참선하는 방'을 뜻하는 말로, 스님들이 참선을 위주로 수행하는 곳을 가리킨다. 이처럼 선방은 참선 수행하는 방 자체를 가리키고, 선원은 참선 수행을 하는 전문 교육기관을 가리키는 말이지만 '시민선방'의 예처럼 선방을 선원과 같은 의미로 쓰이기도 한다. 선원 또한 참선 수행을 전문으로 하는 수행 공간 전체를 아우르는 말로도 쓰여 참선 전문 도량 전체를 선원이라고도 부르며, 또 참선 수행을 하는 모임을 지칭하는 말로 쓰이기도 한다.

강원과 선원을 다 갖춘 곳을 총림(叢林)이라고도 한다. 총림은 승려들의 참선 수행의 전문 도량인 선원과 경전 교육기관인 강원, 계율 전문 교육기관인 율원(律院)을 모두 갖춘 큰 사찰로, 우리나라에는 현재 조계총림 송광사(승보사찰, 전남), 해인총림 해인사(법보사찰, 경남), 영축총림 통도사(불보사찰, 경남), 덕숭총림 수덕사(충남), 고불총림 백양사(전남) 등 5대 총림이 있다.

강원은 교종, 선원은 선종과 관련이 많다. 불교는 크게 현교(顯教)와 밀교(密教)로 구분하고, 다시 현교는 교종과 선종으로 구분하여 교종, 선종, 밀교 셋으로 나누기도 한다.

밀교는 밀의(密儀)종교 또는 비밀불교(祕密佛教)의 약칭으로, 진언밀교(眞言密教)라고도 한다. 경전이나 참선 수행처럼 드러난 것이 아닌 다라니(陀羅尼)[진언(眞言)·주문(呪文)], 만다라(曼茶羅·曼陀羅) 등 신비스럽고 비밀스러운 방법을 통해 깨달음에 이르는 불교의 한 갈래이다. 밀교는 세속적인 주술(呪術)이나 비의(秘儀)를 인정하고 인간의 세속적인 욕망을 인정하여 현실 긍정적이라는 면에서 일반인에게 침투하기 쉬웠으며, 현세의 행복 추구가 쾌락과 연결되고 남녀의 결합을 신성시하여 타락의 여지도 많았다. 우리나라에는 신라 선덕왕 때 밀교가 들어와 유행하였는데, 진언종(眞言宗)이 이에 해당한다. 이후 진언종이 크게 발전하지는 않았지만, 밀교의 내용이나 방법은 우리나라 불교의 다른 종파에까지 크게 영향을 주어 우리나라 사찰 대부분에서 예불할 때 『천수경(千手經)』의 다라니 등을 염불하고 있는 것으로 보아 우리나라 불교의 밑바탕에는 밀교적 요소가 크게 자리 잡고 있다고 할 수 있다.

우리나라 사찰에 가보면 사찰 지붕이나 벽 등에서 '큰 원(圓) 안에 작은 원(圓) 세 개가 삼각형 모양으로 있는 그림'을 쉽게 볼 수 있다. 이는 삼학일원상도(三學一圓相圖)라고 부르는 것인데, 여기서 작은 원은 '계(戒) · 정(定) · 혜(慧)', 삼학(三學)을 표현한 것이고, 큰 원은 '삼학이 본래 하나'임을 나타낸 것이다. 계(戒)는 불교 수행자가 지켜야 할 계율, 정(定)은 참선을 통해 깨달은 상태, 혜(慧)는 경전을 통해 얻은 지혜를 가리킨다. 그리고 정(定)은 선종에서 강조하는 것이고, 혜(慧)는 교종에서 중요시하고 있는 것이다. 따라서

▲ **삼학일원상도** 둥근 원으로 그려진 일원상(一圓相) 안에 '불 · 법 · 승'의 삼보 또는 '계 · 정 · 혜'의 삼학을 상징하는 3개의 점이 찍혀 있는 모양이다. '삼학(또는 삼보)이 따로 있는 것이 아니라 본래 하나'임을 뜻하기도 한다.

삼학이 하나임을 뜻하는 그림이 한국 사찰에 널리 그려져 있다는 점은 현재 한국 불교가 계율을 중요시하는 율종(律宗)과 참선 수행을 중심으로 하는 선종(禪宗) 및 경전 공부를 중심으로 하는 교종(教宗)을 동시에 강조하고 있음을 짐작할 수 있다.

처음부터 한국 불교가 교종과 선종을 함께 강조한 것은 아니었다. 우리나라에 처음 들어올 당시의 불교는 교종이었다. 우리나라 불교 전래에 대해서는 1세기경 인도 사람 허왕옥을 통해 전래했다는 '남방전래설(南方傳來說)'과 4세기경 중국을 통해 불교가 전래하였다는 '북방전래설(北方傳來說)'이 있으나 대체로 북방전래설이 정설로 받아들여지고 있다.

우리나라에 처음 도입된 불교는 교리에 바탕을 둔 교종계열과 계율을 중요시하는 율종계열이었다. 이후 경전에 대한 주석이 가해지고 불교철학에 대한 이해가 깊어지면서 7세기 신라의 삼국통일 시기를 전후로 여러 종파가 성립되어 5교(伍教)가 유행하였다. 대부분의 종파는 왕실과 귀족을 대변하는 경향이 강하였다. 이런 귀족불교를 민간에 널리 보급하고, 여러 종파를 통합하려고 노력한 스님이 있었는데, 바로 그가 원효 스님이다.

불교가 유행하고, 그것이 아무리 좋다 하여도 현실적으로 고통받는 일반 백성들에겐 '엄격한 계율'이나 '무슨 말인지 알아들을 수 없는 교리'는 오히려 또 다른 고통만 가져다줄 뿐이었다. 이에 원효는 불교 교리를 전혀 몰라도 간단히 '나무아미타불(南無阿彌陀佛)'만 외우면 "극락에 갈 수 있다." 라고 주장, 민중과 함께 어울리면서 민중들에게 불교를 쉽게 그리고 널리 전파하였다. 얼마나 쉽고, 간단한가! '나무아미타불'만 외우면 된다니! 이러한 원효의 '정토신앙' 보급은 신라 불교를 귀족불교에서 대중불교로 확장시켜 나갔다. 다만 원효의 대중불교 활동은 귀족불교를 타파한 것이 아니라 오히려 귀족불교 속에서 고통받는 민중에게 현실에서 도피하도록 하였다는 점에서 비판을 받았다. 그래서 이후 정토신앙은 주체적이고 조직적인 민중불교로 발전하지 못하고 염불신앙·기복신앙에 머물게 되는 한계를 보였다.

여하튼 원효의 노력으로 대중화된 한국 불교는 신라의 삼국통일 이후 왕실과 귀족의 적극적인 지원 아래 더욱 유행하였으며, 한마디로 불교 국가를 이룩하였다. 대규모의 사찰이 건립되고, 심지어 승려들이 지나친 부를 쌓으면서 점차 사치와 타락하는 양상마저 나타났다. 특히 9세기 신라 말기에는 신분제도에 대한 불만이 드러나고, 귀족 간 권력다툼과 함께 왕권이 약화하면서 사회 변화에 대한 요구가 크게 나타났다. 이런 분위기에서 선종계열의 종파가 성장·유행하게 되었다.

선종은 신라의 삼국통일 시기 전후인 7세기경부터 이미 중국으로부터 도입되었는데, 그 당시는 교종의 유행 속에서 그 세력을 펼 수가 없었다. 이후 선종은 9세기 신라 말기로 접어들면서 복잡한 교리를 떠나 참선을 통해 마음만 깨치면 되는 간단한 수양 방법과 성격상 혁신적이기도 한 선종은 새로운 사회 건설을 꾀하는 6두품과 지방호족들에게 크게 환영받았다. 또한 귀족불교와 연결된 교종이 이해하기 어렵고, 관념적이며, 지배자의 복을 비는 일에 치중한 것과는 달리, 선종은 수행 방법이 간단하고, 직설적이며, 평등주의적인 경향도 있어 민중에게도 환영받았다. 그리하여 9산(九山)이라는 종파가 성립되었다.

이런 선종을 사상적 기반으로 하여 6두품과 지방호족들이 세운 나라가 고려이다. 고려 또한 통일신라처럼 불교 국가였다. 그런데 건국 후 고려는 입장을 달리하게 된다. 세상을 바꾸고 새로운 나라를 세우고자 할 때는 기성의 권위를 부정하고 개혁적인 경향을 띤 선종이 필요하였지만, 그러나 나라를 세운 이후에는 개혁적 경향의 선종보다는 오히려 안정적이고 보수적인 경향의 교종이 필요하였다. 그렇다고 선종을 버릴 수 없는 처지라 기왕이면 교종을 중심으로 선종을 통합한 그런 종교가 필요하였다.

고려는 건국 후 선종이 큰 세력을 가지고 있었지만, 11세기경부터 교종이 세력을 얻어 선종과 정면으로 맞서게 되어 선종과 교종이 대립하였다. 교종과 선종의 각 종파가 분열 · 대립하는 상황에서 고려 황실은 각 종파 불교를 융화하는 통일적 지배이념이 필요하였다. 이런 분위기 속에서 때마침 중국 불교로부터 영향을 받아 천태종(天台宗)이 탄생하였다. 천태종은 보수적인 교종을 중심으로 개혁적인 선종을 통합한 종교로서, 결국 천태종은 보수적이고 안정적인 정권 유지를 꾀하려는 고려 왕조와 맥을 같이하였다.

고려 불교는 교단통합운동과 천태종의 성립으로 천태종에 많은 승려가 모이는 등 새로운 교단 분위기를 형성하는 일정한 성과를 거두었다. 하지만 사회 · 경제적으로 문제가 되고 있던 불교의 폐단을 바로잡는 대책이 뒤따르지 않아 다시 분열되고 귀족 중심의 불교가 계속되었다. 또한 천태종은 정권을 유지하고 정치적 안정을 꾀하는 데 이바지하였으나, 그만큼 권력층과 밀접한 관계를 맺으면서 타락하는 양상까지 나타났다. 이에 천태종에 대한 비판과 함께 개혁을 요구하는 분위기가 나타나고, 불교 본연의 자세 확립을 주창하는 새로운 종교운동인 결사운동(結社運動)이 12세기 후반부터 일어났다. 이러한 분위기에서 발전한 종파가 조계종(曹溪宗)인데, 조계종은 개혁적인 선종을 중심으로 보수적인 교종의 통합을 내세웠다. 고려 정권이 무신정변을 통해 권력의 중심이 문신에서 무신에게 옮겨지는 큰 변화를 맞는 상황에서 개혁을 내세운 무신들에게 조계종은 큰 환영을 받았다. 또 어렵고 복잡한 교종에 비해서 선종은 참선을 통해 간단히 수양하는 것을 강조하였기 때문에 소박한 무인들에게 친근감을 줄 수 있어 조계종은 무신들의 보호를 받으며 이후 크게 발전할 수 있었다. 이런 고려시대 전반기 불교를 대표하는 천태종 탄생에 크게 이바지한 인물이 우세(祐世) 대각국사 의천(大覺國師 義天)이고, 고려시대 후반기 불교를 대표하는 조계종 성립에 크게 기여한 인물이 목우자(牧牛子) 보조국사 지눌(普照國師 知訥)과 태고(太古) 원증국사 보우

(圓證國師 普愚)이다.

이렇듯 천태종은 고려 전기에 성립·유행한 종파이고, 조계종은 고려 후기에 성립·유행한 종파이다. 그리고 천태종은 교종을 중심으로 하여 선종을 통합한 종파이고, 조계종은 선종을 중심으로 하여 교종을 통합한 종파라고 할 수 있다.

불교 교리의 '계·정·혜' 삼학(三學)을 굳이 교종과 선종과 연결하면 교종은 책을 통해 깨달음을 얻는 것이므로 '혜(慧)'와 가깝고, 선종은 참선을 통해 마음이 고요한 상태에 이르고자 하므로 '정(定)'과 가깝다고 할 수 있다. 또한 교종은 책(冊)을 통해 깨달음을 얻는 것인 만큼 경전의 가르침 즉 '교(敎)'를 내세우고 있으며, 선종은 참선을 통해 깨달음에 이르는 경향이 많은 만큼 '선(禪)'을 강조하고 있다. 흔히 어떤 사물을 눈으로 보는 것을 '견(見)'이라 하고, 눈이 아닌 마음으로 헤아려 보는 것을 '관(觀)'이라고 하는데, 특히 선종은 참선을 통해 마음이 고요한 상태, 즉 선정(禪定)의 상태에서 우주 만물을 보는 까닭에 선종은 '관(觀)'과 연결하곤 한다. 또 교종은 쉬운 수준의 경전에서부터 높은 수준의 경전에 이르기까지 단계적으로 공부하는 경향이 있어 이를 '점차적으로 수행한다.'라는 뜻에서 '점수(漸修)'라 하고, 선종은 참선을 통해 어느 날 홀연히 깨닫는다 하여 '갑자기 깨닫는다.'라는 뜻에서 '돈오(頓悟)'라 부른다. 점수와 돈오 또한 확연히 나눌 수 있는 것은 아니지만 대개 교종은 점수, 선종은 돈오로 구분하여 사용한다.

따라서 교종을 중심으로 하여 선종을 통합한 종파인 천태종과 선종을 중심으로 하여 교종을 통합한 종파인 조계종을 비교하면, 천태종은 '교선일치(敎禪一致)', 조계종은 '선교일치(禪敎一致)'라 할 수 있다. 또 천태종을 '교관겸수(敎觀兼修)[교관병수(敎觀竝修)]'라고 하면 조계종은 '관교겸수(觀敎兼修)[관교병수(觀敎竝修)]의 특징이 있다. 또 천태종이 '혜정쌍수(慧定雙修)'의 경향이 있다면 조계종은 '정혜쌍수(定慧雙修)', 천태종이 '점수돈오(漸修頓悟)'의 경향이 있다면 조계종은 '돈오점수(頓悟漸修)'의 경향이 강한 종파이다. 여기에서 겸수(兼修)나 병수(竝修), 쌍수(雙修)는 모두 '함께 수행한다.', '함께 공부한다.'라는 뜻이다.

**밀교 — 주문 · 밀의–** 다라니, 만다라 *세속적, 현세적, 쾌락적

**현교** 교종 — **교리 · 문자 · 책(冊)–** 교(教)–혜(慧)–점수(漸修)–{신라 중기} 5교

* 보수적, 체계적, 조직적

선종 — **참선 · 마음 · 심(心)–** 관(觀)–정(定)–돈오(頓悟)–{신라 말기} 9산

* 개혁적, 파격적, 비조직적

**[고려전기] 천태종, 대각국사 의천:** 교선일치–교관겸수–혜정쌍수–점수돈오

**[고려후기] 조계종, 보조국사 지눌:** 선교일치–관교겸수–정혜쌍수–돈오점수

조선의 건국으로 불교는 엄청난 변화를 맞게 되었다. 조선은 유교를 신봉하는 사대부들에 의해 건국된 나라였던 만큼 이제 불교는 정치적 무대에서 뒤로 물러나게 되었으며, 탄압을 받고, 배척당하였다. 즉 숭유억불(崇儒抑佛) 또는 배불정책(排佛政策)으로 승과가 폐지되고, 승려는 천민 취급을 받았으며, 승려의 도성 출입이 금지되기도 하였다. 또한 종전의 11개의 불교 종단이 7개로 축소되었다가 다시 선교양종(禪敎兩宗)으로 통합되었다. 그리고 전국의 사찰 수도 제한하여 법정 사찰을 242사(寺)에서 36사(寺)로 축소하여 선교 양종에 배속하였다. 이 같은 상황에서 사찰의 중심은 자연히 산속으로 옮겨질 수밖에 없었으며, 이제 한국 불교는 참선을 중심으로 수행에 전념하면서 지내는 이른바 '산중불교(山中佛教)'로 전락하였다. 이 같은 산중불교적 경향은 현재까지 이어져 내려옴으로써 한국 불교의 특징으로까지 여겨지고 있다. 그렇다고 조선시대에 불교가 유행하지 않은 것은 아니었다. 국가의 정치적 이념에서 밀려나고 국가 정책으로부터 멀어졌을 뿐, 여전히 불교는 종

교적인 면에서 나름대로 역할을 담당하였고, 민중의 신앙으로 면면히 이어져왔다.

일반적으로 조선의 억불숭유 정책으로 말미암아 조선시대 불교는 산중불교화되어 쇠퇴한 것으로 볼 수 있다. 하지만 다른 면에서 보면 조선시대 불교는 오히려 종교가 갖고 있는 본연의 임무인 '수행'과 '교화'에 몰두할 수 있게 되었다. 실제 조선시대 불교는 예전보다 사찰이 민간 거주 지역으로부터 멀어져 산속에 집중되었지만, 그만큼 불교 본연의 수행에 전념할 수 있었고, 이후 선교 양종의 바탕에 선을 중심으로 하는 조계종의 맥을 계승하면서 한국 불교의 전통을 확립하였다.

### 요사(요사채)와 종무소, 해우소

요사(寮舍)는 사찰 내에서 스님들의 일상생활과 밀접한 관련이 많은 건물로, 흔히 요사채라고 부른다. 요사채에는 스님들의 공양을 마련하는 부엌과 식당, 스님들이 잠자고 쉬는 공간, 또한 기도하러 온 신도들이 잠깐 쉬고 음식을 먹을 수도 있는 공간은 물론 창고·우물·장독·세탁실·화장실 등 생활에 필요한 모든 시설이 포함된다.

법당에 대웅전·비로전·극락전 등의 이름이 붙듯이 요사채도 그 기능에 따라 다양한 명칭이 붙는다. 대표적인 명칭으로는 심검당·적묵당·설선당·무설당·향적전·염화실 등이 있는데, 심검당(尋劍堂)은 '지혜의 칼을 갈아 무명(無明)의 풀을 베는 곳'이라는 뜻이고, 적묵당(寂默堂)은 '말없이 참선하는 곳'이라는 뜻이며, 설선당(說禪堂)은 '강설과 참선을 함께하는 곳'이라는 뜻이다. 설선당은 '선을 설하는 곳'이라는 뜻으로 해석하기도 하며, 무설당(無說堂)은 '설이 없는 곳(말이 없는 곳)'이라는 뜻이다. 향적전(香積殿)은 '향나무를 땔감으로 하여 법당에 올릴 공양을 짓는 곳'이라 뜻이며, 염화실(拈花室)은 염화미소(拈花微笑)에서 온 말로서 조실[祖室: 선방(禪房)의 수행 지도 선사(禪師)] 스님이나 도가 높으신 큰스님이 머무르는 곳을 가리킨다.

요사채는 대개 옛날에는 법당 뒤쪽에 지었으나 후대로 갈수록 법당의 좌우나 앞에 지어진 것이 많으며, 지금은 필요한 공간에 짓는 경우가 흔하다. 성격상 법당보다 격이 낮아 규모가 작고 꾸밈도 소박하다. 일반 한옥처럼 넓은 툇마루를 달기도 하고, 더러는 누각이나 2층으로 꾸미기도 한다.

사찰 안에 종무소(宗務所)라는 곳도 있다. 종무소는 '종교나 종단, 종파 따위에 관련된 사무를 보는 곳'이란 뜻으로, '절의 사무실'을 가리킨다. 즉 종무소는 사찰 운영에 필요한 행정적인 업무는 물론 사찰 운영에 따른 제반 사항을 처리하는 곳이다. 이곳에는 대개 사판승(事判僧)이 근무하는데, 사판승은 사찰의 사무를 보는 승려를 말하여, 이에 비해 수행에만 전념하는 승려를 이판승(理判僧)이라 한다.

흔히 '막다른 궁지'에 몰리거나 '끝장'을 보고자 할 때, 또는 '뾰족한 묘안이 없음'을 뜻할 때 '이판사판'이라는 말을 쓰는데, 원래 이판사판은 조선시대 불교 승려의 두 부류인 이판승과 사판승을 합쳐 부르는 데서 온 말이다. 조선은 불교를 억압하고 유교를 숭상하는 정책을 내세웠다. 이는 조선을 세운 세력이 신흥 유학자 사대부 세력이기 때문이기도 하지만, 고려의 숭불정책으로 막강한 정치세력으로 등장한 불교의 폐해도 문제점으로 지적되었기 때문이다. 또 고려의 지배세력이 불교를 옹호하는 세력이었기에 그들을 제거하기 위해서는 불교를 탄압해야 했다. 조선 건국으로 이제 불교는 탄압의 대상이 되었으며, 승려들은 천민 계급으로 전락하였다. 이에 승려들은 사찰을 유지하고 불법의 맥을 잇는 방안을 찾아야 했다. 그래서 일부 승려들은 사찰을 지키기 위해 기름이나 종이, 신발을 만드는 일 등 온갖 잡역에 종사하였는데, 특히 관가나 유생들은 승려들에게 종이 만드는 일을 시켰으며, 성(城)을 쌓으면 그 수비를 승려들에게 분담하였다. 이런 잡역에 종사하는 승려를 사판승이라고 불렀다. 또 한편으로는 깊은 산 속에 은둔하며 참선 등을 통한 수행으로 불법을 잇는 승려들이 있었는데, 이들을 이판승이라 하였다. 이렇게 승려들은 역할 분담이 이루어져 수행에 전념하는 이판승과 사찰의 운영과 유지에 힘쓴 사판승으로 나뉘었다. 사판승과 이판승의 역할 분담을 통해 조선시대 불교는 그 명맥을 유지할 수 있었다.

이판사판의 뜻이 부정적 의미로 쓰이게 된 것은 시대적 상황과 관련이 많았다. 조선의 억불정책은 불교를 최악의 상태로 만들어 승려는 최하 계층의 신분이었으며, 도성(都城)에서 쫓겨난 것은 물론 도성 출입도 금지되었다. 자연히 당시에 승려가 된다는 것은 인생의 막다른 마지막 선택이었다. 그래서 이판이나 사판은 그 자체로 '끝장'을 의미하는 말로 바뀌고 말았다.

조선뿐만 아니라 일제강점기와 해방 후에도 불교를 정치적으로 이용하면서 이판사판에 대한 이미지는 더욱 부정적으로 인식되었다. 해방 후 비구승은 계율을 준수하면서 수행에 몰두할 수 있어 이판승이라 하고, 대처승은 처자를 거느리고 사찰 운영을 도맡아 하였기 때문에 사판승이라고도 하였다. 불교 개혁이나 불교 정화 등의 이름으로 비구승과 대처승이 서로 대립하는 과정에서 이 두 부류가 정치적으로 이용당하면서 결국 부정적 인식을 그대로 일반인들에게 심어주었다. 그래서 지금도 사람들은 뾰족한 대안이 없을 때나 막판이라는 뜻에서 '이판사판'이라는 말을 쓰곤 한다.

이판사판에 대한 다른 해석도 있다. 출가한 스님은 성불하거나 도통(道通)하는 게 목적인데, 공부를 계속하다 보면 더는 공부가 진척되지 않고 막다른 벼랑 끝에 서게 된다고 한다. 이때 계속 공부에 매진하여 깨달음에 이를 것인지, 아니면 다른 사람의 공부를 도와주는 일을 할 것인지 결정해야 한다는 것이다. 즉 이판으로 갈 것인지, 사판으로 갈 것인지 수행하는 막바지에서 선택해야 하는데, 이렇게 결정해야 할 벼랑 끝이 바로 이판사판이라는 것이다. 하지만 이런 견해는 어떤 확실한 근거가 있는 것은 아니다.

요즘에는 스님을 둘로 나누어 수행하는 스님을 이판승, 사찰의 사무를 보는 스님을 사판승으로 구분하지는 않는다. 한 승려가 이판도 하고 사판도 하는 경우가 많기 때문이다. 이판이라고 해서 수행만 하는 것이 아니라 일도 하며, 사판이라고 해서 사무만 보는 것이 아니라 수행도 한다. 따라서 이판과 사판의 구분은 형식적인 구분일 뿐이며, 굳이 구분하더라도 편의상 이판과 사판으로 구분하여 사용하는 것에 불과하다.

일반인들이 사찰에 가서 접하는 특이한 건물 가운데 하나가 화장실인데, 사찰의 화장실은 대개 재래식이라서 특이하지만, 화장실 안 일을 볼 수 있도록 마련한 칸마다 앞에 문이 없이 터져 있는 점, 일어서 있으면 옆 사람을 훤히 볼 수 있을 정도로 칸막이가 낮다는 점에서 아주 특이하다. 일반인들이 화장실에 들어갔다가 일을 보는 장소에 문이 없어 놀라기도 하며, 심지어 일도 보지 못하고 나오는 사람이 있을 정도이다. 화장실이 개방적으로 되어 있는 것은 화장실을 단순히 먹은 것을 처리하는, 더럽거나 부끄러운 곳이 아니라 수행하는 곳으로 보기 때문이다. 사찰에서는 화장실을 '근심을 푸는 곳'이라는 뜻에서 '해우소(解憂所)'라고 부르며, '번뇌가 사라

▲ **해우소** 전남 승주 선암사에 있는 화장실로, '뒤깐', '大便所(대변소)'라고 쓰여 있는 입구가 아주 독특하다. 내부 또한 특이한데, 일을 보는 장소마다 문이 없이 낮은 칸막이로만 구별된 개방형이다. 남녀가 사용하는 장소가 따로 있긴 하지만, 그 또한 간단한 막으로 구별되어 있다.

지는 곳' 또는 '번뇌를 끊는 곳'으로 여긴다. 또 해우소에는 게송이나 주문을 써놓은 글이나 사용할 때 주의할 사항을 적어놓은 글이 있곤 하는데, 이 또한 수행과 관련 있는 것으로서 일을 보면서 게송이나 주문을 외워 낭송하기도 한다.

**본사(본산, 교구본사)와 말사 및 암자**

우리나라의 대표적 사찰에는 31본산(本山)과 25교구본사(敎區本寺)가 있다. 이 본사 아래 말사(末寺)가 있으며, 각 사찰에 딸린 암자(庵子)가 있다.

본사(本寺)는 불교에서 한 종(宗)의 한 파(派)에 속한 여러 사찰을 통괄하는 사찰을 가리키는 말이며, 승려 자신이 처음 출가한 사찰을 뜻하는 말이기도 하다. 보통 한 지역에서 행정적인 중추를 담당하는 곳을 '본사'라 하고, 본사에 속한 주변의 작은 절을 '말사', 본사나 말사에 소속된 작은 절을 '암자'라고 하지만, 지역과 상관없이 큰절을 '본사' 그리고 그 절이 세운 다른 절들을 '말사'라고 부르기도 한다.

우리나라는 세종 6년(1424) 전국 사찰을 선교 양종으로 나누고, 흥천사를 교종의 본사로, 흥덕사를 선종의 본사로 정하였다. 이는 연산군 때 폐지되었으나 다시 명종 5년(1550)에 부활, 봉은사를 선종의 본사로, 봉선사를 교종의 본사로 정하였다. 그러나 선교 양종 제도가 1565년에 폐지되면서 본사 제도도 함께 폐지되었다.

일제강점기인 1911년 〈조선사찰령(朝鮮寺刹令)〉 및 〈사찰령시행규칙(寺刹令施行規則)〉에 의해 전국 1,300여 사찰을 30개 구역으로 구분하여 30본산(本山)을 지정하였다. 이 법령은 일제의 식민지 종교정책의 하나로 시행된 것으로, 본산을 정하여 우리나라 사찰을 나누어 관리하도록 하였다. 본사와 말사에 주지를 두되, 본사의 주지는 총독의 인가를 받도록 하고, 말사의 주지는 각 도지사의 인가를 받아 임무를 수행하도록 규정하였다. 결국 본산제도는 사찰 행정의 주체인 주지 임명이 관(官)의 권한에 좌우되어 불교 교단의 자율적 발전이 가로막히는 결과를 가져왔다. 1924년 〈조선사찰령 시행규칙〉의 개정으로 30개 본산에 화엄사가 추가되어 31본산제도가 확립되었으며, 우리나라의 31본산이 이때 마련되었다. 31본산은 봉선사(奉先寺), 용주사(龍珠寺), 봉은사(奉恩寺), 법주사(法住寺), 전등사(傳燈寺), 위봉사(威鳳寺), 마곡사(麻谷寺), 송광사(松廣寺), 선암사(仙巖寺), 보석사(寶石寺), 백양사(白羊寺), 동화사(桐華寺), 고운사(孤雲寺), 해인사(海印寺), 대흥사(大興寺), 범어사(梵魚寺), 보현사(普賢寺), 월정사(月精寺), 건봉사(乾鳳寺), 기림사(祇林寺), 은해사(銀海寺), 통도사(通度寺), 성불사(成佛寺), 패엽사(貝葉寺), 귀주사(歸州寺), 석왕사(釋王寺), 영명사(永明寺), 김룡사(金龍寺), 화엄사(華嚴寺) 등이다.

1945년 해방 이후 한반도가 남북으로 분단됨으로써 불교 또한 분단되어 31본산 대신 남한만 따로 24교구본사(教區本寺: 대한불교조계종 소속)를 두었는데, 나중에 봉선사(奉先寺)가 추가되어 현재 25교구본사가 마련되었다. 25교구본사는 [서울] (1)조계사(曹溪寺, 총무원 직할), [경기] (2)용주사(龍珠寺), (25)봉선사(奉先寺), [강원] (3)신흥사(神興寺), (4)월정사(月精寺), [충북] (5)법주사(法住寺), [충남] (6)마곡사(麻谷寺), (7)수덕사(修德寺), [경북] (8)직지사(直指寺), (10)은해사(銀海寺), (16)고운사(孤雲寺), (11)불국사(佛國寺), [대구] (9)동화사(桐華寺), [경남] (12)해인사(海印寺), (13)쌍계사(雙磎寺), (15)통도사(通度寺), [부산] (14)범어사(梵魚寺), [전북] (17)금산사(金山寺), (24)선운사(禪雲寺), [전남] (18)백양사(白羊寺), (19)화엄사(華嚴寺), (20)선암사(仙巖寺, 태고종에서 실제 관리) (21)송광사(松廣寺), (22)대흥사(大興寺), [제주] (23)관음사(觀音寺) 등이다.

이 교구본사제도는 대한불교조계종에 해당하는 것으로, 대한불교조계종은 한국불교태고종(太古宗: 조계종에서 분리된 대처승 종단), 대한불교천태종(天台宗) · 진각종(眞覺宗) · 원효종(元曉宗) · 정토종(淨土宗) · 화엄종(華嚴宗) · 진언종(眞言宗), 원불교(圓佛教) 등 근 30개 정도 되는 종단 가운데 전국 3,000여 개의 사찰이 소속되어 있는 한국 불교 최대의 종단이다. 따라서 대한민국 사찰의 대다수는 이 25교구본사 밑에 말사나 암자로 소속되어 있으며, 교구본사에서 이들 말사와 암자를 총괄하고 있다. 대한불교조계종의 업무는 총무원(總務院)에서 총괄하고 있는데, 총무원의 우두머리인 총무원장은 대한불교조계종을 실질적으로 대표하는 사판승이라고 할 수 있다. 이에 비해 종정(宗正)은 한 종파의 우두머리를 뜻하는 말로서 대한불교조계종의 경우, 스님들 가운데 도가 가장 높은 분 가운데 정해진 자격을 갖춘 분으로 선출하는데, 종정은 종단의 정신적인 최고 지도자로서 대한불교조계종을 대표하는 이판승이라고 할 수 있다.

현재 우리나라 대한민국에는 대한불교조계종 산하 25교구본사와 말사 및 암자, 또 태고종이나 천태종을 비롯한 다양한 종단에 소속된 사찰, 그리고 조선민주주의인민공화국에 있는 사찰 등 크고 작은 많은 사찰이 전해오고 있다. 이들 사찰은 단지 불교라는 종교적 기능을 담당하는 장소 이전에 우리 민족의 역사와 영혼이 고스란히 묻어 있는 역사적 유산이자 문화유산이기도 하다. 하여 종교나 사상의 차이를 뛰어넘어 우리가 소중히 가꾸며 제대로 계승할 필요가 있으며, 기왕이면 그 뜻과 의미를 제대로 파악하여 이해할 필요가 있다. 모르면 팔만대장경도 빨래판이 될 수 있고, 잘 보면 빨래판도 팔만대장경이 될 수 있다.

제대로 알고 제대로 보는 게 중요하다. 사찰에는 본사가 있고 말사가 있으며, 또 이판이 있고 사판이 있으며, 세상에는 불교가 있고 기독교가 있고 이슬람교가 있고 이외에도 많은 종교가 있지만, 누가 더 높고 낮은지, 누가 더 옳고 그른지 나눌 수는 없다. 본사는 본사대로 말사는 말사대로, 이판승은 이판승대로 사판승은 사판승대로, 불교는 불교대로 기독교는 기독교대로 다 소중할 뿐이다. 겉으로 다른 것 같지만 막상 같을 수 있고, 둘 같지만 하나일 수 있다. 우리 문화유산 또한 단순히 옛사람들이 남겨놓은 문화유산이 아니라 오늘날 우리의 얼굴일 수 있다. 나아가 사찰에 있는 건물이나 각종 유산은 불교만의 것이 아니라, 우리 모두의 유산이며 내 자신의 보물이기도 하다. 하여 잘 보고 잘 간직해야 할 필요가 있다. 제대로 알아야 할 필요가 있다. 물론 아는 것보다 느끼는 것이 더 중요하겠지만 말이다.

# 참고 자료

*참고 문헌은 저자나 출판 연도를 맨 앞에 쓰곤 하지만,
이곳에서는 책 이름을 맨 앞에 쓰는 방식을 사용하였다.


『위키백과사전』.

『네이버사전』 및 『네이버백과사전』.

『민족문화대백과사전』, 한국정신문화연구원.

『증보 새국사사전』, 교학사, 1994.

『불교사전』, 운허 용하, 동국역경원, 1980.

『뉴에이스 국어사전』, (주)금성교과서, 1993.

『엣센스 국어사전』, 민중서림, 1993.

『漢韓大字典』, 민중서림, 1981.

『중학교 국사』 교과서.

『고등학교 국사』 교과서.

『사료 한국사』, 이연복 · 윤종일, 신서원, 1994.

『사료로 보는 20세기 한국사』, 김상웅, 가람기획, 1997.

『문화재대관』, 한국문화재보호협회, 1986.

『명찰순례』, 최완수, 대원사, 1996.

『참사람 서옹 큰스님』, 대한불교조계종 고불총림 백양사, 2004.

『한국의 문화유산』, 한국문화재보호재단, 1997.

『한국미술사』, 김원룡, 범문사, 1980.

『충청남도 문화재대관』, 충청남도 · 충청남도역사문화연구원, 2009.

『공주대학교 박물관』, 공주대학교박물관, 2000.

『한신고고학 발굴 16년』, 한신대학교박물관, 2007.

『대성동고분박물관 전시안내도록』, 대성동고분박물관, 2003.

『북한의 문화재와 문화 유적』, 서울대학교출판부, 2000.

『집안 고구려 고분벽화』, 조선일보사, 1994.

『환인 · 집안 지역 고구려 유적 지질조사 보고서』, 고구려연구재단, 2005.

『세계문화유산 고구려고분벽화』, COMOS한국위원회 · 문화재청, 2004.

『수원 화성행궁』, 수원시, 2004.

『알기 쉬운 한국건축용어사전』, 김왕직, 동녘, 2007.

『한국건축답사수첩』, 한국건축역사학회, 동녘, 2006.

『역사문화수첩』, 한국역사연구회, 역민사, 2000.

『답사, 이것만은 들고 갑시다!』, 박영호, 영한, 1999.

『빛깔있는 책들』, 대원사.

『문화와 나』, 삼성문화재단.

『문화재사랑』, 문화재청.

『박물관 이야기』, 국립경주박물관 및 기타 박물관.

『박물관 전시유물 이야기』, 국립중앙박물관 및 기타 박물관.

기타 문화재청 산하기관 및 지방자치단체 발행 문화재 관련 각종 홍보물.

문화재청(http://www.cha.go.kr) 문화유산지식.

국회법률지식정보시스템(http://likms.assembly.go.kr)

한국향토문화전자대전(http://www.grandculture.net)

국가보훈처 현충시설정보서비스(narasarang.mpva.go.kr)

유네스코와 유산(http://www.unesco.or.kr/heritage)

네이버테마백과사전 한국의 사찰(http://100.naver.com/temple)

슬로시티 청산도(http://slowcitycheongsando.co.kr)

(사)김상옥 · 나석주의사 기념사업회(http://www.kimsangohk.net)

외교사료관(http://cafe.naver.com/diplomaticarchives)

# 삶의 행복을 꿈꾸는 교육은 어디에서 오는가?

**미래 100년을 향한 새로운 교육**

## ▶ 교육혁명을 앞당기는 배움책 이야기

혁신교육의 철학과 잉걸진 미래를 만나다!

**핀란드 교육혁명**
한국교육연구네트워크 총서 01 | 320쪽 | 값 15,000원

**일제고사를 넘어서**
한국교육연구네트워크 총서 02 | 384쪽 | 값 13,000원

**새로운 사회를 여는 교육혁명**
한국교육연구네트워크 총서 03 | 380쪽 | 값 17,000원

**교장제도 혁명**
한국교육연구네트워크 총서 04 | 268쪽 | 값 14,000원

**새로운 사회를 여는 교육자치 혁명**
한국교육연구네트워크 총서 05 | 312쪽 | 값 15,000원

**혁신학교**
성열관•이순철 지음 | 224쪽 | 값 12,000원

**행복한 혁신학교 만들기**
초등교육과정연구모임 지음 | 264쪽 | 값 13,000원

**서울형 혁신학교 만들기**
이부영 지음 | 320쪽 | 값 15,000원

**혁신교육, 철학을 만나다**
브렌트 데이비스•데니스 수마라 지음
현인철•서용선 옮김 | 304쪽 | 값 15,000원

**혁신교육 존 듀이에게 묻다**
서용선 지음 | 292쪽 | 값 14,000원

**미래교육의 열쇠, 창의적 문화교육**
심광현•노명우•강정석 지음 | 368쪽 | 값 16,000원

**대한민국 교사, 어떻게 가르칠 것인가?**
윤성관 지음 | 320쪽 | 값 15,000원

**아이들을 어떻게 가르칠 것인가**
사토 마나부 지음 | 박찬영 옮김 | 232쪽 | 값 13,000원

**교사, 선생이 되다**
김태은 외 지음 | 260쪽 | 값 13,000원

**다시 읽는 조선 교육사**
이만규 지음 | 750쪽 | 값 33,000원

**대한민국 교육혁명**
교육혁명공동행동 연구위원회 | 152쪽 | 값 5,000원

## ▶평화샘 프로젝트 매뉴얼 시리즈

학교 폭력에 대한 근본적인 예방과 대책을 찾는다

### 학교 폭력 어떻게 만들어지는가

문재현 외 지음 | 300쪽 | 값 14,000원

### 아이들을 살리는 동네

문재현•신동명•김수동 지음 | 204쪽 | 값 10,000원

### 학교 폭력, 멈춰!

문재현 외 지음 | 348쪽 | 값 15,000원

### 평화! 행복한 학교의 시작

문재현 외 지음 | 252쪽 | 값 12,000원

### 왕따, 이렇게 해결할 수 있다

문재현 외 지음 | 236쪽 | 값 12,000원

## ▶비고츠키 선집 시리즈

발달과 협력의 교육학 어떻게 읽을 것인가?

### 생각과 말

레프 세묘노비치 비고츠키 지음
배희철•김용호•D. 켈로그 옮김 | 690쪽 | 값 33,000원

### 어린이의 상상과 창조

L.S. 비고츠키 지음 | 비고츠키연구회 옮김
280쪽 | 값 15,000원

### 도구와 기호

비고츠키•루리야 지음 | 비고츠키연구회 옮김
336쪽 | 값 16,000원

### 비고츠키 생각과 말 쉽게 읽기

비고츠키 교육학 실천연구모임 지음
316쪽 | 값 15,000원

### 어린이 자기행동숙달의 역사와 발달 I

L.S. 비고츠키 지음 | 비고츠키연구회 옮김
564쪽 | 값 28,000원

### 비고츠키와 인지 발달의 비밀

A.R. 루리야 지음 | 배희철 옮김
280쪽 | 값 15,000원

### 어린이 자기행동숙달의 역사와 발달 II

L.S. 비고츠키 지음 | 비고츠키연구회 옮김
552쪽 | 값 28,000원

## ▶창의적인 협력수업을 지향하는 삶이 있는 국어 교실

우리말 글을 배우며 세상을 배운다

### 중학교 국어 수업 어떻게 할 것인가?

김미경 지음 | 332쪽 | 값 15,000원

### 이야기 꽃 1

박용성 엮어 지음 | 276쪽 | 값 9,800원

### 토론의 숲에서 나를 만나다

명혜정 엮음 | 312쪽 | 값 15,000원

### 이야기 꽃 2

박용성 엮어 지음 | 294쪽 | 값 13,000원

## ▶ 교과서 밖에서 만나는 역사 교실

상식이 통하는 살아 있는 역사를 만나다

전봉준과 동학농민혁명

조광환 지음 | 336쪽 | 값 15,000원

남도의 기억을 걷다

노성태 지음 | 344쪽 | 값 14,000원

즐거운 국사수업

김은석 지음 | 352쪽 | 값 13,000원

즐거운 국사수업 32강

김남선 지음 | 280쪽 | 값 11,000원

즐거운 세계사 수업

김은석 지음 | 328쪽 | 값 13,000원

한국 고대사의 비밀

김은석 지음 | 304쪽 | 값 13,000원

아이들이 주인공이 되는 주제통합수업

이윤미 외 지음 | 268쪽 | 값 13,000원

통하는 공부

김태호•김형우•이경석•심우근•허진만 지음
324쪽 | 값 15,000원

팔만대장경도 모르면 빨래판이다

전병철 지음 | 360쪽 | 값 16,000원

빨래판도 잘 보면 팔만대장경이다

전병철 지음 | 360쪽 | 값 16,000원

김창환 교수의 DMZ 지리 이야기

김창환 지음 | 264쪽 | 값 15,000원

영화는 역사다

강성률 지음 | 288쪽 | 값 13,000원

친일 영화의 해부학

강성률 지음 | 264쪽 | 값 15,000원

광주의 기억을 걷다

노성태 지음 | 348쪽 | 값 15,000원

## ▶ 살림터 참교육 문예 시리즈

영혼이 있는 삶을 가르치는 온 선생님을 만나다!

꽃보다 귀한 우리 아이는

조재도 지음 | 244쪽 | 값 12,000원

성깔 있는 나무들

최은숙 지음 | 244쪽 | 값 12,000원

아이들에게 세상을 배웠네

명혜정 지음 | 240쪽 | 값 12,000원

선생님이 먼저 때렸는데요

강병철 지음 | 248쪽 | 값 12,000원

서울 여자, 시골 선생님 되다

조경선 지음 | 252쪽 | 값 12,000원

행복한 창의 교육

최창의 지음 | 328쪽 | 값 15,000원

## ▶ 정의로운 세상을 여는 인문사회 과학

사람의 존엄과 평등의 가치를 배운다

### 밥상혁명

강양구•강이현 지음 | 298쪽 | 값 13,800원

### 좌우지간 인권이다

안경환 지음 | 288쪽 | 값 13,000원

### 도덕 교과서 무엇이 문제인가?

김대용 지음 | 272쪽 | 값 14,000원

### 민주시민교육

심성보 지음 | 544쪽 | 값 25,000원

### 자율주의와 진보교육

조엘 스프링 지음 | 심성보 옮김 | 320쪽 | 값 15,000원

### 민주시민을 위한 도덕교육

심성보 지음 | 496쪽 | 값 25,000원

### 민주화 이후의 공동체 교육

심성보 지음 | 392쪽 | 값 15,000원

### 교과서 밖에서 배우는 인문학 공부

정은교 지음 | 276쪽 | 값 13,000원

### 갈등을 넘어 협력 사회로

이창언•오수길•유문종•신윤관 지음 | 280쪽 | 값 15,000원

### 오래된 미래교육

정재걸 지음 | 392쪽 | 값 18,000원

### 동양사상과 마음교육

정재걸 외 지음 | 356쪽 | 값 16,000원

### 수업과 교육의 지평을 확장하는 수업 비평

윤양수 지음 | 316쪽 | 값 15,000원

## ▶ 남북이 하나 되는 두물머리 평화교육

분단 극복을 위한 치열한 배움과 실천을 만나다!

### 10년 후 통일

정동영•지승호 지음 | 328쪽 | 값 15,000원

### 선생님, 통일이 뭐예요?

정경호 지음 | 252쪽 | 값 13,000원

## ▶ 출간예정

### 응답하라 한국사 1·2

김은석 지음